1일 1페이지
부자수업

경제, 금융, 투자의 핵심만 쏙쏙

1일 1페이지
부자수업

이현식, 최현진 지음

nomad
지식노마드

시작하며

코로나19는 우리 삶에 정말 많은 변화를 가져왔습니다. 마스크 착용이나 사회적 거리두기 같은 일상의 변화뿐 아니라, 금리는 더욱 낮아졌고 그에 따라 유동성이 증가하는 등 경제 환경도 바뀌었습니다. 산업적으로는 반도체, 언택트, 바이오 기업들이 성장을 이끌었고 무엇보다 투자와 재테크에 대한 사람들의 생각도 달라졌습니다. 특히 젊은 층을 중심으로 저축에서 투자로의 패러다임이 급속하게 바뀌었으며 투자처도 부동산, 주식, 가상화폐 등 다양화되었습니다.

투자를 통해 자산을 늘리고자 하는 사람들의 높아진 관심만큼 경제 전반에 대한 지식이 요구되는 지금입니다. 이에 이 책은 역사, 인물, 투자, 상품, 산업 등 경제 전반에 대한 가장 기본적인 지식을 담아두었습니다. 이 책의 내용이 독자 여러분에게 당장 큰돈을 벌어줄 수는 없겠지만, 적어도 경제에 대한 교양을 넓히며 나만의 투자기준과 판단 근거를 마련하는 데 도움이 되리라 생각됩니다.

코로나19로 인해 전 세계 경제의 전환점에 선 지금 독자 여러분들에게 도움이 되는 책이 되길 바랍니다.

월요일
역사

금융의 흐름과 역사적 발전, 재미있는 경제 역사에 대해 살펴봄으로써 경제의 변천사를 알 수 있습니다.

화요일
인물

경제를 이해하는 데 꼭 필요하고 세계 경제발전에 크게 기여한 경제학자들의 업적과 이론, 투자 대가들의 투자철학과 투자방법론을 소개합니다.

수요일
경제학

경제학의 기본적 핵심 이론을 알기 쉽게 설명하고 주요 경제 용어를 친절하게 풀어줌으로써 개념을 확실하게 잡아줍니다.

목요일
투자

세계적인 투자가들의 성공 사례를 살펴보고 실속 있는 금융상품을 소개하여 누구든지 성공적인 투자를 할 수 있도록 이끌어줍니다.

금요일
산업 살아가는 데 꼭 필요한 생산활동의 기본 개념을 알려주고 지혜로운 경제활동을 할 수 있도록 도움을 줍니다.

 토요일
상품 세상을 들썩이게 만든 획기적인 상품을 알아보고 그 성공 요인을 진단해봅니다.

 일요일
경제상식 현대인이라면 반드시 알아야 할 금융지식의 기초이론과 필수 금융상식에 대해 설명합니다.

1월

1주

세계 경제의 발원지, 수메르 문명

인류 역사상 새로운 변화를 이끌어낸 혁신적인 발명과 발견들이 많이 있었다. 그중 경제 역사적인 관점에서 가장 의미 있는 것들을 꼽으라면 먼저 인류에게 수(數) 개념을 인지하도록 해주고 셈을 통해 경제활동을 가능하게 해준 숫자의 발명이 있을 것이다. 그리고 서로 소통하고 기록을 남길 수 있게 해준 문자의 창조와 운송을 가능하게 하여 지역(나라) 간 자유롭게 무역을 할 수 있게 해준 '바퀴'의 발명 등이 있다.

또한 자연의 산물만을 소비하던 인류가 수렵·채취의 원시생활에서 벗어나 농사를 짓고 가축을 키우는 농경사회로 진화한 것 역시 인류 경제사에 매우 중요한 변화를 가져왔다.

그런데 재미있는 것은 이러한 변화, 즉 숫자, 문자, 바퀴, 농경사회 등장 같은 인류 경제사의 혁신적 변화들이 모두 메소포타미아 수메르 문명으로부터 시작되었다는 사실이다. 수메르 문명은 중국 황하 문명, 이집트 문명, 인더스 문명과 함께 인류 고대 4대 문명 중 하나이다. 수메르 문명의 시작이 언제였는지는 정확히 알 수 없지만, 고고학자들은 여러 기록과 연구를 통해 BC 3500~BC 3000년에 이미 고도의 문명을 이루고 있었다고 추정한다. 또한 수메르 문명이 자리한 지역은 천연자원이 넉넉하지 않기에 독립적인 생활을 하기보다 유프라테스강을 통한 교역으로 필요한 물자를 확보했다. 이는 수메르인들이 이미 수요와 공급에 따른 가치 변화를 인지하고 있었으며, 그에 맞는 적정한 물건값을 산정해 국가와 부족 간에 경제 교류를 했음을 보여주는 증거이기도 하다.

고대 수메르 문명의 유물에서도 원시 공동체 사회와는 확연히 다른 경제생활의 흔적들을 살펴볼 수 있다. 예를 들어 BC 2500년경 수메르 라가시 왕조가 세금을 감면해주었다는 설형문자가 적힌 점토판이 출토되었다. 이는 당시에 이미 수메르 문명은 세금 조달을 통한 국가 형태의 조직을 갖추고 있었으며 그에 맞는 경제 제도를 운용하고 있었음을 의미한다. 약 5000년 전 등장했던 수메르 문명은 이처럼 인류 경제활동의 발원지로 세계 경제발전의 기틀을 마련했다.

애덤 스미스

많은 사람이 경제학 하면 떠올리는 인물이 있다. 바로 애덤 스미스(Adam Smith, 1723~1790)이다. 영국 출신인 그는 '경제학의 아버지'라고도 불린다. 경제학이라는 학문이 없던 시절 그가 쓴 『국부론』(2007년 국내출간)을 통해 근대 경제학이 시작되었기 때문이다.

애덤 스미스 하면 가장 먼저 떠오르는 말이 '보이지 않는 손'이다. 그는 이 '보이지 않는 손'에 의해 자원이 효율적으로 배분되기 때문에 국가가 시장에 개입할 필요가 없다고 주장했다. 『국부론』의 서두에 나오는 빵 가게 이야기를 통해 이 내용을 좀 더 알아보도록 하자.

우리가 빵 가게에서 빵을 사는 이유는 빵 가게 주인을 부자로 만들어주기 위해서가 아니다. 우리가 맛있는 빵을 먹기 위해서이다. 반대로 빵 가게 주인은 우리에게 봉사하기 위해서 빵을 만드는 것이 아니다. 자신이 더 많은 빵을 팔아 더 많은 이익을 남기기 위해서이다. 이렇듯 각자 원하는 바가 다름에도 우리가 언제나 맛있는 빵을 살 수 있는 이유는 각자의 이기심 때문이다. 빵 가게 주인은 돈을 벌기 위해서 사람들이 좋아하는 빵을 만들어 팔아야 한다. 이때 품질이 떨어지는 빵을 계속 팔면 소비자에게 외면을 받을 것이고 결국 빵 가게를 운영할 수 없게 된다. 반면 소비자는 언제나 싸고 품질 좋은 빵을 사기를 원한다. 이처럼 각자의 이익을 보다 크게 하려는 이기심이 시장에 작동함에 따라 사회 전체적으로도 조화를 이루는 것이다. 사람들이 각자의 이익을 극대화하기 위해 노력한 결과 모두가 만족할 수 있는 가격이 형성되고 이를 통해 사회 전체의 이익도 커진다는 것이다.

그렇다면 사람들이 각자의 이기심을 좇아 행동함에도 불구하고 경제가 성장할 수 있는 배경에는 무엇이 있을까? 이에 대해 애덤 스미스는 사람들의 내면에는 다른 사람을 이해하는 이타심이나 공감, 동감 같은 도덕적인 기초가 있기 때문에 가능하다고 말했다. 그의 이러한 생각은 『국부론』 이전에 출간한 『도덕 감정론』에도 잘 나타나 있는데 사실 '보이지 않는 손'이라는 개념이 처음 등장한 것도 『도덕 감정론』에서였다. 스스로를 경제학자가 아닌 도덕 철학자로 생각했던 그였기에 경제의 원리를 인간의 본성 속에서 찾으려 했던 것은 어쩌면 당연한 결과일지도 모르겠다.

경제학

경제학의 양대산맥

경제학에는 서로 다른 견해를 가진 두 개의 주류학파가 존재한다. 즉 정부의 개입은 시장의 왜곡을 가져오므로 최소한의 개입을 해야 한다는 '고전학파'와 시장은 불완전하므로 정부가 적절히 개입해야 한다는 '케인스학파'이다.

산업혁명을 통해 경제가 호황일 때 등장한 고전학파의 시조는 1776년에 출간된 애덤 스미스의 『국부론』이다. 그는 각 개인이 자신의 이익을 극대화하기 위해 노력한다면 '보이지 않는 손'인 가격에 의해 자원이 가장 효율적으로 배분될 것이라고 주장했다. 물론 수요와 공급이 일시적으로 균형상태를 벗어날 수 있지만, 그때마다 가격이 신축적으로 조절됨에 따라 곧 균형상태를 회복한다고 보았기에 그는 실업은 오직 자발적 실업만 있다고 생각했다. 다시 말해 노동의 수요와 공급에 의해 임금이 신축적으로 조정되기 때문에 실업이 발생하지 않는다고 보았다. 고전학파에게 중요한 전제 중 하나는 "공급(생산)이 스스로 수요를 창출한다."라는 세이의 법칙이다. 그들은 공급이 있으면 이에 상응하는 수요도 뒤따른다고 보았기 때문에 공급을 중시했다. 이처럼 시장을 신뢰했던 고전학파는 정부는 국방과 치안 등 최소한의 역할에만 머물러야 한다고 주장했고 작은 정부를 지향했다.

반면 세계 대공황 때 등장한 케인스학파의 시조는 1936년에 출간된 존 메이너드 케인스의 『고용, 이자 및 화폐의 일반이론』(2019년 국내 출간)이다. 이때는 고전학파가 주장했던 '보이지 않는 손'이 더 이상 작동하지 않던 시기로 실업률이 증가하고 심각한 수준의 디플레이션으로 경기가 침체하던 불황기였다. 그는 임금과 물가는 경직적이기 때문에 일단 균형상태를 벗어나게 되면 다시 균형을 회복하기까지 오랜 시간이 필요하다고 보았다. 그렇기 때문에 시장이 다시 균형을 회복할 때까지 손 놓고 기다릴 것이 아니라 정부가 적극적으로 나서서 이를 해결해야 한다고 주장했다.

공급을 중시한 고전학파와 달리, 케인스학파는 수요에 따라 공급이 결정된다고 생각했다. 이들은 불황의 원인을 소득 감소로 인한 수요의 부재로 보고 이를 타개하기 위해 정부에서는 적극적으로 세금을 감면하는 한편 지출을 늘려 소득과 투자를 늘려주어야 한다고 주장했다. 정부가 지출을 늘리면 이로 인해 기업은 생산량을 늘릴 수 있고 이 과정에서 고용이 창출된다. 고용이 늘면 사람들의 소비도 늘고 기업의 생산량은 자연히 늘어나게 된다고 믿었다. 이러한 선순환을 통해 경제를 살릴 수 있다는 것이었다. 그들은 시장에 모든 것을 맡겨두는 것이 능사가 아니며, 문제 해결을 위해 정부의 적극적인 개입을 주장하면서 큰 정부를 지향했다.

투자와 투기

세계적인 투자가인 벤저민 그레이엄은 그의 저서에서 '투자는 철저한 분석하에서 원금의 안전과 적절한 수익을 보장하는 것이고, 이러한 조건을 충족하지 못하면 투기이다.'라고 정의했다. 그러나 이 또한 하나의 견해일 뿐 어디부터가 투자이고 어디까지가 투기인지 정하는 일은 쉽지 않다. 오랫동안 공부한 경제학자들도 투자와 투기 간 명백한 구분점을 찾지 못해 다양한 주장만 내고 있을 뿐이다. 장기간의 시간을 들여 하면 투자이고 단기 차익을 노리면 투기, 또는 리스크의 크고 작음으로 구분하기도 했다. 그러나 대략적으로 투자와 투기를 구분하는 일정한 공감대가 형성되어 있다.

먼저 두 단어의 사전적 의미를 찾아보자. 투자는 '이익을 얻기 위해 어떤 일이나 사업에 자본을 대거나 시간과 정성을 쏟음'으로, 투기는 '기회를 틈타 큰 이익을 보려고 함'으로 정의되어 있다. 즉 사전에서 찾은 두 단어의 경계는 투자 대상에 대해 공부하고 고민을 했는지, 아니면 큰 이익만 추구하면서 별 고민 없이 돈만 투자했는지 정도로 나뉘는 것이다. 물론 투자든 투기든 공통된 목적은 돈을 버는 것이다.

그런데 많은 사람이 투기는 하지 말고 투자를 하라고 이야기한다. 왜일까? 투기는 투자 대상에 대한 학습이나 고민 부족으로 인한 실패 확률이 훨씬 높다. 예를 들어 요즘 핫하다고 하는 A 바이오 회사 주식을 샀다고 가정해보자. 그런데 얼마 지나지 않아 손실을 보게 되면 누구나 조바심이 나기 마련이다. 하지만 평소에 그 회사를 잘 알고 있었다면 주가 하락 원인이 경영 문제인지 산업 전반의 이슈인지, 해당 회사가 향후 더 큰 매출을 일으키기 위해 투자했기 때문인지 등에 대해 분명히 알고 투자 방향을 결정할 수 있을 것이다. 그러나 투기에 가까운 투자였다면 잘못된 결정을 내릴 가능성이 높다. 게다가 어설픈 투기 성공 경험은 더 큰 손실을 일으키기도 한다.

2017년 가상화폐 열풍이 불 때 하루 100% 수익을 올리는 사람들도 있었다. 그러나 이런 수익 경험은 냉정한 판단을 할 수 없도록 만들기 때문에 이전보다 투자금 규모를 더욱 늘리도록 유도하며 결국 손실만 키울 수 있다. 따라서 투자하기로 마음먹었다면 반드시 투자 대상에 대한 공부가 선행되어야 한다.

산업

1, 2, 3차 산업혁명

독일의 철학자 헤겔은 일정 수준의 양적 변화가 누적되면 어느 순간 질적 변화가 이루어지면서 기존과는 전혀 다른 형태의 발전이 이루어진다고 주장했다. 이처럼 산업 전반에 걸쳐 근본적인 변화를 창출한 질적 변화를 가리켜 산업혁명이라고 부른다. 이러한 질적 변화는 인류 역사상 총 네 번에 걸쳐 이루어졌다.

1차 산업혁명은 18세기 후반 영국에서 증기기관 발명으로부터 시작되었다. 당시 유럽의 중요한 산업 중 하나가 면직물 공업이었는데, 증기를 이용해 천을 짜는 방적 기술을 개발하여 생산활동을 효율화했다. 증기기관은 기차나 배에도 사용되면서 대량의 물건을 빠르게 이동시켜 국가 간 운송 물류 및 무역을 활성화시켰다. 1차 산업혁명 이후 제품 대량 생산을 위한 공장이 만들어지고 돈을 벌기 위한 노동력이 몰려들면서 도시의 근대화가 이루어졌다.

2차 산업혁명의 핵심은 석유와 전기의 사용이었다. 석유를 활용한 다양한 생필품이 등장했고 석유를 원료로 한 내연기관은 증기기관을 대체하며 이동 효율을 더욱 높였다. 또한 공장에 공급된 전기는 제조업을 중심으로 생산성을 획기적으로 향상시켰다. 특히 자동차 생산공정이 체계화되며 대량생산 체계를 구축하여 가격을 인하시켰고, 그에 따라 시장 수요 역시 폭발적으로 늘어났다.

3차 산업혁명은 20세기 후반 컴퓨터를 활용한 정보화 시스템이 확산되면서 진행되었다. 특히 인터넷 기반의 정보통신 기술이 전 세계를 하나의 가상 공간 안에 연결하면서 새로운 형태의 네트워크를 형성시켰다. 한때 미국 실리콘 밸리를 중심으로 한 디지털과 온라인 서비스는 전 세계로 뻗어나가면서 크게 성장했으며 디지털 기술의 성장을 앞당겼다. 3차 산업혁명이라는 단어를 정의한 미국 경제학자 제레미 리프킨은, 인류가 더 광범위하면서도 더 빠르게 수평적 커뮤니케이션을 할 수 있게 된 것은 인터넷이 있었기에 가능했다고 말했다. 그는 정보통신 기술 이외에도 신 재생에너지 분야 역시 3차 산업혁명의 산출물이라고 생각했다. 오랜 인류 역사 이래 18세기부터 현재까지 약 300년의 시간 동안 인류에게는 세 번의 급진적인 질적 변화가 일어난 것이다.

세탁기

빨래를 손으로 직접 해본 사람은 손빨래에 들어가는 시간과 노동력이 얼마나 많은지 알 것이다. 수도 시설이 제대로 갖추어지지 않았던 과거에는 더욱 그랬다. 빨래하기 위해 무거운 빨래 더미를 우물가로 가져가 무거운 방망이로 쉴새 없이 내리치고 이를 다시 물에 헹구는 작업을 반복했다. 그리고 젖은 빨래를 일일이 손으로 짜고 집으로 가져와 뜨거운 물에 삶고 이를 다시 널어놓기까지 수많은 작업을 거쳐야 했다. 특히 겨울에는 차가운 물에 손을 담가야 하는 고통까지 참아야 했으니, 아마도 여성에게 있어 가장 강도 높은 가사노동은 빨래였을 것이다.

현대적인 개념의 세탁기는 19세기에 이르러 등장하게 되었다. 1874년 미국인 윌리엄 블랙스톤이 아내의 생일선물로 수동세탁기를 만든 것이 각종 박람회 등을 통해 알려지게 된 것이다. 이후 1908년에는 전기세탁기가, 1911년에는 자동세탁기가 등장하게 되었다. 그리고 캐나다에서 모터를 금속 틀에 씌워 감전 위험을 줄이면서 빨랫감을 휘저어 섞는 방식의 세탁기를 선보이면서 일반 가정에서도 세탁기를 본격적으로 사용하기 시작했다. 그때부터 세탁기는 발전에 발전을 거듭하면서 오늘날에 이르렀다. 우리나라에서는 1969년 금성사(현 LG전자)에서 처음 세탁기를 선보였는데, 당시 광고문구는 "빨래는 백조 세탁기에 맡기시고 여유 있는 현대 가정을 가꾸어보지 않으시겠습니까?"였다고 한다.

1940년대 미국 농촌 전력화 사업청이 조사한 바에 따르면, 전기세탁기가 도입된 이후 17kg 분량의 세탁물을 빨래하는 데 드는 시간이 4시간에서 41분으로 거의 6배나 줄어들었다고 한다. 여성이 빨래 같은 지루하고 힘겨운 가사노동에서 해방되면서 더 많은 시간을 자신을 위해 투자할 수 있게 되었다. 아이들과 더 많은 시간을 보내고, 자기계발을 위해 공부도 하고, 다른 일을 찾아 집 밖으로 나설 수 있게 되었다. 이를 통해 여성의 사회적 지위가 올라가면서 가족 내에서의 위치는 물론이고 고용시장, 더 나아가 사회 전체가 크게 바뀌게 되었다. 그래서 2009년 로마교황청 기관지에서는 20세기 여성 해방의 1등 공신으로 세탁기를 선정하기도 했다. 또 경제학자이자 영국 케임브리지 대학의 장하준 교수는 "세탁기는 20세기 디지털 시대를 이끈 인터넷보다 세상을 더 많이 변화시킨 발명품"이라고 말했다.

4차 산업혁명 (1)

4차 산업혁명이라는 단어는 2016년 1월, 스위스 세계경제포럼에서 처음 언급되었다. 그 이후로 4차 산업혁명을 어떻게 정의할 것인가에 대한 다양한 견해들이 제시되었을 뿐 모두가 합의하는 개념을 이끌어내지는 못했다. 단, 공통되는 부분을 정리해보면 디지털, 정보통신 혁명으로 이야기되는 3차 산업혁명을 기반으로 하여 혁신적인 신기술이 결합된 변화 정도로 정리할 수 있다.

4차 산업의 시작은 독일의 인더스트리(Industry) 4.0에서 시작된 것으로 알려져 있다. 제조 산업이 발달한 독일이 정보통신(ICT) 기술을 융합해 생산성과 효율성을 극대화하는 스마트팩토리(Smart Factory)로의 전환을 추구했는데, 이러한 변화가 4차 산업혁명의 싹을 틔웠다고 알려져 있다. 특히 4차 산업혁명은 기존의 단순 프로그래밍된 수동적인 전자기기들이 실시간으로 데이터를 주고받으며 인공지능의 분석을 통해 개인에 맞는 최적화된 솔루션을 찾아내는 등 능동적인 기능이 강조되는 방향으로 변화될 것으로 보인다. 이처럼 다양한 기술혁신들을 통해 형성될 4차 산업혁명 속 미래의 삶은 초연결화와 초지능화로 요약될 수 있다.

초연결화는 사람, 사물, 공간 등 모든 것들이 인터넷으로 연결되며 그 데이터가 생성, 수집, 공유되어 새로운 정보로 활용되는 상황을 의미한다. 이러한 초연결화를 통해 오프라인과 온라인이 융합하며 제조뿐 아니라 유통, 의료, 교육 등에서도 더욱 폭넓게 활용될 것으로 예상된다. 초연결화를 통해 얻게 된 빅데이터는 기계학습 등을 통해 초지능화 부문까지 그 활용 영역을 넓힐 수 있게 된다. 초지능화 시대에는 기본적인 체계나 법칙이 있는 회계, 재무, 제조, 교통, 콜센터 등 다양한 산업 분야에서 상당수의 AI나 로봇이 사람의 역할을 대체할 것으로 전망된다. 실제로 이미 AI가 고객의 전화를 받아 영화나 식당 예약을 처리하고 금융활동 데이터 분석을 통해 개인 맞춤형 상품을 추천하는 등 우리의 일상으로 하나씩 자리 잡고 있다.

약 100년이 소요되었던 1차 산업혁명은 70여 년 만에 2차 산업혁명으로, 40여 년 만에 3차 산업혁명으로 이끌었다. 이후 더욱 빠른 속도로 발전한 신기술은 어느새 네 번째 산업혁명의 문을 열고 있다. 이후 4차 산업혁명이 어떻게 전개될지는 아무도 모르지만, 분명한 것은 기존의 세 차례 산업혁명과는 비교도 할 수 없을 정도로 더 넓은 영역에서 더 빠른 속도로 우리의 일상을 바꾸어놓을 것이라는 점이다.

1월
2주

금과 은의 역사

금은 생활에 사용되는 실용적 금속은 아니지만, 장식품으로써 세공이 쉽고 녹슬지 않으며 귀하기 때문에 인류 경제활동 이래 가장 가치 있는 금속으로 인정받게 되었다. 중세시대 대항해시대를 이끌었던 동인 중에도 아시아와 아메리카 지역에 넘쳐난다는 황금이 있었다. 당시 유럽 사람들은 아시아와 아프리카에 금이 흐르는 강이 있다고 믿을 정도로 신대륙 개척을 통한 금 확보에 전력을 기울였다. 이처럼 대륙 간 이동을 통한 세계화의 역사 중심에는 금이 있었다.

금이 최초로 발견된 것은 기원전 7000~8000년 전으로 추정된다. 고대의 금은 자연에서 얻는 사금이 대부분이었기에 매우 귀했고, 사람들은 가장 반짝이는 금속인 금에 신성한 힘과 상징성이 깃들어 있다고 생각했다. 고대 이집트 왕들은 금을 태양과 같은 상징으로 생각했으며 신의 피부조차 금으로 되어 있다고 생각했다(실제로 투탕카멘의 피라미드에서 100㎏이 넘는 황금관과 마스크가 발견되기도 했다). 이후 로마 아우구스투스 황제는 금화를 로마의 공식 통화로 만들어 유통시켰으며, 중세시대에 이탈리아 피렌체에서 주조된 금화가 유럽 기축통화 역할을 하기도 했다. 이후 1816년 영국이 금본위제를 채택하면서 금은 세계적인 공식 화폐로 인정받게 되었으며, 세계대전 후 미국이 세계 패권을 잡고 나서도 미국 달러와 금 사이에 교환비율을 설정해 세계 경제통화 기준을 만들었다. 금은 이처럼 세계 경제의 중심 역할을 하면서 힘과 부의 상징이 되었다. 이밖에도 다른 금속으로 금을 만들고자 했던 오랜 기간의 연금술 연구는 각종 화학물질을 개발해내며 과학발전에 기여하기도 했다.

은은 금과 함께 화폐로 유통된 대표적인 금속으로 고대에는 오히려 은이 금보다 귀했다. 금은 사금 형태로 얻을 수 있었지만 은은 광석을 가공해야지만 얻을 수 있었기 때문이었다. 금이 태양을 상징했다면 은은 달을 상징했으며, 기원전 6, 7세기부터 금과 은은 통화수단으로 함께 사용되었던 것으로 알려져 있다. 은이 가장 활발하게 사용된 곳은 중세와 근대 유럽이다. 특히 중국 비단과 도자기를 사기 위해 유럽의 막대한 은이 중국으로 흘러 들어가자 이를 회수하고자 했던 영국과 갈등을 빚으면서 아편전쟁으로 이어지기도 했다.

이처럼 금과 은은 고대 로마시대 때부터 화폐 기능을 했으며 금광이 발견되면 은의 가치가 하락하고, 반대로 은광이 발견되면 금값이 하락하는 등 금과 은은 세계 경제 역사에 있어 서로 대체재와 보완재 기능을 하면서 세계 경제 활성화에 크게 기여했다.

인물

버나드 맨더빌

네덜란드 출생의 버나드 맨더빌(Bernard de Mandeville, 1670~1733)은 영국으로 건너가 의사와 도덕 사상가 활동을 하면서 많은 글을 썼다. 대중적으로는 그의 이름이 다소 생소하기도 하지만 '저축의 역설'을 이야기할 때 그는 빼놓지 않고 등장하는 인물이기도 하다. '저축의 역설'은 사람들이 소비를 줄이고 저축을 늘릴수록 경제활동이 둔화되면서 오히려 경제를 불황으로 몰고 갈 수 있다는 이야기이다. 다시 말해 개인적으로는 합리적인 선택이 국가 전체적으로는 불행할 수 있다는 말이다.

버나드 맨더빌이 활동하던 18세기 초 영국은 절대왕정 통치가 완화되고 상업과 금융이 발전하면서 많은 번영을 누렸다. 그렇지만 한편에서는 이기심과 탐욕으로 얼룩진 과도한 물질추구 현상이 사치와 낭비로 이어지면서 도덕적 가치를 훼손하고 있다는 비판의 목소리가 커져 갔다. 이에 사회적 분열을 막기 위해서라도 도덕적 쇄신은 반드시 필요하다는 주장이 점차 힘을 얻고 있었다.

하지만 맨더빌은 '개인의 악덕, 사회의 이익'이라는 부제가 붙은 그의 대표작 『꿀벌의 우화』(2014년 국내 출간)를 통해 사람들이 악덕이라고 생각하는 인간의 이기적인 본능이 오히려 국가를 부유하게 만드는 원동력이 된다고 주장했다. 그는 모두가 믿고 있던 도덕이나 기독교적인 믿음을 위선이라고 공격하면서 낡은 도덕적 가치에 맞추어 살아가다가는 경제가 폭망할 수도 있다고 말했다. 이처럼 그는 절약을 미덕으로 삼는 일반적인 경제 관념에 반대하며 소비가 결국 국가를 부강하게 만든다고 생각했다. 그가 악덕을 옹호한다고 생각한 나머지 사람들은 그의 이름을 따서 그를 '인간 악마(Man-Davil)'라고 부르기도 했다. 그렇지만 그의 사상은 훗날 애덤 스미스는 물론 케인스에까지 영향을 미치며 경제학의 사상적 뿌리가 되었다.

경제학

기회비용

"인생은 B와 D 사이의 C다."라는 말이 있다. 각각의 알파벳이 의미하는 바가 있는데 B는 탄생을 의미하는 'Birth'고, D는 죽음을 의미하는 'Death'다. 그렇다면 C는 무엇일까? C는 선택을 의미하는 'Choice'다. 이 말이 의미하는 바는 인생은 태어나서 죽을 때까지 선택의 연속이라는 것이다. 점심 메뉴를 고르는 것처럼 사소한 일에서부터 진로와 같이 인생에 중요한 일을 결정하는 것에 이르기까지 우리는 항상 선택의 기로에 놓여 있다.

우리가 항상 선택해야 하는 이유는 간단하다. 인간의 욕구는 끝이 없지만 우리가 가진 자원은 한정되어 있기 때문이다. 그래서 우리는 주어진 여러 대안의 편익과 비용을 분석하여 가장 적은 비용으로 가장 큰 편익을 얻을 수 있도록 합리적인 선택을 해야 한다. 이것이 바로 최소비용으로 최대효과를 얻으려는 경제원칙이기도 하다.

선택을 하면 포기도 해야 하는 것이 반드시 존재한다. 어떤 선택으로 인해 포기한 기회들 가운데 가장 큰 가치를 가지고 있는 것이 바로 '기회비용'이다. 예를 들어 1만 원과 5,000원, 1,000원짜리 지폐 중 하나를 가져가야 하는 상황을 가정해보자. 대부분의 사람들은 가치가 가장 높은 1만 원을 선택할 것이다. 1만 원을 선택함으로써 우리는 5,000원과 1,000원을 포기해야 하는데 이들 중 가치가 더 높은 5,000원이 바로 기회비용인 것이다.

합리적 선택을 위해서는 각각의 대안들의 기회비용을 잘 따져보고 기회비용을 최소화하는 방향으로 결정해야 한다. 아무리 좋아 보이는 대안이라도 기회비용이 너무 크다면 선택으로 인한 실질적 만족이 작아질 수밖에 없기 때문이다.

가격과 가치

지역마다 조금씩 다르지만, 현재 약 6,000원 하는 자장면 한 그릇이 30년 전에는 2,000원 수준이었다. 30년간 자장면 가격은 두 배가 되었지만, 자장면 한 그릇이라는 음식의 가치는 동일하다. 이처럼 가격과 가치는 명확히 다른 개념이다. 특히 투자의 관점에서 가격과 가치를 명확히 구분하는 것이 중요하다. 예컨대 비대면 IT 기술을 보유한 A라는 회사 주식이 주당 1만 원이라고 가정해보자. 현재 A 주식의 가격은 1만 원이며 가치 역시 1만 원으로 평가받고 있어 현재 시점에서의 가격과 가치는 동일하다고 평가할 수 있다. 그러나 코로나 19 같은 환경 변화로 조만간 A 회사 매출이 급성장해 크게 늘어날 것으로 예상된다면 미래 가격은 훨씬 높아질 잠재적 가치를 보유한다고 설명할 수 있다. 투자는 이처럼 투자 대상의 현재 가격과 미래 가치의 GAP*을 인지하는 것부터 시작된다. 따라서 투자 대상의 현재 가격이 적정한 가격인지, 고평가 또는 저평가되었는지를 알아야 하며 이를 알기 위한 공부가 필요하다. 그래서 부동산 투자를 고려할 때는 교통이나 학군, 개발 이슈 등을 근거로 다른 지역과 비교하기도 하고 주식시장에서는 유사 주식들과 비교할 수 있는 PER(주가수익비율)**, PBR(주가순자산비율)*** 등 다양한 지표들을 통해 분석하고 비교하기도 한다. 그러나 우리는 종종 가격과 가치를 혼동하거나 구분하기 어려운 상황에 놓이기도 한다. 가격과 가치의 괴리로 인한 경제적 현상을 설명할 때 대표적으로 언급되는 사례가 17세기 튤립 광풍이다. 중세 네덜란드의 튤립 구근 하나가 우리나라 돈으로 1억 원을 상회해도 사람들은 몰려들어 구매했었다. 그러나 심리적 거품을 거두고 난 튤립의 실제 가치는 고점 대비 90% 이상 하락함으로써 많은 투자자는 손실을 보게 되었다. 증시 격언 중에 "내가 거품 안에 있을 때는 거품이 보이지 않는다."라는 말이 있다. 이 말처럼 거품이 당연하다고 생각되면 거품 밖에 있는 사람들의 진지한 충고도 흘려보내고, 결국 거품 밖으로 나오고 나서야 그것이 거품이었음을 깨닫게 된다. 이러한 실수를 막기 위해서는 가격과 가치에 대해 객관적으로 생각하고 꼼꼼히 살펴볼 필요가 있다.

---

* 주가가 갑자기 폭등하거나 폭락함으로써 나타나는 차트상의 빈 공간을 말한다. 돌발적인 악재나 뜻하지 않은 호재로 전날 가장 낮은 가격보다 더 하락하거나 최고가보다 더 오를 때 발생한다.
** PER: 주가를 주당순이익으로 나눈 것으로 현 주가의 고평가, 저평가를 판단하는 기준이 되는 지표
*** PBR: 주가를 주당순자산으로 나눈 것으로 해당 기업이 보유한 자산을 평가하는 것으로 PER과 마찬가지로 주가의 평가 기준으로 활용되는 지표

산업

4차 산업혁명 (2)

영국에서 시작된 증기기관 기반의 기계화 혁명인 1차 산업혁명, 석유와 전기를 활용해 본격적인 대량 생산을 시작한 2차 산업혁명, 그리고 컴퓨터와 인터넷으로 대표되는 지식정보혁명인 3차 산업혁명처럼 4차 산업혁명의 특징을 구체적으로 정의하는 것은 쉬운 일이 아니다. 1~3차 산업혁명은 각 단계가 끝난 이후에 이를 관통하는 특징을 찾아냈지만, 현재 우리는 4차 산업혁명의 한가운데 서 있으면서 이러한 특징을 찾아내려 하기 때문이다.

우리는 이제 겨우 4차 산업혁명의 초입에 위치해 있다. 앞으로 4차 산업혁명이 어떻게 진화해나갈지는 아무도 모른다. 이런 상태에서 4차 산업혁명을 정의한다는 것은 마치 장님 코끼리 말하듯 하는 것과 다름없다. 즉 사물의 일부를 보고 그것이 전부인 것처럼 착각할 수도 있다는 것이다. 현시점에서 4차 산업혁명을 이해하기 위한 최선의 방법은 4차 산업혁명을 대표하는 기술들인 사물인터넷(IoT), 인공지능(AI), 가상현실(VR), 빅데이터, 3D 프린팅, 그리고 자율주행차 등에 대해 알아보고 이를 바탕으로 미래를 예측해보는 것이다. 각각의 특징에 대해 알아보도록 하자.

- **사물인터넷**(IoT, Internet of Things) : 냉장고, 세탁기 등 세상의 모든 사물을 네트워크로 연결해 사람과 사물, 사물과 사물 간 소통할 수 있도록 해주는 기술
- **인공지능**(AI, Artificial Intelligence) : 인간의 학습 능력과 추론 능력, 그리고 문제 해결 능력 등 그동안 인간만이 할 수 있다고 생각했던 것들을 컴퓨터가 모방할 수 있도록 프로그램을 실현한 기술
- **가상현실**(VR, Virtual Reality) : 특정한 환경이나 상황을 컴퓨터로 구현해 사람이 실제와 같이 체험할 수 있도록 만든 기술
- **빅데이터** : 대용량 정보를 분석하여 의미 있는 정보를 추출하고 이를 바탕으로 능동적으로 대응하거나 변화를 예측하는 기술
- **3D 프린팅** : 3차원 설계도를 바탕으로 입체적인 물건을 만드는 기술
- **자율주행차** : 운전자의 조작 없이도 스스로 도로 상황 등을 파악해 목적지까지 안전하게 주행하는 자동차

나침반

나침반은 화약, 종이와 함께 중국의 3대 발명품 중 하나이다. 북쪽과 남쪽을 가리키는 자침의 성질을 이용하여 방향을 알려주는 나침반은 바다를 항해하는 선원들에게 생명 같은 소중한 장비이다. 망망대해(茫茫大海)를 항해하기 위해서는 정확한 방향으로 나아가는 것이 매우 중요하기 때문이다. 물론 나침반이 없던 시절 바다에서는 방향을 알기 위해 태양이나 별자리를 관측하거나, 계절에 따라 바뀌는 바람의 방향을 통해 방향을 가늠할 수 있었다. 하지만 자연현상을 통해 방향을 알기까지는 상당한 경험이 필요한 데다 날씨가 흐리거나 안개 낀 날은 이마저도 불가능했다. 그래서 배를 타고 나아갈 수 있는 거리는 지극히 제한적일 수밖에 없었다.

나침반이 처음 사용된 시기를 BC 2600년경 황제시대 때라고 주장하기도 한다. 이때 항상 남쪽의 방향을 알려주는 물건에 대한 이야기가 처음 등장하는데 일부에서는 이 물건을 나침반이라고 주장하기 때문이다. 그러나 기원전 4세기에야 비로소 나침반이 사용되었다고 추정하는 것이 일반적이다. 이 당시 쓰여진 '귀곡자'에 보면 길을 잃지 않기 위해 '사남'을 사용했다는 이야기가 등장하는데 이 '사남'이 바로 최초의 나침반이라는 것이다.

이후 11세기 송나라 때부터 나침반은 본격적으로 항해에 사용되기 시작하면서 항해 기술의 획기적인 발전을 가져왔다. 명나라 때는 황제로부터 서역으로 가는 바닷길을 개척하라는 명을 받은 정화가 함대를 이끌고 대원정을 떠나게 된다. 1405~1433년까지 일곱 차례에 걸쳐 동남아시아와 인도를 거쳐 동아프리카까지 항해한 정화의 함대는 나침반과 견성판으로 방위를 재고 물시계로 배의 속력을 계산하면서 장거리 항해를 했다고 한다.

이후 중국에서 발명된 나침반은 아랍인들에 의해 유럽에 전파되었고 이때부터 유럽인들은 지중해를 넘어 대서양과 태평양으로 자유롭게 나아갈 수 있게 되었다. 15세기부터 18세기에 걸친 대항해시대를 통해 유럽인들은 세계 곳곳을 누비고 다녔다. 이를 통해 중국과의 본격적인 무역이 시작되면서 동서양 문명이 활발히 교류하게 되었을 뿐만 아니라 아메리카 대륙을 발견함으로써 오늘날의 미국이 탄생하게 된 것이다.

오픈뱅킹

오픈뱅킹은 조회나 이체 등 은행의 핵심 금융 서비스를 표준화된 형태로 개방하여 은행은 물론 핀테크 기업도 공동으로 이용할 수 있도록 만든 공동결제 시스템이다. 과거에는 A 은행의 계좌에 있는 정보를 조회하거나 돈을 이체하기 위해서 A 은행의 전용 앱을 설치해야만 했다. 하지만 오픈뱅킹 서비스가 시행된 이후에는 다른 은행이나 핀테크 기업의 앱을 통해서도 A 은행의 계좌에 있는 잔액을 조회하고 이체도 가능해진 것이다. 하나의 앱을 통해서 모든 은행의 계좌를 관리할 수 있게 된 만큼 고객의 입장에서는 더욱 편리해진 셈이다.

과거에 토스와 카카오페이, 뱅크샐러드 등 핀테크 기업들은 개별 이용협약이 체결된 은행만 서비스가 가능했고, 또 높은 이용 수수료를 부담해야 했기 때문에 시장 진입장벽이 높은 편이었다. 하지만 오픈뱅킹 서비스가 도입됨에 따라 고객 정보 보안을 위한 시스템만 잘 구축한다면 누구든지 쉽게 은행권 정보와 연계된 다양한 금융 서비스를 제공할 수 있게 됨에 따라 혁신적인 서비스를 출시할 수 있게 된 것이다.

은행 입장에서도 오픈뱅킹을 통해 기존 고객을 대상으로 한 마케팅 활동에서 벗어나 전 국민을 대상으로 한 종합금융 플랫폼으로 성장할 수 있는 발판을 마련했다. 또한 다양한 채널을 통해 신규고객 획득 및 유지, 새로운 서비스 및 금융상품 개발 등을 통해 은행과 금융 산업 전반에 대한 경쟁력을 높이는 계기가 될 것으로 기대된다.

1월

3주

로마 황제와 인플레이션

"모든 길은 로마로 통한다." 이 유명한 고사성어가 보여주듯이 로마는 고대 서양 역사와 사회 전 분야에 걸쳐 가장 발전한 나라이자 막강한 군사력을 보유했던 대제국이었다. 특히 이탈리아반도를 통일한 후 지중해로 진출한 로마는 당시 지중해 패권을 차지하고 있던 카르타고와의 세 차례에 걸친 포에니 전쟁에서 승리함으로써 지중해 해상권을 기반으로 엄청난 부(富)를 쌓게 되었다. 나아가 많은 주변국과의 활발한 교역 중심지로 오랜 기간 성장했다.

이때 로마에서는 은화가 주요 통화수단으로 사용되었다. 수요와 공급에 따라 생산 유통되던 은화는 아우구스투스 황제 때 이르러 제국을 더 크게 확장하는 데 엄청난 재정이 필요해지자 더 많은 은화를 생산하게 되었다. 그렇게 시장에 많은 은화가 유통되자 자연스럽게 은화의 가치는 떨어졌고 역사상 최초의 인플레이션이 발생했다.

예를 들어 이전에는 은화 1개로 사과 10개를 살 수 있었다면 은화 생산량이 늘어나면서 이제 사과 10개를 구입하기 위해 은화 2개가 필요하게 된 것이다. 이런 인플레이션 속에서 로마 주거래 통화였던 은화는 우여곡절을 겪게 되었다. 당시는 지금과 같은 지폐가 아닌 금이나 은 같은 금속화폐를 사용했기 때문에 무한정 화폐를 만들어낼 수 없었다. 폭군으로 불리는 네로 황제 때 이르러서는 무자비한 징수에 조세 저항을 불러일으켰고, 이에 네로 황제는 재정 확충을 위해 '데리나우스'라고 불리던 은화의 은 함유량을 10% 줄여 시장에 유통시켰다. 한마디로 국가가 은 함유량이 적은 위조 은화를 만들어낸 것이다.

그 후로도 은의 함유량은 지속적으로 줄어들어 나중에는 5% 수준까지 떨어졌다. 그런데도 로마 정부는 위조에 가까울 정도의 낮은 순도의 은화를 높은 순도의 은화와 동일한 가치로 인정해주었다. 사람들은 바보가 아닌 이상 높은 순도의 은은 개인적으로 보관하거나 은만 추출해서 팔았고, 어느새 시장에는 낮은 순도의 은, 가치가 낮은 은화만 유통될 뿐이었다.

경제의 기본인 화폐가 이처럼 제대로 역할을 하지 못하면서 물가는 계속 오르고 로마의 재정도 어려워지는 악순환이 반복되었다. 로마 멸망의 원인에 대해서는 많은 추측과 견해가 있지만, 경제의 근간이 약해진 것 역시 주요한 원인 중 하나로 꼽을 수 있다.

인물

프랑수아 케네

프랑수아 케네(François Quesnay, 1694~1774)는 프랑스의 의사이자 경제학자였다. 농부의 아들로 태어나 순환계통의 외과 의사가 된 케네는 국왕 루이 15세의 총애를 받던 성공한 의사였다. 50대 이후 경제학에 관심을 갖기 시작한 그는 60대에 그의 대표작 『경제표』 (2014년 국내 출간)를 집필했다.

유명한 중농주의자인 케네의 사상은 "농업은 국부의 원천이다."라는 말로 잘 요약된다. 애덤 스미스보다 먼저 자유방임주의를 주창했던 케네는 당시 경제학계의 선구자였다. 그는 자신의 전공 분야인 순환계통의 의학지식에서 아이디어를 얻어 『경제표』를 썼다.

당시 사람들은 혈액은 심장에서 나와 몸의 각 기관에 흡수되는 일방통행이라고 생각했지만, 영국의 윌리엄 하비는 혈액은 심장에서 나간 피가 온몸을 돌아 다시 심장으로 돌아온다는 혈액순환설을 주장했다. 여기서 영감을 얻은 케네는 부(富)도 혈액처럼 순환한다고 생각했고, 혈액의 순환에 빗대어 경제의 순환을 설명한 최초의 과학적 경제서를 완성한 것이다.

이 책에서 그는 사회 구성을 생산 계급(부의 원천이자 유일한 생산자인 농민), 지주 계급(지배계층), 비생산 계급(농업 이외의 종사로)으로 나누고 이들 사이에서 어떻게 자본이 순환하는지를 보여주었다.

하지만 케네는 변화하는 시대적 흐름을 제대로 파악하지 못하는 오류를 범하게 되었다. 경제의 중심축이 농업에서 상업으로 이동하고 있었지만, 그는 이러한 흐름을 간과해 농업이 계속해서 경제의 핵심이 될 것이라고 생각했고, 이로 인해 중농주의학파의 거두였던 그는 점차 사람들의 기억 속에서 잊히게 되었다.

인플레이션

인플레이션이란, 화폐가치가 하락하면서 물가가 지속적으로 오르는 현상을 말한다. 인플레이션의 원인은 다양하지만 크게 수요견인 인플레이션과 비용상승 인플레이션으로 나눌 수 있다.

수요견인 인플레이션은 경제가 성장하는 과정에서 소득이 늘면서 상품과 서비스에 대한 수요도 늘어나게 되는데, 공급이 이를 받쳐주지 못해 물가가 오르는 현상이다.

고전학파와 통화주의학파는 과도한 통화량 증가를 인플레이션의 원인으로 파악하고 있다. 통화주의 이론의 창시자 밀턴 프리드먼은 "인플레이션은 시대와 장소를 막론하고 화폐적 현상이다."라고 말한 바 있다. 그래서 이들은 통화량 증가율을 경제성장률에 맞추어 매년 일정하게 유지하도록 하는 준칙주의를 주장한다.

반면 케인스학파의 경우 인플레이션을 정부지출 등 실물 부분의 수요 증가를 그 원인으로 파악하고 있다. 이들은 통화량이 일정하다 할지라도 정부가 경기를 부양하기 위해 지출을 늘린다거나 기업이 투자를 늘리는 등 경제 주체들의 소비가 활발해지면 인플레이션이 발생한다고 주장했다. 이렇듯 소비나 투자가 증가함에 따라 발생하는 인플레이션의 경우는 경기가 호황일 때 주로 발생하기 때문에 어느 정도의 인플레이션은 불가피하다고 생각한다. 그러나 경기가 점점 과열됨에 따라 인플레이션 상승률이 증가한다면, 이를 억제하기 위해 총수요를 억제하는 정책이 필요하다고 주장한다. 이를 위해 정부는 세율을 높여 세금을 더 많이 거두고 정부지출을 감소시킴으로써 긴축재정정책을 시행하는 등의 방법을 사용한다.

수요견인 인플레이션이 수요측 요인이라면 비용상승 인플레이션은 원자재 가격 상승이나 임금인상 등 생산원가가 증가함에 따라 총공급이 감소하면서 발생한다. 그러나 비용상승 인플레이션은 비용상승에 따른 물가상승으로 소비가 위축되면서 경기침체가 동반되는, 이른바 스태그플레이션*으로 발전할 수도 있어 위험하다.

인플레이션이 발생하면 현금을 가진 사람은 손해를 보는 반면, 부동산 등 실물 자산을 가진 사람은 이득을 본다. 물가상승으로 인해 화폐가치가 지속적으로 떨어지기 때문이다. 그래서 오히려 돈을 빌린 채무자의 입장에서도 좋다. 화폐가치가 하락한 만큼 빚에 대한 부담감이 줄어들기 때문이다.

* 경제불황 속에서 물가상승이 동시에 발생하고 있는 상태

바이블처럼 여겨지는 증시 격언 중에는 "계란을 한 바구니에 담지 마라."라는 유명한 말이 있다. 한곳에 몰아 집중투자하기보다 리스크를 줄이라는 의미이다. 특히 지금과 같이 하루가 다르게 변화하는 시대에는 어느 순간 어떤 위험이 발생할지 모르기 때문에 분산투자를 해야 한다는 전문가들의 조언을 어렵지 않게 들을 수 있다. 그런데 단순히 포트를 나누어 담는다고 해서 분산투자라고 할 수는 없다. 분산투자를 할 때도 몇 가지 생각해야 할 부분이 있다.

첫째, 나누어 담는 바구니들이 상호 관련성이 없거나 반대여야 한다는 것이다. 예를 들어 주식 분산투자를 위해 A라는 반도체 회사, B라는 반도체 회사 주식에 투자하는 것은 분산투자라고 할 수 없다. 왜냐하면 같은 산업 내에서 동일한 환경 변화를 겪고 유사한 주가 패턴을 보일 가능성이 높기 때문이다. 따라서 주식 종목을 고를 때도 상호 관련성이 낮거나 대체재 성격이 있는 종목을 골라 분산투자하는 것이 리스크를 줄이는 데 도움이 된다.

둘째, 효과적인 분산투자를 위해서는 통장에 넣는 현금 보유도 일종의 투자라는 생각을 가지고 현금과 투자자금 사이의 비중 조정을 통해 시장 변화에 흔들리지 않도록 해야 한다. 그래야 지속적인 투자가 가능하다.

셋째, 위험도를 고려한 분산투자가 되어야 한다. 투자상품은 리스크 수준에 따라 위험도 등급이 나누어져 있으며 '하이 리스크, 하이 리턴'이라는 말처럼 기대수익이 큰 만큼 리스크도 크다. 따라서 고위험 상품에서 일부 손실이 발생하더라도 안전성 높은 상품의 수익으로 투자할 수 있는 여력을 회복할 수 있을 만큼 투자상품 간 분배하는 투자가 보다 현명한 방법이다.

그러나 분산투자에 대한 회의적인 시각도 존재한다. 워런 버핏은 "분산투자는 무지에 대한 보호막일 뿐"이라며 될 만한 한곳에 집중투자하는 것이 경제적 이익을 창출하는 가장 좋은 방법이라고 강조했다. 즉 분산투자를 하는 사람은 자신이 투자한 종목에 대해 충분히 공부하지 않아 리스크를 분산시킨다는 의미이다. 실제로 그는 본인이 설립한 버크셔 해서웨이의 전체 포트폴리오 중 43% 이상을 애플에 투자하고 있다. 버핏은 애플이 지속가능한 경쟁력이 있어 성장할 것으로 내다보고 이러한 전략을 추구했다. 분산투자와 집중투자 중 어느 것이 수익을 가져다줄지는 투자자의 운과 실력, 성향에 따라 다를 수 있겠지만 지속적인 학습과 재정 상황을 고려한 투자방법 선택이 선행되어야 한다.

산업

주도산업의 변화 (1)

산업혁명이 있기 전의 산업은 농업과 목축업, 가내수공업 정도의 미미한 수준에 머물러 있었다. 그러나 영국을 중심으로 1차 산업혁명이 이루어지면서 인류는 그동안 경험해 보지 못한 기술과 힘에 매료되었고 사람들은 변화의 중심지로 몰려들게 되었다. 이러한 인류의 이동과 생각의 전환은 끊임없이 발전하면서 기존에 생각지도 못했던 산업을 만들고 확산시켜 나갔다. 이렇게 세 번의 산업혁명과 사회·문화적 변화가 거듭되면서 세계를 이끈 주도산업 역시 산업혁명의 발원 기술에 따라 함께 변화했다. 그리고 이러한 산업의 변화는 다우지수나 S&P500지수에 편입된 종목들의 변화로 나타났다.

1884년에 처음 발표된 다우지수의 경우 미국과 유럽을 중심으로 한 제조업과 물류 인프라 산업이 확대되면서 철강, 석유, 섬유, 철도 등의 기업들이 주 종목으로 포함되었다. 그러나 1900년 중후반에 이르러 마이크로소프트, 애플, 인텔 등의 IT 기업들이 컴퓨터 대중화를 통한 기반 인프라 확산과 업무 효율화 툴로써 각광을 받으며 지수에 편입되었고, 2000년대에 들어서서 금융과 의료기업들이 다우지수에 편입되었다. 이러한 변화의 흐름에 탑승하지 못한 회사들은 자연히 도태되었다.

2004년에는 한때 세계 필름 시장을 주도했던 코닥이 디지털카메라 등장 이후 사라졌고, 2018년에는 원년 멤버이자 세계 경제사에 한 획을 그었던 GE마저 퇴출당했다. 현재(2020년 기준) 다우지수 구성 종목을 보면 금융, 서비스, 기술, 헬스케어 회사들이 고르게 포진되어 있다. 이러한 주도산업의 변화 주기는 점점 더 빨라지며 글로벌 브랜드 순위도 계속 바뀌었다. 브랜드 컨설팅 그룹인 인터브랜드의 2018년 글로벌 브랜드 가치 상위 10개사 순위를 보면 코카콜라, 토요타, 맥도날드, 벤츠를 제외한 애플, 구글, 아마존, 마이크로소프트, 삼성, 페이스북 모두 IT 기업이며 대표적인 IT 기술과 상품, 플랫폼을 보유한 업체들이다.

또한 전통 산업으로도 분류할 수 있는 토요타나 벤츠 등 자동차업체들도 최근 사물인터넷(IoT, Internet of Things) 기반의 IT 기술이나 전기차로 전환하는 기술 확보가 핵심 경쟁력으로 떠오르면서 새로운 기술 기업으로 진화하고 있다. 이와 같은 변화는 산업간 장벽을 허물며 새로운 구도의 경쟁 체계를 구축하고 있다.

코카콜라

코카콜라는 미국의 손길이 닿지 않는 북한과 쿠바를 제외하고 전 세계 200여 개 국가에서 판매되고 있는 음료로, 미국식 맛과 문화를 전파하는 역할을 톡톡히 해왔다. 미국 자본주의의 상징과도 같은 코카콜라는 공산주의가 무너지기 전에 가장 먼저 들어가 풍요로움에 대한 동경을 일으키는 데 커다란 공을 세운 상품이기도 하다. 그래서 마오쩌둥은 코카콜라를 '자본주의의 아편'이라고 부르기도 했다.

코카콜라는 1886년 약제사로 일하던 존 팸버튼이 코카나무 잎에서 추출한 코차인과 콜라나무 열매에서 추출한 카페인, 그리고 설탕 등을 섞어 만든 음료이다. 주원료인 코카나무와 콜라나무의 이름을 따서 '코카콜라'라고 불리게 된 것이다. 그러나 코카콜라를 대중화시킨 사람은 1892년 2,300달러에 코카콜라 소유권을 확보한 아서 캔들러였다. 그는 코카콜라 컴퍼니를 창립하고 적극적인 프로모션을 통해 코카콜라를 대중들에게 알리기 시작했다.

코카콜라 하면 떠오르는 것이 바로 병의 디자인이다. 당시 코카콜라와 비슷한 제품이 시중에 넘쳐나게 되자, 1915년 코카콜라는 이들 제품과 차별점을 두기 위해 병 디자인을 공모했다. 이때 요구사항은 어두운 곳에서 만지거나 깨진 병 조각을 보더라도 코카콜라 병인지 알 수 있어야 한다는 것이었다. 이렇게 해서 코카콜라를 대표하는 트레이드 마크인 컨투어 병이 탄생하게 된 것이다. 이후 컨투어 병은 1950년 소비재로는 처음으로 시사 주간지 「타임」의 표지를 장식하기도 했는데, 컨투어 병에서 영감을 얻은 수많은 예술작가들이 이 병을 자신의 작품 소재로 사용하면서 코카콜라는 미국 대중문화의 상징으로 부상하게 되었다.

코카콜라의 제조법은 지금까지도 베일에 감추어져 있다. 소수의 이사진만이 그 비밀을 알고 있으며 제조법이 외부로 유출되는 것을 막기 위해 특허 출원도 하지 않고 있어 많은 사람의 궁금증을 자아내고 있다. 물론 과학자들의 노력 끝에 코카콜라의 성분이 밝혀지기는 했지만, 배합 순서와 같은 정확한 제조법을 몰라 우리가 아는 코카콜라의 맛을 그대로 만드는 데는 실패했다. 한때 코카콜라 본사에서도 막대한 개발비를 투자해 새로운 맛의 코카콜라를 출시하기도 했지만, 소비자의 외면 속에서 결국 사라지고 말았다.

긱 이코노미

긱 이코노미(Gig Economy)는 기업이 필요에 따라 인력을 임시로 고용해서 쓰는 경제형태를 일컫는 용어이다. '긱(Gig)'은 원래 '일시적인 일'을 가리키는 말로, 1920년대 미국에서 재즈 공연의 인기가 높아지자 즉흥적으로 단기 공연팀들이 생겨난 데서 유래된 말이다. 물론 임시직이나 일용직이라는 용어로 조직에 소속되지 않은 채 자유롭게 근무하는 형태가 여전히 존재한다. 하지만 긱 이코노미는 스마트폰 앱 같은 IT 플랫폼을 통해 시간과 장소에 구애받지 않고 자신이 원하는 시기에만 일을 할 수 있다는 점에서 차이가 있다. 2015년 글로벌 컨설팅업체 매킨지는 긱 이코노미를 "디지털 장터에서 거래되는 기간제 근로"라고 정의하기도 했다.

대표적인 예가 개인 소유의 차량을 일반인이 택시처럼 이용할 수 있도록 스마트폰을 통해 연결해주는 우버(Uber)이다. 우버는 미국 시장 1위의 차량호출서비스 회사로 택시 기사를 소유하지 않은 택시 회사라고 볼 수 있다. 우버가 드라이버 모집을 위해 만들었던 광고 문구는 다음과 같다.

"교대 근무도 없고, 상사도 없으며, 근무상 어떠한 제약 조건도 없습니다(No shifts, no boss, no limits)." 이는 단적으로 긱 이코노미의 특징을 대변해주는 말이기도 하다. 우버의 드라이버로 일하고 싶은 사람은 누구나 자신이 원하는 시간에 플랫폼에 접속하고 자신이 일한 만큼의 수당을 챙겨가면 된다. 돈이 필요하면 더 많은 시간을 일할 수도 있고, 쉬고 싶을 때 언제든지 원하는 만큼 일을 쉴 수도 있다. 자신이 일하고 싶은 시간대나 기간을 자유롭게 선택할 수 있는 시간적 유연성이 바로 긱 이코노미의 핵심이다.

반면 긱 이코노미의 어두운 면도 분명 존재한다. 우버는 단지 차량과 기사를 연결해준 대가로 차량 이용자가 지불하는 비용의 일부를 중개 수수료 명목으로 떼어간다. 게다가 우버의 드라이버들은 회사에 소속된 노동자가 아니기 때문에 근로기준법상 개인사업자이므로 그들은 회사로부터 최저임금이나 4대 보험, 복리후생 등의 혜택을 요구할 수도 없다. 그리고 노동의 유연성으로 인해 대체로 소득이 불안정한 데다 승진이나 임금인상에 대한 기대가 없다 보니 일을 통해 자아를 발전시키고자 하는 욕구도 떨어지는 편이다. 이러한 단점들이 있음에도 불구하고 한 가지 확실한 것은 디지털 플랫폼이 다양해지면서 긱 이코노미의 규모는 계속 커질 것이라는 점이다.

1월
4주

위조화폐의 역사

현대에는 최첨단 기술기반의 디지털 금융 시스템이 정착되어 있지만, 위조지폐 사건 사고는 여전히 발생하고 있다. 그런데 정교한 감정 기술이 없었던 옛날에는 더 많은 위조 지폐가 사용되었을 거라는 사실을 쉽게 유추할 수 있다. 특히 종이로 만든 지폐가 유통되기 전에는 금, 은 같은 실물화폐가 유통되었기에 누구나 가짜화폐를 만들어 쓸 수 있어 시장에 유통되는 위조화폐는 더욱 많았다. 이에 동서를 막론하고 정부 지도자들은 시장 경제를 혼탁하게 만드는 위조화폐를 찾아내 근절시키고자 노력했다. 이 때문에 코페르니 쿠스, 아이작 뉴튼 같은 당대 최고 과학자들이 위조화폐를 막는 화폐 책임자로 활동하는 경우도 있었다. 아이작 뉴튼은 당시 금화나 은화의 가장자리를 깍아내지 못하도록 돈의 옆 테두리에 톱니바퀴 모양을 새겨넣어 화폐 위조를 방지했다.

위조화폐는 어느 특정 국가에 한정된 문제가 아니었다. 위조화폐와 관련하여 세계적으로 유명한 사건 사고들이 있는데, 그중 몇 가지만 이야기해보자.

아즈텍 제국은 중세 남아메리카에서 가장 융성했던 대제국으로 고도의 천문학 지식을 보유했고 건축기술도 뛰어났다. 당시 카카오 콩을 화폐로 쓰고 있었는데 카카오 콩은 아즈텍에서 직접 생산할 수 없는, 가치가 매우 높은 수입 물품이었다. 그런데 콩의 수확 량이 줄어들자 사람들은 진흙으로 카카오 콩 모양을 빚어 가짜 화폐로 위조해 유통했다는 기록이 남아 있다. 전쟁시에는 적국의 경제를 약화시키기 위해 위조화폐를 제작해 사회 혼란을 일으키는 전략을 쓰기도 했다. 1939년 일본 노보리토 연구소에서는 전쟁 중이던 중국 경제를 혼란에 빠뜨리기 위해 엄청난 규모의 위조 위안화를 만들었고, 독일은 2차 세계대전 당시 영국 경제를 무너뜨리기 위해 약 3년여에 걸쳐 만든 위조화폐 1억 3,200만 파운드를 영국 상공에서 뿌리기도 했다.

우리나라 역사에도 조선왕조실록을 보면 위폐에 대한 기록들이 나온다. 성종 때는 화폐 위조범을 고발한 자에게 면포 50필의 상금을 지급했다는 기록이 나오는데, 이듬해에는 사헌부가 '박효대'라는 사람을 화폐 위조죄로 신고했다는 내용이 나온다. 이에 성종이 명하길 화폐 위조는 사형이 적합하나 박효대의 처가 도둑을 잡은 공이 있어 감형하여 곤장 100대를 때리게 하고 관노에 영속했다는 기록이 남아 있다. 그 후 영조 때와 헌종 때도 사사로이 화폐를 제조한 위조범들을 사형시켰다는 기록이 있다. 이처럼 화폐 위조는 역사상 동서고금을 막론하고 정부가 나서서 엄하게 단속했으나 쉽게 근절되지 않았던 대표적인 범죄 중 하나였다.

장 바티스트 세이

프랑스 리옹의 상인 집안에서 태어난 장 바티스트 세이(Jean Baptiste Say, 1767~1832)는 아버지의 희망대로 사업가가 되기 위해 영국으로 경영 실습을 떠났다. 영국에서 돌아온 그는 보험회사원, 잡지사 편집자 등을 거쳐 나폴레옹 정부의 법제위원회 위원이 되었지만 1803년에 발표한 그의 대표작 『정치경제학개론』이 정부의 정책과는 맞지 않는다고 하여 사직하게 되었다.

'세이의 법칙'으로도 유명한 그의 사상은 고전학파 경제학자들이 주장하는 공급 중심의 경제정책에 있어 중요한 이론적 토대가 되고 있다. 그의 사상은 '공급이 스스로 수요를 창출한다.'로 요약될 수 있다. 하지만 그의 이론은 사람들이 생각하는 것처럼 시장에 물건을 만들어내기만 하면 알아서 팔린다는 의미는 아니다.

그는 사람들이 소비할 수 있는 이유로, 자신들이 만들어낸 재화가 시장에서 팔릴 거라 믿기 때문이라고 생각했다. 그래서 그들은 자신들에게 필요한 재화를 구매할 수 있는 것이다. 그렇지만 그들이 공급을 통해 창출하는 수요는 공급한 재화와는 전혀 다른 차원의 것이다. 예를 들어 빵 가게 주인은 빵을 만들어 시장에 공급하지만, 이를 통해 그가 창출하는 수요는 빵을 만들기 위해 필요한 재료와 가족을 부양하기 위해 필요한 생필품인 것이다.

세이에게 초과공급이란 단지 일시적인 현상이었다. 초과공급은 필연적으로 재화의 가격을 떨어지게 만들고 사람들은 가격이 떨어지는 재화에는 투자를 줄이게 된다. 동시에 한 재화의 초과공급은 다른 재화의 공급이 줄어들게 되는 결과를 일으킨다. 공급감소로 인해 초과수요가 발생하고 그 재화의 가격이 오르면서 사람들은 공급이 부족한 재화에 투자를 늘리게 된다. 세이는 결국 초과공급은 다른 재화에서의 초과수요에 의해 상쇄되기 때문에 시간이 지나면서 자연스럽게 해소된다고 보았다. 다시 말해 '공급이 스스로 수요를 창출한다.'라는 이론은 특정 재화가 아닌, 시장을 전체적인 흐름에서 보았을 때 성립하는 것이다.

세이는 공급을 중요시한 만큼 생산활동의 중심이 되는 기업가들의 역할도 중시했다. 그래서 이들의 활동을 활성화시키기 위해서 불필요한 규제를 줄이고 자유무역을 강조하는 한편 세율을 낮추어야 한다고 주장했다. 세이의 이러한 공급주의 철학은 훗날 규제 철폐와 조세 감면을 핵심으로 하는 신자유주의의 이론적 토대가 되었다.

규모의 경제

　기업의 규모가 커지면서 생산량이 늘고, 이에 따라 평균 생산비용이 감소하는 현상을 '규모의 경제'라고 한다. 규모의 경제에는 다양한 원인이 있을 수 있다. 먼저 생산량이 늘어날수록 노동자 입장에서는 업무가 숙달되고 이에 따라 생산성도 올라간다. 규모가 작은 중소기업의 경우 한 사람이 인사, 총무, 마케팅 등 다양한 업무를 수행해야 할 수도 있지만, 규모가 큰 기업에서는 각자 담당 분야에 집중할 수 있어 전문성이 높아진다. 그 외에도 규모가 어느 정도 되는 기업일수록 생산성을 높이기 위해 고가의 장비를 구입하는 것이 보다 수월하다. 이렇듯 다양한 원인이 존재하지만, 그중 가장 핵심적인 원인은 바로 생산량이 늘어남에 따라 제품 한 개당 부담해야 하는 고정비가 줄어든다는 것이다.

　생산비용은 크게 고정비와 변동비로 구성되어 있다. 고정비는 생산량과는 상관없이 발생하는 비용으로 만일 기업을 한 달 내내 운영하지 않더라도 발생하는 비용이다. 임대료나 대출이자, 보험료 등은 대표적인 고정비이다. 반면 변동비는 생산량에 따라 비례해서 늘어나는 비용으로 제품의 재료비, 전기세, 임금 등이 여기에 해당한다.

　빵 가게를 예로 들어보자. 이 가게에서 임대료 및 대출이자 등 매달 고정적으로 나가는 비용이 500만 원이다. 그리고 빵을 1개 만들 때마다 들어가는 비용이 500원이다. 그렇다면 이 가게에서 매월 5,000개의 빵을 생산한다면 빵 1개당 드는 평균 비용은 얼마일까? 먼저 빵 5,000개를 생산하는 데 드는 총비용을 알아보자. 고정비로 500만 원에 빵 1개당 500원씩 5,000개면 250만 원(500원×5,000개)이 추가적으로 들어 총비용은 750만 원(고정비 500만 원+변동비 250만 원)이 된다. 총비용 750만 원으로 5,000개를 나누면 개당 평균 비용은 1,500원이 된다. 그런데 만약 이 가게에서 생산하는 빵의 개수를 5,000개에서 1만 개로 2배 늘린다면 어떻게 될까? 고정비는 생산량과는 상관없는 비용이기 때문에 그대로지만, 변동비는 5,000개를 추가로 생산함에 따라 250만 원이 더 발생한다. 그래서 총비용은 기존 750만 원에 5,000개 추가생산에 따른 추가비용 250만 원을 더한 1,000만 원(고정비 500만 원+변동비 500만 원)이 된다. 1,000만 원을 1만 개로 나누면 개당 평균 비용은 1,000원이 된다. 생산량이 늘어남에 따라 개당 평균 비용이 줄어든 이유는 변동비는 500원으로 달라진 것이 없으나, 고정비 500만 원을 더 많은 제품(5,000개 → 1만 개)이 나누어서 부담했기 때문이다.

　그래서 자동차, 조선, 석유화학 등 대규모 설비장치가 필요한 산업의 경우 초기에 투입되는 고정비용이 크기 때문에 되도록 빨리 규모의 경제를 달성하는 것이 무엇보다 중요하다.

유의해야 할 투자 마인드

소수의 사람들을 볼 때 너무 위험한 것은 아닌지 걱정될 정도로 이해되지 않는 투자 모습을 보이는 경우가 있다. 투자를 결정하고 실행하기 위해서는 스스로 확신이 뒷받침되어야 하는 것은 맞지만, 그러한 생각이 지나치면 종종 큰 실패로 귀결되는 경우들이 있다. 행동경제학적 관점에서 그 원인들을 찾아볼 수 있다.

첫째, 확증 편향이다. 확증 편향은 보고 싶은 것만 보고, 듣고 싶은 것만 듣는다는 현상을 일컫는 말로 내가 투자한 종목에 대한 우호도가 높거나 확신이 강할 때 발생한다. 예를 들어 A라는 주식에 투자했을 때 A에 대한 우호적인 기사에는 크게 긍정하고 비판적인 기사에는 무시하거나 비난하는 생각을 갖는 것이다. 이런 확증 편향이 강하면 실제로 A 주가가 크게 하락해도 그 이유를 객관적으로 찾기보다는, 비록 주가는 하락했지만 주식을 보유하기로 한 자신의 결정을 지지해주는 뉴스를 찾으려고 하는 모습을 보인다.

둘째, 앵커링 효과이다. 워런 버핏은 2004년 버크셔 해서웨이 주주총회에서 "월마트 주식을 주당 약 23달러에 매수한 후 다시 하락할 때까지 기다리느라 100억 달러의 손실을 보았다."라고 말했다. 왜냐하면 처음에 매수한 23달러를 기준 삼아 다시 하락할 때까지 기다렸지만 그 이후 월마트 주가는 고공행진을 했기 때문이다. 이처럼 자신이 인지하고 있는 금액이 기준이 되어 앵커링(고정)되는 경우가 있는데 이를 앵커링 효과라고 한다.

셋째, 최신 트렌드를 쫓는 군중심리이다. 2017년 암호화폐가 여기에 해당한다. 많은 사람들이 실제 가치가 어떤지도 모르고 수익을 내고 있다는 정보와 심리적 압박감에 비이성적임을 알면서도 시장에 참여하는 경우이다. 코로나19 이후 비대면, 헬스케어 주에 대한 관심이 높아지고 있는데 기업에 대한 분석 없는 묻지마 투자를 하고 있다면 이 역시 군중심리에 근거한 투자에 해당한다고 볼 수 있다.

넷째, 돈을 잃을까 두려워 제대로 된 결정을 하지 못하는 손실 회피 편향이다. 성공적인 투자를 위해 가장 중요한 것 중 하나가 타이밍을 놓치지 않고 손실을 감수할지라도 과감하게 매도할 수 있는 의사결정이다. 그러나 손실 회피에 대한 두려움으로 보유하게 되면 작은 수익만 발생해도 매도하거나 '큰 손실이 발생해도 원금까지는 오르겠지' 하고 버티는 모습을 보인다. 이러한 성향은 충분한 수익을 낼 수 없게 만들거나 예상보다 더 큰 손실을 불러오기도 한다.

산업
주도산업의 변화 (2)

향후 어떤 산업들이 새로운 주도산업으로 자리매김할 수 있을까? 먼저 코로나 이후 비대면 서비스와 헬스케어 산업의 성장을 내다볼 수 있다. 실제로 우리나라는 2020년 코로나 팬데믹을 겪으면서 인터넷, e커머스 등의 비대면 수요가 증가하며 네이버, 카카오 같은 기업들의 주가가 크게 올랐고 게임주 주가도 상승세를 보이고 있다. 또한 사회적 거리두기 시행으로 음식 배달이나 택배 같은 주문 관련 업종의 고객 수요도 크게 늘었다. 거기에다 바이오 제약주들에 대한 기대감만큼 주가 역시 급등했는데, 특히 코로나19 진단키트의 글로벌 수요 확대로 관련 기업들과 코로나19 치료제 개발 제약사들이 주목을 받았다.

이처럼 코로나 팬데믹 이후 언택트 환경에 최적화된 빅테크*사와 헬스케어, 바이오제약** 기업들에 대한 기대가 높아지면서 우리나라뿐 아니라 새로운 글로벌 주도산업으로 자리 잡게 된 것이다. 저금리 경제 환경도 이와 같은 기업군들의 성장을 촉진시켰는데, 자금조달에 대한 금리부담이 완화됨으로써 현재의 매출이 아닌 미래 성장성을 중요시한 투자와 평가가 이루어지게 되었다. 이에 미국의 FAANG***, 중국의 BAT****와 같이 혁신적인 기술로 미래 성장가치가 높은 기업들이 관심을 받게 되었다. 특히 혁신적인 전기차 기술을 보유하고 있으며 스페이스 X 프로젝트로 유인 우주선을 보내 전 세계를 놀라게 했던 테슬라는, 이 세상 주식이 아니라는 평가를 받으며 한때 2020년 연초 대비 주가가 400% 이상 급등했고 S&P500지수 편입이 언급되기도 했다.

이처럼 주도산업은 코로나 팬데믹 사회와 환경적 이슈, 그로부터 파생된 글로벌 시장의 변화에 따라 빠르게 바뀌고 있다. 다시 말해 이는 새로운 투자 기회 및 고려 요인 역시 빠르게 변화하고 있음을 의미한다. 따라서 성공적인 투자를 위해 경제 서적을 읽는 독자라면 향후 성장하는 산업에 대해 꾸준히 관심을 갖고 변화의 흐름에 대한 안목을 높여야할 것이다.

---

*　대형 정보기술 기업 (네이버, 카카오 등)
**　이 두 산업을 명확하게 나누기는 어렵지만 헬스케어는 건강관리 및 증진중심 사업, 바이오제약은 치료와 진단 중심의 산업군으로 분류했다.
***　페이스북, 아마존, 애플, 넷플릭스, 구글의 앞글자를 모아 만든 단어
****　바이두, 알리바바, 텐센트의 앞글자를 모아 만든 단어

상품
불닭볶음면

요즘 유튜브 방송 중에서도 먹방이 인기이다. 한 인터넷 방송에서 한국인이 처음 시작한 먹방은 유튜브 등을 통해 빠르게 전파되었고, 이제 전 세계적으로 인기를 끌고 있는 아이템으로 자리 잡았다. 한국이 원조답게 외국인들도 먹방을 한국식 발음 그대로 'mukbang'이라 표기해서 사용하고 있다. 먹방 유튜버들의 단골 메뉴로 자주 등장하는 것이 바로 불닭볶음면이다. 이러한 흐름에 따라 불닭볶음면은 어느새 세계적으로 인기를 끄는 제품이 되었다.

불닭볶음면은 우리나라 라면의 원조 삼양의 대표 브랜드이다. 국민을 배불리 먹이겠다는 일념으로 일본으로부터 기술을 도입해 1963년 처음 출시한 '삼양라면'은 정부의 혼분식장려운동(쌀 소비량을 줄여 식량 위기를 해결하기 위한 식생활 개선 운동)과 맞물려 날개 돋친 듯 팔려나갔다. 라면이 제2의 국민 주식으로 자리 잡으면서 삼양의 위상은 날로 높아졌고, 1972년에는 재계 순위 23위를 차지할 정도로 급성장했다. 하지만 공업용 기름에 면을 튀겼다는 우지파동을 계기로 삼양은 소비자들로부터 외면을 받기 시작했다. 이후 늦게나마 우지파동의 누명은 벗었지만 이렇다 할 히트 상품을 출시하지 못했고, 1998년에는 화의절차(기업회생절차)에 들어가면서 몰락의 길을 걷기 시작했다.

그러던 중 2012년 불닭볶음면을 출시하면서 다시금 비상하는 기회를 맞이할 수 있었다. 불닭볶음면을 탄생시킨 김정주 사장은 어느 날 우연히 명동에서 매운 찜닭을 먹기 위해 긴 줄을 선 사람들을 보고 아이디어를 얻었다고 한다. 2011년 처음 파일럿 제품으로 출시했을 때는 너무 매운맛으로 소비자에게 외면받으며 단종되는 수모를 겪기도 했지만, 오히려 이 매운맛에 반한 매니아층이 생겨나면서 기사회생하게 되었다.

이후 유명 유튜브 채널 '영국 남자'가 불닭볶음면을 먹는 것에 도전하는 영상이 인기를 끌면서 본격적인 상승세를 타게 되었다. 이를 본 전 세계 유튜버들이 경쟁적으로 불닭볶음면에 도전하는 영상을 업로드했던 것이다. 이렇게 불닭볶음면은 매운맛이 입소문을 타면서 해외 매출이 급상승하고 출시 7년 만에 매출액 1조를 돌파했다. 불닭볶음면의 성공 요인은 안 먹어본 사람은 있어도 한 번만 먹어본 사람은 없을 정도로 중독성이 강한 매운맛 때문이라고 할 수 있다. 또한 소비자들이 만든 레시피를 실제로 신제품에 반영하여 다양한 제품 라인업을 구축함으로써 소비자들의 충성도를 높인 결과이기도 하다.

디지털세(일명 구글세)

구글, 페이스북, 애플 등 다국적 IT 기업들은 세계의 많은 나라에 디지털 콘텐츠를 제공해주고 천문학적인 수익을 내고 있다. 인터넷 서비스의 경우에는 제조업과는 달리 해당 국가에 기업을 설립하지 않아도 네트워크를 통한 서비스가 가능하다. 그래서 정작 돈을 벌어들이고 있는 국가에는 세금을 한 푼도 내지 않으면서 본사나 지사가 있는 일부 국가에만 세금을 납부하고 있는 현실이다. 이에 다국적 IT 기업들은 본사를 세율이 낮은 아일랜드나 룩셈부르크 등에 세우거나, 세율이 높은 국가에서 얻은 수익을 특허 사용료나 경영 자문 수수료, 이자 등의 명목으로 세율이 낮은 국가에 있는 계열사로 떠넘기는 등 교묘히 세금을 피해왔다. 한 예로 2016년 구글과 네이버는 한국에서 각각 5조 원 정도의 매출을 올렸지만, 네이버가 4,231억 원의 세금을 납부한 반면 구글은 200억 원이 채 안 되는 세금을 내서 논란이 되기도 했다.

2017년 10월 유럽연합(EU) 이사회가 '디지털 시대에 적합한 효율적이고 공정한 세금 체계'의 필요성을 강조하면서 디지털세(일명 구글세) 도입에 대해 본격적으로 논의하기 시작했다. 하지만 EU 내에서도 각국의 이해관계가 복잡하게 얽히면서 디지털세 도입에 대한 찬반이 엇갈리는 등 합의를 하기까지 난항이 이어지고 있다. 이에 프랑스와 이탈리아는 다국적 IT 기업이 자국 내에서 벌어들이는 연간 매출액의 3%를, 영국은 2%를 디지털세로 부과하는 시도를 하고 있다.

하지만 다국적 IT 기업이 즐비한 미국의 반발도 만만치 않다. 미국은 디지털세 도입에 가장 적극적인 프랑스를 겨냥해 디지털세 부가를 불공정한 차별로 규정하고, 프랑스산 제품에 대한 추가 관세를 부가하는 등 강력한 대응을 예고하기도 했다. 미국은 디지털세가 이중과세의 소지가 있다는 문제를 제기하면서 한편으로 디지털세 적용 범위를 다국적 IT 기업뿐 아니라 전 세계 시장을 대상으로 사업을 하는 컴퓨터와 가전, 휴대폰, 자동차 등 다국적 제조기업까지 확대하자는 주장을 하고 있다. 이는 콘텐츠를 많이 소비한 나라에서 디지털세를 많이 걷어가듯이, 소비재도 매출이 많은 국가가 세금을 더 많이 걷어가야 한다는 논리이다.

디지털세가 도입되면 미국으로 들어와야 할 세금을 다른 국가들이 가져가는 형국이 되기 때문에, 전 세계 소비국가인 미국도 미국에서 다국적 제조 기업들이 벌어들인 이익에 대해 마찬가지로 세금을 부과하겠다는 것이다.

1월
5주

은행의 탄생

우리의 일상과 가장 밀접한 금융기관인 은행은 금융 산업의 발전과 더불어 예·적금과 대출뿐 아니라 보험, 펀드 등 타 금융업 상품까지 취급할 수 있게 되면서 금융 백화점의 모습을 갖추게 되었다. 최근에는 카카오뱅크, K뱅크 등 핀테크 중심의 모바일 은행이 등장해 기존 은행과 차별화하면서 전 금융권에 변화의 바람을 불러일으키고 있다.

그렇다면 은행은 언제 처음 만들어졌을까? 고대 함무라비 법전의 기록 중에는 빌린 돈에 대해 이자를 어떻게 지급해야 하는지를 언급한 내용이 있다.

"타인의 집에 곡식을 보관하게 한 자는 매 5카의 곡식마다 1쿠르의 곡식을 매년 보관료로 지불해야 한다." – 함무라비 법전 121조 –

이후 13세기 영국에서 지금의 은행과 비슷한 모습이 처음 나타나게 되었다. 전쟁과 내란이 끊이지 않는 가운데 국가 재정이 어려워지자 영국 정부는 국민 소유의 귀금속과 돈을 맡기도록 설득했고, 정부를 믿고 맡긴 국민의 재산을 동의도 받지 않고 전쟁 물자로 사용해버렸다. 그러자 더 이상 정부를 믿지 않게 된 국민들은 돈과 귀금속을 금 세공업자에게 맡겨 보관증을 받고는 일정 금액의 보관료를 지불했다. 금 세공업자들은 이렇게 맡게 된 금과 귀금속을 단순히 보관만 하지 않고 돈이 필요한 사람에게 빌려주면서 이자를 받기 시작했다. 한마디로 고객이 맡겨둔 금고 속 자산으로 고리대출을 통한 또 하나의 수익원을 창출한 것이다. 이후로 몇몇 금 세공업자들은 원래 직업인 세공이 아니라 돈과 귀금속 보관, 이자 수취를 전문적으로 함으로써 오늘날 은행과 유사한 예금과 대출금리 차이를 통한 마진 확보라는 비즈니스 모델을 갖출 수 있었다.

금 세공업자들이 귀금속 보관과 대부 경험을 통해 알게 된 재미있는 사실은 전체 고객 중 금을 찾으러 오는 사람은 얼마 되지 않는다는 것이었다. 그들은 일정 부분만 실제 금고에 남겨두고 나머지 자산으로 대출사업에 집중했다. 이것은 훗날 은행의 기본적인 여·수신 역할과 지급준비율의 근간이 되었다. 그러나 부실한 대출업자들이 나타나면서 불안을 느낀 많은 사람들이 보관증을 들고 와서 맡겨두었던 자산을 한꺼번에 찾아가기도 했는데 이것을 '뱅크런'이라고 한다.

우리나라에 처음 등장한 근대 은행은 고종 15년(1878년)에 설립된 일본 제일은행 부산지점이다. 1905년에는 일본의 제일은행 서울지점이 우리나라 중앙은행 역할을 수행했다. 한일합방 후에는 조선은행으로 개칭했고, 1950년 해방 후 조선은행을 인수해 한국은행으로 이름을 바꾸고 국가 중앙은행으로 삼았다.

인물

데이비드 리카도

경제학자 데이비드 리카도(David Ricardo, 1772~1823)는 고전학파의 창시자인 스미스 이론을 계승 발전시킨 고전 경제학의 완성자이다. 그는 사실 대학 문턱에도 가보지 않았고 다만 주식 중개업으로 성공한 사업가였다. 그런데 우연히 애덤 스미스의『국부론』을 읽고 경제학에 매료되어 그때부터 경제학 연구에 매진했다.

그의 대표 이론은 자유무역의 이론적 근거가 되는 비교우위론이다. 쉽게 설명하면 서로 윈-윈 하는 게임임을 설명해주는 이론으로, 서로 잘하는 것을 만들어 교환하면 서로에게 더 이득이 된다는 것이다. 리카도는 재화의 가치는 그 재화를 생산하는 데 투입된 노동의 양에 의해 결정된다고 보았고 생산에 투입되는 노동량이 많아질수록 그 재화의 가치는 상승한다고 주장했다.

예를 들어 영국과 프랑스에서 옷과 와인 1단위씩을 생산하기 위해서는 각각 10명의 노동량이 투입된다고 가정해보자.

	옷	와인
영국	6명	4명
프랑스	4명	6명

1단위 생산에 필요한 노동 투입량

하지만 이때 영국과 프랑스가 각자 비교 우위에 있는 분야에 집중한다면 어떻게 될까? 다시 말해 영국은 와인에, 프랑스는 옷에 집중한다면 영국은 10명이 2.5개의 와인을, 프랑스도 10명이 2.5개의 옷을 생산할 수 있다. 만약 영국과 프랑스가 옷과 와인을 하나씩 교환한다면 영국은 옷 1개와 와인 1.5개를 갖게 되고, 프랑스는 옷 1.5개와 와인 1개를 갖게 된다. 서로 잘하는 분야에 집중함으로써 전보다 많은 생산물을 얻게 된다는 논리이다.

물론 한 국가가 다른 국가에 비해 모든 분야에서 앞서는 절대우위를 가지고 있더라도 무역으로 얻을 수 있는 이득은 분명 존재한다. 자본과 노동은 한정되어 있기 때문에 자신이 가장 잘할 수 있는 분야에 집중하는 대신 자국 내에서도 상대적으로 경쟁력이 낮은 분야를 다른 국가에 맡긴다면 생산성을 더욱 높일 수 있기 때문이다. 그리고 이러한 국가 간 분업을 가능하게 해주는 것이 바로 무역이다.

경제학

화폐의 시간가치

만약 누군가 당신에게 "지금 10만 원을 줄까? 아니면 10년 후에 10만 원을 줄까?"라고 묻는다면 대부분은 지금 10만 원을 달라고 할 것이다. 심리학적으로 사람들은 연기된 혜택보다는 현재의 이익을 더 좋아하기 때문이다. 그리고 사람들은 미래의 소비보다는 현재의 소비를 더 선호하는 시차선호 성향으로 인해 지금의 10만 원을 더 가치 있게 생각한다. 그럼 화폐의 시간가치는 전적으로 심리적인 이유일까? 그렇지 않다. 경제학적으로도 현재의 10만 원과 10년 후의 10만 원은 엄연히 차이가 존재한다.

첫째, 인플레이션으로 인해 시간이 지날수록 화폐의 가치는 떨어진다. 1974년 서울에 처음 지하철이 개통되었을 때 1호선의 기본요금은 30원이었다. 그 당시 자장면은 50원에서 100원 사이였고, 처음 등장했던 오리온 초코파이도 50원이었다. 하지만 지금은 이 돈으로 할 수 있는 것이 아무것도 없다. 이처럼 시간이 지나면서 물가는 계속해서 오르기 때문에 지금 당장 소비하는 것이 미래에 소비하는 것에 비해 같은 돈으로 더 많이 소비할 수 있는 것이다.

둘째, 자본주의 사회에서는 투자의 기회가 존재한다. 10만 원으로 1주에 5만 원 하는 삼성전자 주식을 2주 샀는데 1년 후 주당 10만 원이 될 수도 있다. 이렇듯 현재의 현금은 투자를 통해 더 많은 이익을 남길 수 있는 기회가 있으므로 미래의 현금에 비해 선호된다.

셋째, 미래는 불확실하기 때문이다. 나에게 돈을 주기로 한 사람에게 무슨 일이 발생할지 모른다. 불의의 사고로 일찍 죽을 수도 있고, 멀리 이민 가서 더 이상 만나지 못할 수도 있다. 어쩌면 하던 사업이 망해 하루아침에 거지가 될 수도 있다. 아니면 운이 나빠 10만 원을 주기로 했던 약속 자체를 잊어버릴 수도 있다. 물론 나에게도 그런 일은 발생할 수 있다. 그래서 돈을 받기로 한 기간이 길어질수록 약속된 돈을 일부 혹은 전부를 받지 못할 가능성이 높아지는 것이다.

이렇듯 시차선호, 인플레이션, 투자기회, 미래의 불확실성 위험 등으로 인해 사람들은 현재의 현금을 더 선호하는데 이를 '유동성 선호'라고 한다. 그렇다면 화폐의 시간가치는 어떻게 결정될까? 바로 시장 이자율에 의해 결정된다. 시장 이자율은 사람들의 유동성 선호를 반영하여 시간이 서로 다른 화폐의 시간가치를 나타내는 척도이다.

예를 들어 현재 시장 이자율이 10%이고 10만 원을 1년간 은행에 맡겨둔다면 1년 뒤에 원금 10만 원에 이자 1만 원(10만 원×10%) 총 11만 원을 받을 수 있다. 지금의 10만 원과 1년 뒤의 11만 원은 같은 가치를 가지는 것이다.

투자

리스크, 확률, 시간, 기대수익의 조합인 투자

투자는 '리스크'를 고려한 '확률'과 '시간' 그리고 '기대수익'이라는 4가지 요소에 근거해 이루어진다. 예를 들어 친구에게 동전을 던져 앞면이 나오면 내가 1만 원을 친구에게 주고, 뒷면이 나오면 친구로부터 2만 원을 받는 내기를 제안했다고 가정해보자. 과연 친구는 이 제안을 받아들일까? 아마도 거절할 것이다. 왜냐하면 동전의 앞면과 뒷면이 나올 확률은 같지만 감당해야 할 손실이 더 크기 때문이다. 즉 동일 확률에 리스크만 크면 투자하지 않는 것이다.

또 다른 예를 생각해보자. A, B 두 가지 제안 모두 10%의 수익이 기대되는데 A 제안은 1년, B 제안은 10년이 걸려 발생하는 수익이라면 대다수 사람은 아마도 A 제안을 선택할 것이다. 10년에 10%인 B 제안은 단순히 계산해보아도 결국 1년에 1% 남짓한 투자수익이기 때문이다. 즉 동일한 수익률이라면 기간이 짧을수록 좋다.

정리하면, 가장 좋은 투자처는 리스크가 적고 성공 확률이 높으며 짧은 기간 동안 높은 수익을 기대할 수 있어야 한다는 것이다. 이런 대전제는 누구나 공감하며 이해할 수 있지만 조금만 조건을 달리하면 사람들의 생각은 달라진다.

예를 들어 100% 확률로 300만 원을 받는 C 제안과 80%의 확률로 400만 원을 받을 수 있는 D 제안 중 하나를 골라야 한다면 어떤 것을 선택할 것인가? C와 D, 2가지 제안의 확률을 계산해보면 C : 300만 원 × 100% = 300만 원 / D : 400만 원 × 80% = 320만 원으로 D 제안을 골랐을 때 기대할 수 있는 돈이 20만 원 더 많다. 그러나 사람들은 20%의 손실 리스크 때문에 쉽게 D를 고르지 못한다.

또한 돈이 많은 사람과 그렇지 못한 사람의 선택도 서로 다를 수 있다. 300만 원이 경제적으로 매우 중요한 사람은 안정적인 C 제안을, 300만 원이 없어도 크게 영향받지 않는 사람은 D 제안을 선택할 가능성이 크다. 그런데 만약 D 제안을 1000만 원 × 80%로 바꾸면 어떤 결정을 내릴까? 기대수익이 320만 원에서 800만 원으로 크게 오른 D 제안은 아무것도 받지 못할 20% 손실 가능성을 더 작게 생각하도록 만들어 사람들의 귀를 더 솔깃하게 할 수도 있다.

이러한 결정은 투자자의 특성과 성격, 즉 리스크와 확률, 소요 시간과 기대수익 수준 그리고 투자자의 생각에 따라 얼마든지 달라질 수 있다.

산업
공매도

주식은 일반적으로 주식을 매입한 후 자신이 산 가격보다 올라야 이익을 볼 수 있다. 하지만 주식을 전혀 보유하지 않은 상태에서 다른 사람이 소유한 주식을 빌려 투자를 하는 방법도 있는데, 이를 가리켜 '공매도'라고 한다. 공매도는 주가 하락이 예상되는 시점에 실행할 수 있는 투자 전략으로 주식을 빌려서 먼저 매도한 후 싼 가격에 주식을 다시 사서 갚는 방식이다. 그래서 공매도는 주가가 하락한 만큼 수익을 낼 수 있다. 예를 들어 현재 1만 원에 거래되고 있는 회사의 주식을 공매도한 후 주가가 7,000원으로 하락했다면 하락분인 3,000원만큼의 이익을 보는 것이다.

하지만 주식을 매입해 시세차익을 보는 일반 투자와 달리 공매도의 손실은 무한대로 늘어날 수 있다. 예를 들어 1만 원을 주식에 투자했다고 가정해보자. 이때 최대 손실 금액은 1만 원이 된다. 투자금을 날리면 그것으로 끝이다. 그러나 공매도는 다르다. 만약 공매도 이후 주가가 예상과 달리 계속 상승한다면 그 상승폭만큼 손실도 계속 늘어날 수밖에 없다. 2021년 미국의 게임스탑이라는 회사의 주가 하락을 예상하고 공매도를 했던 유명 헤지펀드는 72억 달러(약 8조 원) 가까운 손실을 입으며 파산 위기에 몰리기까지 했다.

공매도는 증권시장에 유동성을 높여줄 뿐만 아니라 단기적으로 과열된 증시를 진정시켜주는 긍정적인 기능에도 불구하고 주식시장을 교란시키는 주범으로 악명을 떨치고 있다. 주가 하락에 베팅한 만큼 주가 하락을 유도하기 위해 부정적인 기업보고서를 작성하거나 악성 루머를 퍼뜨리는 등 부정한 행위를 할 가능성도 높기 때문이다. 공매도에 대한 불신으로 인해 최근 한국에서는 코로나19 사태로 주식시장이 붕괴되는 것을 막기 위해 한시적으로 금지했던 공매도 재개를 앞두고 논란이 지속되고 있다. 이에 정부에서는 개인의 공매도 참여를 확대하는 한편, 불법 공매도를 적발하는 감시체계 구축 및 처벌 강화 등 제도 개선에 박차를 가하고 있다.

워크맨

2차 세계대전의 패전으로 몰락했던 일본의 경제는 이후 다시 살아났다. 일본은 1960년대에 세계 10위권 안에 드는 경제 대국이 되었고, 1988년 세계 50대 기업 명단에 무려 33개나 되는 자국 기업의 이름을 올리면서 1980년대에 최고의 전성기를 이루었다. 그중 가전 산업은 일본의 기술력을 전 세계에 알리는 첨병 역할을 하면서 일본을 고도성장으로 이끄는 견인차 역할을 했다. 이로 인해 일본은 '가전 왕국'이라는 명성을 얻게 되었다. 그 대표 주자로 소니의 워크맨이 있었다.

워크맨은 휴대용 카세트 플레이어이다. 소니의 공동 창업주 이부카 마사루는 잦은 해외 출장으로 비행기를 타는 일이 많았다. 음악 애호가였던 그는 비행기 안에서도 음악을 듣고 싶다는 생각에 녹음기능을 없애고 재생만 가능한 카세트 플레이어를 만들게 되는데 이것이 바로 워크맨이다. 이왕이면 걸어 다니면서 들을 수 있으면 좋겠다는 개발 취지가 그대로 제품의 이름에 반영된 것이다.

모든 혁신적인 제품이 그러하듯, 워크맨도 사람들의 필요에 의해 만들어진 것이 아니기 때문에 시장에서 성공을 확신할 수 없었다. 특히 녹음기능이 없다는 이유로 사람들의 관심을 끌지 못할 거라는 의견이 많았다. 그러나 소니의 공동 창업주 모리타 아키오는 음악을 좋아하는 사람들에게는 언제 어디서든 원하는 음악을 들을 수 있다는 사실만으로도 충분히 매력적일 수 있다고 판단했고, 많은 직원의 반대에도 불구하고 제품 출시를 강행했다.

그는 직원들을 향해 "만약 헨리 포드가 사람들에게 무엇을 원하는지 물어보았다면 사람들은 자동차가 아닌 더 빠른 말이라고 했을 것이다. 우리는 사람들이 원하는 것이 아니라 사람들을 이끌어갈 수 있는 새로운 아이디어가 필요하다."라고 말했다고 한다.

워크맨은 결국 개인용 음향기기 시대를 연 역사적인 제품으로 전 세계적으로도 큰 성공을 거두었다. 고음질 스테레오 사운드에 매료된 사람들의 입소문을 통해 워크맨은 폭발적인 인기를 끌게 되었다. 공간의 제약을 뛰어넘어 새로운 라이프스타일을 제안한 소니의 워크맨은 혁신적인 디자인과 기술력으로 그 시대 젊은이들을 대표하는 대중문화의 아이콘으로 우뚝 서게 되었다. 이러한 인기에 힘입어 일본식 영어인 워크맨은 옥스포드 영어사전에도 정식으로 등재되며 세계 공통어로 자리 잡았다. 워크맨은 2010년 소니가 판매 중단을 선언할 때까지 전 세계적으로 2억 2,000만 대가 넘는 판매고를 올렸다.

VIX지수

VIX지수(Volatility Index)는 시장의 변동성을 알려주는 지수로, 미국을 대표하는 500종목을 대상으로 만든 주가지수인 S&P500지수 옵션 가격의 향후 30일간의 변동성을 예측하는 데 사용된다. VIX지수는 1933년부터 미국 시카고옵션거래소(CBOE)에서 실시간 제공되고 있다.

VIX지수에 대해 알아보기 위해 먼저 옵션이 무엇인지부터 알아보자. 옵션은 일정한 기간 내에 일정한 가격으로 사거나 팔 수 있는 권리이다. 변동성이 커질수록 투자자가 보유하고 있거나 앞으로 보유하려는 자산의 가격이 변하게 되고 이에 따라 발생하는 위험을 옵션을 구입함으로써 상쇄시키고자 하는데, 이러한 수요로 인해 옵션의 가격이 오르고 옵션의 가격이 오르면 VIX지수 또한 오르게 된다.

변동성은 상승장이나 하락장 모두에서 발생함에도 불구하고 VIX지수가 하락장에서 특히 크게 오르는 이유에 대해 알아보자. 사람들은 일반적으로 하락장일수록 더 큰 공포를 느끼며 비용을 지불하더라도 가격변동 위험을 회피하려는 경향이 크다. 그렇기 때문에 옵션의 수요가 증가하며 VIX지수는 상승한다. 반면 상승장에서는 시장에 대한 믿음이 크기 때문에 굳이 비용을 들여 가격변동 위험을 회피하려는 수요가 줄어든다. 즉 하락장만큼 옵션에 대한 수요가 많지 않으므로 VIX지수는 하락하는 것이다. 이렇듯 주가가 하락할수록 VIX지수는 상승하는 경향을 보이기 때문에 VIX지수를 가리켜 공포지수라고도 부른다.

이러한 특성으로 인해 VIX지수는 주가지수, 특히 S&P500지수와 반대의 움직임을 보여주고 있다. 그래서 투자자들은 VIX지수를 주가의 방향성을 파악하는 중요한 선행지표로 활용하고 있다.

VIX지수는 % 단위로 읽는다. VIX지수가 20이라면 앞으로 한 달 동안 주가가 20% 정도 등락을 거듭할 것이라고 예상하는 투자자들이 많다는 것을 의미한다. VIX지수는 보통 20~30 정도의 범위를 평균 수준으로 보고 있으며, 40 이상일 경우 공포구간으로 본다. 참고로 2008년 금융위기 때 시장의 공포가 극에 달하면서 VIX지수는 한때 89.53까지 치솟기도 했다.

2월

6주

십자군 전쟁과 유럽경제의 변화

11세기 셀주크 투르크(이슬람)가 소아시아를 점령하고 크리스트교의 예루살렘 성지 순례를 방해하자 비잔틴 제국은 이슬람 세력을 공격했다. 그러나 공격은 실패하게 되고 비잔틴 제국의 황제 알렉시우스 1세는 교황 우르바누스 2세에게 군사적 도움을 요청했다. 이로써 십자군 전쟁의 막이 오르게 된 것이다. 당시 교황은 성지 순례 방해를 명분 삼아 일으킨 십자군 원정이 유럽의 힘을 한데 모으고 교황의 권력을 더욱 키울 수 있는 절호의 기회가 될 것으로 생각했다. 하지만 십자군 원정은 교황의 기대와는 완전히 어긋나는 결과를 초래하고 말았다.

십자군 원정은 총 8번 진행되었다. 1차 원정은 승리했지만 2차 원정은 이슬람의 살라딘이라는 유능한 장군에게 크게 패했다. 3차 원정 때는 영국의 사자심왕이라 불리는 리처드 1세가 살라딘에게 승리했지만, 이슬람을 장악하지는 못했다. 예루살렘은 여전히 이슬람이 소유하되 안전한 성지 순례 약속을 받는 수준에서 전쟁은 멈추게 되었다.

십자군 원정이라는 오랜 전쟁으로 인해 전쟁을 주도했던 교황권은 쇠락하게 되고, 반대로 왕권은 크게 강화되었다. 여기에 계속된 전쟁과 흑사병으로 유럽의 봉건 장원제는 점차 붕괴되고 근대 자영농 계층이 들어서는 계기가 되기도 했다.

십자군 원정은 경제 부문에서도 많은 변화를 가져왔는데, 유럽과 이슬람 간 동서 교역이 활발해져 이슬람에서 들여온 후추 같은 향신료는 금보다 비싼 값으로 거래되기도 했다. 한편 포도주 산업 증대를 통한 수도원의 부(富)를 키우는 계기가 되기도 했다. 원래 수도원은 귀족들의 사유재산이었는데 기욤 1세가 수도원을 교황 아래 둔다고 선언하면서 수도원이 귀족에게 간섭받지 않는 별도 재정을 운영할 수 있게 된 것이다. 그리고 십자군 원정을 떠나는 기사나 귀족들이 무사귀환을 염원하는 의미로 수도원에 땅을 기부했는데, 수도원은 이 땅에 포도 농사를 지어 와인을 생산하기 시작했다. 이렇게 땅과 와인으로 부자가 된 수도원은 세속에 물들어 타락하기 시작했고, 이에 반대한 몇몇 수도사들이 수도원을 나와 새롭게 정착한 곳이 와인의 성지라 불리는 '끌로드 부조'였다. 그곳에서 수도사들은 우수한 품질의 와인을 생산하는 와인 장인이 되었다. 이후 와인은 전 세계인이 좋아하는 프랑스의 대표적 생산품이자 큰 수익을 창출하는 효자 품목이 되었으며, 영국과 프랑스 간 백년전쟁을 일으킨 다툼의 원인 중 하나가 되기도 했다.

토머스 맬서스

영국의 경제학자 토머스 맬서스(Thomas Malthus, 1766~1834)는 산업혁명으로 물질적 풍요를 누리며 미래에 대한 장밋빛 희망이 넘치던 시절에 암울한 미래를 제시함으로써 '불길한 사람'이라는 꼬리표를 달고 다녔다고 한다.

그는 대표작 『인구론』(2016년 국내 출간)에서 식량이 늘어나는 속도보다 인구가 증가하는 속도가 훨씬 빠르기 때문에 인류는 식량 부족으로 인해 멸망할 수밖에 없다고 주장했다. 왜냐하면 사람들의 강한 성욕으로 인해 인구는 25년마다 기하급수적으로 증가(1→2→4→8→16…)하지만 식량은 유감스럽게도 25년마다 산술급수적으로 증가(1→2→3→4→5…)하기 때문이다. 결국 인구의 증가는 빈곤으로 연결될 수밖에 없는데, 빈곤이 바로 인구수를 조절하는 자연의 법칙이라는 것이다.

당시는 인구 증가는 미덕이기 때문에 권장되어야 한다는 생각이 지배적이었다. 자녀가 많다는 것은 노후 준비에도 유리했을 뿐만 아니라 경제가 지속적으로 성장하기 위해서도 인구는 계속해서 늘어날 필요가 있었기 때문이다. 그러므로 이대로 인구가 계속 증가하다가는 인류는 식량 부족으로 결국 파국에 이를 것이라는 그의 주장은 당시 사람들에게 매우 충격으로 다가왔다.

그는 이러한 문제점을 극복하기 위해 식량 생산 수준에 맞추어 인구수를 조절해야 한다고 주장했다. 이를 위해 결혼을 늦추거나 출산을 조절할 필요가 있으며 빈민구제를 위한 구빈법 등은 폐지되어야 한다고도 했다. 이러한 제도로 인해 경제적 능력이 없는 사람들조차 결혼하고 애를 낳을 것이고, 인구 증가는 식량 부족으로 이어져 식량 가격은 오를 수밖에 없기 때문이다. 이렇게 식량 가격이 오른다면 성실히 일한 사람들까지도 피해를 입는다고 주장했다.

맬서스의 이런 주장은 다행히도 틀린 것으로 증명되었지만 그의 이론은 다양한 분야에 영향을 미쳤다. 찰스 다윈은 이 책을 통해 '생존경쟁'의 개념을 생각하게 되었고, 1970년대에 등장한 '로마클럽'은 인구를 억제하고 환경오염을 줄이지 않는다면 인류의 성장은 곧 한계에 부딪힐 것이라고 경고하기도 했다. 또한 중국의 '한 자녀 정책'이나 한국의 '산아제한 정책'에도 맬서스의 주장이 결과적으로 영향을 미쳤다고 볼 수 있다.

이자율

이자는 돈을 빌리는 데 따르는 비용으로 이자율은 원금에 대한 이자의 비율을 나타내는 말이다. 참고로 이자율과 금리는 같은 말이다. 이자율은 보통 1년을 기준으로 이야기하며 %로 표시한다. 대부분의 사람들은 은행에 예금이나 적금을 함으로써 만기에 은행으로부터 이자를 받기 때문에 이자가 돈을 빌리는 데 따르는 비용이라는 표현이 이상하게 들릴 수도 있다. 하지만 입장을 바꾸어놓고 생각하면 이해가 쉬울 것이다. 우리가 예금이나 적금을 통해 은행에 돈을 맡긴다는 것은 순전히 우리의 입장인 것이고, 은행의 입장에서 생각해보면 은행이 우리에게 돈을 빌리는 것이다. 돈을 맡긴다는 것을 돈을 빌려준다는 의미로 생각하면 이해가 빠를 것이다.

이자율은 경기나 정부의 정책적인 요인, 대내외적인 경제 환경 등 다양한 원인에 의해 영향을 받는다. 하지만 가장 큰 영향을 미치는 것은 돈에 대한 수요와 공급이다. 돈을 빌려주려는 사람보다 돈을 빌리려는 사람이 많을수록 돈을 빌리는 데 따르는 가격인 이자율은 올라갈 수밖에 없다. 반면에 돈을 빌리려는 사람보다 돈을 빌려주려는 사람이 많을수록 이자율은 떨어진다. 그렇지만 모든 사람들이 똑같은 이자율로 돈을 빌릴 수 있는 것은 아니다. 돈을 빌려줄 때 가장 우선적으로 고려해야 할 것은 거래 상대방의 신용이기 때문이다.

아무리 높은 이자로 돈을 빌려주었어도 만기에 원금과 이자를 제대로 돌려받지 못한다면 손해를 볼 수밖에 없다. 그래서 신용도가 낮은 사람들은 시장 이자율보다 더 높은 이자를 부담해야 하는데, 이를 가리켜 위험 프리미엄이라고 한다.

이자율은 투자의 기준이 된다. 이자율이 아무리 높더라도 돈을 빌려 투자를 해서 이자를 내고도 수익을 남길 수 있다는 자신이 있을 때 비로소 돈을 빌리려고 할 것이다. 그러면 자금은 자연스럽게 생산성과 수익성이 높은 쪽으로 흘러가게 되어 있다. 이처럼 이자율은 자금을 보다 효율적으로 사용될 수 있도록 배분하는 역할을 수행한다.

투자

로스차일드 가문의 대박 투자

막강한 영향력을 가진 세계적인 부호나 금융가들을 이야기할 때 항상 언급되는 이름 중 하나는 '로스차일드' 가문이다. 17세기부터 내려온 로스차일드 가문은 정확히 알려지지는 않았지만, 세계 최강의 엄청난 재산을 보유하고 있으며 금융업뿐 아니라 석유, 레저, 호텔 등 다양한 분야에 진출해 있으며 유대 자본에도 커다란 영향력을 미치고 있다. 로스차일드 가문이 이처럼 커다란 부(富)를 이룬 데는 워털루 전쟁 때의 영국 국채 투자가 한몫했다고 알려져 있다.

1815년 6월, 프랑스 나폴레옹과 영국 웰링턴은 워털루 전쟁에서 맞붙었다. 이때 로스차일드를 비롯한 많은 투자자들이 이 전쟁의 승패에 엄청난 돈을 베팅하게 되었는데, 당시 나폴레옹의 패배가 짙어질 즈음 평소 유럽 각지에 정보망을 구축해두고 있던 로스차일드는 이 정보를 빠르게 얻게 되었다. 평소처럼 런던거래소 기둥에 기대 있던 네이선 로스차일드는 조금씩 런던 국채(Consol)를 팔기 시작했다. 이런 모습을 보던 사람들은 영국이 전투에서 졌다고 생각해 경쟁적으로 런던 국채를 팔기 시작했고 이에 액면가 100파운드 런던 국채는 5파운드까지 급락했다. 한마디로 런던 시장이 공포에 빠진 것이었다.

이때 네이선 로스차일드는 런던 국채를 다시금 계속 사들였다. 영국이 졌다는 포지션을 취하면서 다른 사람들이 팔려고 내놓은 런던 국채를 급락한 가격으로 사들인 것이다. 결국 엄청난 이득을 취하고 영국의 국채를 확보하게 된 로스차일드는 영국 경제의 실질적인 주인이 되었다. 그런데 이 이야기에 대해서는 반대 의견도 존재한다.

실제로 로스차일드는 나폴레옹이 엘바섬을 탈출했을 때(1815년 3월) 장기전이 될 것으로 보고 금을 매입했었다는 주장도 있고, 유대인을 극도로 싫어했던 히틀러가 사실을 와전시켜 퍼뜨렸다는 이야기도 있다. 그러나 분명한 것은 로스차일드가(家)는 200년이 훨씬 넘는 기간 동안 예상할 수 없을 정도의 큰 부를 축적해왔으며 지금도 글로벌 시장의 다양한 분야에서 엄청난 영향력을 행사하고 있다는 사실이다.

산업

제조업지수

우리나라는 제조업 중심으로 산업화를 이루며 성장해왔다. 지금도 제조업이 우리나라 경제에서 차지하는 비중은 여전히 높다고 할 수 있다.* 제조업이라면 단순히 자동차나 기계 산업 정도만 떠올리는 사람이 많지만 실제로는 이보다 훨씬 많은 산업이 제조업에 속한다. 제조업은 물질이나 구성요소에 물리적, 화학적 작용을 가하여 새로운 제품으로 전환하는 산업 활동을 말한다. 쉽게 말해 음식료부터 옷, 종이, 플라스틱, 기계, 건설업, 광업 등 자연의 물질을 가공해 생활에 필요한 물품을 생산하는 모든 산업이 해당된다. 특히 제조업은 수출 중심인 우리나라 구조상 현 국가 경제를 나타내는 바로미터이자 미래 산업경제의 흐름을 예측 가능하게 해주는 주요 산업군이다. 이러한 제조업 흐름은 제조업 생산능력지수와 가동률지수를 통해 판단할 수 있다.

생산능력지수는 물품을 제조해 공급하는 능력의 수준과 동향의 변화 수준을 나타낸 것이며, 평균가동률지수는 생산실적을 생산능력으로 나눈 것이다. 생산능력지수는 설비나 인력 등 정상적인 조업 환경에서 최대한 생산할 수 있는 능력을 말한다. 따라서 현재 정상적으로 제품들이 생산되고 있는지를 알 수 있게 해주는 지표인데, 2015년을 기준지수 100으로 설정해 매년 생산능력을 비교하고 있다. 2019년 말 105까지 올랐던 제조업 생산능력지수는 2020년 코로나19 팬데믹 이후 점차 하락하여 현재 103 수준에 머물러 있는 형편이다. 반면에 생산할 수 있는 능력대비 얼마만큼을 생산하고 있는지를 나타내는 평균가동률지수는 2015년 대비 97 수준이며 기준 연도의 평균가동률에 비교 시점의 평균가동률 지수를 곱한 계절조정지수는 94 정도이다. 제조업 평균가동률지수가 상승한다면 시장의 수요가 늘어나 공급 역시 늘고 있음을 알 수 있어 경기가 회복될 것을 예상할 수 있다. 그러나 이미 경기가 과열된 상태에서 제조업 평균가동률지수가 상승하면 인플레이션이 나타날 수 있음을 알려주기도 한다. 또한 생산실적을 생산능력으로 나눈 평균가동률이 급격하게 오르면 공급과잉이 일어날 수 있으며, 반대로 평균가동률이 하락했다면 실제 능력대비 실적이 하락했다는 의미로 효율성이 낮아졌다는 해석이 가능하다. 현재 우리나라 제조업을 통해 만들어지는 부가가치율**은 OECD 평균 선진국 대비 낮은 편으로 고부가가치 중심의 제조업으로의 고도화가 필요한 상황이다.

---

* 우리나라 제조업 비중은 GDP의 29.3% 수준이다 (독일: 26.9%, 일본:20.0%, 미국:11.7% / 2018년 기준)
** 제조업 부가가치율: 한국 25.5%, OECD평균 30%, 미국 36.9%, 독일 34.8%, 일본 34.5% / 2015년 기준

1955년에 우리나라 최초의 국산 자동차 '시발'이 생산되었다. 일이 처음 시작됨을 의미하는 한자어인 시발(始發)은 최초의 국산 기술로 자동차를 만든 것을 기념하여 붙여진 이름이다. 미군이 내다 버린 자동차의 부품을 활용하여 만든 시발 자동차는 국산화율이 50% 정도였다고 한다. 이후 현대자동차에서 1975년 한국 최초의 독자 모델 포니를 개발했다. 포니는 일본의 미쓰비시 자동차회사로부터 엔진을 들여와 장착하기는 했지만, 설계에서부터 생산에 이르기까지 전 과정을 국내 기술로 만든 자동차였다. 이로 인해 한국은 세계에서 16번째로 자동차 고유 모델을 갖게 되었다.

현대자동차는 원래 포드와의 합작회사로 포드로부터 기술을 이전받아 자동차를 조립·생산하던 회사였다. 이런 회사가 자체 모델을 개발한다는 것은 거의 도박에 가까운 일이었다. 상식적으로 생각했을 때 1인당 국민소득이 600불에 불과한 조그마한 나라에서 필요한 부품만 2만 개가 넘는 자동차를 직접 개발한다는 것은 상상조차 할 수 없는 일이었던 것이다.

그럼에도 불구하고 1973년 기술이전 결렬로 포드와 이별을 한 현대자동차는 모두가 불가능하다고 생각했던 독자적인 모델 개발에 착수했다. 마침 정부에서도 자동차 국산화율을 3년 내 100%로 끌어올린다는 목표 아래 적극적인 지원에 나섰다.

현대자동차는 이탈리아 최고의 자동차 디자이너 조르제토 주지아로에게 자동차 디자인을 의뢰하는 한편, 영국 자동차회사의 경영진이었던 조지 턴불을 부사장으로 데려와 자동차 개발에 박차를 가했다. 영국, 이탈리아, 일본 등으로부터 기술을 이전받아 개발된 포니는 1974년 토리노 모터쇼에서 처음 공개되며 전 세계에 한국의 자동차를 알리게 되었다.

세련된 디자인의 포니는 출시 후 선풍적인 인기를 끌며, 판매 첫해 약 43%의 시장점유율을 차지하게 되었다. 1976년 7월에 에콰도르에 5대의 자동차를 수출하는 것을 시작으로 첫해에만 중동과 남미 등에 1,019대의 자동차를 수출하는 성과를 올렸다. 포니의 성공으로 현대자동차는 단숨에 국내 자동차업계 1위로 올라섰다. 이러한 성공을 발판으로 수출국가와 물량을 꾸준히 늘려간 현대자동차는 10년 후인 1986년 자동차의 본고장인 미국에 진출하는 데 성공하면서 글로벌 자동차회사로의 도약을 본격적으로 준비하게 되었다.

젠트리피케이션

젠트리피케이션(gentrification)은 지주계급 또는 신사계급을 뜻하는 젠트리(gentry)에서 파생된 용어로, 1964년 영국의 사회학자 루스 글래스가 처음 사용했다.

도시가 발전함에 따라 사람들은 물론 다양한 기능들이 도시로 집중되면서 많은 불편한 문제들이 발생하게 된다. 이에 따라 도시 중심부 주거지역에 거주하던 사람들은 좀 더 쾌적한 삶을 위해 도시 외곽으로 점차 이동하게 된다. 이러한 현상이 가속화되면서 도시 외곽지역은 자본이 집중투자되며 발전해나가는 반면, 도시 중심부는 도시 외곽으로 이주할 능력이 없는 저소득층 사람들만 남게 되어 점차 낙후하게 된다. 이를 가리켜 도시 교외화 현상이라고 한다. 하지만 낙후된 도심의 기능을 살리기 위한 도시재생사업과 재개발 등이 활발하게 이루어지면서 도시는 점차 활기를 띠게 되고, 중산층 이상의 사람들이 다시 몰리면서 도시 중심부는 고급 상업 및 주거지역으로 탈바꿈한다. 이러한 과정 속에서 부동산 가격이 치솟고 자연스럽게 월세 등 주거비용은 점차 상승하여 원래 거주자였던 저소득층 사람들은 이를 감당하지 못하고 다른 지역으로 쫓겨나게 된다. 이러한 현상을 '젠트리피케이션'이라고 부른다.

2000년대 이후 우리나라에서도 홍대, 서촌, 경리단길, 가로수길 등 뜬다는 상권을 중심으로 젠트리피케이션 현상이 발생하고 있다. 저렴한 임대료를 보고 입주한 특색 있고 아기자기한 상가들이 하나둘 늘어나면서 입소문을 타고 사람들이 몰려들었다. 유동인구가 늘어남에 따라 상권이 활성화되고 부동산 가치가 오르게 되었다. 건물주들은 높아진 부동산 가격을 근거로 임대료를 올리는 탓에 이를 감당하지 못한 기존 상인들은 결국 재계약을 포기할 수밖에 없었다. 기존 상권을 활성화시켜 부동산의 가치를 올리는 데 일등공신이었던 상인들은 쫓겨나고 결국 건물주만 이익을 보는 현실 때문에 젠트리피케이션은 사회적 문제가 되고 있다. 하지만 젠트리피케이션 현상이 심화될수록 건물주 역시 손해라는 사실을 알아야 한다. 대표적인 예가 90년대 서울에서 가장 핫한 거리로 명성을 날리던 압구정 로데오 거리의 몰락을 들 수 있다. 사람들이 몰리고 장사가 잘되자 건물주들은 임대료를 계속해서 올렸고, 이를 견디지 못한 가게들은 신사동 가로수길 등 임대료가 싼 지역으로 대거 이탈하기 시작했다. 이들을 대신해 자본력을 갖춘 대형 프랜차이즈가 하나둘 거리에 채워졌지만 이로 인해 지역 상권의 특색도 사라졌고 거리는 점차 활력을 잃어 사람들의 발길이 서서히 줄어들면서 상권 역시 붕괴되었다. 이제 압구정 로데오 거리에는 화려했던 옛 명성만 남게 된 것이다.

2월

7주

중세 무역과 경제의 중심지 베네치아와 피렌체

중세 유럽의 경제, 사회, 정치 전 부문에 걸쳐 막강한 영향력을 행사한 교황이 머물던 곳이 이탈리아였다. 이에 이탈리아 교황청으로 엄청난 양의 금과 은이 유입되었고, 이탈리아는 막대한 부를 쌓기 시작했다. 이탈리아는 지리적으로도 십자군 원정군이 이슬람으로 가기 위해 거쳐 가는 곳이었기에 자연스럽게 유럽과 이슬람 간 교역의 중심지가 되었고, 그중에서도 베네치아와 피렌체가 대표적인 도시로 성장했다.

이탈리아 북동부에 위치한 베네치아는 영어로 베니스라고도 불린다. 베네치아는 섬과 섬 사이의 수로가 아름다운 도시로 세계적인 관광지 중 하나이기도 하다. 바다로 둘러싸인 지리적 특성을 이용해 제염사업을 했는데 중세시대 때 소금은 금보다도 귀했기에 많은 돈을 벌 수 있었다. 초기 비잔틴 제국은 베네치아에 이슬람 제국과의 교역을 금지시켰지만 베네치아는 이를 무시하고 다른 대륙을 통해 이슬람과의 교역을 활발하게 펼쳐나갔다. 그 과정에서 안전한 운송과 거래를 위해 해군력을 증강했는데, 이후 이슬람 교역을 금지시켰던 비잔틴 제국이 오히려 베네치아 해군력에 의존하기도 했다. 이처럼 베네치아는 소금을 독점하여 쌓은 부를 기반으로 이슬람과의 무역을 지속해서 확대하면서 당시 십자군 전쟁을 통해 유입된 향신료 등 동방 물건에 관심이 높았던 유럽 사람들의 사랑을 받는 중세 최대 무역 도시로 성장했다.

바다에 접해 있던 베네치아와 달리, 피렌체는 전형적인 내륙 도시국가로 북부 유럽에서 로마로 향하는 길목을 점유함으로써 경제력을 키웠다. 피렌체는 금융과 제조 산업을 결합해 산업 자본주의를 꽃피웠으며 피렌체의 부를 소유하고 있던 상인들은 금융업으로 쌓은 재력을 자신들의 사후세계를 위해 수도원에 투자했고 이것이 르네상스의 기반이 되었다. 사람들은 수도원의 다양한 예술 작품들로 사후세계의 평안이나 새로운 심미적 욕구를 추구했다. 이로 인해 예술 작품의 주제가 신에서 인간으로 전환되었고 인간 중심의 작품들이 제작되면서 피렌체는 르네상스를 이끄는 도시가 되었다. 그리고 그 중심에는 유명한 메디치 가문이 있었다.

영국의 철학가이자 경제사상가, 그리고 법학자인 제러미 벤담(Jeremy Bentham, 1748~1832)은 공리주의의 창시자이다. '최대 다수의 최대 행복'이라는 말로 요약되는 공리주의는 쾌락을 추구하고 고통은 피하려 하는 인간의 모습은 자연스러운 것이라는 전제에서 시작한다. 인간의 행동에 대한 윤리적 판단 또한 이러한 인간의 본성에 기초하는데, 인간에게 쾌락과 행복을 주는 것은 선한 행위지만 고통과 불행을 주는 것은 악한 행위로 규정하고 있다. 그래서 그는 인간의 본성에 따라 행동하는 것이 개인은 물론 사회 전체적으로도 최대의 행복을 가져다준다고 믿었다.

이러한 그의 사상은 1789년에 발표된 『도덕 및 입법의 원리 서설』(2011년 국내 출간)에 잘 나타나 있다. 자신의 공리주의 원리를 체계화한 이 책에서 그는 모든 쾌락은 질적으로 차이가 없고 다만 양에서만 차이가 난다고 생각했다. 그는 강도(얼마나 강한가?), 확실성(얼마나 확실한가?), 근접성(얼마나 빨리 얻을 수 있는가?), 생산성(얼마나 반복적으로 얻을 수 있는가?), 지속성(얼마나 오래 가는가?), 순수성(얼마나 고통이나 부작용 없이 순수한가?), 범위성(얼마나 많은 사람에게 영향을 미치는가?)과 같은 7가지 척도를 기준으로 쾌락의 정도를 계산하려고 했다.

인간은 개인적인 쾌락에만 몰두하기 때문에 이를 사회 전체의 행복을 증진시키기 위해서 정부의 규제와 간섭은 반드시 필요하다고 생각했던 벤담은 시장 규제를 위한 정책들을 쏟아냈고, 분배의 평등을 강조하는 복지 사상에도 영향을 미쳤다.

벤담의 공리주의 사상은 경제학적으로도 많은 영향을 미쳤다. 오늘날 각 정부에서 정책을 수립할 때 각 대안별 비용과 이에 대한 이익을 비교 분석하는 데 사용하는 '비용편익분석'과 경제 전체의 효용(만족감)을 중시하는 후생경제학도 벤담의 공리주의 사상에 영향을 받은 것이다.

수요의 법칙

즐겨 보던 드라마에서 주인공이 사과를 아주 맛있게 먹고 있다. 그 모습을 보면서 '마트에 가서 사과를 사와야겠다'라고 생각한다면 사과에 대한 수요가 있는 것이다. 그러나 단순히 사과가 먹고 싶다고 생각했다면 이는 경제학에서 의미하는 수요가 아니다. 경제학에서 말하는 수요는 구체적으로 무언가를 사고자 하는 욕구를 의미하는 것이다.

자신이 생각하는 가격에서 얼마나 살 것인가를 정하는 것이 수요량이다. 그리고 수요량에 가장 큰 영향을 미치는 것은 가격이다. 사과 10개를 사기 위해 마트에 가보니 1,000원으로 생각했던 사과가 50% 할인해서 개당 500원에 팔리고 있다고 생각해보자. 그래도 처음 마음먹은 대로 10개만 사올 것인가? 아마도 대부분은 싸니까 이참에 많이 먹어보자는 생각에 10개보다 더 많은 사과를 살 것이다. 반대로 사과의 가격이 2배로 올랐다면 아마도 이왕 사과를 사러 왔으니 맛이라도 보자며 10개보다 적은 사과를 살 것이다. 이처럼 다른 조건이 일정하다면 가격이 하락할 때 수요량은 올라가고, 반대로 가격이 상승할 때 수요량은 감소한다. 즉 가격과 수요량 사이에는 반비례 관계가 있는데 이를 '수요의 법칙'이라고 한다. 이때 사과의 가격이 변화함에 따라 수요가 어떻게 변화하는지를 보여주는 그래프가 바로 수요곡선이다. 수요곡선은 각각의 가격과 수요량에 맞는 점들을 연결하여 그린 그래프로 우하향하는 모습을 띠고 있다.

가격이 수요량에 미치는 영향이 크지만 다른 요소들도 수요량에 영향을 미친다. 가격 변동에 따른 수요변화는 곡선 내에서의 이동을 유발하지만, 가격 이외의 요소가 수요량에 영향을 미칠 때는 수요곡선 자체의 이동을 수반한다. 보통 수요의 증가는 수요곡선 자체를 오른쪽으로 이동시키고, 수요의 감소는 왼쪽으로 이동시킨다. 수요곡선을 이동시키는 원인에는 대체재나 보완재의 수요변화, 기호변화, 소득변화 등이 있다.

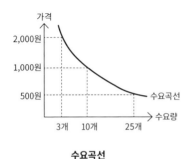

수요곡선

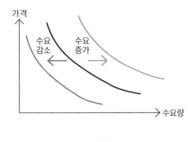

수요곡선의 이동

메디치가의 투자제안

메디치 가문은 르네상스 시대에 이탈리아의 피렌체를 실질적으로 지배했던 가문이다. 나아가 세계 경제와 역사에도 커다란 영향을 끼친 가문으로, 지금도 메디치가 이야기는 전설로 전해지며 드라마와 책으로도 만들어지고 있다.

메디치 가문을 크게 일으켰다고 평가받는 비에리 디 캄비오 메디치는 1388년 메디치가의 은행업을 이어받게 되었다. 어린 시절 그는 시장을 돌며 환전하는 법을 배우게 되었는데 진짜 큰돈을 환전하는 곳은 시장이 아니라 교황청이라는 사실을 깨달았다. 각 나라에서 거둔 교회 헌금이 교황청으로 모였기 때문이었다.

교황청을 찾아간 그는 각국에서 거둔 헌금을 모두 로마 돈으로 환산해 메디치 은행에 보관했다가 필요할 때는 언제든지 가장 싼 환율로 환전해주겠다는 제안을 했고, 결국 이를 성사시켰다. 사실 이 제안은 모아진 헌금을 모두 로마 돈으로 환전하지 않고도 그 나라에 있는 메디치 은행에서 장부상으로 기록하고 지급하면 되는 것이라, 새로운 투자 없이도 큰 환차익을 볼 수 있는 비즈니스 모델이었다. 이때 메디치 은행이 관리하던 교황청 자금은 우리 돈으로 약 4조 원에 이르렀다고 한다.

교황청도 절약된 환전 수수료로 성당을 짓고 예술 작품을 구매할 수 있었으니 이 역시 르네상스 활성화에 기여하게 되었다. 더욱이 교황에게 헌금 도난 방지와 현황을 수시로 알려줌으로써 교황청과 신뢰도 쌓을 수 있었을 뿐 아니라, 부자 고객들에게는 교황청이 거래하는 최고 은행이라는 이미지를 심어줄 수 있었다.

비에리 디 캄비오 메디치의 사례는 기존의 방법을 답습하지 않고 생각의 전환을 통해 수익을 올릴 수 있는 투자 방법을 항상 고민해야 한다는 교훈을 준다. 그 후 비에리 디 캄비오 메디치의 투자 및 자금 운용 철학은 그의 조카인 조반니 디 비치 데 메디치에게 이어졌다. 그는 은행 금고에서 잠자고 있는 돈을 활용해 또 다른 수익을 창출하기 위한 고민을 하다 무역사업을 하는 상인들에게 돈을 빌려주게 되었다. 당시 무역업자들은 배가 필요했으나 모든 자금을 배에 투자하고 나면 융통할 현금이 부족했다. 이에 조반니 디 비치 데 메디치는 아직 도착하지 않은 운송품들을 할인된 가격으로 사들였고, 그 물건을 팔아 더 큰 수익을 올릴 수 있었다. 즉 무역업자들에게 현금 유동성을 확보해준 반면 물건 판매의 이익을 공유했던 것이다. 이로 인해 무역 산업은 더욱 활발해져 도자기와 차, 향료 등 더 많은 아시아 물건들이 수입되었다.

산업
설비투자와 건설투자 동향지표

현재의 투자는 미래의 성과로 나타난다. 마찬가지로 설비투자와 건설투자 동향지표*는 미래 생산능력의 규모를 결정짓는 지표로 앞으로 경기가 얼마나 활성화될지, 위축될지를 알 수 있게 해주는 중요한 실물경기 지표이다. 설비투자지수는 건물이나 기계, 장비 등 고정설비에 대한 투자를 말한다. 설비투자는 경제의 수요와 공급 양측 면에서 중요한 의미를 갖는다. 수요 측면에서 기업 등이 시장을 어떻게 예측하고 있는지를 알 수 있으며, 공급자인 기업들이 수요 예측에 따라 얼마만큼의 투자를 했는지도 나타내기에 실물경기를 살펴보는 데 매우 유용한 지표가 된다.

설비투자지표를 볼 때는 계획과 실적을 함께 보아야 한다. 계획은 말 그대로 향후 시장을 예측한 투자 계획을 말하는데, 실적은 실제 시장 변화에 따라 계획대비 증가할 수도 있고 감소할 수도 있기 때문이다. 2019년 조사 때 2020년 설비투자 계획은 169조 원으로 조사되었으나, 코로나19 팬데믹으로 인해 2020년 상반기 실적을 토대로 예상되는 연간 설비투자는 약 154조로 계획대비 감소할 것으로 예측된다. 즉 코로나19로 인해 계획대비 약 15조 정도의 투자가 덜 이루어진다는 뜻이며 이는 실물경제 위축과 연결해 생각해볼 수 있다. 설비투자 세부 항목들을 보면 기업 규모에 따른 내용이나 반도체, 디스플레이, 석유정제, 자동차 등 업종별로 얼마만큼의 설비투자가 늘고 있는지를 확인해볼 수 있어 국내 산업의 성장 예측에 도움이 되는 정보를 확인할 수 있다.

건설투자 동향지표는 주택 공급이나 건설 중심의 사회공공사업 등의 투자 규모를 나타낸다. 일반적으로 건설 부문은 선행지표인 건설수주와 건축허가 면적을 보면 향후 건설 경기를 어느 정도 예측할 수 있다. 건설수주와 허가 면적이 늘어나면 일정 시차를 두고 건설투자 증가로 이어지기 때문이다. 또한 건설업은 대량 고용창출 효과 등 국가 경제 성장과도 연관성이 높은 부분이기에 전체적인 경제 전망을 위한 주요 고려사항이기도 하다. 건설투자 부문의 이해를 높이기 위해서는 건설을 건축과 토목으로 나누어 보아야 한다. 건축은 사람이 거주하는 주택 건설이라 생각하면 이해가 쉽고 토목은 그 외 기반시설에 대한 건설을 말하는데, 향후 어떤 부분의 건설이 더 확대되거나 축소될 것인지를 먼저 살펴보면 산업을 이해하고 관련 투자에 도움이 된다. 설비투자와 건설수주 모두 2020년 초 코로나19로 인해 크게 감소했으나 이후 차츰 회복하는 모습을 보이고 있다.

---

* 설비투자동향: 한은, 통계청/건설투자동향: 국토교통부, 통계청

에어 조던

나이키(Nike)는 전 세계 스포츠용품 시장 1위 기업이자 20세기의 가장 성공한 브랜드로 꼽힌다. 나이키는 그리스 신화에 나오는 승리의 여신 니케의 영어식 이름으로, 나이키의 브랜드 로고 스우쉬(Swoosh)는 니케의 영혼과 날개를 형상화한 것이다.

나이키를 오늘날 전 세계 압도적인 1위로 만든 비결은 스포츠 스타 마케팅에 있었다. 그중에서도 1등 공신은 바로 '에어 조던(Air Jordan)' 시리즈이다. 에어 조던 시리즈를 통해 나이키는 비로소 평범한 회사가 아닌 글로벌 스포츠 브랜드 회사로 발돋움할 수 있었다.

특정 선수의 이름을 따서 만든 최초의 농구화 '에어 조던'은 NBA의 전설적인 선수 시카고 불스의 마이클 조던과 나이키의 협업 작품이다. 원래 아디다스 농구화를 즐겨 신었던 마이클 조던은 가능하다면 아디다스와 계약하기를 원했다고 한다. 하지만 아디다스는 마이클 조던에 그다지 큰 관심이 없었고, "나이키에도 기회를 줘라."라는 어머니의 말을 들은 그는 결국 나이키와 계약을 맺었다. 마이클 조던의 스타성을 간파한 나이키는 당시 유명 스포츠 선수들의 계약금보다 2배나 많은 금액을 제시했던 것으로 알려졌다.

시카고 불스의 유니폼 색깔이었던 빨간색과 검은색에 밑창의 하얀색이 어우러진 '에어 조던 1'은 당시로서는 파격적인 디자인이었다. 하지만 이 신발은 세 가지 이상의 색상이 들어간 신발은 착용할 수 없다는 NBA 규정으로 인해 코트에서 신을 수 없게 되었다. 그러나 나이키는 물러서지 않고 경기마다 5,000달러의 벌금을 지불하면서 조던이 이 신발을 신고 경기에 출전하도록 했다. 이러한 사실이 알려지면서 사람들은 조던의 나이키 신발에 더욱 관심을 보이게 되었고, 조던의 플레이를 중계하던 카메라도 자연스럽게 논란이 되고 있던 신발에 주목했다. 그해 신인왕까지 거머쥐며 성공적인 데뷔를 한 마이클 조던의 실력만큼이나 그의 신발에도 관심이 집중되면서 '에어 조던'의 인기 역시 치솟아 올랐다. 그해 '에어 조던 1'은 1억 3,000만 달러의 매출을 올리며 날개 돋친 듯 팔려나갔고 나이키의 매출도 연간 8억 달러에서 40억 달러로 수직상승했다.

이후 나이키는 매년 새로운 시리즈의 에어 조던을 출시했고 그때마다 선풍적인 인기를 끌며 판매되었다. 이러한 인기에 힘입어 에어 조던은 각종 신발과 의류를 판매하는 나이키 산하의 브랜드로 독립하게 되었다.

경제상식

예금자보호제도

예금자보호제도는 금융회사의 영업정지나 파산 등으로부터 고객의 재산을 안전하게 보호하는 한편, 금융제도의 안정성을 유지하기 위해 도입된 제도이다. 이 예금자보호제도는 동일한 종류의 위험을 가진 사람들이 평소에 금전을 갹출하여 조성한 기금으로 만약의 사고에 대비하는 보험의 원리를 이용한 제도이다. 이를 위해 예금보험공사는 평소에 금융회사로부터 보험료를 받아 기금을 적립해놓았다가 금융회사가 예금을 지급할 수 없게 되면 금융회사를 대신해 직접 예금을 지급한다.

예금보험공사가 보호하는 금융회사는 은행, 증권회사, 보험회사, 종합금융회사, 상호저축은행 등 자본금의 형태로 설립된 금융기관의 경우에만 해당된다. 참고로 농협은행이나 수협은행은 예금보험 가입 대상이지만 농협과 수협의 지역조합, 신용협동조합, 새마을금고 등 조합이나 금고의 형태로 설립된 금융기관은 예금보험공사로부터 보호를 받지 못한다. 이런 금융회사들의 경우 각 중앙회가 자체적으로 설치, 운영하는 기금을 통해 예금자를 보호하고 있다.

그러나 예금보험 가입 금융회사의 모든 금융상품이 예금보험 대상은 아니다. 예를 들어 운용결과에 따라 이익이나 손실이 투자자에게 귀속되는 수익증권, 실적배당형 신탁 그리고 증권회사를 통해 거래하는 주식이나 채권 등은 보호 대상이 아니다. 상품별로 통장이나 증권, 증서 등에 예금자 보호 여부를 표시하고 있으니 가입 시 이를 확인하는 것이 좋다.

1인당 보호 금액은 소액 예금자를 우선적으로 보호하고, 부실한 금융기관을 선택한 예금자도 일정 부분 책임을 분담한다는 차원에서 원금과 소정의 이자를 합쳐 최고 5,000만 원을 한도로 하고 있다. 소정의 이자란 금융회사의 약정이자와 예금보험공사가 시중은행의 1년 만기 정기예금의 평균 이자율을 감안하여 정한 이자 중 적은 금액을 의미한다. 1인당 보호 금액은 예금의 종류별 또는 지점별 보호 금액이 아니라 동일한 금융기관 내에서 예금자 1인이 보호받을 수 있는 총금액으로, 예금자 1인은 개인뿐만 아니라 법인도 대상이 된다.

2월
8주

중세 경제와 문화를 이끈 메디치 가문

메디치 가문은 이탈리아 피렌체, 더 나아가 이탈리아와 유럽 전역에 큰 영향을 미친 가문으로 지금까지도 인문학과 역사에 자주 등장하는 가문 중 하나이다.

메디치 가문은 원래 의사 가문이었으며 메디치라는 이름도 의사를 뜻하는 '메디쿠스'에서 유래되었다. 처음에 그들은 진료와 약 판매를 통해 벌어들인 돈을 모아 금융업에 진출하게 되었다. 중세시대였던 당시는 지금과 같은 금융업의 개념이 없었고 돈을 빌려준 이후 이자를 받는 초기 대부업의 형태였다. 이때 메디치 가문은 대부업이 아닌 환전업을 시작으로 금융업에 첫발을 내디뎠는데, 지중해 무역이 활발해져 서로 다른 화폐끼리 교환이 필요한 시기에 메디치가는 통화의 교환과 중개역할을 했던 것이다.

메디치가 사람들은 시장 한편에 놓여 있는 긴 의자에서 환전을 했는데 그 의자를 가리켜 '방카banca'라고 했으며 이것은 오늘날 은행 '뱅크'의 어원이 되었다. 실제로 메디치가는 은행업을 영위하면서 은행 경영 체계에도 커다란 영향을 미쳤다. 코시모 메디치는 메디치 은행의 체계를 다른 은행과는 완전히 다른 형태로 바꾸어 은행계에 새로운 바람을 일으켰다. 당시 피렌체에 소재한 은행들은 지점이 본점과 주종관계를 이루고 있었으며 지점마다 같은 급여를 받는 방식이었다. 그러나 메디치 은행은 지점과 본점의 수익을 지분에 따라 분배하고 파트너 관계를 형성함으로써 직원들의 동기부여를 높여 리스크를 최소화할 수 있는 형태의 운영을 해나갔다. 이에 은행 지점들은 더 많은 수익 창출을 위한 영업 활성화에 노력했고 주인의식을 가지고 지점을 경영할 수 있었다.

메디치가가 유명해진 것은 차별화된 은행 경영으로 많은 부를 쌓았기 때문만이 아니었다. 메디치 가문은 상인이자 정치가였던 조반니 디 비치 때부터 4명의 교황과 2명의 프랑스 왕비를 배출했으며, 세계적인 문화와 예술의 전환점이 된 르네상스를 이끌었다는 점에서 더 많이 이야기되고 있다. 미켈란젤로, 레오나르도 다빈치, 갈릴레이, 마키아벨리 등 많은 예술가들과 과학자, 문학가들이 메디치 가문의 후원을 받았고 서로가 교류하면서 새로운 아이디어와 가치를 창출해냈다. 결과적으로 보면 메디치 가문은 사실상 은행이라는 금융기관의 이익창출을 통해 오랜 기간 분야별 인재들을 후원하는 재단 역할을 성실히 수행한 가문이라고 볼 수 있다.

인물

칼 마르크스

칼 마르크스(Karl Heinrich Marx, 1818~1883)는 독일 출신 경제학자이자 철학자로, 공산주의와 사회주의 하면 떠오르는 대표적인 인물이기도 하다. 엥겔스와 함께 공산주의 동맹을 설립하고 '공산당 선언'의 기초를 닦으며 사회주의 사상의 토대를 마련했기 때문이다.

그가 살던 시대는 영국의 산업혁명을 통해 물질적 풍요로움을 누릴 수 있었다. 하지만 그는 일을 하면 할수록 더욱 비참해지는 노동자의 삶에 대해 의문을 갖기 시작했다. '왜 노동자는 열심히 일해도 가난하게 살고 자본가는 점점 더 부자가 될까?'라는 의문으로 시작되어 저술된 책이 바로 『자본론』(2015년 국내 출간)이다. 이 책을 통해 그는 자본주의의 구조적 모순을 파헤치는 한편 자본주의의 붕괴를 예언하기도 했다.

그는 자본주의 기업 활동에 내재된 2가지 요소를 자본과 노동이라고 보았다. 자본가는 자본을 확대 생산하기 위해 노동을 필요로 하고 노동자에게 노동을 제공받는 대신 임금을 준다. 그러나 문제는 여기서 시작된다. 그는 상품의 가치는 그것을 만드는 데 투입되는 노동량에 의해 결정된다고 생각했다. 노동자가 생산에 기여한 만큼 보수를 받아야 하지만 자본가는 자신의 이익을 극대화하기 위해 노동자에게는 겨우 먹고 살 정도의 임금만을 준다고 생각했다. 자본가는 자신들의 이익을 더욱 늘리기 위해 노동자를 착취하는 데서 멈추지 않고 노동자를 기계로 대체하기 시작했다. 기계에 의한 생산성의 증대는 노동의 가치를 점점 더 낮추었고 노동자의 임금은 더욱 줄어들게 되었다.

그는 결국 노동자의 몰락이 아이러니하게도 자본주의의 몰락을 이끌어낼 것이라고 예언했다. 노동자가 몰락함에 따라 더이상 자본가가 만들어낸 상품을 소비해줄 사람이 없기 때문에 결국 자본가도 함께 몰락할 수밖에 없다는 것이 그의 생각이었다.

결과적으로 본다면 칼 마르크스의 생각은 틀렸다. 자본주의는 몰락하지 않고 여전히 건재하다. 하지만 우리는 그가 자본주의를 향해 외쳤던 경고를 결코 무시할 수만은 없다.

공급의 법칙

공급은 팔고자 하는 욕구, 즉 교환이나 판매를 위해 시장에서 재화나 서비스를 제공하는 것을 말한다. 참고로 시장에서 수요가 있을 때 돈을 받고 제공해야 공급이지, 선의로 제품이나 서비스를 무상으로 제공하는 것은 공급이 아니다. 공급에 대해 보다 구체적으로 알아보기 위해 초콜릿 공장을 운영하는 A씨의 사례를 살펴보자.

초콜릿 공장을 운영하는 A씨는 평소 1,000원짜리 초콜릿을 하루 1만 개 생산했다. 하지만 발렌타인데이를 앞두고 초콜릿 수요가 급증하면서 가격이 1,500원으로 오르자 A씨는 이 기회를 놓치지 않고 초콜릿 생산량을 2배로 늘렸다. 하지만 발렌타인데이가 지나고 초콜릿 수요도 줄어들면서 가격이 800원으로 떨어지자 A씨는 평소 생산량보다 적은 7,000개를 생산하기 시작했다. 공급량은 공급자가 일정한 가격일 때 팔려고 하는 구체적인 수량을 말한다. 초콜릿 가격이 1,000원일 때 1만 개, 1,500원일 때 2만 개 그리고 800원일 때 7,000개 등 가격의 변화에 따라 구체적인 수량이 변화한다. 가격은 기업에 있어 최종적인 수입으로 인센티브 기능을 가지고 있기 때문이다. 즉 가격이 높아질수록 기업은 더 많은 재화나 서비스를 시장에 공급하여 더 많은 이익을 얻고자 한다. 수요와 마찬가지로 공급에서도 가격이 공급에 미치는 영향이 가장 큰 셈이다. 그래서 기업은 가격의 변화에 따라서 공급량을 조절하는 것이다. 생산자는 가격이 상승할수록 공급량을 늘리고, 가격이 하락할수록 공급량을 줄이는 경향이 있는데 이를 가리켜 '공급의 법칙'이라고 한다. 가격과 공급량 사이에는 비례관계가 성립하기 때문에 가격과 공급량의 관계를 선으로 연결하여 만든 공급곡선은 우상향하는 그래프로 표현된다.

공급도 수요처럼 가격 이외의 요소에 의해 영향받는다. 생산요소의 가격 변화, 기술의 변화, 조세와 보조금, 다른 재화의 가격 등이 공급곡선에 영향을 미친다.

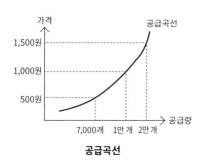

공급곡선

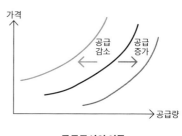

공급곡선의 이동

맨해튼을 24달러에 판 인디언

16, 17세기 유럽 자산가들의 기호품 중 하나는 모피였다. 당시 고가 모피의 주 수입처는 러시아였는데 공급 대비 수요가 컸기 때문에 시베리아 검은담비를 몇 마리만 잡아도 평생 살 수 있을 만큼 돈을 벌었다. 이때 네덜란드 상인들은 북아메리카 지역에서 비버를 보게 되었고, 모피와 향수 재료로 활용하기 위한 비버 무역을 선점하고자 지금의 뉴욕 맨해튼을 24달러에 구매했다. 그 후 네덜란드 서인도회사는 뉴암스테르담이라고 이름 지은 이곳을 모피 공급처로 삼고 식민지 경영을 시작했다. 하지만 50년 후 네덜란드는 영국에게 이 지역을 빼앗기게 되는데, 당시 영국 왕 찰스 2세 동생인 요크공의 이름을 따서 '뉴욕'이라고 이름지었으며 오늘날에는 세계 금융 중심지로 성장하게 되었다.

이 유명한 역사 속에서 사람들에게 자주 회자되는 이야기가 있다. 바로 1626년 당시 인디언들이 금싸라기 땅인 맨해튼 지역을 겨우 24달러에 판매했다는 것이다. 많은 사람들은 그 옛날 인디언들이 땅의 가치를 몰라서 일어난 바보짓이라고 이야기하기도 하지만, 사실 그들이 받은 돈을 어떻게 투자하는지에 따라 더 큰 수익을 창출할 수 있었다는 재미있는 의견도 있다.

전설적인 투자자 중 한 명인 피터 린치(Peter Lynch)는 인디언들이 받은 24달러를 1989년까지 연 8% 복리로 불렸다면(지금 경제 상황에서는 고금리이지만) 363년 동안 32조 달러가 되었을 것이라고 말했다. 우리나라 돈으로는 약 3.4경 원 정도로 당시 맨해튼 전체 땅값이 600억 달러에도 미치지 못했으니 530개의 맨해튼을 사고도 남을 엄청난 돈이었다.

물론 인디언이 이렇게 투자했을 리도 없고, 그럴만한 금융 시스템도 없었다. 그러나 시간과 복리가 투자에 있어 얼마나 중요한 요소인지를 알려준 대표적인 사례라고 할 수 있다. 복리는 원금에 이자가 붙어 새로운 투자 원금이 됨으로써 자본 규모를 키워가는 방법으로 아인슈타인이 세계 8대 불가사의 중 하나로 언급했을 정도로 매우 효과적인 투자 방법이다. 그리고 복리가 최대한 효과를 나타내기 위해 반드시 필요한 것은 바로 24달러를 32조 달러로 바꾸어준 '시간'이다. 결과적으로 복리를 제대로 활용할 수 있었다면 인디언의 선택도 나쁘지 않았다고 생각할 수도 있는 것이다.

원자재지수

소비자에게 제공할 물품을 만들기 위한 출발점은 원자재 확보이다. 밀, 쌀 등 식품류 부터 구리, 석유 등 다양한 산업의 원천이 되는 기본적 자원들이 원자재에 해당한다. 따라서 특정 산업을 살펴보기 위해서는 가장 먼저 원자재의 흐름을 살펴보아야 하는데 이러한 원자재 가격과 생산량 변동 등을 나타내주는 여러 지수들을 알아보자.

경제 뉴스에서 가장 많이 언급되는 원자재 관련 지수는 1956년부터 발표된 '로이 터-제프리 CRB지수'인데 줄여서 CRB지수라고도 한다. CRB지수는 CRB(Commodity Research Bureau)사가 발표하는 지수로 천연가스, 구리, 설탕, 금, 옥수수, 돼지고기 등 19개 원자재 항목들의 가격을 평균 내어 상품지수로 나타낸 것이다. 1967년 지수를 100으로 놓고 비교하고 있는데 2002년 190수준이었던 CRB지수는 본격적인 중국의 경제성장과 맞물려 2009년까지 급상승해 470까지 오르기도 했다. 그러나 이후 2015년부터 하락을 거듭하고 있으며 2020년 현재 140~150 수준을 오가고 있다. CRB지수가 오르면 인플레이션을 예고하는 경우가 많아 인플레이션지수라고도 한다.

CRB지수 이외에 유명한 지수로는 로저스 상품지수가 있다. 상품투자의 귀재로 불리는 짐 로저스가 만든 원자재지수로 38개의 지수로 구성되어 있다. 그중에서도 특히 농산물지수가 유명한데, 우리나라에서도 로저스 농산물지수와 연동한 금융상품들이 출시되기도 했다. 원자재 시장을 알 수 있는 또 다른 지표로, 발틱운임지수로 불리는 BDI(Baltic Dry Index)지수가 있다. 이 지수는 영국의 발틱해운거래소가 전 세계 26개 주요 항로의 선박 유형별 운임 정보 등을 통해 산출하는데, 한마디로 얼마나 많은 원자재들이 운송되고 있는지를 나타내는 지수라고 할 수 있다. 따라서 BDI지수가 높으면 원자재 무역거래가 활성화되고 있다는 것을 의미한다.

이와 같은 원자재 상품 거래소는 런던과 시카고, 뉴욕이 유명하다. 런던금속거래소는 1877년에 설립된 세계 최대 금속선물거래소로서 하루 거래대금이 100억 달러에 이른다. 주로 주석, 납, 아연 등 비철금속을 다루고 있으며 우리나라 부산에도 창고가 있다. 시카고상품거래소는 1848년에 설립되었고 주로 곡물을 다루고 있으며 이곳에서 거래되는 농산물 가격이 국제적 기준이 된다. 또한 뉴욕에도 원유 등 에너지를 비롯해 금, 구리, 코코아, 커피 등 다양한 상품거래소가 있다.

만년필 하면 떠오르는 브랜드가 있다. 바로 몽블랑이다. 세계적인 투자자인 워런 버핏, 마이크로소프트 설립자인 빌 게이츠, 그리고 삼성의 고 이병철 회장과 고 이건희 회장에 이르기까지 국내외 유명 인사들이 애용하는 몽블랑 만년필은 어느덧 성공한 사람의 상징으로 자리 잡았다. 특히 서독의 슈미트 전 수상, 영국의 엘리자베스 여왕, 스페인의 소피아 여왕, 존F. 케네디 전 미국 대통령, 미하일 고르바초프 전 러시아 대통령 등 유력 정치가들도 몽블랑 만년필을 즐겨 썼다. 덕분에 몽블랑 만년필은 정치, 경제, 문화 등 여러 분야의 중요한 문서를 서명하는 순간 모습을 드러내며 세간의 뜨거운 관심을 받았다. 특히 1924년에 출시된 '마이스터스튁 149'는 뉴욕 현대미술관에 전시될 정도로 작품성은 물론이고 역사적으로도 상징적인 제품으로 출시 이후 지금까지 몽블랑을 대표하는 간판 제품으로써 큰 사랑을 받고 있다.

몽블랑은 1906년 휴가차 미국을 방문했다가 편리하게 개량된 만년필에 매료된 알프레드 네헤미아스와 아우구스트 에버스타인이 클라우스 요하네스 포스의 투자를 받아 1908년 회사를 설립하며 독일의 명품 브랜드로서 첫발을 내딛게 되었다. 그들은 장인정신으로 최고의 만년필을 만들겠다는 일념으로 알프스산맥에서 가장 높고 웅장한 산인 몽블랑의 이름을 따서 사용하기 시작했다. 몽블랑은 원래 '흰 눈이 덮인 산'이라는 의미를 지닌 단어로 하얀색 육각형 별 모양의 몽블랑 브랜드 로고 '몽블랑 스타'는 눈 덮인 몽블랑산의 정상을 형상화하고 있다.

최고의 품질을 자랑하는 몽블랑은 대부분의 작업을 수작업으로 진행하고 있다. 20년 이상 경력을 가진 장인들이 펜촉(닙)에 복잡한 문양의 각인을 새기고 손질하는 등 엄격하고 까다로운 공정을 직접 수행하기 때문에 제작 기간에만 6주 이상이 소요될 정도이다. 몽블랑 만년필의 펜촉은 18K 골드를 소재로 사용하고 있으며, 펜촉의 마모를 막기 위해 단단하고 부식되지 않는 이리듐을 펜촉 끝부분에 용접해 사용하고 있다. 이리듐은 생산량이 많지 않아 가격이 비쌀 뿐만 아니라 경도가 높아 가공이 어려움에도 불구하고 최고 품질의 만년필을 만들기 위해 이리듐의 사용을 계속 고수하고 있다. 이후 진행되는 품질 테스트 또한 엄격하다. 사막이나 열대우림 같은 상황 속에서 실시하는 '기후변화 테스트'와 높은 지대와 낮은 기압 속에서 실시하는 '비행 시뮬레이션 테스트' 등을 통과한 제품만이 비로소 고객에게 전달될 수 있다. 이러한 제품에 대한 자신감을 바탕으로 1930년 자사 제품에 대한 '평생보증'을 제공하면서 더욱 높은 신뢰를 구축하기도 했다.

경제상식

윔블던 효과

윔블던 테니스 대회는 세계 4대 메이저 테니스 대회 중 하나로 원래는 영국인만 참가할 수 있었다. 하지만 1968년 외국인 선수들의 참가를 허용하면서부터 자국 선수들보다 외국인 선수들이 두각을 나타내기 시작했다. 개최국은 영국이지만 정작 영국인 선수들은 제대로 힘도 쓰지 못하고 번번이 외국인 선수들에게 우승 트로피를 넘겨주었다. 일각에서는 영국이 외국인 선수들을 위한 경연의 장을 마련한 것 아니냐는 비판이 일기도 했는데 이러한 현상을 경제와 연관시켜 윔블던 효과라는 말이 나오게 되었다. 즉 시장을 개방한 이후 국내시장을 외국계 자본이 잠식하는 현상을 가리켜 '윔블던 효과'라고 한다.

윔블던 효과를 보여주는 대표적인 사례는 1986년 마가렛 대처 총리가 시행한 금융시장 규제완화 조치였다. 런던 증권시장이 국제 금융 중심지로서의 지위를 위협받자 영국은 은행과 증권업 간의 장벽을 허물고 외국 금융회사의 시장진입을 전면적으로 허용하는 등 금융회사 간의 경쟁을 촉진시키는 한편, 시장 자유화 대책 등을 통해 금융시장을 개혁했다. 이를 통해 영국은 다시 세계 금융 중심지로 자리매김할 수 있었지만 부작용도 만만치 않았다. 이 과정에서 영국의 많은 금융회사들이 외국계 자본에 의해 인수되었을 뿐 아니라 외국의 대형 금융회사들이 앞다투어 영국에 진출하면서 영국 금융시장에서 외국 자본의 영향력이 커지는 결과를 낳았던 것이다.

우리나라도 1997년 외환위기 이후 금융시장을 개방하면서 외국계 대형 금융회사들이 국내시장에 진출했다. 이 과정에서 한미은행, 제일은행, 외환은행 등이 외국인 손에 넘어갔고, 증시에서의 외국인 자본의 영향력이 갈수록 커져만 가는 상황을 빗대어 윔블던 효과라는 말을 인용하기도 했다.

하지만 윔블던 효과가 부정적인 영향만 있는 것은 아니다. 금융시장 개방을 통해 영국이 금융시장에서의 경쟁력을 회복할 수 있었던 것처럼, 외국자본과 국내자본 간의 경쟁을 통해 국내 금융회사들의 경쟁력 또한 향상되고 있다는 점은 긍정적인 영향이기도 하다.

2월

9주

경제적 이권 다툼에서 비롯된 백년전쟁

중세시대 잉글랜드와 프랑스 두 나라의 왕가는 서로 인척 관계를 맺고 있었다. 그런데 프랑스 샤를 4세가 직계 후계자 없이 세상을 떠나게 되자 잉글랜드 국왕 에드워드 3세와 사촌 관계였던 필리프 6세가 프랑스 왕위 후계자가 되었다. 에드워드 3세는 외삼촌(샤를 4세)의 왕위를 이어 잉글랜드와 프랑스의 통합 왕이 되겠다고 나섰고, 이에 양국 갈등은 더욱 고조되어 1337년부터 1453년까지 전쟁을 하게 되는데, 이것이 바로 백년전쟁이다.

잉글랜드 왕을 받아들일 수 없었던 프랑스는 필리프 6세를 왕으로 옹립했고 잉글랜드와 프랑스의 갈등은 점차 깊어져 갔다. 이러한 상황에서 프랑스가 유럽 최대 규모의 모직물 생산지인 플랑드르에서 활동하던 잉글랜드 상인들을 체포하자, 잉글랜드 왕 에드워드 3세는 이에 맞서 프랑스에 양모 공급을 중단했다. 이에 질세라 프랑스 왕 필리프 6세는 잉글랜드가 점유하고 있던 포도주 생산지인 기옌 보르도를 프랑스로 귀속시킨다고 선언했다. 기옌 보르도가 와인 무역으로 얻는 수입은 타 지역 수입의 몇 배에 달했기에 평소 프랑스는 기옌 보르도를 호시탐탐 노리고 있었다.

영국과 프랑스 간 백년전쟁은 이처럼 상대의 경제적 이익을 빼앗으면서 시작되었다. 그리고 많은 사람은 당연히 프랑스가 이길 것이라고 생각했다. 당시 프랑스 인구는 약 2,100만 명에 달해 잉글랜드의 5배에 이를 정도였으며 많은 수의 기사단이 탄탄하게 받치고 있었으므로 군사력만 보더라도 잉글랜드는 프랑스에 비교도 되지 않았다. 그러나 모두의 예상을 깨고 잉글랜드는 멀리서 활을 쏘아 상대 군을 사살할 수 있었던 장궁병을 활용함으로써 승리하게 되었다. 이러한 군사 무기의 차이 외에도 프랑스가 쉽게 무너진 결정적인 이유 중 하나는 충분한 전쟁자금을 확보하지 못했기 때문이기도 하다. 프랑스는 십자군 전쟁으로 부를 축적했던 템플기사단의 재산을 빼앗고 와해시켰던 반면, 잉글랜드는 충분한 전쟁자금을 마련해 투입했을 뿐 아니라 체계적으로 적국의 경제적 기반을 초토화시키고 빼앗는다는 의미의 슈보시 전략으로 총력전을 펼침으로써 잉글랜드가 승리할수록 프랑스 국부가 잉글랜드로 흘러 들어오게 했던 것이다.

잉글랜드가 승기를 잡아가던 백년전쟁의 끝 무렵인 1428년, 잉글랜드가 오를레앙 지역을 포위하게 되었는데 이때 유명한 프랑스의 영웅 잔 다르크가 등장해 잉글랜드 포위망을 뚫고 전투를 승리로 이끌었다. 그러나 당시 프랑스의 경제 상황은 매우 어려워져 전쟁자금 부족에 허덕이고 있었다. 이때 동방무역을 통해 프랑스 최고 갑부가 되었던 상인 자크쾨르가 전쟁자금을 지원함으로써 프랑스는 오랜 전쟁에서 승리할 수 있었다.

인물

헨리 조지

미국의 저널리스트이자 정치경제학자 헨리 조지(Henry George, 1839~1897)는 토지공개념의 시조라고 할 수 있다. 토지공개념은 공공의 이익을 위해 개인 토지의 소유와 처분을 정부가 적절히 제한할 수 있다는 개념이다. 그렇다고 그가 사회주의자는 아니었다. 그는 시장경제를 옹호했고 자유무역을 주장한 자유주의자였다. 다만 토지에 대해서 만큼은 사회주의적 견해를 유지했을 뿐이다.

그의 대표작 『진보와 빈곤』(2016년 국내 출간)은 빈부격차와 불평등에 대한 문제를 다루고 있다. 그는 산업혁명을 통해 사람들이 이전과는 비교할 수 없을 정도로 물질적인 풍요를 이루었음에도 불구하고 한편으로 극심한 빈곤이 사라지지 않는 원인을 토지에서 찾고 있었다.

생산을 위한 3요소에는 토지, 노동, 자본이 있다. 생산을 위해 자본가는 위험을 무릅쓰고 자신의 자본을 투자해 기업을 설립하고 운영한 대가로 '이자'를 얻는다. 노동자는 자신의 노동력을 제공하고 '임금'을 받는다. 그리고 토지 소유주는 토지를 제공하고 '지대'를 받는다.

헨리 조지는 자본가와 노동자와는 달리 토지 소유주는 아무 노력 없이 쉽게 돈을 번다고 생각했다. 토지는 원래 자연적 산물이므로 애초에 그 누구의 것도 아닐 뿐더러 토지를 생산에 활용하는 과정에서 지주가 하는 일은 아무것도 없다고 생각했기 때문이다. 더 큰 문제는 인구가 증가하고 생산성이 아무리 향상되어도 토지가격 상승이 압도적으로 높아 경제성장의 과실 대부분은 토지 소유자가 '지대'의 형태로 가져간다는 점이다. 사실상 토지 소유자는 자본가와 노동자의 몫을 가로채는 도둑이나 다름없다고 생각한 그는 토지에서 생기는 소득을 불로소득으로 보고 이를 전부 세금으로 환수해야 한다고 주장했다.

헨리 조지만큼 많은 사람들에게 영향을 준 인물도 없다. 톨스토이는 헨리 조지의 사상에 감명을 받고 자신의 땅을 소작농들에게 나누어주었고, 미국의 노벨 경제학상 수상자 밀턴 프리드먼은 헨리 조지가 주장한 토지가치세는 이 세상에서 가장 덜 나쁜 세금이라고 말했다. 그의 사상은 우리나라는 물론 일본과 중국 등지에 영향을 주었는데, 보유세 강화와 개발 이익 환수법 등 부동산 관련 정책에 많은 영향을 주었다.

시장의 균형

수요자와 공급자는 거래를 하기 위해 시장에 온다. 시장은 기본적으로 경쟁 시장이다. 그래서 시장에서는 기본적으로 수요나 공급자 그 누구도 가격을 일방적으로 정할 수 없다. 비싸다고 생각하는 수요자는 물건을 사지 않을 것이고, 싸다고 생각하는 공급자는 물건을 팔지 않을 것이기 때문이다. 그래서 수요자와 공급자의 의도가 일치하는 지점, 즉 수요곡선과 공급공선이 만나는 지점에서 가격이 형성된다.

다음 그래프를 통해 시장에서 가격이 결정되는 과정을 알아보자.

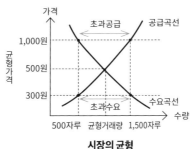

시장의 균형

공급자는 볼펜을 1,000원에 1,500자루를 팔고 싶어 한다. 하지만 볼펜 가격으로 1,000원은 비싸다고 생각하는 수요자는 500자루만 산다. 공급자는 1,000자루의 볼펜을 재고로 갖게 된다(초과공급). 공급자는 결국 재고로 남은 1,000자루를 해결하기 위해 가격을 인하한다. 가격이 하락하면서 균형가격에 도달할 때까지 수요량은 증가하고 공급량은 감소한다. 수요자는 볼펜을 300원에 사고 싶어 한다. 하지만 그 가격으로 큰 메리트를 느끼지 못한 공급자는 500자루만 생산한다. 1,500자루를 사고 싶어 하는 수요자와 500자루를 생산한 공급자 사이에는 1,000자루의 초과수요가 발생하게 된다. 결국 가격은 상승하게 되고 균형가격에 도달할 때까지 공급량은 증가하고 수요량은 감소한다.

결과적으로 수요곡선과 공급곡선이 만나는 500원에서 볼펜의 가격이 결정된다. 수요량과 공급량이 일치함에 따라 어떤 부족이나 잉여는 없다. 즉 수요자 입장에서는 부족으로 인한 불편이, 공급자 입장에서는 불필요한 잉여가 없는 것이다. 참고로 수요자와 공급자의 의도가 일치해 재화나 서비스가 부족하거나 남는 것이 없는 상태를 균형상태라고 하며 이때의 가격을 균형가격, 그리고 이때의 공급량 또는 수요량을 균형거래량이라고 한다. 균형가격은 시장에서 결정되기 때문에 '시장가격'이라고도 한다.

투자

워런 버핏과 운 좋은 원숭이

나심 니콜라스 탈레브는 저서 『블랙 스완(Black Swan)』(2018년 국내 출간)을 통해 2008년 글로벌 금융위기를 예측하면서 유명해졌다. 이 책에서 그는 워런 버핏이나 조지 소로스 같은 부호들이 미래를 예측하는 능력이 있어서가 아니라, 사실은 운이 따라주었기 때문에 부를 이룰 수 있었다고 주장했다.

그는 투자자금 대부분을 미국 국채에 투자하고 나머지를 주가가 폭락할 경우 큰 이익을 얻을 수 있는 위험도 높은 금융상품에 투자한다고 말했다. 즉 시장을 예측하는 것은 누구도 할 수 없으므로 IMF 사태나 9·11 테러, 2008년 금융위기처럼 큰 하락장이 펼쳐졌을 때의 엄청난 수익이 평소 오를 만한 주식을 찾아다니는 것보다 더 우수한 수익을 가져다줄 것으로 생각했던 것이다.

그의 이러한 관점과 유사하게 1970년대 이른바 '효율적 시장가설'을 주장하면서 워런 버핏의 성공을 운 좋은 원숭이의 동전 던지기와 같은 것이라고 깎아내린 학자도 있었다. 예를 들어 원숭이가 동전을 던져 동전 앞면이 나올 확률은 50%지만 우연히 10번 모두 앞면이 나올 수 있다는 것이다. 또한 효율적 시장가설에서는 정보가 주가에 바로 반영되며 사람들은 합리적으로 생각하고 행동하기 때문에 10만 원 가치가 있는 주식을 5만 원에 팔지는 않을 것이라고 주장했다. 따라서 가치 있는 기업의 주식을 싸게 사서 높은 가격에 판다는 것은 실제로 실현하기 어려운 근거 없는 주장이라는 것이었다.

워런 버핏은 '운 좋은 원숭이'에 빗대어 놀림거리가 되었지만, 당시에는 그다지 큰 반응을 보이지 않았다. 그로부터 오랜 시간이 흐른 뒤 그는 그들에게 이렇게 반문했다.

"만약 운 좋은 원숭이들이 모두 오마하의 특정 동물원 출신이라면 분명 거기에는 무언가 있다는 것을 생각해야 한다." 다시 말해 워런 버핏의 스승인 가치투자의 대가 벤저민 그레이엄이 만든 오마하 출신들이 시장을 이기는 수익률을 달성할 수 있었던 것은, 단순히 운이 아니라 나름의 비밀이 있었다는 것이다. 워런 버핏은 "사람의 합리적인 생각과 행동보다 감정이 앞서는 사람들이 만드는 주식시장에서 주가가 항상 합리적일 수는 없다."라고 단언하면서 운 좋은 원숭이 이론이 틀렸음을 증명했다.

핀테크

핀테크(Fintech)는 금융(Finance)과 기술(Technology)이 결합해 만들어진 단어로 금융위기 이후 본격적으로 등장한 말이다. 2008년 서브프라임 모기지로부터 비롯된 금융위기로 인해 많은 금융사들이 문을 닫은 후 금융업무의 정확성과 효율성을 높이고자 디지털 기반의 기술을 접목하기 시작했다. 또한 핀테크의 등장은 스마트폰으로 모바일 환경에 익숙해진 고객의 니즈와 편의성을 충족시킬 수 있는 변화였으며, 여기에 개인정보보호 이슈가 동시에 대두되면서 보안을 위한 고도의 기술까지 요구되는 등 적용 영역이 더욱 확대되었다. 이에 글로벌 금융사는 물론이고 국내 금융사들은 디지털 전환에 많은 비용을 투자하기 시작했고, 이제는 디지털 기술기반이 아닌 금융 서비스는 상상하기 어려울 정도로 보편화되었다.

핀테크가 구현하고 있는 금융 서비스를 다양하게 분류할 수 있지만 비즈니스 모델 관점에서 보면 지급결제, 금융데이터 분석, 금융 소프트웨어 개발, 플랫폼 이렇게 4가지 정도로 분류할 수 있다.

지급결제는 가장 일반적인 금융 서비스로 신한 FAN, 삼성페이 등이 해당되며 결제의 편의성을 제공해주는 대신 일정 수수료를 받는 구조이다. 금융데이터 분석은 고객의 금융 행동 패턴 또는 마케팅을 위한 유사 고객 분류 등에 쓰인다. 보통 빅데이터 분석이라고 하는데 데이터 분석을 통해 고객 세분화를 통한 맞춤 마케팅을 할 수 있게 해주고, 회사 내부적으로는 업무 개선 및 효율화를 위한 기반 데이터로 활용된다.

금융 소프트웨어는 기존에 하던 내부 업무를 좀 더 효율적인 방식으로 구현하기 위한 프로그램을 말한다. 대표적으로는 RPA(Robot Process Automation)가 있다. RPA는 말 그대로 로봇이 업무를 자동화 처리해주는 것으로, 반복되는 업무나 사람의 실수가 없어야 하는 업무 또는 짧은 시간 내 많은 양의 업무를 처리해야 하는 경우에 주로 활용된다.

플랫폼은 고객이 금융 거래, 투자 등 자산관리를 용이하게 할 수 있도록 도와주는 서비스 또는 시스템을 말한다. 각 금융사마다 자신의 개별 플랫폼을 보유하고 있으며, 최근에는 오픈 뱅킹을 통해 특정 은행에서 타 은행에 있는 나의 계좌를 조회할 수도 있으며 토스, 카카오 등의 플랫폼에서도 다양한 금융 서비스를 제공하고 있다.

핸드폰

오늘날 스마트폰 하면 떠오르는 기업은 당연히 애플과 삼성이다. 하지만 스마트폰 이전 핸드폰 시장의 압도적 1위는 핀란드 기업 노키아였다. 지금은 잊혀진 이름이지만 핸드폰 시장에서 노키아의 위상은 대단했다. 1865년 제지회사로 출발한 노키아는 1984년 휴대폰 사업에 뛰어든 이후 1992년 CEO로 취임한 요르마 올릴라가 고무, 제지, 케이블, 가전 등 기존의 사업을 모두 매각하고 이동전화 단말기와 정보통신 사업에 집중하면서 세계적인 이동통신 기업이 되었다. 이후 1998년 모토로라를 제치고 전 세계 핸드폰 시장 정상의 자리를 차지한 노키아는 한때 세계 시장점유율 40%를 육박하며 2011년까지 14년간 휴대폰 시장을 평정했다. 하지만 스마트폰 시장에 대한 대응 미숙으로 무너지기 시작한 노키아는 결국 2014년 72억 달러에 마이크로소프트사에 휴대전화 사업부를 매각했다.

'휴대폰 왕국'으로 불렸던 노키아의 가장 큰 실패 원인은 판단 착오이다. 시장의 트렌드가 빠르게 변화하는 IT분야에서 살아남기 위해서는 변화에 기민하게 대응하는 순발력이 필요하다. 하지만 자신들의 성공에 도취된 나머지 노키아는 변화의 흐름을 제대로 읽지 못하고 자신들의 성공 방식을 여전히 고수했던 것이다. 애플의 아이폰이 처음 출시되었을 때 노키아의 최고 경영자였던 올리 페카 칼라스부오는 아이폰을 보고 "이해하기 힘든 제품이다. 절대로 잘 팔리지 않을 것"이라고 평가했다. 그는 CFO 출신답게 혁신보다는 비용 절감에 몰두했고, 수익률을 극대화하기 위해 스마트폰보다는 당시 수익성이 높았던 휴대폰 판매에 주력했다. 하지만 아이러니하게도 노키아는 애플이 아이폰을 출시하기 이전부터 이미 스마트폰과 관련된 충분한 기술력을 가지고 있었다.

1996년에 출시한 '노키아 9000'은 이메일과 팩스 그리고 인터넷이 가능한 혁신적인 제품이었지만 아직 시장이 제대로 형성되지 않은 탓에 실패로 끝났다. 2000년에는 게임이나 인터넷 검색 등 현재 스마트폰에서 사용되고 있는 기능들이 탑재된 터치스크린 방식의 휴대폰을 개발했다. 이는 애플의 아이폰보다 7년이나 앞선 시기였지만, 시장의 흐름을 제대로 읽지 못한 노키아는 이 기술을 실제 출시까지 연결시키지 못했다.

이 밖에도 회사가 커지면서 조직이 점점 관료화되어 신속한 의사결정이 불가능해졌고, 뒤늦게 아이폰을 따라잡기 위해 노력했으나 아이폰의 대항마로 성장한 '안드로이드' 대신 독자적인 운영 체계를 고수하는 등 다양한 이유가 얽히고 설키면서 결국 노키아는 과거의 영광을 뒤로한 채 휴대폰 시장에서 사라지고 말았다.

출구전략

출구전략은 원래 군사작전에서 사용되던 용어로 작전지역에서 피해를 최소화하며 안전하게 철수하기 위한 시나리오를 의미했다. 베트남 전쟁 때 미국도 더 이상 승산이 없다고 판단하여 아군의 피해를 최소화하면서 전쟁을 끝내기 위한 전략을 수립하며 이 용어를 처음 사용하기 시작했다. 이후 출구전략은 경기 부양을 위해 일시적으로 취했던 각종 완화정책을 부작용을 최소화하면서 정상화시키기 위한 정책을 의미하는 뜻으로 많이 사용되고 있다.

경기침체 때 정부는 경제를 살리기 위해 다양한 정책을 펼친다. 재정지출을 늘리고 세율을 인하함으로써 꺼져가는 투자와 소비의 불씨를 살리기 위해 노력한다. 동시에 중앙은행은 금리를 낮추고 국공채를 매입하는 등 다양한 통화정책을 활용하여 시장에 충분한 유동성을 공급하기 위해 노력한다. 하지만 이러한 일련의 조치들을 장기간 유지하는 것은 바람직하지 않다. 정부지출을 확대하고 시장에 유동성을 공급하는 정책들이 경제가 살아나는 과정에서 다양한 부작용을 일으킬 수 있기 때문이다.

대표적인 예가 경제에 버블을 만드는 것이다. 즉 경기 부양을 위해 펼친 정책들이 시차를 두고 효과를 발휘하는 과정에서 물가가 상승하고 경기가 과열되는 현상이다. 그러므로 일단 경기가 살아난다는 판단이 들면 경기를 살리기 위해 펼쳤던 정책을 다시 되돌릴 필요가 있다.

출구전략을 펼치는 데 있어 가장 중요한 것은 타이밍이다. 출구전략을 너무 빨리 시행하면 경기가 채 살아나기도 전에 다시 침체로 빠져들 수 있는 반면에 너무 늦게 시행하면 앞에서도 이야기했듯이 인플레이션이나 경기과열 등의 문제가 발생할 수 있기 때문이다.

이밖에도 출구전략은 기업 인수합병을 통해 투자한 자금을 회수하는 전략 또는 투자실패에 따른 경제적 손실을 최소화하는 전략 등 다양한 상황에서 사용되기도 한다.

3월

10주

나폴레옹의 경제 전쟁

　세계 역사에 커다란 발자취를 남긴 장군이자 황제였던 나폴레옹은 1805년, 유럽 대륙을 평정하고 영국 공략에 나섰다. 그러나 해전 경험이 부족했던 그는 트라팔가 해전에서 영국의 넬슨 제독이 이끄는 해군에 의해 대패했고 이듬해 1806년 나폴레옹은 영국에 대한 대륙봉쇄령을 내렸다. 강력한 군사력을 바탕으로 영국과 다른 나라 간 교역을 막아 경제적으로 고립된 영국이 스스로 손을 들고 항복하게 하려는 전략이었다.

　유럽 대부분의 나라는 영국에 대한 대륙봉쇄령이 불만스러웠지만 강력한 군사력을 보유한 프랑스의 눈치를 보느라 나폴레옹의 말을 따르는 시늉을 했다. 그러나 대륙봉쇄령은 나폴레옹의 의도와는 반대로 오히려 영국이 정치, 경제적으로 프랑스를 봉쇄하는 결과를 가져왔다. 프랑스는 영국에서 들어오던 생필품들이 공급되지 않아 물가가 폭등하게 되었고 목화, 석탄 등의 원재료 역시 확보하기 어려워지자 공장들은 문을 닫았다.

　더 큰 문제는 영국과 교역하던 다른 유럽국가들의 불만도 함께 커졌다는 것이다. 당시 영국은 산업혁명이 시작되며 신기술을 활용한 품질 좋은 공산품을 대량 생산해내던 시기였기에 많은 나라들이 영국과의 교역을 늘리던 때였다. 여기에 동인도회사를 통한 식민지 무역 역시 활발하게 이루어졌으며 특히 대영국 무역이 경제의 큰 비중을 차지했던 러시아는 더 이상 견디지 못하고 1810년, 봉쇄령 협력을 파기하고 영국과의 교역을 재개했다. 다른 유럽 국가들 역시 프랑스 몰래 영국과 교역하면서 아이러니하게도 영국의 무역량은 오히려 역대 최고치에 달하게 되었다. 더 이상 프랑스의 군사력과 황제의 호령만으로는 통제할 수 없을 만큼 여러 유럽국가는 산업국가로의 경제체계 전환이 이루어졌던 것이다.

　국가 간 교역의 상호 이득과 경제체계에 대한 이해가 부족했던 나폴레옹의 봉쇄 정책은 실질적으로 공산품 생산과 해군 및 무역 경쟁력에서 앞서 있던 영국에 의해 실패한 것이다. 그 후 나폴레옹은 대륙봉쇄령을 파기한 러시아를 응징하고자 대규모 군대를 이끌고 출진했지만, 추위와 피로에 지친 프랑스군은 러시아군에 패배할 수밖에 없었고 이후 워털루 전투에서도 연이어 패배함으로써 나폴레옹은 역사의 뒤안길로 사라지고 말았다.

인물

알프레드 마샬

영국의 경제학자 애덤 스미스가 경제학의 창시자라면 알프레드 마샬(Alfred Marshall, 1842~1924)은 경제학을 집대성한 사람이다. 그의 노력에 힘입어 경제학은 비로소 독립된 학문으로 인정받기 시작했다.

어려서부터 수학에 뛰어난 재능을 보였던 그는 수학적 재능을 활용하여 경제학을 보다 체계적인 학문으로 완성했다. 우리가 익히 알고 있는 수요와 공급의 법칙, 수요와 공급의 가격 탄력성, 장·단기 공급, 그리고 소비자 및 생산자 잉여 등 경제학의 주요 개념을 과학적으로 설명한 인물이기도 하다. 이렇게 남다른 수학적 재능을 가지고 있었지만 그는 수학적 수식보다 경제학에 대해 일반인도 알 수 있는 말들로 더 쉽게 설명했다. 경제학은 인간을 위한 학문이어야 한다는 그의 소신 때문이었다.

알프레드 마샬은 우리가 경제학에서 흔히 쓰는 가정인 '새터리스 패러버스(Ceteris paribus)'라는 분석체계도 고안해냈다. 이는 '한 가지 요인을 검토하기 위해서는 일시적으로 다른 조건들은 같다'라는 가정을 통해 경제 현상 간의 인과관계를 분석해내는 방법이다. 다른 조건들을 부정하는 것이 아니라 일시적으로 무시함으로써 우리는 문제의 범위를 좁혀 경제 현상을 보다 명백하게 분석할 수 있게 되었다. 참고로 '새터리스 패러버스'는 라틴어로 '다른 모든 조건이 동일하면'이라는 뜻이다.

그는 경제적으로 풍요로웠던 영국에서 수많은 사람들이 빈곤에서 헤어나오지 못하는 모습을 보고 이를 해결하기 위해 경제학을 연구하기 시작했다. 그에게 경제학은 인간의 복지를 위한 학문이었던 것이다. 영국과 미국 등 여러 나라에서 50년 이상 경제학 교과서로 사용되기도 했던 그의 대표작『경제원론』에는 다음과 같은 말이 적혀 있다.

"부자의 1실링과 가난한 자의 1실링, 그것이 주는 만족과 기쁨은 같지 않다." 그래서 그는 제자들에게 항상 "냉철한 머리, 그러나 따뜻한 가슴을 가질 것"을 강조했다. 그는 경제학자는 본질을 꿰뚫어볼 수 있는 냉철한 판단력도 필요하지만, 그러한 지식은 어디까지나 인간에 초점을 맞춘 따뜻한 것이어야 한다고 생각했다.

공공재

공공재는 도로, 공원, 국방, 경찰, 소방 등과 같은 재화 또는 서비스로 모든 사람이 공동으로 이용한다는 특징이 있다. 시장에서 거래되는 재화나 서비스를 이용하기 위해서는 그에 상응하는 대가를 지불해야 한다. 그런데 때때로 시장에서는 소비자들의 최대 지불 의사를 수요곡선이 제대로 반영하지 못해 문제가 발생하는데 이를 해결하기 위해 공공재가 필요하다.

공공재의 특징을 살펴보기에 앞서 경합성과 배제성이라는 특징에 대해 알아보자. 경합성은 한 사람이 해당 상품을 구입해서 소비할 경우 다른 사람의 소비에 영향을 미치는 것을 말한다. 내가 소비할 경우, 이로 인해 다른 사람은 소비를 못 하거나 원하는 만큼 소비할 수 없게 된다. 배제성은 재화나 서비스를 이용하기 위해서 반드시 대가를 지불해야 하는 것이다. 경합성과 배제성의 측면에서 본다면 공공재는 비경합성과 비배제성의 특징을 가지고 있다. 그래서 공공재는 돈을 내지 않고도 누구나 사용할 수 있고, 내가 사용해도 다른 사람 또한 사용할 수 있는 것이다. 참고로 경합성과 배제성은 재화를 나누는 기준으로 사적 재화, 자연독점, 공유자원, 공공재로 구분할 수 있다.

공공재의 경우 가장 큰 문제는 바로 무임승차의 문제이다. 이 문제는 누구나 공짜로 이용할 수 있는 재화나 서비스에 대해서는 자발적으로 돈을 내려고 하지 않기 때문에 발생한다. 무임승차의 문제가 중요한 이유는 무임승차자로 인해 수요가 왜곡됨으로써 시장에 적정한 수준의 공급이 이루어지지 않기 때문이다. 그뿐 아니라 돈을 내지 않고도 사용할 수 있으므로 자기도 모르게 남용하게 되고 결국 환경오염 같은 각종 사회문제가 발생할 수도 있다. 이러한 문제를 해결하기 위해 공공재의 경우 국가가 나서서 직접 공급하는 대신 세금을 부과하여 국민에게 비용을 의무화시키고 있다.

	경합성 O	경합성 X
배제성 O	사적 재화(자동차, 책, 스마트폰 등)	자연독점(유료 케이블 TV 등)
배제성 X	공유자원(공유지, 야생동물 등)	공공재(국방, 치안, 도로 등)

투자와 인구변화

미래를 정확하게 예측하는 것은 매우 어려운 일이다. 다양한 요소들이 서로 영향을 주며 새로운 변화를 창조해낼 뿐 아니라 금융위기, 코로나 등 예측하지 못한 강력한 변수가 갑자기 등장하기도 한다. 그러나 20~30년 후에 20~30대가 몇 명인지는 올해 출생한 아이들 수를 보면 알 수 있듯이, 미래 예측의 주요 요인 중 인구수(數)만은 정확하게 예측할 수 있다.

전체적인 인구구조의 변화는 자연스러운 인과관계를 통해 어떤 산업이 더 성장하고 어떤 산업이 침체할지를 대략적으로 알려주기도 한다. 예를 들어 우리나라의 고령화 속도는 세계에서 가장 빨라서 앞으로 노인 인구가 증가하고 이에 따른 의료나 복지 등의 산업이 더욱 커질 것을 예측할 수 있다. 그러나 단순히 인구 숫자의 변동만으로 미래에 어떻게 될 것이라고 성급하게 결론짓는 것은 무리이다.

예를 들어 인구수 감소만큼 주택 수요 역시 감소해 주택 가격이 하락할 것이라고 쉽게 단정하기 어렵다. 왜냐하면 사람수는 줄어도 1인 가구가 급격히 늘면서 필요한 주택수는 일정하게 유지되거나 늘어날 수도 있기 때문이다. 이러한 1인 가구의 증가는 소형 아파트 중심의 주택 수요가 늘어나는 현상으로 이어질 수 있다. 거기다 인구수가 감소하면 전국에 고루 분포되어 살기보다는 인프라나 환경이 좋은 특정 지역이나 도시에 더 몰려드는 집중화가 심화될 수 있으며 그곳의 부동산 가치는 더욱 상승할 개연성도 있다. 이처럼 저출산 고령화로 인한 인구감소라는 인구 트렌드는 명확하게 예측할 수 있지만 라이프스타일의 변화, 주변 환경 및 인프라, 사회 분위기 등에 따른 결과는 각양각색으로 달라질 수 있음을 고려해야 한다.

주식의 경우, 2018년 기준 우리나라 전 국민 중 주식투자자는 약 556만 명(중복 제외)으로 전 국민의 약 10%에 이르면서 경제활동 기준으로 보면 처음으로 20%를 돌파했다. 이들 중에는 50대 이상 투자자가 절반 이상이다. 즉 국민의 주식투자에 대한 관심과 참여도가 높아졌으며 50대 이상의 고령 인구의 관심이 집중되는 곳에 투자가 확대될 수 있음을 예상해볼 수 있다. 이처럼 인구변화는 투자를 고려할 때도 반드시 고려해야 할 중요한 요소이다.

산업
미국의 빅테크사 FAANG (1)

기술 중심의 테크 회사 중에서도 규모나 영향력이 큰 회사들을 빅테크 기업이라고 부른다. 미국의 경우 빅테크를 대표하는 단어로 'FAANG(팡)'이 있다. 페이스북, 아마존, 애플, 넷플릭스, 구글의 앞글자를 따서 'FAANG'이라고 부른다.

페이스북은 미국의 가장 유명한 SNS로 2004년에 마크 저커버그가 설립했다. 페이스북은 당시 하버드 대학생이었던 저커버그가 상업적인 목적이 아닌 단순히 학생들의 상호 교류를 위해 만든 서비스였다. 이후 페이스북은 아이비리그 중심으로 퍼져나가기 시작해 순식간에 세상에서 가장 유명한 회사로 성장하여 2008년에는 포브스 선정 자수성가형 최연소 억만장자로 자신의 이름을 올리기도 했다. 페이스북의 주요 기능으로는 유저가 쓴 글들을 시간대별로 나열하는 타임라인과 친구 소식, 좋아하는 페이지, 그룹 광고 등에 대한 소식을 알려주는 뉴스피드 등이 있다.

페이스북은 성장 과정에서 여러 가지 사건들이 있었는데 소스 코드의 지적 재산권 등에 대한 소송뿐 아니라 2016년에는 보수성향 기사 노출과 관련해 편향 논란도 있었다. 2019년 12월에는 2억 6,000명의 개인정보 유출 사고가 있었고, 트럼프의 뉴스를 페이스북이 차단했다는 등 이슈들이 종종 기사화되기도 했다. 그러나 페이스북은 글로벌 온라인 SNS 회사로서 코로나19 이후 미국 역사상 5번째[*]로 시총 1조 달러를 넘어서는 기업이 될 수 있는지 등 각종 뉴스와 관심을 받으며 지속 성장을 이어가고 있다.

1994년 제프 베조스가 시애틀에 설립한 아마존은 도서, 의류 등을 판매하던 e-커머스 회사로 출발했다. 음반과 DVD 유통망을 구축한 아마존은 1996년 보유 회원 1,000만 명을 넘어서면서 나스닥에 상장했다. 이후 오픈 마켓으로 전환하고 아마존 웹 서비스를 제공하기 시작했다. 동시에 미국의 대표적 언론사 중 하나인 워싱턴 포스트를 인수하는 등 아마존은 유망 회사들을 발굴하고 M&A 하거나 투자하는 방식으로 성장을 이어갔다. 현재 음반과 장난감, 패션뿐 아니라 아마존 PB상품 등으로 구성된 전문 온라인 커머스 사업과 함께 기업과 개인이 활용할 수 있는 전자상거래 플랫폼, 디지털 전자책 단말기 킨들 등 디지털 디바이스뿐 아니라 미디어 콘텐츠, 클라우드 컴퓨팅 서비스까지 다양한 사업 부문에서 서비스를 제공하고 있다. CEO 제프 베조스는 개인 자산 2,000억 달러가 넘는 세계 1위 부자로 등극하기도 했다.

---

[*] 미국 1조 달러 돌파 기업: 애플, 아마존, 마이크로소프트, 알파벳(구글)

상품

포스트잇

20세기 10대 히트 상품 중 하나인 포스트잇은 실수 속에서 건진 발명품이다. 포스트 잇의 개발자 스펜서 실버는 한 번 붙이면 떨어지지 않는 강력한 접착제를 개발하던 중 실 수로 쉽게 떨어지는 특이한 접착제를 만들게 되었다. 그는 기술이 언젠가 빛을 발하게 될 날이 올 것이라고 믿고 회사에 연구 성과를 발표했다. 대부분의 사람은 실패한 연구라며 무시했지만 단 한 명만은 실버의 연구에 흥미를 가졌다. 그가 바로 '포스트잇'을 탄생시킨 아서 프라이다. 몇 년 후 찬송가집에 책갈피로 꽂아둔 종이가 계속 떨어지는 것에 스트레 스를 받은 그는 실버의 기술을 떠올렸고 오늘날 포스트잇이 탄생하게 되었다.

포스트잇은 미국에서도 가장 혁신적인 기업으로 손꼽히는 3M을 대표하는 제품이다. 3M이 혁신적인 기업으로 성장할 수 있었던 배경에는 실패 예찬론자였던 CEO 윌리엄 맥 나이트의 경영철학이 기업문화에 고스란히 녹아 있기 때문이었다. 포스트잇의 사례에서 알 수 있듯이, 실패를 부정적으로 생각하는 대다수 기업과 달리 3M은 직원들의 실패를 용인하고 이를 적극적으로 지지하는 회사이다. 덕분에 직원들은 실패를 두려워하지 않고 자신의 아이디어를 현실로 만들기 위해 즐겁게 일할 수 있다. 이를 위해 3M에서는 15% 룰(rule)과 '기술포럼'이라는 독특한 제도를 운영하고 있다.

15% 룰은 직원들이 업무시간 중 15% 정도를 업무와 관련 없이 자신의 아이디어를 구 체화하기 위한 프로젝트를 수행하는 데 사용하도록 만든 제도이다. 이때는 누구의 간섭 도 받지 않는다. 직원들은 이 시간을 활용해 각종 아이디어를 회사에 제안한다. 물론 이 러한 아이디어가 모두 혁신적인 제품으로 연결되지는 않지만 3M은 이러한 실패를 사장 시키지 않고 기술포럼을 통해 직원들과 공유한다. 매년 9월, 미국 본사에서 열리는 기술 포럼은 업무적으로 연관이 없는 직원들 간에 다양한 아이디어를 공유할 수 있는 장을 만 들어준다. 이를 통해 다양한 아이디어들이 융합해 혁신적인 제품이 탄생하는 것이다. 실 패마저도 기업의 자산으로 만들어갈 수 있는 기업문화를 바탕으로 3M은 전 세계적으로 매년 4,000건 이상의 특허를 획득하고 있으며 지금까지 보유한 특허 건수만 12만 건에 육 박한다. 그들은 한계를 정해놓지 않고 직원들이 생각해낸 새로운 아이디어를 상품화한 결과 사무용품은 물론 자동차, 조선, 전자기기, 보안, 광업, 의료기기에 이르기까지 6만 5,000여 개가 넘는 다양한 제품을 생산하고 있다.

통화스와프

금융시장에서는 위험을 회피하기 위한 수단으로 스와프(swap) 거래를 많이 사용한다. 스와프 거래는 미래의 일정 시점에 금리나 통화 등을 정해진 조건으로 교환하는 거래이다. 1980년에 처음 도입된 이후 현재는 비약적인 성장을 보여주고 있으며 선물, 옵션과 더불어 파생상품 시장을 대표하는 상품으로 자리 잡고 있다.

금리스와프는 변동금리 대출을 고정금리 대출로 또는 고정금리 대출을 변동금리 대출로 교환함으로써 금리변동에 따른 위험을 회피하는 거래이다. 일반적으로 금리에 대한 전망이 서로 다르기 때문에 이와 같은 거래가 성사될 수 있는 것이다. 반면 통화스와프는 서로 다른 통화로 표시된 자산이나 부채를 교환함으로써 환율변화의 위험을 회피하는 거래이다. 주로 수출대금이나 투자자금 회수 시 환율이 급격히 떨어질 경우에 발생하는 손실을 회피하고자 하는 목적으로 많이 사용한다.

그렇지만 통화스와프는 단순히 환율변동에 따른 위험을 회피하기 위한 수단 이상의 의미를 가지고 있다. 2008년 금융위기를 거치면서 국가 간 통화 협약을 통해 위기 상황에 대응할 수 있는 수단의 의미로 더 많이 사용되고 있기 때문이다.

우리나라도 2008년 금융위기 당시 국내에서 외국인 자금이 급격히 빠져나가면서 환율이 달러 당 1,468원까지 상승하는 등 제2의 IMF 사태가 올 것이라는 불안감이 고조되었다. 하지만 그해 10월 30일 한국과 미국의 300억 달러 통화스와프 체결을 계기로 외환시장은 안정화되기 시작했다. 이는 통화스와프를 통해 한국의 외환보유액이 증가한 효과는 물론이고, 각국의 중앙은행들 간에 위기 상황 극복을 위해 보다 긴밀한 공조를 할 것이라는 시그널을 줌으로써 시장에 심리적 안정감을 가져다주는 효과가 있었다.

금융안정을 위해 사용되는 국가 간 통화스와프는 일반 통화스와프와는 달리 마이너스 통장 방식을 사용하고 있다. 한미 통화스와프의 경우 한국에서 달러가 부족할 때 주어진 한도 내에서 언제든지 달러를 꺼내 쓸 수 있다. 대신 미국에서 달러를 빌려올 때는 최초 통화스와프 체결 당시의 환율 시세를 적용하여 이에 상응하는 원화를 맡기면 된다.

한국과 미국은 2020년 코로나 바이러스로 인해 촉발된 금융시장의 패닉으로부터 시장을 안정시키기 위해 600억 규모의 통화스와프를 체결하면서 달러 유동성 위기 우려를 잠재울 수 있었다.

3월
11주

역사

국가를 이긴 한자동맹

1370년 슈트랄준트(Stralsund)라는 독일의 한 도시에서 10여 년간의 긴 전쟁을 끝내는 평화조약이 체결되었다. 그런데 놀랍게도 이 전쟁의 패자는 당시 북유럽의 강국이었던 덴마크였으며 승자는 '한자동맹'이라는 상인연합이었다. 즉 상인들이 연합하여 덴마크를 제압한 것이다.

조합이라는 뜻의 독일어 'hansa'에서 파생된 한자동맹은 북해와 발트해 연안의 항구 도시를 기반으로 한 상인 및 도시 네트워크로, 12세기부터 17세기까지 존속했다고 알려져 있다. 뤼벡이라는 독일 도시를 중심으로 무역항로와 상인들의 네트워크가 만들어졌고 교역 상인들은 모피, 벌꿀, 생선 등을 거래하면서 자연스럽게 조합을 형성해나갔다. 당시 독일 도시들은 안전한 상거래 활동을 위한 자치와 치안유지가 필요해 도시 상호 간 정치, 군사적 동맹을 맺었는데 이것이 한자동맹의 기반이 되었다.

14세기 북해와 발트해에서 교역활동이 많아지고 이권 분쟁이 늘어나자, 북해 연안의 플랑드르 지방 상인들과 독일의 상인들 간에 교역 주도권을 놓고 충돌이 거듭되었다. 이에 독일 상인들은 독일 본국에 지원을 요청하게 되었고 1358년 플랑드르 교역봉쇄를 선언할 때 공식적으로 독일한자 또는 한자동맹이라는 이름으로 동맹을 맺었다. 이러한 한자동맹의 조직적인 보호무역은 현지 상인들과 지속적으로 갈등을 불러일으켰고, 덴마크 왕 발데마르 4세는 국가의 통제를 벗어나 점점 더 성장하는 한자동맹을 못마땅하게 생각해 와해시키고자 했다. 이에 한자동맹은 막대한 재력을 동원해 군대를 모집하여 덴마크와 전쟁을 벌이게 되었고 이렇게 모집한 군대가 덴마크군을 격파했다. 이로 인해 덴마크는 한자동맹의 항해 안전과 무역, 어획의 특권도 인정했을 뿐 아니라 금전적 배상도 하게 되었다. 그러나 이처럼 승승장구하던 한자동맹은 네덜란드와 영국이 모직 산업을 국가 자체적으로 확대하고 당시 중세 유럽의 핵심 식품이자 유통 산업이었던 청어 가공업을 유대인들이 장악해감으로써 그 위세를 잃고 말았다. 결국 한자동맹은 1669년 뤼벡에서 열린 회의를 마지막으로 사라지게 되었다.

사실 한자동맹은 체계적이고 결속력 강한 조직이라기보다는 정관이나 제약사항도 없이 서로의 이해관계로만 형성된 조직이었다. 그래서 한자동맹에 소속된 도시가 70개에서 130개까지 들쑥날쑥했고 그들은 막대한 재력과 금융 네트워크를 통해 국가에 준하는 영향력을 발휘할 수 있었다. 이렇게 막강했던 한자동맹도 산업 및 경제 구조 변화로 인해 그 영향력이 점차 축소되면서 역사의 뒤안길로 사라지고 말았다.

아서 피구

영국의 경제학자 아서 피구(Arthur Cecil Pigou, 1877~1959)는 신고전파 경제학의 대가이다. 하지만 그는 처음부터 경제학자의 길을 걸었던 것은 아니다. 케임브리지 대학에 입학했을 때 그의 전공은 역사였다. 하지만 스승인 알프레드 마샬을 만나면서 점차 경제학의 길로 들어서게 되었고, 결국 스승의 뒤를 이어 2대 경제학과 정교수가 되었다. '냉철한 머리, 그러나 따뜻한 가슴'을 강조했던 스승 마샬의 영향을 받은 그는 '최대 다수의 최대 행복'을 목표로 한 벤담의 공리주의를 계승해 후생경제학의 기초를 다졌다.

그는 개인 효용의 합이 곧 사회 전체의 경제적 후생으로 보고 이 수준을 높이기 위해서는 소득의 극대화와 균등 분배, 소득수준 안정을 위한 정부의 역할이 필요하다고 주장했다. 성장과 분배의 조화와 고용, 특히 환경문제 등에 관심이 많았던 그는 환경보호를 위한 세금을 제안했고 그때부터 그의 이름을 따서 '피구세'라고 부르게 되었다. 즉 기업은 자신들의 이익을 극대화하기 위해 환경오염 문제에 소극적일 수밖에 없는데, 환경오염은 사회 전체의 후생을 감소시키기 때문에 정부에서는 이러한 기업에 벌금 형태인 세금을 부과해야 한다고 주장한 것이다.

피구세와 더불어 유명한 것이 바로 '피구 효과'이다. 실질자산 효과 또는 실질재산 효과라고도 불리는 피구 효과는 물가가 하락하면 자산의 실질가치가 상승함에 따라 경제주체들이 소비를 증가시키게 되는 것을 의미한다. 이러한 그의 이론은 임금의 하락이 고용증대에 미치는 영향에 대한 케인스와의 논쟁 과정에서 나온 개념이다.

아서 피구는 임금은 생산비의 상당한 비중을 차지하기 때문에 임금의 하락은 곧 제품의 가격을 떨어뜨린다고 생각했다. 그래서 모든 제품의 가격이 떨어지면 사람들이 보유하고 있는 현금으로 이전보다 더 많은 물건을 구입할 수 있으므로 사람들은 지출을 늘릴 것이고, 이로 인해 완전고용을 실현하는 수준까지 유효수요를 증대시킬 수 있다고 주장했다. 하지만 피구 자신도 임금의 하방경직성을 현실적인 문제로 인식하고 있었으며, 디플레이션에 의한 실업률 해결책은 권장하지 않았다.

경기순환

경기는 한 나라의 총체적인 경제활동 수준의 좋고 나쁨을 나타내는 것이다. 참고로 총체적인 경제활동 수준이란 생산, 소비, 분배 등의 실물부문과 화폐의 수요와 공급 등의 금융부문 그리고 수출과 수입 등의 대외부문으로 구성되어 있다. 경기는 항상 일정한 것이 아니라 일정한 패턴을 가지고 주기적으로 반복하게 되는데 기대수준보다 좋아졌다가 나빠지기를 반복한다. 이를 가리켜 '경기순환'이라고 부른다.

경기순환은 경기가 크게 바닥을 찍고 정점에 이르기까지의 확장국면과 정점에서 저점에 이르기까지의 수축국면으로 나눌 수 있다. 이를 좀 더 세분화하면 회복기, 호황기, 후퇴기, 침체기 이렇게 4가지 국면으로 나눌 수 있다. 각각의 특징에 대해 알아보자.

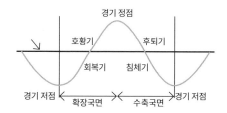

회복기 : 시장이 바닥을 쳤다는 인식이 퍼지면서 경제활동이 서서히 회복되는 시기이다. 생산활동이 활발해짐에 따라 고용이 증가하고, 가계는 소득이 증가하면서 소비를 늘리기 시작한다.

호황기 : 투자, 생산, 소비 등 모든 분야의 경제활동이 활발히 이루어진다. 기업은 늘어나는 수요를 맞추기 위해 생산과 투자를 늘린다. 은행대출이 증가하고 주식 시장은 활기를 띤다.

후퇴기 : 소비증가로 인한 물가상승과 이를 잡기 위한 금리 인상으로 소비가 줄어들기 시작한다. 호황기 때 늘렸던 과잉생산으로 인해 기업은 재고가 쌓이고 투자, 생산, 소비 모두 감소하기 시작한다.

침체기 : 소비가 줄어듦에 따라 기업 생산량은 감소하고 이에 따라 고용도 감소한다. 고용이 감소하면 소득이 줄고 이는 다시 소비를 줄이는 악순환이 이어진다.

투자

투자에 실패한 천재들

세계적으로 뛰어난 경제학자들은 과연 미래를 예측해서 성공적인 투자를 했을까? 역사적 사례를 보면 결과적으로 그렇지 못했다. 만유인력을 발견하고 조폐국장까지 역임했던 아이작 뉴턴은 1710년대 영국 '사우스씨컴퍼니'에 큰돈을 투자했다. 당시 무역 본업에 부진했던 사우스씨컴퍼니는 금융업에 진출하면서 1720년 초 100파운드였던 주가는 몇 달 만에 1,000파운드까지 10배 가량 폭등했다. 뉴턴도 이때 투자를 했고 큰돈을 벌었다. 그러나 주가가 계속 오르자 거의 전 재산을 들여 추격매수를 했지만 이후 거품이 사라지면서 큰 손실을 보고 말았다. 상대성이론 등으로 역사상 최고의 천재라고 불린 아인슈타인 역시 마찬가지였다. 그는 노벨상 상금 대부분을 투자했지만, 대공황을 거치면서 투자금 대부분을 잃었다. 여기서 한 가지 의문을 가질 수 있다. 뉴턴과 아인슈타인은 지금처럼 금융 시스템이 발달하지 않았던 시대의 사람이었기에 적시에 정보를 취득하고 매수와 매도 의사결정을 적용하지 못했던 것이 아닐까? 그렇다면 만약 현재의 금융 공학 전문가와 최고 트레이더가 팀을 이루어 투자했다면 큰 수익을 낼 수 있었을까?

1990년대 미국에서 실무와 이론의 최고 전문가들*이 함께 모여 일명 월스트리트 드림팀을 구성해 롱텀캐피털매니지먼트(LTCM) 헤지펀드를 운영한 적이 있다.

전 세계 금융회사들은 이들의 행보를 주목했고 은행들은 서로 앞다투어 자금을 조달해주었다. LTCM은 이 자금을 파생금융상품에 투자해 실제로 우수한 성과를 보였고 당연히 이들에게 더 많은 자금이 몰려들었다. 그런데 갑자기 문제가 생겼다. 1998년 LTCM은 러시아의 채권금리와 미국 채권금리의 차이가 많이 벌어진 상황을 러시아 채권이 저평가되었다고 분석했다. 그런 다음 가치가 오를 것으로 예상한 러시아 채권을 대량 매수하고 미국 채권을 공매도했다. 그런데 갑자기 러시아가 모라토리움을 선언하면서 이들의 러시아 채권은 휴지조각이 되었고, 반대로 미국 채권은 크게 상승했다. 잘못된 판단으로 한순간에 1,250억 달러의 펀드 자산의 대부분이 사라진 것이다. 이 엄청난 손실은 복잡하게 얽혀 있던 은행 등 투자자뿐 아니라 미국 금융시장까지 여파가 미치는 심각성을 초래했다. 이 사건은 아무리 천재라 해도 투자로 성공하기는 쉽지 않다는 사실을 보여주는 대표적인 사례이다.

---

*   월가 최고의 펀드매니저 존 메리웨더, 블랙-숄즈 모형을 개발해 노벨상을 받은 MIT교수 마이런 숄즈, 하버드 교수 로버트 머튼, 데이비드 멀린스 연방준비제도 이사회 부의장

산업
미국의 빅테크사 FAANG (2)

애플은 스티브 잡스와 스마트폰이라는 혁신의 아이콘으로 유명한 글로벌 IT 회사이다. 매킨토시로 애플 초기 성공을 이끌던 스티브 잡스는 경영악화로 물러나기도 했지만, 1997년 다시 돌아와 아이팟, 아이폰, 아이패드를 연달아 성공시키면서 세계 최고의 기업으로 성장했다. 애플은 스마트 기기뿐 아니라 최근 '애플 TV+'라는 OTT 서비스와 게임까지 사업 영역을 지속적으로 확대하고 있다. 또한 워런 버핏이 애플의 성장 가치를 알고 많은 돈을 투자했다는 뉴스가 언론에 보도되기도 했다.

넷플릭스는 1997년 마크 랜돌프와 리드 헤이스팅스가 설립했다. 사업 초기에는 인터넷을 통해 비디오테이프를 판매 대여하는 사업을 하려고 했지만, 재고관리 및 배송 문제로 어려움을 겪다가 DVD가 보급된 이후 1998년 4월에 세계 최초 온라인 DVD 대여 서비스를 개시했다. 이후 스트리밍 기반의 온라인 영상 서비스를 주도하게 된 넷플릭스는 21세기 가장 혁신적인 엔터테인먼트 회사라는 평가를 받으며 미국뿐 아니라 유럽, 우리나라를 비롯한 아시아 등으로 사업 영역을 넓히면서 글로벌 서비스를 제공하고 있다. 우리나라의 경우 SKT와 지상파 방송들이 연합해 넷플릭스와 OTT 서비스에서 경쟁하고 있지만 쉽게 따라가지 못하는 상황이다.

구글은 1998년 세르게이 브린과 래리 페이지라는 두 대학원생에 의해 만들어졌다. 구글은 천문학적 숫자라는 뜻의 구골(googol)이라는 단어에서 유래했는데, 구글만의 차별화된 검색 알고리즘을 통해 당시 여러 회사가 경쟁했던 검색 시장을 석권했다. 이후 에릭 슈미트가 CEO가 되어 구글에 합류하면서 구글은 더욱 빠르게 성장했다.

2015년에는 래리 페이지가 구글의 모회사이자 지주회사인 알파벳을 만들었다. 구글이라는 브랜드가 있음에도 새로운 이름의 모회사 체계를 통해 사업 라인을 재정립하는 것은 기존의 사업을 더욱 확대하고자 하는 포석이라는 시각이 지배적이다. 즉 구글이 검색의 이미지가 강해 우주 프로젝트나 구글 글래스 등의 신사업을 확대하기 위한 새로운 브랜드가 필요했다는 것이다. 또한 구글은 유튜브라는 전 세계 최대 규모의 동영상 콘텐츠 플랫폼을 보유하고 있는 세계 최고 IT 기업 중 하나이다.

맥주

세계에서 물과 차 다음으로 가장 많이 마시는 맥주는 역사적으로 가장 오래된 술이다. 맥주가 인류 역사상 처음으로 등장한 것은 기원전 4000년경으로, 메소포타미아 문명의 수메르인들이 설형문자로 맥주를 제조하는 과정을 기록해둔 것이 발견되었다.

전 세계적으로 맥주 하면 떠오르는 나라는 독일이다. 독일은 생산되는 맥주의 종류만 4,000종이 넘고 전 세계에서 가장 유명한 맥주 축제인 옥토버페스트가 열리는 곳이기도 하다. 그렇지만 무엇보다 독일 맥주를 유명하게 만든 것은 바로 맥주순수령이다. 맥주순수령은 1516년 바이에른 공국의 빌헬름 4세가 가짜 맥주를 근절하기 위해 맥주에 보리와 홉, 물 이외의 어떤 첨가물도 사용하지 못하도록 만든 법령이다.

맥주순수령은 유럽의 통합시장 창설을 논의하는 과정에서 주목받게 되었는데, 맥주순수령으로 인해 독일 이외의 국가에서 독일로 맥주 수출이 불가능해졌기 때문이다. 결국 유럽 재판소는 맥주순수령이 다른 회원국들이 합법적으로 생산하는 맥주의 수입을 방해해서는 안 된다고 판결을 내리면서 일단락되었지만, 대부분의 독일 맥주 회사들은 여전히 맥주순수령에 근거해 맥주를 생산하고 있다.

세계적으로 가장 큰 맥주회사는 AB인베브(ABInbev)이다. AB인베브의 역사는 M&A 그 자체라고 해도 과언이 아니다. 이 회사는 1971년 브라질에 설립된 투자은행(IB) 가란치아부터 시작되었다. 가란치아는 브라질의 맥주회사 브라마와 안타티카를 인수하며 회사명을 암베브(Ambev)로 바꾸었다. 암베브는 2004년 스텔라 아르투아를 생산하는 벨기에 맥주회사 인터브루와의 합병에 성공하며 회사명을 인베브로 바꾸었다. 이후 2008년에는 버드와이저를 생산하는 미국의 맥주회사 안호이저-부시와의 합병에 성공하며 회사명을 다시 AB인베브로 바꾸었다.

이로써 세계 정상을 차지한 AB인베브는 또 다시 M&A에 나서게 되는데, 2015년 세계 시장점유율 2위인 영국의 사브밀러를 인수하게 된 것이다. 인수 규모는 690억 파운드(약 121조 원)로 당시로써는 역사상 세 번째로 큰 거래였다. 이렇듯 맥주 시장에서 특히 M&A가 활발히 이루어지고 있는데, 이는 세계 맥주 시장이 포화상태에 이르자 성장을 위한 어쩔 수 없는 선택으로 바라보는 시각이 강하다.

참고로 2014년 OB맥주를 인수한 AB인베브는 카스, 버드와이저, 스텔라 아르투아, 호가든, 레페, 벡스, 코로나, 빅토리아 등 우리에게 친숙한 맥주 브랜드를 다수 소유하고 있다.

72의 법칙

은행에 돈을 맡기면 만기에 원금과 약정된 이자를 받는다. 이때 원금과 이자를 그대로 재예치함으로써 원금에 대한 이자는 물론 이자에 대한 이자가 생기도록 만드는 것이 바로 '복리'이다. 돈은 산꼭대기에서 굴리는 눈덩이와 같아서 일단 어느 정도 규모에 이르면 불어나는 속도가 가히 상상을 초월한다. 그래서 아인슈타인은 "우주에서 가장 강력한 것은 복리이다!"라고 이야기했다. 복리와 시간이 결합하면 엄청난 힘을 발휘하기 때문이다.

복리와 관련해 중요한 법칙이 하나 있다. 그것은 바로 '72의 법칙'이다. 72의 법칙은 복리를 활용해 원금을 2배로 늘리는 데 필요한 시간을 계산하는 방식이다. 계산법은 단순하다. 72를 복리 이자율로 나누면 된다. 만약 6%의 복리 이자율이 적용된다면 72를 6으로 나눈 값이 12년 후에는 원금이 2배가 되는 것이다. 반대로 원금을 2배로 만들고 싶은 시간으로 72를 나눈다면 필요한 복리 이자율이 나온다. 만약 12년 만에 원금을 2배로 만들고 싶다면 72를 12로 나눈 6%의 이자율로 돈을 맡기면 된다.

지금 같은 저금리 시대일수록 사소한 금리 차에도 민감하게 움직이는 것이 좋다. 1%의 이율로 원금을 2배로 만들기 위해서는 72년의 시간이 필요하지만 2%라면 그 시간은 72년의 절반인 36년으로 단축되는 것이다. 하지만 낮은 금리 상황에서는 복리 효과를 제대로 누리기에 다소 무리가 있다. 금리가 낮을수록 원금이 2배가 되기까지 오랜 시간이 필요하기 때문이다. 그래서 저축에서 투자로의 패러다임의 변화는 이러한 현실을 반영한 어쩔 수 없는 선택이 되고 있는 것이다.

역사

콜럼버스의 교환

14~15세기 유럽 강국들은 미지의 나라를 찾아 세력을 확장하는 데 관심이 매우 높았다. 그러나 이슬람 세력이 아시아와 아프리카로 진출하는 길목을 막고 있는 형국이었기에 육로로 진출하기가 쉽지 않았다. 그나마 영국과 포르투갈이 바닷길을 개척하며 세력을 키웠고 그에 반해 스페인은 신대륙에 대한 니즈는 컸지만 상대적으로 성과가 없는 상황이었다. 이때 콜럼버스는 스페인 왕가에 후원을 요청해 선원들을 이끌고 지금의 아메리카 대륙을 발견하게 되었다.

콜럼버스가 아메리카 대륙을 발견한 후 각각 나름의 세계를 구축해 살고 있던 두 대륙 간 교류는 엄청난 사회·경제적 변화를 가져왔다. 가장 큰 변화 중 하나는 식물 종의 이동으로 먹거리가 다양화된 것이다. 감자, 고구마, 호박, 땅콩, 파인애플 등이 유럽으로 건너갔고 아메리카 대륙으로는 밀이나 보리, 양파, 포도 등이 전해졌다. 이로 인해 현재 세계의 주 먹거리 식물들이 대륙 곳곳으로 확산될 수 있었던 것이다. 동물 역시 대륙 간 이동을 했는데 소, 돼지, 양 등이 아메리카 대륙으로 건너가 소로 밭을 갈아 경작하기도 했으며 칠면조 등도 유럽으로 이동했다.

역사적으로 아메리카 대륙의 발견은 유럽 사람들에게는 전 세계적으로 자신들의 영향력을 확대하고 자원을 얻는 계기가 되었지만, 아메리카 대륙 사람들에게는 재앙과도 같은 결과를 초래했다고 평가된다. 당시 아메리카 대륙을 침탈했던 유럽의 군대는 소수 인원이었지만, 최첨단 기술로 무장한 무기를 앞세워 아즈텍 등 원주민 문명을 점령하고 살상함으로써 사라지게 했으며 유럽에서 전해진 천연두와 홍역 같은 질병들은 면역체계가 전혀 없었던 수많은 아메리카 원주민을 사망에 이르게 했다.

그리고 많은 아메리카 원주민을 노예로 삼아 강제 이주시켰는데, 한 기록에 의하면 콜럼버스가 상륙한 후 약 100년 동안 아메리카 원주민의 80%가 노예로 끌려가거나 목숨을 잃었다고 전해진다. 그런데 아이러니한 것은 이렇게 단기간에 많은 아메리카 원주민이 사라졌는데, 곡물의 세계적인 전파와 재배 활성화 그리고 산업혁명까지 시대적으로 맞물리면서 인류의 평균수는 더욱 증가했다는 것이다. 1500년 4.6억 명이었던 전 세계 인구가 1800년대에 10억, 1900년대에 이르러서는 16.5억 명을 넘어서게 되었다는 사실이다. 이처럼 유럽 대항해시대를 거치며 세계적으로 경제뿐 아니라 사회 전 부문에 걸쳐 큰 변화가 발생했다. 특히 콜럼버스의 아메리카 대륙 발견을 두고 일어난 구대륙과 신대륙 간의 상호작용을 '콜럼버스의 교환'이라고 이야기한다.

인물
윌리엄 베버리지

영국의 경제학자 윌리엄 베버리지(William Beveridge, 1879~1963)는 '요람에서 무덤까지'로 대변되는 개인의 전 생애를 대상으로 한 영국의 사회보장체계를 확립한 인물이다.

전 세계 수많은 나라를 식민지를 거느리며 '해가 지지 않는 나라'로 불리던 영국은 2차 세계대전에서 독일에 밀렸을 뿐만 아니라 연합국의 주도권도 미국에 빼앗기는 등 그 위세가 점차 쇠락해가고 있었다. 이에 영국은 전후 사회 재건은 물론 국민에게 희망을 주고자 '사회보험 및 관련 사업에 관한 각 부처의 연락 위원회'를 구성하고 실업보험 전문가인 윌리엄 베버리지를 위원장에 임명했다. 여기서 사회보장제도의 확대를 위한 보고서가 발간되는데 이것이 바로 그 유명한 '베버리지 보고서'이다.

처음 보고서가 나왔을 때는 내용이 너무나 광범위하여 당시 집권당이었던 보수당마저도 이 주장에 동의하지 않았다. 하지만 보고서를 사기 위해 밤새 긴 줄이 늘어설 정도로 국민의 관심은 상당했다. 결국 1945년 노동당이 승리하면서 '베버리지 보고서'는 비로소 현실화되기 시작했다.

보고서에는 국가발전을 도모하기 위해서는 가난, 질병, 무지, 나태, 비위생이라는 5가지 사회악과 맞서야 한다고 제안하고 있다. 이 중 사회보장의 궁극적인 목표는 빈곤의 퇴치로 이에 대처하기 위해서 국가는 국민에게 무상 의료 서비스와 실업급여 제공, 자녀수에 따른 최저생계비 지원 등 기본적인 사회보장보험을 마련해야 한다고 했다. 한편 국민은 국가가 제공하는 기본적인 수준을 넘어서는 부분에 대해서는 자발적으로 준비해야 한다고 말했다. 베버리지는 특히 사회보장보험이 성공하기 위해서는 가족수당, 포괄적인 의료 서비스 그리고 완전고용 유지가 전제되어야 한다고 주장하면서 이를 위한 3가지 기본 원칙을 제안했다.

첫째, 모든 개혁안은 과거의 경험을 충분히 살리고 국부적 이해관계에 매달리지 말아야 한다. 둘째, 사회보장보험은 사회 진보를 위한 포괄적인 정책의 한 부분으로 간주되어야 한다. 셋째, 사회보장보험은 국가와 개인 간의 협력에 의해서 달성되어야 한다.

이후 베버리지의 철학은 유럽 전역으로 퍼져나갔고, 강력한 복지정책을 바탕으로 유럽은 전쟁 이후 놀라운 경제발전을 하게 되었다.

경제학

한계효용 체감의 법칙

한계효용 체감의 법칙을 제대로 이해하기 위해서는 먼저 한계효용에 대한 정확한 뜻을 알아볼 필요가 있다. 경제학에서 '효용'과 '한계'가 의미하는 바가 무엇인지 살펴보자.

'효용'은 재화나 서비스를 소비함으로써 느끼는 주관적인 만족감이다. 주관적이라는 표현에서 알 수 있듯이 동일한 재화나 서비스를 소비하더라도 그 효용의 크기는 다를 수밖에 없다. 예컨대 술을 좋아하는 사람 입장에서는 소주를 마실 때 만족도가 크겠지만 술을 전혀 못 마시는 사람에게 소주는 그저 고통스러운 물건일 뿐이다. 그렇기 때문에 효용은 재화에 내재하는 고유한 성질을 나타내는 유용성과는 다른 개념이다. 또 유명한 화가의 작품은 보는 사람에게 큰 감명(효용)을 줄 수 있겠지만 기능적인 측면(유용성)에서 미술 작품은 방을 꾸미는 용도 그 이상도 이하도 아닌 셈이다.

이번에는 '한계'에 대해 알아보자. 한계효용에서 한계는 우리가 일상생활에서 많이 쓰는 표현과는 다른 의미이다. 우리는 일상생활에서 '한계에 도달했다'와 같은 표현을 많이 쓰는데 여기서 '한계'는 보통 자신이 낼 수 있는 능력의 최고치를 의미한다. 하지만 경제학에서 '한계'는 '추가적'이라는 것을 의미한다. 즉 한계효용은 재화 1단위를 추가적으로 소비했을 때 느끼는 만족감을 의미한다.

그렇다면 '한계효용 체감의 법칙'은 무엇일까? 사람들은 동일한 재화나 서비스를 소비함에 있어 같은 크기의 효용(만족감)을 느끼지 않는다. 다른 조건이 일정한 상태라면 사람들은 재화를 소비하는 개수가 늘어나면 늘어날수록 느끼는 효용이 점점 줄어들 수밖에 없다. 이를 한계효용 체감의 법칙이라고 한다.

배고플 때 먹는 빵 하나의 만족도는 상당히 크다. 하지만 먹는 빵의 개수가 하나둘 늘어나면서 배가 부른 상태에 도달할수록 추가로 먹는 빵의 만족감(효용)은 떨어질 수밖에 없다. 심지어 배가 부른 상태에서 계속 먹다 보면 상당히 불쾌한 기분이 들 수도 있다. 옛말에 '과유불급'이라는 말이 있다. 모든 사물은 정도를 지나치면 안 한 것만 못하다는 뜻이다. 이를 경제학적으로 표현한 것이 바로 한계효용 체감의 법칙이다.

포트폴리오 이론과 베타

포트폴리오 이론은 자산의 분산투자를 통해 투자 리스크를 감소시킬 수 있다는 이론으로 해리 마코위츠에 의해 체계화되었다. 포트폴리오 이론을 한마디로 표현하면 계란을 한 바구니에 담지 말아야 한다는 내용이다. 그러나 심도 있게 들어가면 수익률의 변동성이라는 위험을 통계학적 분산과 표준편차를 통해 동일한 수익률을 추구하면서도 위험을 줄이는 방법을 제시한 것이다. 특히 종목을 많이 편입해 분산시킬수록 위험은 계속 줄어들 수 있다고 한다.

그렇다면 위험을 줄이기 위해 무조건 많은 종목으로 포트폴리오를 구성하는 것이 좋을까? 그렇지 않다. 이론상으로 자산의 추가 분산을 통해 지속적으로 위험도를 낮출 수는 있지만, 현실에서는 일정 종목수 이상이 되면 더 이상 위험을 낮출 수 없게 된다는 연구결과도 있으며 아무리 분산하더라도 IMF, 금융위기 등 개별 종목으로 피할 수 없는 시장 전체에 대한 체계적 위험도 존재한다. 또한 100만 원 투자금의 위험도를 낮추기 위해 100종목에 나누어 투자하는 것은 높은 거래 수수료만 지불하며 의미 없는 투자가 될 가능성이 높다. 따라서 종목별 수익변동성과 투자 규모를 고려한 포트폴리오 구성이 중요하다.

이러한 포트폴리오 이론에서 중요한 개념 중 하나가 베타이다. 베타는 쉽게 말해 시장에 대한 해당 종목의 민감도인데, 예를 들어 종합주가지수가 1,000포인트에서 2,000포인트로 100% 상승할 때 해당 주가가 50%만 상승했다면 베타값은 0.5이고, 만약 해당 주가 역시 동일하게 100% 상승했다면 베타값은 1로써 시장의 흐름과 동일하게 움직이는 주식으로 평가된다. 즉 각 주식이 시장의 움직임에 비해 얼마나 민감한지를 보여주는 지표로 시장 평균인 1보다 큰 주식은 시장의 변동성을 주도하는 종목들로 시장 변화에 민감한 경기민감주라고 불린다. 이러한 경기민감주로는 코로나 이후 반도체, 언택트, 바이오 관련주 등을 꼽을 수 있다. 반면 베타가 1보다 작은 주식은 금리나 환율과 상관없이 안정적 실적이 기대되는 경기방어주로 식음료와 통신 산업 부문이 해당된다.

베타는 이처럼 개별 종목의 변동성과 특성을 파악하는 지표로도 활용되지만, 전체 시장 움직임을 예상해 투자하는 인덱스 펀드 같은 상품에도 중요한 투자 포트폴리오 구성에 반드시 고려되는 지표 중 하나이다.

산업
중국의 빅테크 BAT

미국에 'FAANG'이라는 빅테크 기업들이 있다면, 중국에는 'BAT'가 있다. BAT는 바이두, 알리바바, 텐센트 기업의 앞글자를 따서 만든 약자이다. 바이두는 검색 서비스를 제공하는 중국의 구글이라고 해도 무방할 정도로 유사한 비즈니스 모델을 보유하고 있다. 바이두를 한자로 표기하면 백도(百度)인데, 송나라 시구 중 '애타게 찾다', '꼭 찾다'라는 뜻에서 차용한 것이다.

2000년 초반에 중국에도 구글이 진출했지만, 중국 정부가 인터넷 사용을 제한하자 구글은 철수했고 바이두의 점유율이 급성장했다. 바이두는 14억 중국인이 가장 많이 사용하는 검색 엔진이므로 유저의 수와 인지도 측면에서 세계 최고의 검색 플랫폼 중 하나로 손꼽히고 있다.

알리바바는 1999년 당시 영어강사였던 마윈이 인터넷 중개 거래를 위한 알리바바닷컴을 설립하면서 출발했다. 중국의 아마존이라고 불리는 알리바바는 기업 대 기업(B2B) 거래뿐 아니라 소비자 대상의 시장까지 확대하면서 시장을 넓혔고 이후 쇼핑과 운송, 클라우드, 금융까지 사업을 확대해나갔다. 알리바바가 우리나라에 알려진 계기는 중국의 블랙프라이데이로 불리는 광군제 때다. 광군제 하루 동안 알리바바가 이룬 매출*이 우리나라 돈으로 약 16조가 넘는 수준이었으며 미국 블랙프라이데이 규모를 넘어서기도 해서 큰 관심을 받기도 했다.

1998년에 설립된 텐센트는 우리나라 카카오톡과 유사한 국민 어플이라 불리는 위챗과 QQ라는 메신저로 유명한 회사이다. 우리나라에는 게임 관련 회사로도 잘 알려져 있다. 2011년에는 리그 오브 레전드라는 유명 게임을 제작한 라이엇 게임즈를 인수했고, 2016년에는 클래시 오브 클랜, 클래시 로얄 등을 개발한 게임사를 인수했다. 나아가 웹드라마, 음악 등 엔터테인먼트까지 사업 영역을 확대하면서 알리바바와 경쟁 구도를 형성하고 있다. 텐센트는 우리나라와도 관련이 있는데 2012년 카카오에 720억을 투자해 주요 투자 주주가 되었으며 2020년까지 카카오 이사회 멤버로도 참여했다.

---

* 2015년 기준 매출액이며 2019년의 경우 1시간 만에 16조 원의 매출을 돌파했다.

카페

커피를 마시는 공간인 카페는 오늘날의 터키 지역에서 시작되었다. 1475년 오스만 제국의 수도 콘스탄티노플에서 최초의 카페 '키바 한(Kiva Han)'이 개점되었고 이후 카페는 선풍적인 인기를 끌며 중동 전역에 우후죽순으로 생겨났다. 당시 사람들은 커피를 마시면서 다양한 정보를 교류하는 이곳을 '현자들의 학교'라고 불렀다. 이곳은 음악을 듣거나 체스를 두는 등 다양한 장소로도 활용되었다. 당시 커피는 상당히 인기가 있었는데, 심지어 남편이 매일 일정량의 커피를 제공하지 못할 때는 이혼할 수 있는 권리가 주어질 정도로 커피 선호도가 매우 높았다. 이후 커피는 유럽으로 전파되었는데 처음에는 커피를 이교도인 이슬람교도들이 즐겨 마신다는 이유로 사탄의 음료라고 생각했다. 하지만 커피 맛에 반한 교황 클레멘트 8세가 커피에 세례를 내린 것을 계기로 커피는 유럽 전역으로 퍼져나가게 되었다.

1645년 유럽 최초의 카페 '보떼가 델 카페'가 이탈리아 베네치아에서 문을 열었다. 이후 카페는 사교의 장소이자 학문과 정치의 중심지로서 역할을 담당했다. 영국에서는 커피를 마시며 다양한 정보를 얻을 수 있는 카페를 '페니 대학'이라고 부르기도 했다. 당시 영국에서 커피 한 잔 가격이 1페니였다고 한다. 이러한 카페의 인기는 지금까지도 이어지고 있다. 2019년 7월 기준 한국에서 영업 중인 카페는 7만 곳을 넘어선 것으로 나타났다. 그중 커피 프랜차이즈 매장수는 1만 5,000개로 이디야(2,399개), 스타벅스(1,262개), 투썸플레이스(1,001개) 순으로 많았으나 스타벅스의 매출액이 가맹점수 상위 5개 프랜차이즈 매출액을 합한 것보다 많은 것으로 나타났다.

미국의 커피 프랜차이즈 스타벅스는 1999년 이화여대에 1호점을 개설한 이후 한국에서 고속성장을 하고 있다. 스타벅스가 처음 한국에 진출했을 때만 해도 국내 커피 시장은 믹스커피가 주류를 이루고 있었지만, 스타벅스는 문화와 휴식 공간을 표방하며 서서히 시장을 잠식해나갔다. 공부하는 대학생, 업무를 처리하거나 회의 장소로도 활용하는 직장인, 친구와 오랜 시간 편하게 이야기를 나누는 다양한 사람들, 지금은 일상화된 모습이지만 이것이 전부 스타벅스의 공간 마케팅이 만들어낸 모습이라고 해도 과언이 아니다.

이제 카페는 단순히 커피를 마시는 곳이 아니라 평범한 일상 속 자신만을 위한 제3의 공간으로도 인식되고 있다. 이로 인해 사람들이 몰리며 스타벅스가 있는 주거단지를 가리켜 '스세권(스타벅스+역세권)'이라는 말이 생겨날 정도이다. 덕분에 스타벅스가 입점한 건물의 가치도 덩달아 올라가면서 많은 건물주들의 러브콜을 받고 있다.

금리인하요구권

채무자가 대출을 받은 때와 비교하여 신용상태에 현저한 변동이 있다고 인정될 경우, 합리적인 근거를 서면으로 제시하고 금리 인하를 요구할 수 있는 권리를 금리인하요구권이라고 한다. 일반적으로 소득증가, 자산증가 또는 부채감소, 소득 유형(근로소득, 사업소득) 변경 등으로 신용등급 상승 시 금리인하요구권에 의한 금리 인하를 요구할 수 있다. 금리 인하 여부의 결정은 각 금융기관이 정한 기준을 따르기 때문에 다를 수 있지만, 일반적으로 다음의 조건이 충족되는 경우에는 신청할 수 있다.

- 이전보다 안정적인 직장으로 이직한 경우
- 연 소득이 10~15% 이상 상승한 경우
- 승진한 경우
- 의사, 변호사, 공인회계사, 세무사, 관세사, 법무사, 감정평가사, 공인노무사, 건축사, 도선사, 기술사, 행정사, 손해사정인 등 전문자격증을 취득하고 현업에 종사하는 경우
- 해당 금융기관의 신용등급이 개선되었거나 거래 실적이 증대되었을 경우
- 자산이 증가하거나 부채가 감소하는 등 기타 신용등급에 영향을 미칠 수 있는 변화가 있는 경우

하지만 모든 대출이 금리인하요구권의 대상이 되는 것은 아니다. 주택담보대출이나 전세자금대출 또는 별도 협약에 의해 결정된 금리가 적용되는 대출의 경우 개인의 신용등급 평가가 금리에 미치는 영향이 작기 때문에 금리인하요구권 대상에서 제외된다. 금리 결정 시스템에 의해 금리가 결정되는 대출에 한해 금리인하요구권을 사용할 수 있으니 사전에 확인해볼 필요가 있다. 신청은 직접 영업점을 방문하거나 인터넷 또는 모바일 채널을 통해서도 가능하다. 참고로 금리 인하는 연 2회까지 신청이 가능하고 같은 사유로 6개월 이내에 재신청은 불가능하다.

3월
13주

인클로저 운동

초기 봉건제도에서는 영지의 경계가 명확하지 않고, 누구의 토지 소유인지 애매한 공유지에서 발생하는 풀과 목재 등에 대해 영주뿐 아니라 소작농도 공유할 수 있는 권리가 있었다. 그러나 중세 대항해시대를 맞이해 양모의 수요가 크게 늘어 가격이 오르자 양들을 많이 키울 수 있는 충분한 토지를 확보하는 것이 중요해졌다.

이에 힘 있는 영주나 지주들은 더 많은 토지를 확보하기 위해 소작농과 자작농의 땅을 빼앗고 그동안 함께 공유했던 공유지에 울타리를 설치하여 자신들의 토지로 삼았는데, 이를 '인클로저(Enclosure) 운동'이라고 한다.

16세기 토마스 모어는 자신의 저서 『유토피아』에서 '양이 사람을 잡아먹는다.'라는 표현으로 인클로저 운동의 폐해를 지적했다. 함께 공유했던 토지마저 힘 있는 영주나 자본력 있는 부르주아 계층이 독식하게 됨으로써 기존의 자작농과 소작농 계층의 생계를 더욱 어렵게 만들었기 때문이다. 이러한 인클로저 운동은 평등에 기반한 공동재에 대한 개념을 약화시키고 많은 소작농의 권리를 빼앗았기 때문에 법으로 금지되기도 했다. 그러나 부르주아 계층은 아랑곳하지 않고 자신들의 수익을 늘리고자 인클로저 운동을 지속적으로 추진했는데, 명예혁명 이후 부르주아 계층이 의회를 장악하면서 더욱 위세를 떨치게 되었다.

이와 같은 인클로저 운동은 대다수 농민의 권리와 경제력을 약화시켰다는 지적을 받기도 했지만, 정해진 땅 위에서 더 많은 농작물 생산을 위해 효율성을 높여가는 생산 방식의 변화는 기존 중세 유럽의 장원 경제에서 새로운 자본 중심의 경제체제를 탄생시키는 계기가 되었다.

이렇게 쫓겨난 농민들은 도시로 몰려들었고 마침 산업화와 맞물려 많은 노동력이 필요하던 도시에서는 이들의 값싼 노동력을 토대로 영국 산업혁명의 성공 기반을 구축하게 되었다. 더욱이 18세기 후반에는 도시의 인구 증가와 전쟁 등으로 농산물에 대한 수요가 급격하게 증가하면서 농산물 가격이 오르게 되자 새로운 경작지가 만들어지고 농지를 집약적으로 사용하는 새로운 기술들이 등장해 기술의 혁신을 가져오게 되었다. 결론적으로 인클로저 운동은 다수의 농민을 농지에서 쫓아내는 폐해를 가져왔지만, 농업발전의 혁신과 산업혁명의 토대가 되는 노동력을 제공하게 된 계기가 되기도 했다.

인물

프리드리히 하이에크

오스트리아 출신의 프리드리히 하이에크(Friedrich Hayek, 1899~1992)는 20세기 자유주의의 수호자로 1974년 노벨 경제학상을 수상했다.

그는 정부의 적극적인 시장개입을 주문했던 영국의 경제학자 존 메이너드 케인스에 맞서 국가는 시장에 개입하는 것을 최소화해야 한다고 주장했다. 정부의 개입은 필연적으로 부작용을 일으킬 수밖에 없으므로 시장에 문제가 발생하더라도 스스로 자정작용을 발휘하여 이를 극복할 수 있도록 시간을 주면 된다는 것이다.

하지만 케인스와 하이에크의 대결에서 하이에크는 패하고 만다. 대부분의 국가들이 케인스의 의견을 채택하기 시작하면서 경기가 나빠지면 어김없이 정부가 나서서 재정지출을 늘리기 시작했던 것이다. 그렇게 하이에크는 사람들의 기억 속에서 잊히게 되었다.

그런데 1970년에 들어서면서 그동안 한 번도 경험해보지 못한 일이 발생하게 되었다. 1차 오일쇼크 이후 국제유가가 큰 폭으로 오르자 기업들은 제품의 가격을 인상했다. 급등한 물가로 사람들은 소비를 줄이기 시작했고 경기는 침체되었다. 불황을 이기지 못한 기업들은 문을 닫았고 실업자는 늘어났다. 이를 극복하기 위해 케인스의 처방대로 정부가 직접 나섰지만 소용이 없었다. 경기침체 속 물가가 상승하는 스테그플레이션에 결국 케인스는 무릎을 꿇었다. 이렇듯 케인스 이론으로는 절대로 설명할 수 없는 상황이 발생하게 되자 사람들은 다시 하이에크의 주장에 귀 기울였다. 그때부터 하이에크는 화려하게 부활했다.

영국 마가렛 대처 총리와 미국 도널드 레이건 대통령은 하이에크의 주장에 매료되어 그의 처방대로 경제정책을 수행해나갔다. 특히 대처 수상은 높은 실업률에도 불구하고 단기처방 대신 시장에서 스스로 해결될 수 있도록 인내심을 가지고 기다렸다. 동시에 그녀는 철강과 광업 등 공기업을 민영화했고, 과감한 세제개편으로 과도한 복지를 줄이는 등 하이에크의 작은 정부를 지향했다. 그 결과 대처 총리는 자유시장 경제를 통해 고비용, 저효율로 대표되는 고질적인 '영국병'을 고치며 영국의 화려한 비상을 이끌었다.

총효용과 한계효용

어떤 재화나 서비스를 하나 더 소비할 때마다 만족은 커진다. 이때 추가로 얻게 되는 만족을 한계효용이라고 한다. 그리고 총효용은 어떤 재화나 서비스를 소비함으로써 얻을 수 있는 주관적인 만족의 총량이다. 즉 한계효용의 합이 곧 총효용이라고 생각하면 쉽다. 이를 달리 표현하자면 1단위 추가적인 재화나 서비스를 소비함에 따라 변화된 총효용의 차이가 곧 한계효용인 셈이다. 다음의 표를 통해 빵을 소비함에 따라 한계효용과 총효용이 어떻게 변화하는지 알아보자.

빵소비량	1개	2개	3개	4개	5개	6개	7개
한계효용	10	8	6	4	2	0	-2
총효용	10	18	24	28	30	30	28

처음 한 개의 빵을 먹었을 때의 한계효용과 총효용은 10으로 동일하다. 하지만 빵을 먹는 개수가 늘어날수록 한계효용이 줄어들면서(한계효용 체감의 법칙) 총효용의 증가속도는 줄어들게 된다. 한계효용은 계속해서 줄어들기는 하지만 플러스를 유지하다가 결국 7개째 빵을 먹을 때 마이너스가 된다. 그래서 총효용은 한계효용이 0이 되는 지점인 6개째 빵을 먹는 순간 최고점에 도달한 후 한계효용이 마이너스가 됨에 따라 7번째 빵을 먹는 순간부터는 감소하게 된다. 이를 통해 우리는 한계효용이 0이 되는 지점에서 총효용이 극대화된다는 사실을 알 수 있다. 결국 우리는 빵을 계속 먹음에 따라 총효용은 증가할지 모르지만 한 개 더 먹음으로써 얻게 되는 한계효용은 계속 감소한다는 사실을 알 수 있다.

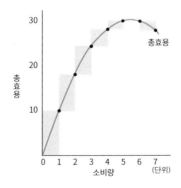

캔 피셔의 3가지 투자 질문

캔 피셔는 성장주 투자의 대가인 필립 피셔의 아들로 아버지를 이어 크게 성공한 전문 투자자이다. 현재 운용자산이 1,000억 달러에 이르는 피셔 인베스트먼트의 설립자이며 투자자들에게 바이블처럼 읽히는 여러 권의 투자 책을 펴낸 세계적인 전문 투자 전략가이다. 캔 피셔의 투자 철학을 대변하는 몇 가지 아이템 중 대표적으로 투자 의사결정을 내리기 위한 것과 시장을 이기기 위한 3가지 질문에 대해 살펴보자.

첫째, "우리가 잘못된 것을 믿고 있는 것은 아닌가?" '경제가 좋으면 주식시장도 좋을 것이다.'라든지 '상대적으로 싼 주식이 좋다.' 등의 일반적으로 통용되는 상식들이 실제로는 다를 수 있으므로 반드시 확인해보라는 것이다.

둘째, "다른 사람이 알지 못하는 것 중 내가 간파할 수 있는 것은 무엇인가?" 우연히 입수하게 된 극비정보나 뉴스 등을 의미하기보다는 그동안 투자 공부를 하면서 습득한 나름의 통찰력을 가져야 한다는 것이다. 대통령 임기, 경기 사이클 등 주기적인 패턴에 따른 투자나 주식 가치 분석 기법 등이 해당된다.

셋째, "지금 내 두뇌는 무엇을 하고 있는가?" 시류에 휩쓸리거나 감정적으로 투자 결정을 내리지 말고 냉철한 시각을 가지고 객관적으로 생각해야 한다는 것이다.

질문들에서 보여지듯이, 캔 피셔는 투자 주체인 스스로의 자세와 생각을 점검함으로써 시장을 이기는 투자를 해야 한다고 강조했다. 또한 그는 현재 주가에 매출액이 어느 정도 반영되어 있는지를 측정하기 위해 스스로 주가매출액비율(PSR) 이라는 개념을 만들어 투자에 활용했다. PSR은 현재 주가를 주식 한 주당 매출액으로 나눈 값으로 기존의 PER(주가수익비율), PBR(주가순자산비율)과 달리 매출을 중심으로 기업 성장성을 측정하는 지표로 많이 쓰이는 지표이다. 캔 피셔는 PSR이 0.75 이하인 기업이라면 투자 가치가 있다고 판단했다. 그러나 실제 시장에서는 PSR 지표만 활용해 매출 증가분만으로 회사와 주가를 평가하는 것은 제한적인 경우가 많아 일반적으로 PER, PBR이 좀 더 일반화되고 선호되는 경향이 있다.

테크핀

핀테크 기업들은 기존 금융 서비스에 디지털 기술을 활용하여 편리성, 신속성, 정확성이라는 가치를 더한 금융 서비스를 제공하면서 변화를 이끌었다. 그런데 최근 거대 IT 기업들이 AI(인공지능), 빅데이터 등의 최신 기술을 활용한 플랫폼을 만들고 금융 서비스를 제공함으로써 테크핀*이라는 신조어를 탄생시키며 세간의 주목을 받고 있다.

핀테크가 기존 금융 서비스에 IT 기술을 접목한 것이라면 테크핀은 IT 기술을 중심에 두고 금융 서비스를 제공하는 것으로, 메인이 금융인지 기술인지에 따라 핀테크와 테크핀을 구분할 수 있다. 구글, 애플, 아마존 같은 글로벌 빅테크 회사들은 물론이고 네이버, 카카오 등의 일명 우리나라 빅테크 회사들도 새로운 테크핀 회사로 발돋움하고 있다. 이러한 테크핀 회사들은 금융 서비스를 제공함에 있어서도 전통적 금융회사들보다 몇 가지 유리한 디지털 인프라를 보유하고 있다.

첫째, 금융 이외에도 고객의 다양한 데이터를 축적하고 있다. 고객의 금융활동뿐 아니라 어떤 뉴스를 즐겨 보는지, 무슨 물건을 쇼핑하며 취미가 무엇인지를 알 수 있는 데이터를 보유하고 있어서 고객별 행동 패턴과 관심사에 따른 맞춤형 서비스를 구현할 수 있고, 여기에 금융 데이터까지 결합시킴으로써 새로운 서비스 기획 및 제공이 가능하다.

둘째, 기술 경쟁력이 있다. AI, 빅데이터 기술은 단순히 기술 내용만 이해해서는 경쟁사가 쉽게 따라 할 수 없다. AI, 빅데이터 경쟁력이 원천이 되는 엄청난 양의 질 높은 데이터가 확보되어야 하며 오랜 기간에 걸친 기술 노하우가 축적되어야 하기 때문이다.

셋째, 고객에게 다양한 금융상품을 제공할 수 있다. 기존 금융회사들은 자사 상품만을 제안하고 판매하는 것이 보통의 판매 방식이지만, 빅테크 기업들의 플랫폼은 마치 백화점처럼 다양한 회사 상품을 온라인 속에 나열해두고 고객별 맞춤 제안을 할 수 있다는 장점이 있다. 또한 혁신 기업을 장려하는 정부 규제가 빅테크 기업들에게 보다 우호적으로 적용됨으로써 빅테크의 테크핀 전환이 유리한 상황이다. 여기에 전통 금융회사들은 디지털 기술 영역을 확장하면서 그동안 축적해 온 금융상품과 서비스에 대한 질적 경쟁력을 기반으로 테크핀 기업들에 맞서는 한편, 빅테크 회사들과 다양한 형태의 협업도 진행하고 있다. 이러한 금융 산업의 흐름을 이해하기 위해서는 향후 테크핀 기업과 전통 금융기업 간 협업과 경쟁으로 변화될 금융 서비스 시장의 변화도 주목해볼 만하다.

---

* 기술 (Technology) + 금융 (Finance)을 뜻하며 알리바바 마윈 회장이 고안한 개념으로 알려져 있다.

샤넬

샤넬은 프랑스를 대표하는 패션 브랜드로, 에르메스와 루이뷔통과 더불어 세계 3대 명품 브랜드로 손꼽힌다. 전설적인 디자이너 가브리엘 샤넬이 자신의 이름을 걸고 시작한 샤넬은 1913년 프랑스의 휴양지 도빌에 뷰티크를 오픈하면서 시작되었다.

그녀는 어린 시절 수녀원에서 운영하는 보육원에 맡겨져 바느질을 배우면서 성장했다. 이후 보육원을 나온 그녀는 낮에는 봉제 회사에서 일하고 밤에는 술집에서 노래를 불렀다. 그때 부른 노래 '코코리나'가 인기를 끌며 '코코'라는 애칭을 얻었다. 훗날 그녀는 자신의 어두운 과거를 떠올리게 하는 '가브리엘'이라는 이름 대신 '코코'라는 이름을 사용했다. 알파벳 C가 겹쳐진 모양인 샤넬의 로고는 바로 '코코'의 스펠링 앞자 C에서 아이디어를 얻어서 만든 것이다.

샤넬은 어떤 브랜드보다도 여성적인 이미지가 강한 브랜드로, 현대 여성복의 시초라고 볼 수 있다. 그 당시만 해도 여성은 허리를 조이고 가슴과 엉덩이를 부각시키는 코르셋을 착용하고 장식이 주렁주렁 달린 긴 드레스를 입으면서 여성성을 강조했다. 이러한 여성복은 실용성보다는 남성에게 아름답게 보이기 위한 목적이 강했다. 하지만 샤넬은 당시 여성의 삶을 옥죄는 디자인에서 탈피하여 여성에게 실용성과 편안함을 선사해주었다. 코르셋이 필요 없는 헐렁한 옷을 만들고, 남성의 전유물이라 생각했던 바지를 여성 의류에 도입하고, 땅에 끌려 거추장스럽던 긴 치마는 무릎 높이로 대폭 줄이는 등 당시로써는 혁명과도 같은 디자인을 시도한 것이다.

샤넬의 여성 해방은 여기서 끝나지 않았다. 항상 손에 쥐고 있어야 했던 핸드백에 처음으로 체인으로 만든 끈을 달아 두 손을 자유롭게 만들어주었다. 이러한 샤넬에 여성들은 환호하며 적극적으로 지갑을 열었다. 샤넬은 단순한 유행을 넘어서 여성에게 진정한 자유를 선사해준 것이다.

1971년 창업자 샤넬이 세상을 떠난 이후 진부한 브랜드로 취급받던 샤넬은 파산 위기에 몰리기도 했으나 1982년 독일인 디자이너 칼 라거펠트를 영입하면서 다시 한번 도약하게 되었다. 그는 샤넬이 간직한 핵심적인 디자인 요소는 잘 보존하면서도 현대적으로 재해석하는 데 성공하며 낡고 노쇠한 브랜드 이미지에 새로운 생명력을 불어넣었다. 그는 오늘날 모두가 선망하는 명품 브랜드 샤넬을 만들어냈고, 이로 인해 '죽은 샤넬을 부활시킨 남자'라는 명성을 얻기도 했다.

키퍼슨 보험

연예인이나 운동선수처럼 자신의 몸이 가장 큰 자산인 사람들이 있다. 이들의 몸값은 일반인의 상상을 초월하지만, 직업 특성상 몸을 이용해 돈을 벌 수 있는 전성기는 매우 짧다. 그렇기에 한창 돈을 벌 수 있는 시기에 불의의 사고를 당한다면 본인은 물론 이들에게 투자한 회사나 개인들이 입을 경제적 손실이 클 수밖에 없을 것이다. 그래서 나온 보험이 바로 '키퍼슨(Key Person) 보험'이다.

키퍼슨(Key Person) 보험은 연예인, 운동선수, 기타 유명인사들이 성대, 다리, 손가락, 얼굴 등 자신의 신체 중 일부가 불의의 사고를 당할 경우를 대비해 가입하는 보험이다. 이들 보험에 대한 니즈는 대다수 일반인과 다를 수밖에 없기 때문에 일반적인 보험계약 절차와 달리, 보험계약자가 원하는 보험금 및 조건을 먼저 제시하면 여기에 맞추어 보험사가 상품을 만들어주는 방식으로 보험계약이 이루어진다.

팝의 여왕 머라이어 캐리는 자신의 다리에 10억 달러를, 영화배우 줄리아 로버츠는 자신의 미소에 3,000만 달러를, 그리고 가수 제니퍼 로페즈는 자신의 엉덩이에 2,700만 달러를 보장해주는 보험에 가입했다. 축구선수 데이비드 베컴은 다리와 발, 발가락에 1억 4,600만 유로를, 마찬가지로 축구선수 크리스티아누 호날두는 다리에 9,600만 파운드를 보장해주는 보험에 가입했다.

한국에서는 가수 보아와 바다가 목소리에 각각 50억과 10억 원을, 걸스데이 유라는 다리에 5억 원을, 그리고 피아니스트 서혜경은 손가락에 10억 원을 보장해주는 보험에 가입했다. 그 외에도 가수 비는 월드 투어 콘서트 기간에 100억 원짜리 성대보험에 가입했다.

하지만 스타들의 신체보험은 일회성 요소가 큰 것이 사실이다. 왜냐하면 키퍼슨 보험의 경우 만약의 경우에 대비한다는 보험의 본래 목적보다는 신체 일부에 거액의 보험을 가입함으로써 자신의 가치를 높이기 위한 마케팅 수단으로도 많이 사용되고 있기 때문이다. 사람들의 관심을 먹고 사는 스타들에게 키퍼슨 보험이 자신을 홍보하기 위한 좋은 수단인 것만은 분명하다.

4월
14주

동인도회사

16세기 유럽 강대국들의 최대 관심사는 국가의 부와 경제 확장을 위해 광활한 아시아 대륙을 식민지로 삼고 자원을 약탈하는 것이었다. 이를 위해서는 바다 항해를 위한 제해권이 필수적이었는데, 당시 지중해를 장악하고 아시아 무역을 주도하던 스페인은 식민지였던 네덜란드가 독립해 분리되고 아르마다 해전에서 영국에 패함으로써 쇠퇴의 길로 접어들었다. 반면 영국과 네덜란드는 '황금의 땅'이라고 불린 아시아를 향한 진출을 확대했고 동인도회사를 설립했으며 이후 덴마크, 포르투갈, 프랑스, 스웨덴, 오스트리아도 뒤를 이어 아시아에 새로운 동인도회사를 설립했다. 네덜란드의 동인도회사는 설립 당시 세계에서 가장 큰 회사였으며 약 200년 동안 식민지 경영을 주도했다. 그러나 설립 초기 여러 개의 무역회사가 치열하게 경쟁하면서 수입 향신료의 가격이 폭락하자 1602년에 이들을 하나로 합쳐 운영했다.

영국의 경우 1600년에 동인도회사를 세웠다. 회사 설립은 빨랐지만 바다를 장악하고 있던 스페인 무적함대에 대한 부담과, 무역로를 선점한 네덜란드로 인해 시장개척은 상대적으로 늦은 상황이었다. 이를 극복하고자 엘리자베스 1세는 동인도회사에 영국 정부를 대리해 외교 및 전쟁까지, 일종의 정부 기관으로 활동할 수 있는 강력한 권한을 주었다. 이에 동인도회사는 1876년 해산하기까지 식민지 경영과 함께 향신료 무역을 독점했다.

경제 역사 관점에서 동인도회사가 갖는 중요한 의미는 최초로 주주에게 유한책임을 허용한 근대적 주식회사라는 것이다. 즉 투자자가 보유한 지분만큼만 책임짐으로써 기업의 주식이 자유롭게 거래되는 주주 중심 주식회사의 모습이 동인도회사를 통해 만들어졌다. 가장 먼저 설립된 네덜란드와 영국 동인도회사의 주주 운용은 다소 차이가 났다. 네덜란드는 매년 균등한 평균 배당률을 제공한 데 반해 영국은 매년 수익을 포함한 자금을 투자액에 비례해 모두 배분했다. 네덜란드 동인도회사는 경영에 필요한 안정적 자금은 두고 약속한 수익만을 배분했던 반면 영국 동인도회사는 모든 과실을 한 번에 나누는 하이리스크 하이리턴, 즉 '위험이 높은 만큼 수익도 높은' 유형이었던 것이다. 때문에 동인도회사 설립 초기에는 안정적 운영을 표방했던 네덜란드에 더 많은 자금이 유입되었으며, 이후 회사 주식을 기초자산으로 하는 선물이나 옵션 같은 파생상품 거래도 나타났다.

인물

존 내쉬

미국의 수학자 존 내쉬(John Nash , 1928~2015)는 정신분열증을 극복하고 1994년 노벨 경제학상을 수상했다. 영화 〈뷰티풀 마인드〉는 존 내쉬의 삶을 모티브로 제작되었는데, 만약 이 영화가 실제 인물을 모티브로 하고 있지 않았다면 오히려 현실성이 떨어진다는 지적을 받았을지도 모를 정도로 그의 삶은 파란만장했다.

그는 '죄수의 딜레마'와 '치킨 게임' 등 우리에게 친숙한 게임 이론을 현실에 적용할 수 있도록 발전시킨 공로로 노벨 경제학상을 받았다. 그의 대표 이론인 내쉬 균형은 게임에서 상대방의 전략을 전제로 자신에게 이익이 되는 최고의 선택을 하고 나면 서로의 선택을 바꾸지 않는 균형상태에 도달한다는 내용이다. 이를 통해 그는 기존 경제학으로는 설명하지 못했던 인간 행동을 수학적으로 분석해냈다. '죄수의 딜레마'는 이러한 내쉬 균형을 설명해주는 대표적인 예이다.

범죄를 저질렀을 것으로 추정되지만 명백한 증거가 없는 두 명의 용의자가 있다. 이 용의자들에게 한 가지 제안을 한다. 만약 둘 다 범죄를 자백한다면 모두 5년 형을 받겠지만, 한 명이 자백하고 다른 한 명이 묵비권을 행사한다면 자백한 용의자는 무죄로 석방되는 대신 묵비권을 행사한 용의자는 무기징역을 받는다. 물론 둘 다 묵비권을 행사한다면 나란히 1년 형을 받는다. 두 사람은 서로 다른 방에 있기 때문에 의사교환을 할 수 없다. 이럴 경우 용의자들은 어떤 선택을 하게 될까?

이 둘에게 있어 최상의 전략은 둘 다 묵비권을 행사함으로써 나란히 1년 형을 받는 것이다. 하지만 상대방의 전략을 예상할 수 있을 때 자신의 이익을 극대화하기 위해 두 용의자 모두 자백을 하게 된다. 왜냐하면 상대방이 묵비권을 행사하든, 자백을 하든 어떤 경우라도 자신은 자백하는 것이 유리하기 때문이다.

존 내쉬는 내쉬 균형을 통해 애덤 스미스의 '보이지 않는 손'이 틀렸다는 것을 증명했다. 애덤 스미스는 각자의 이기심이 결국 사회 전체의 부를 증가시킨다고 주장했다. 하지만 '죄수의 딜레마'를 통해 알아본 것처럼 인간은 서로 협력하면 모두에게 이익이 되는 상황을 만들 수 있음에도 불구하고, 개인의 이익을 위해 결과적으로 서로에게 손해를 끼치는 선택을 하는 것이다.

경제학

가치의 역설

물과 같이 인간의 생명과 직결되는 재화의 가격은 거의 공짜나 다름없다. 하지만 많은 사람이 갖기를 원하지만 흔하게 살 수 없는 다이아몬드 같은 재화의 가격이 비싼 이유는 무엇일까?

우리에게 너무나 당연하게 받아들여지기 때문에 한 번도 고민한 적이 없지만, 이에 대해 공식적으로 의문을 제기한 사람이 있다. 바로 경제학의 아버지 애덤 스미스이다. 그는 자신의 책 『국부론』에서 물과 다이아몬드를 예로 들며 가격과 효용의 괴리 현상에 대해 언급하면서 이것을 '가치의 역설'이라고 정의했다.

이러한 의문은 경제 현상을 심리학적 방법으로 분석하고 주관적인 가치설로 가치형성 과정을 설명하는 한계 효용학파에 의해 비로소 풀리게 되었다. 그들은 가격이 총효용이 아닌 한계효용에 의해 결정되기 때문에 이러한 현상이 나타난다고 주장했다.

물은 수요에 비해 엄청난 양이 존재한다. 물의 양이 많은 만큼 사람들은 많은 양의 물을 소비한다. 소비량이 많으므로 물에서 얻을 수 있는 총효용은 자연히 클 수밖에 없다. 또 처음 사용된 물은 생명과도 직결되기 때문에 한계효용이 높을 수밖에 없다. 초반의 높은 한계효용으로 인해 물이 갖는 총효용은 엄청나게 커지게 된다. 다만 소비량이 많은 만큼 한계효용 체감의 법칙에 따라 마지막 단위 물의 한계효용이 작아지고 그래서 물의 가격이 싼 것이다.

그런데 만약 사막같이 물의 공급이 제한된 상황이라면 물의 가격은 다이아몬드보다 높아질 수 있다. 적절한 수분을 보충하지 못하면 죽을 수도 있기 때문이다. 이때 물의 한계효용은 다이아몬드보다 커진다.

반면 다이아몬드는 공급량이 적기 때문에 희소성이 높고 그로 인한 가격도 높다. 높은 가격으로 인해 소비가 적으므로 매우 큰 한계효용을 갖는다. 그러나 한계효용은 크지만 결국 소비량이 적기 때문에 총효용은 작을 수밖에 없다. 결과적으로 물은 총효용 측면에서 보았을 때 다이아몬드에 비해 상당히 크지만, 많은 양을 소비함으로써 한계효용이 낮아 가격이 다이아몬드에 비해 낮은 것이다. 그러므로 결국 가격에서 중요한 것은 총효용이 아닌 한계효용이다.

투자

워런 버핏의 수익률 내기

2006년 2월, 워런 버핏은 버크셔 해서웨이 주주총회에 참석해 투자 전문가들이 가져가는 수수료가 높다는 점을 공개적으로 지적하며 향후 10년간 S&P500 인덱스펀드의 수익률이 헤지펀드를 이긴다는 데 50만 달러를 걸겠다고 선언했다. S&P500 인덱스펀드는 신용평가기관으로 유명한 스탠다드앤푸어사에서 만든 주가지수로, 미국 500개 주요 기업의 주가로 이루어진 S&P지수의 변동만큼 수익이나 손실이 발생하는 펀드를 말한다. 우리나라의 경우로 바꾸어 말해보면, 향후 10년 동안 코스피지수 상승률을 이길 헤지펀드가 없다는 데 한국 돈 6억 정도를 건 것이다.

그 누구도 쉽게 내기에 동참하지 못하던 상황에서 프로테제 파트너스의 공동 경영자 테드 세이즈가 내기에 참여하겠다고 도전장을 내밀었다. 테드 세이즈는 자신이 운영하던 5개 헤지펀드를 묶어 그 수익률로 S&P500 인덱스펀드 수익률을 이기겠다며 워런 버핏이 제안한 내기에 합의한 것이다. 그리고 양측은 각각 32만 달러를 미국채에 넣어두고 10년 뒤 원리금을 포함한 돈을 승자가 지정한 자선단체에 기부하기로 동의했다.

두 사람의 대결은 유명 투자자들 간의 대결이라는 흥미로운 점도 있지만, 단순히 종합 주가지수에 따라 수익이 발생하는 수동적 펀드 운용 형태와 5개 헤지펀드로 구성된 공격적 운용의 대결이라는 점에서도 관심을 모았다. 이러한 두 가지 차별화된 방법이 실제 장기투자에서 어떤 결과를 초래할지 사람들은 주목했다. 그렇게 10년이 지나 2017년 12월 29일, 뉴욕증시 마지막 거래일이던 그날을 기준으로 워런 버핏이 선택한 인덱스펀드는 연평균 7.1%의 수익률을 달성한 반면, 테드 세이즈의 펀드오브펀드 5개 펀드는 연평균 2.2%에 머물렀다. 이에 222만 달러의 상금은 워런 버핏이 정한 걸스 오브 오마하에 기부되었다.

이 대결로 워런 버핏은 세계적인 투자자로서의 명성을 다시 한번 드높였다. 워런 버핏이 승리할 수 있었던 비결은 인덱스펀드 운용보수가 낮았다는 점, 그리고 미국의 주요 500개 기업들로 구성된 적절한 포트폴리오에 투자되었다는 점 등을 꼽을 수 있다. 그러나 인덱스펀드의 수익률이 언제 어디서든 가장 높다고 섣불리 단정 지을 수는 없다. 우리나라 코스피의 경우 지난 2010년 말에 이미 2,050을 돌파했지만, 1,800~2,100 정도의 박스권에 오랫동안 갇혀 있었으며, 2020년에는 코로나19로 1,500이 무너지는 등 인덱스펀드의 성과가 우수하다고 평가하기에는 아직 무리가 있다.

산업
은행 산업

기원전부터 현재 은행 기능과 유사하게 신용을 담보로 돈을 대출해주거나 자산을 위탁하고 수수료를 수취했다는 기록들이 남아 있다. 그리고 인류의 문명이 싹트고 현재에 이르기까지 은행은 가장 중요한 금융기관 중 하나로 우리나라뿐 아니라 글로벌 경제성장에 기여했다.

은행의 가장 기본적인 업무는 수신과 여신이다. 수신은 고객이 맡기는 예적금을, 여신은 대출을 의미한다. 은행의 가장 기본적인 수익은 예대금리차에서 온다고 하는데, 예대금리차는 예금과 대출 금리차를 말한다. 은행 입장에서 고객 예금 시 고객에게 2% 이자를 지급하고, 대출할 때 5% 이자를 수취한다고 가정하면 예금과 대출의 차이인 3%가 은행의 수익이 된다.

예금과 대출을 기본으로 한 은행업은 산업화와 금융업 발전에 따라 지속적으로 확대되었다. 카드 발급, 외환 업무, 펀드 등 투자상품 및 보험상품 판매, 부동산 거래, 기업금융, 자산상담 등 금융의 전 영역에 걸친 거의 모든 금융 업무를 취급하게 된 것이다.

은행은 기능 및 역할에 따라 중앙은행과 일반은행, 특수은행 정도로 나누어진다. 대부분의 국가에는 그 나라의 경제 정책을 주도하는 중앙은행이 하나씩 있는데 우리나라에는 한국은행이 여기에 해당한다. 중앙은행인 한국은행은 돈을 발행하고 통화량을 조절하며 일반은행에 돈을 빌려주기도 하고 외국과의 거래에 필요한 외화 관리 업무도 수행한다.

일반은행은 우리가 주변에서 쉽게 접하는 시중 은행이다. 신한, 우리, 하나, KB은행 등은 IMF 외환위기와 금융위기를 겪으면서 경제환경 변화에 대응하기 위해 꾸준한 노력을 기울여온 결과 보험, 카드, 증권 등 타 금융업권과의 시너지를 기반으로 한 은행 중심의 금융지주회사로 변모하는 모습을 보여왔다. 또한 특수은행은 다양한 산업 육성과 지원을 위한 국가 관점의 금융 기능을 수행하기 위해 만들어진 은행으로 중소기업은행, 수출입은행, 수협 등이 여기에 해당한다.

그러나 오랜 기간 글로벌 국가 경제의 중심에서 금융의 한 축을 담당해왔던 은행업 역시 강력한 모바일 플랫폼을 앞세운 카카오 뱅크 등 빅테크들의 도전에 직면해 있으며, 상호 간 다양한 상품 서비스로 경쟁과 협업의 모습을 보이고 있다.

상품

전구

토머스 에디슨은 축음기, 축전기, 영사기 등 1,000개가 넘는 발명을 한 역사상 가장 위대한 발명가이다. 그는 새로운 것을 발명한 것만큼이나 기존의 것을 개량하여 실용화시킨 것도 많은데, 대표적인 것이 바로 전구이다. 우리는 에디슨이 전구를 최초로 발명했다고 알고 있지만 사실 그가 전구를 발명하기 전부터 이미 세계 곳곳에서 전구에 대한 특허가 출원된 상태였다. 다만 기술적 한계로 전구의 수명이 길지 못한 탓에 대중화시키지 못했던 것뿐이었다.

"천재는 99%의 땀과 1%의 영감으로 이루어진다."라고 말한 에디슨답게 그는 수천 번의 실험 끝에 40시간이나 유지되는 전구를 발명하는 데 성공했다. 독일의 역사학자 에밀 루트비히는 이에 대해 "프로메테우스의 불 이후로 인류는 두 번째 불을 발견했다. 이제야 비로소 인류는 어둠에서 벗어났다." 하고 찬사를 보냈다.

이후 에디슨은 본격적으로 전구 사업에 뛰어들었다. 하지만 당시로써는 좋은 제품을 만든다고 팔릴 수 있는 상황이 아니었다. 전기를 생산하기 위한 발전소와 발전소에서 생산한 전기를 각 가정에 보내기 위한 전력망 등 전구를 각 가정에서 편리하게 사용할 수 있도록 지원해주는 인프라가 제대로 구비되지 않았던 탓에 대규모 투자가 선행되어야 했기 때문이다. 이때 에디슨을 지원한 사람이 바로 J.P. 모건이었다. 그는 에디슨이 전구를 개발하기 위한 자금을 지원했을 뿐만 아니라 전구 개발에 성공하자 추가로 30만 달러를 투자했다.

당시 전기 시장은 최첨단 산업으로 전기 시장의 표준을 차지하기 위한 경쟁이 치열했다. 그중에서도 전기의 송전방식을 놓고 에디슨과 테슬라가 벌인 싸움이 유명하다. 에디슨은 직류방식을 선호했지만 테슬라는 교류방식을 선호했다. 하지만 테슬라의 교류방식이 시장의 표준으로 굳어지자 에디슨을 후원하던 J.P 모건은 에디슨의 반대에도 불구하고 회사를 톰슨–휴스턴 일렉트릭과 합병했다. 그리고 회사의 이름을 제너럴 일렉트릭으로 바꾸었는데 이로써 합병 이후 지금까지 여전히 미국을 대표하는 기업 GE가 탄생하게 되었다.

J.P모건은 에디슨의 회사가 규모 면에서 더 컸음에도 불구하고 합병회사의 경영을 톰슨–휴스턴 일렉트릭의 경영진에게 맡겼고, 이를 계기로 에디슨은 전기 사업에서 완전히 손을 떼게 되었다.

경제상식

달러 인덱스

미국 달러는 전 세계 기축통화로써 국제간 거래에 기본이 되는 통화이다. 2016년 기준으로 전 세계 외환시장 거래의 87.6%가 달러를 기반으로 거래가 이루어지고 있다. 그리고 원유를 비롯해 구리, 철 등의 원자재는 물론이고 밀이나 옥수수 등 농산물 거래에 있어서도 대부분 달러로 결제가 이루어진다. 그렇기에 달러의 가치가 어떻게 변화하는지에 대해 전 세계가 민감하게 반응할 수밖에 없다.

그런데 달러 환율만 놓고 본다면 달러의 가치가 오르는 추세인지 떨어지는 추세인지 알기 어렵다. 달러 환율은 국가마다 서로 다를 뿐 아니라 방향성도 제각이기 때문이다. 게다가 환율은 상대적이기 때문에 눈에 보이는 숫자만 가지고 해석을 내리기도 쉽지 않다.

예를 들어 달러가 유로화 대비 강세를 보이지만 동시에 엔화 대비 약세를 보일 수도 있다. 이 상황만 놓고 본다면 해석이 분분할 수밖에 없다. 먼저 달러가 유로화 대비 강세이기 때문에 달러의 가치가 올랐다고 볼 수 있다. 다만 엔화가 달러 대비 더 큰 폭으로 가치가 올랐기 때문에 달러가 엔화 대비 약세를 보이는 것이다. 하지만 이런 식의 해석도 가능하다. 즉 달러가 유로 대비 강세이지만 달러의 가치가 떨어졌다고 볼 수도 있다. 유로화가 달러 대비 더 큰 폭으로 가치가 떨어지고 있기 때문에 달러가 유로화 대비 강세일 뿐 그 가치를 유지하고 있는 엔화 대비 약세를 보이는 것이라고 말이다. 이 밖에도 다양한 해석이 가능하다. 상황이 이렇다면 달러의 가치가 오르는 건지 내리는 건지 판단을 내리는 것이 쉽지 않다. 그래서 필요한 것이 바로 '달러 인덱스'이다.

달러 인덱스는 유럽연합, 일본, 영국, 캐나다, 스웨덴, 스위스 등 주요 6개국 통화 대비 미국 달러의 가치가 어떻게 변화하는지를 파악하기 위해 만든 지수이다.

각 통화의 비중은 경제 규모에 따라 결정되는데, 현재 유럽연합 유로(EUR) 57.6%, 일본 엔(JPY) 13.6%, 영국 파운드(GBP) 11.9%, 캐나다 달러(CAD) 9.1%, 스웨덴 크로나(SEK) 4.2%, 스위스 프랑(CHF) 3.6%로 그 비중이 정해져 있다.

달러 인덱스는 1973년 3월을 기준점인 100으로 하여 미국 연방준비제도이사회(FRB)에서 작성하여 발표하고 있다. 만약 달러 인덱스가 110이라면 주요국 통화 대비 미국 달러의 가치가 1973년 3월보다 10% 정도 상승했다는 것을 의미한다. 보통 달러 인덱스가 100을 넘으면 달러의 가치가 오르는 것으로, 100보다 아래에 있을 때는 가치가 떨어지는 것으로 본다.

4월
15주

역사

네덜란드 튤립 파동

네덜란드 튤립 파동은 자본주의 최초의 자산 버블로 꼽히는 대표적인 사례이다. 네덜란드는 1648년 스페인으로부터 독립해 세계 최초로 증권거래소를 설립하고 영국채권 등을 거래하면서 유럽의 금융 중심지로 성장한 나라이다. 독일 등 주변국들의 지속적인 전쟁으로 국가 산업마저 침체되는 상황에서도 네덜란드는 국가 간 분쟁의 소용돌이에서 비켜나 상대적으로 경제적 호황을 누릴 수 있었다. 이때 네덜란드로 들어온 엄청난 자본은 새로운 투자처를 찾게 되었는데, 그 대상이 바로 튤립이었다.

규모가 작은 나라에 사는 네덜란드 사람들은 좁은 집에서 튤립 재배를 즐겼다. 당시 부유층들이 희귀한 튤립을 높은 가격을 주고도 앞다투어 구매할 만큼 튤립은 인기 있는 취미 생활이자 또 다른 부의 상징이었다. 튤립은 품종의 희귀성과 변종 정도에 따라 계급 지어 구분되었는데 가장 비쌌던 황제계급 튤립 가격이 숙련된 기술자 연봉의 10배 정도로, 소 20마리를 사고도 남을 정도의 거금이었다고 한다. 이렇게 끝을 모르고 치솟던 튤립 가격은 1637년 2월 갑자기 하락하기 시작했다. 단 몇 달 만에 가격의 90%가 넘게 떨어질 정도로 급격하게 거품이 꺼진 것이었다.

튤립 가격 하락의 이유로는 여러 가지 설이 있다. 그중 하나는 너도나도 튤립을 재배하면서 공급이 수요를 넘어서는 수준이 되어 어느 순간 '꽃에 이만큼의 돈을 지불해야 하나?'라는 인식이 확산되었다는 주장이다. 또 네덜란드 법원이 튤립으로 인한 분쟁 소송에서 꽃은 꽃일 뿐이라며 튤립의 높은 가치를 인정해주지 않았기 때문이라는 주장도 있다. 이처럼 튤립 가격이 폭락하자 수천, 수만의 불량 채무자가 양산되었고 도시는 혼란에 빠져들어 급기야 정부가 튤립 거래를 일시 정지시키기도 했다.

이러한 튤립 파동은 세계 경제사에 몇 가지 중요한 기록을 남겼다. 그 첫 번째가 처음으로 선물 유형의 거래가 생겨났다는 것이다. 튤립은 단기간 꽃을 피울 수 없고, 희귀한 변종 알뿌리도 항상 보유하고 있을 수 없었기에 '내년 어느 시점에 알뿌리를 배달하고 대금을 지불받는다.' 등의 간략한 계약서를 근거로 한 초기 형태의 선물거래가 이루어지기도 했다. 그러나 튤립의 가격이 급격하게 하락하고 난 이후에는 계약서대로 이행되지 않았다. 이 밖에도 튤립 파동은 사람들의 생각이나 유행에 따라 특정 자산에 급격한 거품이 일 수도, 사라질 수도 있다는 것을 보여주었다. 이와 같은 네덜란드의 튤립 파동은 2017년 전국적인 붐을 일으켰던 가상화폐와도 비교된다. 자산의 본질적 가치와 적정 가격에 대한 통찰과 경계가 필요하다는 것을 일깨워준 역사적인 사건이다.

인물
아마르티아 센

인도의 경제학자 아마르티아 센(Amartya Kumar Sen, 1933~)은 1998년 아시아인 최초의 노벨 경제학상 수장자로 '경제학계의 마더 테레사'라고도 불린다. 그는 빈곤과 불평등 그리고 인간의 복지에 대해 연구한 후생경제학의 대가이다.

그가 이렇게 평생을 빈곤 문제 해결을 위해 연구에 몰두할 수 있었던 이유는 그가 열 살이 되던 1943년 인도 벵골 지방에 역사상 최악의 기근으로 300만 명이 넘는 사람들이 굶어 죽어가는 모습을 목격했기 때문이다. 이러한 경험이 그를 경제학자의 길로 인도했고, 오랜 연구 끝에 그는 대기근으로 많은 사람이 굶어 죽을 수밖에 없었던 이유가 식량이 부족해서가 아니라 분배에 문제가 있었다는 사실을 밝혀냈다. 즉 임금감소, 실업증가, 배급체계 미비 등이 기아를 불러왔다는 것이다.

그는 빈곤에 대해 다소 독특한 견해를 가지고 있다. 그에게 빈곤이란 단순히 돈이 없어 가난한 상태가 아니라 잠재역량을 키울 수 있는 기회를 박탈당한 상태를 의미한다. 즉 빈곤을 개개인이 게을러서 생긴 문제가 아니라 사회 시스템의 문제로 본 것이다. 그래서 그는 빈곤 해결을 위해서는 당장 눈에 보이는 지원도 중요하지만, 무엇보다도 하고 싶은 일은 무엇이든 할 수 있도록 개개인의 잠재역량을 키우는 정책이 필요하다고 주장했다.

그는 인간 중심의 경제성장만이 진정한 발전이라고 생각했다. 한 나라의 성장에 대해 알기 위해서는 경제성장률만을 가지고 평가할 것이 아니라, 인간 중심의 사회개발이 이루어지고 있는지가 동시에 측정되어야 한다고 주장했다. 그의 노력에 힘입어 유엔개발계획(UNDP)에서는 각국의 기대수명, 교육수준, 의료혜택, 국민소득 등을 통해 인간의 삶의 질을 측정하는 인간개발지수(HDI, Human Development Index)를 매년 측정하여 보고하고 있다.

무차별곡선

한계효용 이론은 사람이 느끼는 효용을 비교적 정확하게 수치화할 수 있다는 가정하에 총효용을 분석한 이론이다. 하지만 사람의 효용을 수치로 표현한다는 것은 어려운 일이다. 예를 들어 맛있는 음식을 먹을 때 느끼는 감정과 여행을 통해 얻는 즐거움을 숫자로 표시하여 비교하는 것은 현실적으로 불가능하다. 대신 사람들은 "빵 3개와 우유 2개 먹을래? 아니면 빵 2개와 우유 3개 먹을래?"와 같이 소비하고자 하는 상품의 조합에 있어 우열은 가릴 수 있다. 그래서 상품조합 간 선호의 우열을 통해 소비자 효용 극대화 모형을 설명하는 것이 바로 '무차별곡선'이다.

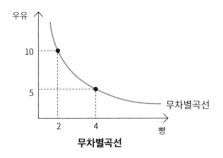

무차별곡선

위에 보이는 그래프는 무차별곡선을 나타내고 있다. 무차별곡선을 풀어서 설명하면 곡선 내에 있는 점들은 어떠한 차별도 없다고 이해하면 좋을 것이다. 어떠한 차별도 없다는 말은 쉽게 말해 곡선 내의 모든 점은 동일한 효용을 느낀다는 것이다. 예를 들어 빵 2개와 우유 10개가 주는 효용과 빵 4개와 우유 5개가 주는 효용은 동일하다. 즉 동일한 효용을 느끼는 소비조합을 연결한 곡선이 바로 무차별곡선이다.

한계효용 이론은 기본적으로 한계효용 체감의 법칙을 가정하고 있다. 그래서 소비량을 계속해서 늘리면 한계효용이 0이 되는 점에서 총효용이 정점에 이른다. 보통 뷔페에서 음식을 먹거나 술을 마실 때 한계효용 이론이 적용된다고 볼 수 있다. 하지만 무차별곡선은 기본적으로 다다익선을 추구한다. 즉 재화의 소비량이 증가하면 효용도 같이 증가한다고 가정하고 있다. 그래서 서로 다른 무차별곡선 중 원점에서 멀리 떨어진 무차별곡선일수록 더 큰 효용을 보여준다.

영국을 무너뜨린 조지 소로스

1990년 통일 독일은 경제 통합을 위해 서독 마르크화를 동독 화폐와 1:1로 맞교환할 수 있도록 했다. 이로 인해 엄청난 자본이 동독에 유입되면서 인플레이션이 발생했고 이에 독일 정부는 금융 및 실물 시장을 안정화하기 위해 2년 동안 10차례에 걸쳐 지속적으로 금리를 인상했다.

그런데 문제는 독일이 속한 유럽은 경제공동체를 이루어가는 과정에 있었으며 환율 역시 ERM(Exchange Rate Mechanism, 환율조정제도)이라는 협정으로 연결되어 있었다는 것이다. ERM 기준으로 영국의 파운드화는 독일의 마르크화와 상하 6% 변동 내에서만 움직일 수 있었기에 결국 독일의 금리 인상은 영국의 금리 인상으로 이어졌으며, 이에 영국 중앙은행인 영란은행은 시장의 파운드화를 매수해 환율을 방어하기 시작했다.

이때 영국에서 비즈니스를 하고 영국 금융 시스템을 잘 알고 있던 조지 소로스는 파운드화를 공매도하면서 영란은행과 반대되는 포지션을 취했다. 공매도는 현재 가지고 있지 않아도 팔 수 있고 주문을 낸 이후 나중에 사서 갚는 구조이기 때문에 나중에 가치가 떨어질수록 공매도 주체가 돈을 버는 구조이다.

조지 소로스는 대외적으로도 파운드화의 폭락을 예견하는 듯한 언론 인터뷰를 했고 이에 화답하듯 헤지펀드들 역시 파운드화를 공격했다. 반면에 당시 영국 존 메이어 총리는 영국의 외환보유고는 든든하니 파운드화 가치가 변동하지는 않을 것이라면서 조지 소로스의 말을 반박했다. 조지 소로스와 영국 정부는 마치 치킨런 하듯 어느 한쪽이 큰 손해를 볼 수밖에 없는 상황에 몰리게 되었다. 그리고 얼마 지나지 않아 영국 파운드화는 폭락했다. 이에 영국 정부는 필사적으로 시장에 풀린 파운드화를 사들이고 금리를 10~15%까지 올리며 파운드화 가치를 지키고자 노력했지만 역부족이었다.

이때 조지 소로스와 헤지펀드들이 레버리지까지 일으켜 쏟아부었던 돈은 약 1조 달러에 달했다고 한다. 영국 국민들과 의회는 존 메이어 총리를 질타하며 불만을 쏟아냈고, 조지 소로스는 짧은 기간 동안 약 70%에 달하는 수익을 올리면서 이 싸움은 조지 소로스의 승리로 마무리되었다. 이로 인해 존 메이어 총리는 사임했으며 영국은 유럽 ERM까지 탈퇴하게 되었다. 영국이 유럽의 다른 나라보다 유럽연합에 호의적이지 않고, 브렉시트*가 일어난 정치적 배경 중 하나도 이러한 경험 때문이라는 견해도 있다.

* 영국의 유럽연합 탈퇴를 뜻하는 단어

카드업

1950년 미국 다이너스 클럽 카드의 등장 이후 전 세계적으로 카드 기반의 신용경제는 급속도로 확장되었다. 지금은 카드 없는 경제활동을 상상할 수 없을 정도로 카드를 이용한 경제생활은 이제 일상이 되었다. 카드업은 현금 소지의 불편함을 느끼거나 신용 결제를 원하는 고객과 카드 결제가 가능한 가맹점을 연결시켜줌으로써 다양한 형태의 신용 상거래를 활성화시켰다.

우리나라의 경우 전체 민간 소비 지출 중 신용카드 이용 비율이 72%*에 달할 정도로 카드는 이미 가장 보편적인 결제수단이 되었다. 이러한 카드업은 지속 성장을 거듭해오면서 단순 신용공여 수단뿐만 아니라 할부 및 현금서비스, 카드론, 리볼빙 등 다양한 서비스를 제공하면서 사업 영역을 넓히고 있다.

우리나라의 신용카드 사업자는 크게 전업카드사와 신용카드업을 겸영하는 은행, 유통계 겸영 신용카드업자로 나뉜다. 먼저 카드업을 주업으로 수행하는 전업카드사는 크게 은행계와 일반 기업계로 나누어볼 수 있다. 은행계 카드사로는 신한카드, 우리카드, 하나카드, KB카드 등 은행 중심의 지주계열 카드사들이 있으며 롯데, 삼성, 현대카드 등 기업들의 계열사 중 카드 업무를 수행하는 전업카드사들이 있다. 신용카드업 겸영 은행은 경남은행, 광주은행, 부산은행 등 주로 지역은행들이나 특수은행들이 해당되며, 유통계는 백화점을 중심으로 카드를 발급해 다른 상품, 서비스와 연계해 판매하기도 한다.

카드사는 가맹점과 카드 회원간 대금결제에 따른 수수료와 카드론 등의 대출성 자금을 통한 이자로부터 수익을 얻는다. 그러나 그동안 높은 성장세를 이어오던 카드사는 여러 어려움을 겪고 있다. 우선 카드 수수료 인하 정책 등 정부의 정책 기조에 따라 카드사의 주 수익원인 결제 수수료가 큰 영향을 받기도 한다. 이에 카드의 부가적 혜택을 줄이며 새로운 수익원 창출에 고민하고 있는 상황에서 빅테크 기업들도 다양한 서비스와 연계한 결제 기능을 제공함으로써 기존 카드사들은 더욱 치열한 경쟁 환경에 직면해 있다.

향후 신용정보를 시작으로 고객 데이터 분석을 통한 개인화 서비스가 가능한 마이데이터 사업이 활성화될 것으로 기대되면서 앞으로도 카드업은 많은 변화가 예상된다.

---

* 2018년 기준

다이너마이트

중국 도교의 사제들은 사람이 금이나 은 등을 먹으면 늙지 않고 오래 살 수 있다고 믿어 이러한 물질을 사람이 먹을 수 있는 형태로 만들어 불로장생을 바라는 왕과 귀족에게 바쳤다고 한다. 그러던 중 우연히 유황과 초석, 목탄 등이 섞이면 폭발이 일어난다는 사실을 발견하게 되었다. 이 새로운 물질이 약이라고 믿었던 사람들은 불의 성질이 강한 약이라는 의미로 불 화(火)자를 써서 화약이라고 부르게 되었다. 아이러니하게도 살상용으로도 사용되는 화약은 바로 불로장생을 목적으로 약을 만들다 우연히 발견된 것이었다.

1847년 나이트로글리세린이라는 액체 형태의 화약이 개발되면서 화약의 폭발력은 한 단계 더 진화하게 되었다. 그렇지만 쉽게 폭발하는 성질 때문에 관련된 사고가 끊이지 않았고 이를 보다 안전하게 사용하기 위한 연구가 한창이었다.

노벨도 그중 한 명이었다. 군수업자였던 아버지와 함께 연구에 매진했던 노벨은 뇌관을 설치하는 방식으로 나이트로글리세린의 안정성을 높여 특허를 받는 데 성공했다. 하지만 취급과정 중에 생기는 나이트로글리세린의 위험성은 해결하지 못한 상태였다. 이러한 문제를 해결하기 위해 끈질기게 연구했던 노벨은 드디어 안정성을 높인 고체 형태의 폭약 개발에 성공했다. 그는 폭약의 이름을 그리스어로 힘을 뜻하는 단어에서 아이디어를 얻어 '다이너마이트'라고 부르게 되었다. 다이너마이트는 이처럼 노벨이 개발한 폭약의 브랜드명이었지만 이후 폭약을 지칭하는 일반명사처럼 쓰였다. 이렇게 출시된 다이너마이트는 수에즈 운하나 알프스 산맥 터널 공사 등 각종 토목이나 건설 현장은 물론이고 광산 등지에도 널리 쓰이면서 노벨에게 커다란 부를 안겨다주었다.

평생 독신으로 살았던 그는 인류에 위대한 공헌을 한 사람들을 위해 자신의 재산을 써달라는 유언을 남겼고 이로써 노벨상이 탄생하게 된 것이다. 이 상을 만들게 된 계기에 대해서는 다양한 설이 존재하지만, 노벨 동생의 죽음을 노벨의 죽음으로 착각한 프랑스의 한 신문사에서 '죽음의 상인, 사망하다'라는 제목의 기사를 내보낸 것이 어느 정도 영향을 끼친 것도 사실이다. 처음 노벨의 유언이 공개되었을 때는 그의 유산을 놓고 일가친척의 반발은 물론이고 국부유출 논란에 휩싸이며 대내외적으로 거센 반발에 직면했다. 이런 연유로 노벨이 죽은 지 5년째 되는 해인 1901년에야 비로소 첫 번째 수상자를 배출할 수 있었다. 처음에는 평화, 문학, 물리, 화학, 생리·의학 이렇게 5개 분야를 시상했다. 그러다 1969년 노벨의 재산을 관리하는 스웨덴 중앙은행이 설립 300주년을 기념하여 별도의 기금으로 경제학 분야 시상을 추가해 현재 총 6개 분야에 대한 노벨상이 수여되고 있다.

경제상식

흑자 부도

기업이 망하는 경우는 보통 경영 부진으로 인해 적자가 누적될 때이다. 하지만 재무제표상으로는 아주 건실한 기업도 일시적으로 현금흐름이 막혀 부도가 날 수도 있는데 이를 가리켜 '흑자 부도'라고 한다. 매출이나 영업이익, 당기순이익 등 경영성과가 좋음에도 불구하고 정작 가지고 있는 현금이 없어 그날그날 돌아오는 결제자금을 막지 못해 부도가 나는 것이다.

그렇다면 재무제표상의 이익과 보유하고 있는 현금이 일치하지 않는 이유는 무엇일까? 그것은 현금입출금과는 무관하게 수익과 비용이 발생한 시점의 손익을 인식해 작성하는 발생주의 회계 방식 때문이다. 발생주의 회계 방식에서는 돈을 받지 못했더라도 상품을 판매한 시점에 매출이 발생한 것으로 인식한다. 그렇지만 기업 간의 거래에서는 현금결제보다 매출채권 등을 통한 외상거래가 대부분이기 때문에 재무제표상의 이익이 발생하는 시점과 실제 현금흐름이 발생하는 시점이 일치하지 않는 것이다.

경영성과가 괜찮음에도 불구하고 현금흐름에 문제가 생기는 원인은 다양하다. 먼저 물건을 팔고 나서 거래 상대방으로부터 약속된 날 돈을 받지 못한 경우이다. 거래 상대방이 부도가 나서 판매대금을 회수할 수 없게 된다면 그 부담은 모두 판매사가 떠안을 수밖에 없다. 신규 사업을 추진하기 위해 과감한 설비투자를 진행하거나 앞으로 시장이 좋아질 것으로 생각하고 재고를 평소보다 많이 늘렸지만, 예상치 못한 불황으로 사업이 생각대로 풀리지 않을 때도 현금흐름에 문제가 생길 수 있다. 이 밖에도 회사는 영업활동 이외에도 여유자금을 투자함으로써 영업 외 수익을 올릴 수 있는데, 잘못된 투자로 투자금의 상당 부분을 날린 경우에도 현금흐름에 문제가 생길 수 있다.

4월
16주

청어가 만든 해운 강국 네덜란드

중세 유럽에서는 청어가 다른 곡물이나 물건과 교환할 수 있는 화폐와 같은 기능을 하기도 했다. 원래 발트해 부근에서 잡히는 어종이었던 청어는 해류 변화로 인해 네덜란드 인근 북해로 몰려들면서 많은 네덜란드인이 청어잡이에 나서기 시작했다.

그런데 한 가지 문제가 있었는데 그것은 바다에서 잡아 올린 청어가 금세 상해버린다는 것이었다. 이 때문에 몇몇 선박들은 급하게 회항하기도 했다. 이후 청어를 소금에 절여 보관하는 염장법이 개발되면서 오랜 기간 다량의 청어잡이가 가능해졌다. 냉장시설이 없던 당시 절임 청어는 육식을 금하는 사순절* 내 먹을 수 있는 대체 식품으로 인기가 높아 유럽 각지에 팔려나가면서 수요가 급격하게 늘어났던 것이다.

당시 한 기록에 의하면 돈벌이가 되는 청어잡이에 네덜란드 인구의 30%가 나섰다고 할 정도로 네덜란드의 청어잡이는 단순한 어업이 아니라 주요 국가 산업으로 자리매김했다. 염장법이 활용되면서 자연히 양질의 많은 소금이 필요해지게 되었다. 당시 소금은 독일과 스웨덴, 덴마크를 중심으로 한 한자동맹(상인연합)에서 제공했지만, 네덜란드로 넘어온 유대인들이 더 값싸고 질 좋은 다량의 천일염을 수입해 들여오면서 소금과 청어 시장을 장악했다. 그뿐 아니라 유대인들은 어업위원회라는 조합을 만들어 청어 조업부터 내장분리와 처리, 배송까지 전 과정을 체계화하고 품질을 관리함으로써 경쟁자 없는 독과점 시장을 만들어 많은 수익을 올렸다.

청어는 네덜란드 조선(造船)의 역량을 높이고 해군력을 강화하는 데도 큰 역할을 했다. 당시 선박에 대한 세금은 갑판 면적을 토대로 책정되었는데, 네덜란드 어선들은 갑판 면적을 줄이고 물건을 실을 수 있는 적재 면적을 넓혔을 뿐 아니라 청어잡이 목적에 맞는 선박을 표준화하여 제작했다. 이 덕분에 네덜란드는 다른 나라 상선의 수보다 많은 1,800여 척의 배를 보유하게 되어 화물 유통의 경쟁력을 확보할 수 있었고, 세계 물류의 중심지로 거듭나게 되었다.

---

* 그리스도의 수난을 기리는 부활절 40일 이전의 금욕기간

인물
리처드 탈러

행동경제학은 경제학에서 말하는 '합리적인 인간'이 아닌 비합리적이며 때로는 실수를 저지르는 인간의 행동을 연구하는 학문으로, 경제학에 심리학적 접근을 통해 사람들의 행동을 설명하고 있다. 미국의 경제학자 리처드 탈러(Richard H.Thaler, 1945~)는 행동경제학의 선구자로 심리학과 경제학 사이의 가교를 만든 공로를 인정받아 2017년 노벨 경제학상을 수상했다. 그는 행동경제학을 대중에게 보다 친숙하게 전달한 경제학자이다.

그의 핵심이론은 '넛지 이론'이다. 영어로 '넛지(Nudge)'는 '팔꿈치로 살짝 찌르다', '주의를 환기시키다'라는 뜻으로 넛지 이론은 팔꿈치로 슬쩍 찌르듯이 부드러운 개입을 통해 사람들의 행동을 특정 방식으로 유도하는 효과적인 방법을 말한다. 이러한 넛지 이론은 강압적인 방법이 아닌 선택 조건에 변화를 줌으로써 사람들의 행동을 자연스럽게 유도하는 특징이 있다.

대표적인 예는 네덜란드 암스테르담 스키폴 공항의 남자 소변기이다. 쾌적한 화장실을 만들기 위해서는 지저분하게 사용하는 사람들의 입장을 금지하거나 깨끗하게 사용한 사람들에게 할인쿠폰을 주는 등 인센티브를 제공하는 방법도 생각해볼 수 있다. 그러나 이러한 방법을 실행에 옮기기에는 한계가 있다. 하지만 소변기에 아주 사소한 변화를 줌으로써 고민을 해결할 수 있다. 바로 소변기 중앙에 파리 모양의 스티커를 붙여놓는 것이다. 실제로 스키폴 공항에서는 남자 소변기에 파리 모양의 스티커를 붙인 이후로 소변기 밖으로 튀는 소변의 양이 80% 정도 감소했다고 한다. 사람들이 파리를 보고 무의식적으로 소변을 파리에 맞추기 위해 집중력을 높였기 때문이다. 화장실을 깨끗하게 이용하자는 문구나 어떠한 인센티브 없이도 스티커 하나로 사람들의 행동에 변화를 준 것이다.

'넛지 이론'은 정치, 경제, 사회, 문화 등 다양한 분야에서 적용되고 있다. 각종 공익 목적의 캠페인과 선거용 캐치프레이즈에서부터 기업의 각종 마케팅에 이르기까지 넛지는 이제 우리의 삶 깊숙이 침투해 있다. 우리는 스스로 판단에 의해 행동하고 있다고 생각하지만 사실 우리의 행동은 이미 누군가가 설계한 대로 움직이고 있을지도 모르는 일이다.

가격 차별

가격 차별은 생산 원가에 대한 차이가 없음에도 불구하고 구입자에 따라 서로 다른 가격을 받는 행위를 말한다. 보통은 독점 기업이 가격 차별을 통해 이윤을 극대화하기 위해 사용하는 정책으로, 소비자마다 가격이 오르거나 내리는 정도에 따라 수요량이 변하는 정도(수요의 가격탄력성)가 다르기 때문에 가능한 일이다.

가격 차별 정책이 가능하기 위해서는 우선 기업이 독점 기업이거나 최소한 가격과 생산량을 조정할 수 있는 정도의 독점력을 가지고 있어야 한다. 또한 시장을 분할하는 데 있어 어려움이 없어야 하며, 분할한 시장 간에는 재판매가 불가능해야 한다. 그래야 한 시장에서 싸게 사서 다른 시장에서 비싸게 파는 일이 없게 된다. 만약 이런 일이 발생한다면 독점 기업과 경쟁이 벌어질 수밖에 없고 결국 모든 시장에서 동일한 가격으로 판매될 수밖에 없다.

가격 차별은 크게 1급, 2급, 3급으로 구분된다. '완전 가격 차별'로도 불리는 1급 가격 차별은 소비자 개인별로 지불할 용의가 있는 최대 가격(유보가격)에 맞추어 가격을 설정하는 것이다. 하지만 소비자의 서로 다른 유보가격을 파악하는 것은 쉬운 일이 아니므로 현실에서는 불가능하다. 2급 가격 차별은 구입량에 따라 단위당 가격을 달리 설정하는 것으로 기업이 소비자에게 몇 가지 대안을 제시하면 소비자가 그중 하나를 선택하도록 만드는 방식이다. 예를 들어 중국집의 자장면 곱빼기, 쿠폰 할인, 1+1 할인, 대량 주문 시 추가 할인, 그리고 전기나 수도요금처럼 사용량에 따라 구간별 단가를 달리 적용하는 등 다양한 형태가 있다.

마지막으로 3급 가격 차별은 나이, 성별, 국적 등 소비자의 특징에 따라 시장을 나누고 각 시장별로 서로 다른 가격탄력성을 근거로 하여 가격을 다르게 설정하는 것이다. 우리가 일반적으로 가격 차별이라고 할 때는 3급 가격 차별을 의미한다. 대표적으로 나이에 따라 서로 다른 가격이 적용되는 지하철 요금이나 국내보다 해외에서 더 싸게 팔리는 가전제품, 영화의 조조할인 등이 있다.

주식의 유래

기원전 로마제국에서도 주식회사와 비슷한 형태의 기업을 볼 수 있었다. 로마는 조세 징수를 퍼블리카니라는 외부 업체에 위탁했는데 이 조직은 오늘날 주식회사처럼 임원을 선출하여 조직을 경영했고, 파르테스라는 증서를 통해 다수가 소유하고 이익을 배분받는 방식으로 운영되었다. 그뿐 아니라 재무제표를 작성해 공시하기도 했다. 그러나 본격적으로 주식회사 형태의 기업이 탄생하기 시작한 것은 대항해시대를 통해 대륙 간 무역이 가능해지면서부터이다.

당시 유럽에서는 동양의 향신료 등에 대한 수요가 크게 늘면서 많은 사람이 돈을 벌 수 있는 무역을 하고자 했다. 하지만 당시 무역 환경은 지금과 달리 녹록지 않은 상황이었다. 해상 기후 변덕으로 안전한 운항이 쉽지 않았고 해적도 출몰했다. 이에 대륙 간 해상무역을 위해서는 풍랑을 견딜 수 있는 안전한 배를 건조해야 했고 능력 있는 선원과 무기로 무장해야 했기에 막대한 자금이 필요했다. 그러나 당장 큰돈이 없었던 동인도회사는 자금 마련과 리스크 축소 방안으로 증권 발행을 고안해냈다. 예를 들어 무역을 하기 위한 배 건조에 100만 원이 필요한데 내 자산이 50만 원밖에 없다고 가정해보자. 나머지 50만 원을 조달하기 위해 5명에게 각각 10만 원씩 빌린다면 배를 만들 수 있다. 대신 무역을 통해 얻을 수 있는 수익을 주식수에 비례해 주주들에게 나누어주는 것이다.

이후 동인도회사는 성공을 거두게 되었고 많은 사람들이 동인도회사의 사업에 참여하고자 했다. 그러나 새로운 투자자가 참여하기 위해서는 동인도회사가 신규로 주식을 발행하지 않는 한 누군가의 주식을 사야 했고, 이로 인해 주식값은 초기 가격보다 상승할 수밖에 없었다. 다시 말해 주식 가격이 기업의 성과에 따라 변동했고 변동된 값으로 시장에서 거래된 것이다. 이러한 동인도회사의 증권 발행은 현대 주식의 초기 형태가 되었고 이후 다양한 금융공학기법을 토대로 한 파생상품으로 발전했다.

증권업

중세 대항해시대, 동인도회사에서 주주에게 유한책임을 허용한 주식회사의 주식거래와 선물 유형의 거래가 활발해지면서 증권업은 자본주의의 꽃으로 성장해왔다. 보통 증권이라고 하면 주식과 채권을 말하는데 이후 증권은 더욱 다양화되며 세계화 진행과 함께 유럽에서부터 미 대륙으로 퍼져나갔다. 그리고 20세기 초 미국 대공황시대에 이르러 현대식 증권 시스템을 갖추게 되었다.

우리나라 증권업의 시작은 1899년 대한천일은행(현 우리은행)의 설립 뒤에 발행한 주식이다. 이후 1968년 자본시장 육성법과 1972년 기업공개촉진법이 제정되면서 주식 발행이 늘었고 경제성장기였던 1980년대와 90년대를 거치면서 증권업 역시 크게 성장했다.

증권사 업무는 크게 자기매매, 위탁매매, 인수주선의 3가지 고유업무로 나뉜다. 자기매매는 증권사가 자기 명의로 증권을 매매하는 것을 의미하며, 위탁매매는 고객으로부터 매도, 매수 주문을 받아 거래해주고 수수료를 받는 것을 말한다. 인수주선업무는 시장에서 유가증권을 원활하게 발행될 수 있도록 돕고 증권의 인수 또는 매도, 매수하거나 청약을 권하는 업무를 말한다.

그러나 증권 산업은 IMF와 금융위기를 겪으면서 크게 요동치며 위축된 모습을 보였다. 특히 증권사 수익 중 가장 큰 비중을 차지하는 위탁매매 수수료율은 증권사 간 치열한 경쟁으로 꾸준히 하락했다. 위탁매매와 함께 가장 높은 수익원을 차지하는 ELS, DLS 등의 장외파생상품 역시 저금리 경제 진입 후 높은 수익을 추구하려는 고객들이 몰려들면서, 수익은 늘었지만 급격한 글로벌 시장 환경 변화 등으로 인한 파생상품에서 고객 손실이 발생하면서 어려운 상황을 맞고 있는 현실이다.

특히 2020년 코로나19 이후 주식시장은 큰 변동성을 보였는데, 2,000포인트가 넘던 코스피지수는 코로나의 글로벌 확산이 시장에 공포심을 불러오던 3월에는 1,458까지 떨어졌다. 그러나 곧바로 회복한 지수는 5개월 만에 2,500선을 회복하며 엄청난 변동성을 보였다. 이러한 증권업 역시 토스, 카카오 등 빅테크 회사들이 속속들이 진입하면서 또 다른 모습으로의 경쟁과 협업의 기로에 놓이게 되었다.

질병을 예방하기 위해 만든 백신은 특정 질병 혹은 병원체를 약화된 상태로 인체에 주입하여 이에 대한 면역체계를 활성화시킨다. 그래서 실제로 질병에 감염되었을 때 그 피해를 최소화하는 데 목적이 있다. 인류 최초의 백신은 1796년 영국의 의사 에드워드 제너가 천연두 치료를 위해 개발한 것이다.

인류 최초의 전염병이라고도 불리는 천연두는 기원전 1만 년경 아프리카 북동부에서 처음 등장한 이래 인류 역사 속에서 빈번하게 출현하며 엄청난 피해를 주었다. 고대 이집트 왕 람세스 5세의 미라에서 천연두의 흔적이 발견되었고, 프랑스와 스페인, 러시아 등 유럽의 수많은 군주도 천연두로 목숨을 잃었다. 유럽을 휩쓸고 있던 천연두는 신대륙인 아메리카에도 전파되었다. 600명에 불과했던 에스파냐 군대가 아즈텍 제국을 멸망시킬 수 있었던 배경에도 천연두가 있었다. 천연두가 아즈텍 원주민들 사이에 빠르게 번지며 속수무책으로 사람들이 죽어 나간 것이다. 20세기에도 천연두는 여전히 맹위를 떨쳤다. 1980년 세계보건기구 WHO가 천연두의 완전한 종식을 선포하기 전까지 20세기에만 3억 명이 넘는 사람들이 천연두로 사망했다.

이 무시무시한 전염병으로부터 인류를 구해낸 인물이 바로 에드워드 제너이다. 그는 소의 젖을 짜는 여성들은 천연두에 걸리지 않는다는 사실에 주목했다. 이 여성들은 공통적으로 소가 걸리는 천연두인 '우두'라는 병에 걸린 특징이 있었다. 여기에 착안한 그는 천연두에 비해 증상이 치명적이지 않은 우두를 통해 천연두를 예방할 수 있을 것으로 생각했다. 그의 예상은 적중했고 결국 그는 천연두 백신 개발에 성공했다. 참고로 백신은 암소를 뜻하는 라틴어에서 유래된 말이다.

이처럼 예방적 성격이 강한 백신은 개발에 막대한 비용이 들지만, 공공재 성격이 강해 가격을 높게 측정할 수 없으므로 사업성 측면에서는 불리했다. 이로 인해 백신 산업은 한때 침체를 겪으며 많은 제약회사들의 구조조정 대상이 되기도 했다. 하지만 2015년 이후 프리미엄 백신의 성공적인 시장 안착을 계기로 성장의 기반을 마련한 백신 산업은 코로나19 팬데믹 이후 전 세계적인 관심이 집중되면서 앞으로도 성장이 주목되는 분야가 되고 있다. 참고로 글로벌 백신 시장은 현재 머크, GSK, 사노피, 화이자 이 4개 업체가 세계 시장의 80%를 차지하고 있으며 국내에서도 SK케미칼, 녹십자 등 많은 기업이 백신 개발에 뛰어들고 있다.

환율

환전은 말 그대로 돈을 바꾸어주는 것을 말한다. 1,000원짜리 지폐 한 장을 100원짜리 동전 10개로 바꾸어주는 것도 환전이고, 1,000원을 달러나 엔화 혹은 유로와 같은 외국 돈으로 바꾸어주는 것도 환전이다. 1,000원짜리 지폐를 100원이나 500원짜리 동전으로 바꾸어줄 때는 아무런 문제가 없다. 왜냐하면 100원짜리 동전 10개의 가치와 1,000원짜리 지폐 한 장의 가치는 항상 동일하기 때문이다. 하지만 1,000원짜리 지폐를 외국 돈으로 바꿀 때는 이야기가 달라진다. 1,000원의 가치와 동일한 달러와 엔화, 유로는 과연 얼마인지에 대한 문제가 발생하기 때문이다. 이처럼 한 나라 화폐와 다른 나라 화폐와의 교환비율, 이것이 바로 환율이다.

우리나라의 경우 환율을 표시할 때는 바꾸려는 외국 돈을 기준으로 표시한다. 예를 들어 미국달러 환율은 1달러를 바꾸는 데 필요한 원화의 금액이 얼마인지를 표시한다. 1달러에 1,000원이 될 수도 있고 1,200원이 될 수도 있다. 기준이 되는 달러의 표시는 고정된 채 이를 바꾸기 위한 원화의 금액만이 계속해서 바뀌는 것이다. 그래서 일반적으로 달러 환율을 말할 때는 기준이 되는 1달러는 생략한 채 원화 금액만 말하기도 한다.

이처럼 달러를 기준으로 원화 금액을 말하기 때문에 환율과 원화의 가치는 반대로 움직인다. 환율이 올라갈수록, 즉 1달러를 바꾸기 위해 필요한 원화의 금액이 커질수록 그만큼 원화의 가치는 떨어지는 셈이다. 이는 환율을 표시하는 기준이 원화가 아닌 외국 돈이기 때문이다.

환율은 시장에서 주식처럼 실시간으로 거래되기도 하는데 이러한 시장을 가리켜 외환시장이라고 한다. 외환시장에서 달러를 사려는 사람과 팔려는 사람들이 만나 환율이 결정된다. 예를 들어 미국으로 유학 간 아들에게 생활비를 보내주려는 부모님, 여름 휴가를 미국에서 보낼 예정인 직장인, 미국에 부동산을 구입하려는 투자자에 이르기까지 다양한 사람들이 원화를 달러로 바꾸기를 원한다. 이러한 사람들이 많아질수록 달러의 수요가 늘어나므로 자연스럽게 달러의 가격은 오르게 된다(환율 상승, 원화 가치 하락).

반대로 미국에 전자제품을 팔고 대금을 달러로 받은 한국인 사업가나 한국 주식에 투자하려는 미국인 투자자 등 달러를 원화로 바꾸려는 사람들도 많다. 이렇게 달러를 원화로 바꾸려는 사람들이 많아질수록 시장에 공급되는 달러가 늘어나게 되고, 자연스럽게 달러의 가격은 내려가게 되는 것이다(환율 하락, 원화 가치 상승).

4월

17주

제1차 산업혁명과 영국

　18세기 산업혁명으로 유럽은 미국을 제외한 비유럽 국가들을 압도하는 경제력을 형성했다. 산업혁명은 경제뿐 아니라 과학, 정치, 사회 전 분야에서 기존 시대와는 확연하게 차별화된 급격한 성장을 이루어내는 기폭제가 되었으며, 그 핵심은 기술혁신이었다. 기술의 발전은 기존의 장원이나 가내수공업에서 독립적으로 만들어내던 식량과 공산품의 생산 체계를 기계를 활용한 대량 자동화 시스템으로 전환시켜 이전과는 완전히 다른 산업 구조를 만들어냈다.

　제1차 산업혁명에서 대표적인 기술로 증기기관을 꼽을 수 있다. 스코틀랜드 출신의 제임스 와트는 당시 증기기관의 효율을 크게 개선시켜 수증기를 데우고 식히기 위해 강가에 자리 잡지 않은 공장에서도 생산이 가능하게 했고, 광산의 채굴 효율 역시 획기적으로 높이는 데 성공했다. 그 외에도 증기기관을 위시한 기술들이 앞다투어 산업에 적용됨으로써 종전의 농업 사회와는 전혀 다른 산업 중심의 경제성장이 이루어졌으며 생산력 역시 크게 발전했다. 그런데 재미있는 사실은 당시 프랑스가 영국보다 과학기술 수준이 훨씬 앞섰고, 과학발전에 더 많이 투자했음에도 불구하고 활발한 산업혁명이 영국에서 진행되었다는 점이다.

　그 이유를 살펴보자. 1688년 명예혁명 후 영국은 의회의 권한이 왕권보다 강력해졌다. 이에 중상주의 정책을 펼치는 것이 가능해졌고 이로 인해 상업이 눈부시게 발전했다. 더 나아가 영국은 각종 세금을 낮추어주거나 철폐하여 대내외 시장이 확대되었다. 인클로저 운동과 급증한 인구를 기반으로 한 풍부한 인력들은 산업이 발전하고 있는 도시로 몰려들었고 산업 성장의 힘이 되는 값싼 노동력을 풍부하게 제공할 수 있었다. 게다가 특허권에 대한 개인의 재산권을 보호해줌으로써 산업 자본의 투자가 용이했다는 것 역시 발전의 동력이 되었다. 한마디로 영국의 정치적, 경제적, 인구 사회적인 모든 요인이 들어맞아 산업혁명을 이루어낸 것이다. 반면에 당시 프랑스뿐 아니라 스페인, 독일 등에서는 국가 경제를 왕이 쥐락펴락하며 파산하는 일도 비일비재하던 터라 산업 성장을 위한 투자가 이루어지기 쉽지 않았다. 거기다 막대한 세금 역시 부담이 되었을 것이다.

인물

폴 크루그먼

미국의 경제학자 폴 크루그먼(Paul Krugman, 953~)은 다양한 칼럼을 통해 대중에게 친숙한 경제학자 중 한 명이다. 그는 신 케인스학파의 대표 주자로 시장에 대한 정부의 적극적인 역할을 강조해왔다. 그는 1990년대 아시아의 경제위기를 예견하며 주목을 받게 되었다. 아시아의 경제발전은 생산성 향상보다는 노동과 자본 등 생산요소의 과다 투입에 의존했기 때문에 한계에 부딪힐 수밖에 없다는 것이 그의 주장이었다. 그로부터 3년 후 그의 주장은 현실화되었다.

2008년에 그는 신무역이론과 경제지리학을 통합한 공로를 인정받아 노벨 경제학상을 수상했다. 기존의 무역이론은 국가별로 서로 다른 비교 우위를 가지고 있기 때문에 무역이 성립한다고 생각했다. 그런 측면에서 본다면 미국이나 유럽, 일본, 중국처럼 산업 구조가 비슷한 국가와의 무역 비중이 높은 우리나라의 현실을 설명하는 데는 분명 한계가 있었다. 하지만 사람들의 다양한 기호로 인해 무역이 발생한다고 주장한 그의 신무역이론은 이러한 현상을 명쾌하게 설명해주고 있다.

이해를 돕기 위해 스마트폰을 예로 들어보자. 비교 우위에 입각한 기존의 무역이론에서 보았을 때 한국과 미국에서 각자 스마트폰을 만든다면 이 둘 사이에 무역은 발생하지 않는다. 어차피 동일한 상품이기 때문이다. 하지만 삼성의 갤럭시폰이 주요 선진국에 수출되는 동시에 미국의 아이폰이 우리나라에 수입되고 있는 것이 현실이다. 이러한 현상은 소비자가 다양성을 선호하기 때문이다. 갤럭시폰과 아이폰은 모두 스마트폰이지만 각 상품은 차별화된 특성을 지니고 있다. 이제 사람들은 단순히 스마트폰을 원하는 것이 아니라 갤럭시폰 또는 아이폰 등 구체적인 상품을 갖기를 원한다.

결국 소비자의 다양한 기호가 중요해짐에 따라 같은 상품이라도 서로 다른 디자인과 브랜드로 인해 비슷한 산업군을 가지고 있는 국가 간에도 충분히 무역을 통해 이익을 얻을 수 있게 된 것이다.

국내총생산

국내총생산(GDP)은 일정 기간 한 나라의 영토 안에서 가계, 기업, 정부 등 모든 경제 주체가 생산한 최종생산물의 시장 가치의 합이다. 국내총생산을 측정할 때는 외국인이든 우리나라 국민이든 국적에 상관없이 우리나라 영토 안에서 생산되었다는 것이 중요하다. 반면 국민총생산(GNP)은 우리나라 국민이 생산한 최종생산물의 시장 가치의 합으로 우리나라 국민이 외국에서 생산한 금액도 포함된다. 국내총생산이 영토 중심의 경제력을 평가한다면 국민총생산은 사람 중심의 경제력을 평가하고 있다.

국내총생산이나 국민총생산 모두 한 나라의 경제활동 수준을 나타내는 중요한 지표이지만, 최근에는 국내총생산을 경제지표로써 더 많이 사용하고 있는 추세이다. 이는 국가 간 교류가 활발해짐에 따라 노동과 자본의 자유로운 이동이 가능해졌기 때문이다. 국제화 흐름에 발맞추어 우리나라 국민(기업 포함)의 해외 진출이 활발해짐에 따라 이들이 해외에서 생산한 최종생산물의 가치를 측정하는 일이 점점 어려워졌고, 자연스럽게 국민총생산의 정확도가 전보다 떨어지게 되었다. 게다가 우리나라에 진출한 외국인(기업 포함)의 경우 우리나라에서 경제활동을 하면서 고용을 창출할 뿐만 아니라, 국내에서 벌어들인 소득의 상당 부분을 국내에서 지출하거나 재투자함으로써 국내 경제에 기여하는 바가 상당하기 때문이다. 이러한 이유로 국민총생산보다는 국내총생산이 한 국가에서 일어나는 경제활동 수준을 좀 더 정확하게 반영해준다고 볼 수 있다.

국내총생산을 통해 알 수 있는 중요한 지표로는 경제성장률이 있다. 국민 경제 수준이 일정 기간 얼마나 증가했는지를 보여주는 경제성장률은 한 나라의 경제가 이룩한 성과를 측정하는 중요한 지표이다. 경제성장률은 정확한 측정을 위해 물가요인을 제거한 실질 국내총생산을 사용한다. 이는 인플레이션에 의해 경제성장률이 왜곡되는 현상을 줄이기 위함이다. 그래서 실질 국내총생산은 최종생산물의 수량에 기준 연도의 가격을 곱해서 산출한다.

경제성장률은 물가, 실업률, 국제수지 등과 함께 경제정책의 수립이나 평가 과정에서 매우 중요한 역할을 하고 있다.

투자
가치투자

"가치투자는 1달러를 40센트에 사는 것이다."

워런 버핏은 가치투자를 이렇게 정의했다. 그런데 어떻게 사람들이 1달러짜리 주식을 40센트로 생각하게 되는 것일까? 앞서도 이야기했지만 주식시장은 사람들의 심리, 시장 왜곡, 금융 환경변화 등으로 항상 제 가치를 온전히 유지하지 못하고 시시각각 변동한다. 이러한 시장 속에서 1달러 종목이 40센트로 저평가된 종목을 찾아내 투자하는 것이 가치투자의 기본 개념이다. 가치투자의 아버지라고 불리는 벤저민 그레이엄은 일명 꽁초 전략을 썼다. 남들이 버리고 잘 보지 않는 꽁초와 같은 종목을 매수해 공짜로 담배를 피우듯 한다고 해서 워런 버핏이 붙여준 별칭이다. 이처럼 남들이 보지 않는 소외된 종목 중 성장 가능성이 높은 종목을 발굴해 투자하는 가치투자 방식은, 오랜 기간 우수한 수익을 창출하면서 여러 투자방법 중에서도 많은 사람이 선호하는 투자방법으로 손꼽는다.

실제로 가치투자 중심의 투자회사 버크셔 해서웨이는 S&P500 연평균 수익률인 10% 대비 매년 2배 이상의 꾸준한 수익률을 달성하면서 이를 증명했다. 그렇다면 어떻게 어느 종목이 저평가되었다는 것을 알 수 있을까? 가치투자를 언급할 때 가장 많이 언급되는 지표는 PER(Price earning ratio)이다. PER은 주가수익비율을 말하는데 특정 종목의 주가를 주당순이익으로 나눈 값이다. 예를 들어 A 기업의 주식이 한 주에 1만 원이고 순이익이 주당 5,000원이면 PER은 (1만/5,000) 2가 된다. 반면 동종업계 주식이 한 주에 동일하게 1만 원인데 순이익이 주당 2,000원으로(1만/2,000) PER이 5인 B 기업이 있다고 가정해보자. A와 B 두 기업을 비교해보면 A 기업이 돈을 더 잘 벌면서도 주가는 같으므로 A사 주식이 저평가되었다고 말할 수 있다.

두 번째 지표는 PBR(Price Book-value Ratio)이다. PBR은 주가순자산비율이라는 뜻으로 또 다른 말로 주가장부가치비율이라고도 한다. PBR은 현재의 주가가 순자산 대비 어느 정도 수준으로 형성되어 있는지를 나타내는 지표이다. PBR은 일반적으로 1을 기준으로 1보다 낮으면 주가가 저평가되었다고 보고 1보다 크면 높다고 평가한다. 역발상 투자자로 유명한 데이비드 드레먼도 반드시 고려해야 할 가치평가 지표로 PER와 함께 PBR을 꼽았다. 그러나 이 두 지표가 절대적인 것은 아니다. 저평가 종목을 찾아내기 위해서는 지표는 참고하되 기업의 상황 등을 종합적으로 살펴보아야 하는 것이다.

생명보험업

우리나라 보험 시장은 세계 7위*로 전체 98%가 넘는 가정이 보험을 1건 이상 가입하고 있을 정도로 금융 산업에서의 보험 비중이 매우 크다고 할 수 있다. 보험은 보장대상과 지급조건 등에 따라 생명보험과 손해보험, 제3보험으로 나뉘며 그중 사람의 생존과 사망을 보장하는 금융상품을 취급하는 분야가 생명보험업이다.

생명보험의 역사는 기원전까지 거슬러 올라간다. 기원전 3세기경 에라노이라는 종교 단체는 구성원 중 누군가 갑작스럽게 힘들거나 어려운 상황에 처해지면 금전적으로 도움을 주었고, 로마시대에도 이와 유사한 콜레기아라는 상호조합이 있었다. 우리나라에는 삼국시대부터 존재해온 계, 보 등이 생명보험 기능을 했다고 볼 수 있다. 그러나 현대 생명보험사의 모습은 영국의 '에쿼터블'이라는 회사에서 시작되었다. 우리나라는 1921년 조선 생명보험 회사가 만들어진 이후 생명보험은 금융의 한 축으로써 국민의 자산축적과 위험보장의 기능을 수행하고 있다.

생명보험사의 대표적인 상품으로는 정기보험과 종신보험을 꼽을 수 있다. 정기보험은 말 그대로 정해진 기간 동안만 상품에서 약속한 보장기능을 제공하는 상품이다. 예를 들어 70세 만기 사망을 보장하는 정기보험이라고 한다면 70세 이내 사망 시 약속된 보험금을 지급해주는 상품이다. 종신보험 역시 단어의 뜻 그대로 신체가 끝나는(사망하는) 것에 대해 보장해주는 상품으로 사망 시 약속한 보험금을 지급하는 형태이다. 대부분의 생명보험사 상품은 실제로 발생한 손실만큼 보상하는 실손보상 개념이 아닌, 계약 당시 약정한 보험금을 피보험자의 보험사고 발생 시 지급하는 구조이기에 정해진 보험금을 수령할 수 있다는 장점이 있다.** 우리나라 생명보험 산업은 산업화를 거치며 지속 성장해왔지만 최근 다른 금융업권과 마찬가지로 어려움을 겪고 있다. 기본적으로 장기 상품인 생명보험 산업은 금리가 재무 안정성에 미치는 영향이 매우 크기 때문이다. 예를 들어 10년 전 최저보증이율 5% 저축보험을 판매했다고 가정해보면 현재 운용이율이 2%인 경우 3%만큼의 부담이 늘어날 수밖에 없는 상황이다. 여기에 빅테크 기업들이 생명보험업에 뛰어들면서 시장 경쟁은 더욱 치열해질 것으로 예상된다.

---

*   2019년 기준 세계 시장 및 가입 건수
** 모든 상품에 적용되는 것은 아니다. 즉 암보험의 경우 소액암, 고액암 등을 나누어 보장하기도 한다.

140

2003년 미국 매사추세츠공대(MIT) 연구팀에 따르면, 미국인들이 생각하는 인류 역사상 가장 중요한 발명품으로 칫솔이 당당히 1위를 차지했다고 한다. 자동차, PC, 휴대전화처럼 대단한 기술을 필요로 하는 제품이 아님에도 불구하고 칫솔이 1위를 차지했다는 점은 다소 이해가 가지 않는다. 하지만 칫솔은 치아와 잇몸의 건강은 물론 더 나아가 인간의 수명에도 영향을 미친다는 점을 고려해보았을 때, 어쩌면 칫솔이야말로 인간의 삶을 보다 획기적으로 개선한 위대한 발명품이 아닐까 싶다.

기원전 3000년경 이집트에서는 나뭇가지를 잘라 껍질을 벗겨 씹거나 찢어서 부드럽게 만든 후 칫솔로 사용했다. 주로 섬유질이 많은 나무를 이용해 이를 닦았는데, 나무를 이에 문지를 때 섬유질이 밖으로 나와 입안을 상쾌하게 만들었다고 한다. 우리나라에서도 과거 버드나무 가지를 이용해 이를 닦았는데, 양치란 말은 버드나무의 가지를 뜻하는 단어인 양지(버드나무 양(楊), 가지 지(枝))에서 유래된 것이다.

비교적 현대적인 모양을 갖춘 칫솔은 15세기 중국에서 등장했다. 야생 멧돼지의 털을 동물의 뼈나 대나무에 심어서 사용했는데, 비싼 가격 때문에 왕과 귀족 등 소수의 사람들만이 소유할 수 있었다. 이후 칫솔은 유럽에 소개되며 큰 인기를 끌었는데 사람들은 금이나 은으로 칫솔을 만들어 몸에 지니고 다닐 정도로 소중하게 다루었다고 한다.

칫솔이 처음 대량생산되며 상품화된 것은 1780년 영국에서다. 폭동에 참여했다가 감옥에 간 윌리엄 애디스는 자신의 치아 관리를 위해 고민하다 아이디어를 얻어 이를 상품화했다. 그는 동물의 뼈에 구멍을 뚫고 빳빳한 동물의 털을 구멍에 매듭지어 꼿꼿하게 서게 만들어 시장에 팔았다. 윌리엄 애디스가 세운 위즈덤 칫솔은 지금도 구강관리에 필요한 다양한 제품을 생산하고 있다.

하지만 동물의 털을 이용해 만든 칫솔은 쉽게 변형되어 오래 사용하기 힘들었고 잘 마르지 않는 탓에 각종 세균이 쉽게 번식하는 치명적인 단점이 있었다. 그러나 1938년 미국의 다국적 화학기업 듀폰이 나일론 솔이 달린 칫솔을 만들어 판매하면서 이 문제를 해결했다. 이 칫솔은 쉽게 변형되지 않을 뿐만 아니라 세균 번식에 대한 걱정도 줄일 수 있어 사람들은 이 칫솔을 '기적의 칫솔'이라 불렀다고 한다.

퍼플오션

레드오션(Red Ocean)은 시장은 한정적이지만 경쟁자들이 많아 여기서 살아남기 위해 경쟁이 치열한 시장을 의미한다. 상품에 대한 차별화가 어렵지만 경쟁이 치열하기 때문에 시장의 수익성과 성장성은 그다지 높지 않다. 반대로 블루오션(Blue Ocean)은 현재 존재하지 않거나 사람들에게 잘 알려지지 않아 경쟁자가 없는 시장을 의미한다. 독창적인 아이디어로 기존에 없던 새로운 시장을 개척하기 때문에 일단 블루오션을 발견하게 되면 성장성은 물론 높은 수익을 얻을 수 있다.

블루오션이 좋다는 것은 누구나 다 안다. 하지만 블루오션을 발견한 기업은 그다지 많지 않다. 지금까지 그 누구도 생각지 못한 시장을 발견한다는 것이 그만큼 어려운 일이기 때문이다. 어렵게 블루오션을 발견했다 하더라도 경쟁자들이 하나 둘 늘어날 뿐만 아니라 시장이 점점 포화됨에 따라 블루오션이 레드오션으로 바뀌게 되는 것은 시간문제이다. 그래서 최근에는 그 대안으로 퍼플오션(Purple Ocean)이 등장하게 되었다.

퍼플은 보라색을 의미하는 영어단어로 파란색과 빨간색을 섞어서 만드는 것처럼 퍼플오션은 레드오션과 블루오션의 특징을 절묘하게 결합하여 만든 시장이다. 즉 이미 시장이 형성된 레드오션 내에서 새로운 변화를 시도함으로써 새로운 시장을 개척하는 것이 바로 퍼플오션인 것이다. 퍼플오션은 누구에게나 익숙한 환경 속에서 새로운 시도를 통해 고객에게 기존과는 다른 새로운 가치를 제공하는 시장인 셈이다.

껌은 곧 충치라는 고정관념을 깬 '자일리톨 껌', 짜기만 한 감자칩 시장에 전에 없던 달콤함을 곁들여 성공한 '허니버터칩', 그리고 칙칙한 만화방을 카페로 만들어 성공한 '만화카페' 등은 기존 시장에서 발상의 전환을 통해 고객에게 새로운 가치를 부여한 퍼플오션의 좋은 예이다. 이 밖에도 오랜 시간 소비자들로부터 사랑받아온 아이스크림을 과자나 젤리로 새롭게 만들고, 즉석밥이 이제는 덮밥이나 국밥 등으로 발전해 가는 등 제품의 변신을 통해 고객에게 새롭게 다가가는 것도 퍼플오션의 좋은 예이다.

퍼플오션의 대표적인 전략은 바로 '원 소스 멀티 유즈(One Source Multi Use)'이다. 이 방법은 최근 콘텐츠 시장에서 각광받고 있는 전략으로 하나의 콘텐츠가 성공하면 이를 다른 장르에 적용하여 파급효과를 노리는 방식이다. 예를 들어 인기 웹툰을 가지고 드라마나 영화로 제작하거나 잘 알려진 캐릭터를 활용하여 인형은 물론 과자나 음료, 패션 용품 그리고 책까지 다양한 분야에 활용함으로써 부가가치를 극대화하는 전략이다.

5월

18주

아편전쟁과 중국 경제의 변화

17, 18세기 청나라의 차, 비단, 도자기 등은 동인도회사를 통해 영국으로 전해졌고, 반대로 물품 구매를 위해 지불한 영국의 은은 청나라로 유입되었다. 영국에서는 차를 비롯해 청나라로부터 수입한 귀중품들이 상류층을 중심으로 인기를 얻고 수요가 늘었지만, 영국산 공산품은 청나라에서 인기를 얻지 못하고 막대한 양의 은만 지출하는 모습을 보였다.

이러한 무역 불균형을 해소하고자 영국은 인도산 아편을 청나라에 몰래 수출했고 아편은 급속도로 청나라에 퍼져나가 이제는 아편값으로 막대한 은이 영국으로 유출되었다. 당시 청 왕조는 임칙서를 광저우로 보내 아편 밀무역을 강하게 단속했는데 영국은 이것을 빌미 삼아 아편전쟁을 일으켰다. 당시 영국의회에서는 아편전쟁을 일으킬 것인가를 두고 치열한 공방을 벌였지만 결국 9표 차로 전쟁이 결정된 것이었다. 그렇게 시작된 3년간의 전쟁에서 승리한 영국과 패배한 청나라는 난징조약을 맺게 되었다. 그 결과 홍콩을 영국에 할양하고 자유통상을 허용하며 광저우와 상하이 등 5개 항구의 무역을 허용하게 되었다.

앵거슨 매디슨은 비교경제사 관점에서 중국과 유럽의 세계 GDP 점유율을 비교한 결과 1700년 중국(22.3%)과 유럽(24.9%)의 경제 규모는 유사한 수준이었던 것으로 분석했다. 그리고 아편전쟁 전인 1820년에는 오히려 중국이 세계 GDP 점유율을 32.9%까지 높이면서 유럽을 압도하는 모습을 보였으나 아편전쟁 이후 지속 하락하여 1952년에는 5.2% 수준까지 떨어진 것으로 분석했다. 이는 1800년대 중후반부터 1900년대 초중반까지 유럽과 미국, 아시아의 일본이 근대 문물을 바탕으로 경제성장의 기틀을 만들고 성장해가는 동안 중국의 경제는 오히려 퇴보했음을 수치적으로 확인시켜주었다고 볼 수 있다.

반면 영국에 할양된 홍콩은 자본주의 경제 방식을 수용하여 아시아 금융허브로 성장했다. 1997년에는 영국 식민지가 된 지 155년 만에 다시 중국으로 반환되었고, 외교와 국방을 제외한 분야의 자치가 허용되는 '홍콩특별행정구'로 탈바꿈하게 되었다.

막스 베버

독일의 경제학자이자 사회학자인 막스 베버(Max Weber, 1864~1920)는 자본주의 정신이 어디에서 왔는지에 대해 연구했다. 그의 대표작 『프로테스탄트 윤리와 자본주의 정신』(2018년 국내 출간)에서 그는 자본주의의 정신적 뿌리가 바로 신의 뜻에 따라 엄격한 금욕주의를 실천하고 있던 프로테스탄트의 윤리의식에서 시작되었다고 주장했다. 자본주의의 발전을 이끌어낼 수 있었던 원인은 우리가 흔히 생각하는 기술이나 경제력 같은 물질적인 측면이 아니라 종교와 문화 같은 관념적인 측면에 있었던 것이다.

기독교는 오랫동안 유럽 사회를 지배하면서 점차 부패하기 시작해 급기야는 사람들에게 면죄부를 팔며 돈벌이에 혈안이 되는 지경까지 이르렀다. 여기에 분노한 루터는 95개 조 반박문을 통해 종교개혁을 일으켰고, 이를 칼뱅이 계승해 프로테스탄트 사상을 완성했다.

칼뱅은 "인간은 스스로를 구원할 수 없다. 다만 하나님에 의해 구원받을 수 있는데, 천국에 갈 사람은 이미 정해져 있다."는 예정설을 주장하면서 자신이 구원받았을 수 있는지는 얼마나 많은 부를 축적했는지를 통해서 알 수 있다고 말했다. 왜냐하면 주어진 직업에 충실한 것이 하나님의 영광을 높이기 위한 방법인데, 노동을 통해 벌어들인 돈이 결국 구원의 척도로 작용되기 때문이었다. 그래서 이들은 노동을 먹고 살기 위해 어쩔 수 없이 해야 하는 일이 아니라 하나님의 뜻에 따르기 위한 소명으로 생각했다.

또한 노동을 통해 돈이 가져다주는 온갖 해악으로부터 자신을 지켜 금욕적인 생활을 실천할 수 있다고 생각했다. 결국 인간은 노동을 통해 열심히 돈을 버는 한편, 금욕적인 생활로 그 돈을 아끼고 재투자를 통해 부를 축적함으로써 하나님으로부터 위탁받은 재산을 관리하는 종으로서의 역할에 충실할 수 있다고 생각했다.

막스 베버는 자신의 주장을 증명하기 위해 서양과 동양의 차이를 비교 분석했다. 그는 중국의 경우 인구, 영토, 군사, 경제, 문화 등 모든 면에서 당시 서양을 압도했음에도 불구하고 자본주의가 중국이 아닌 서양에서 먼저 태동될 수밖에 없었던 원인이 바로 관념적인 차이 때문이라고 주장했다. 중국의 유교 사상은 상인을 천시했지만 서양의 프로테스탄트 윤리의식은 자본주의 경제이념과도 일맥상통했기에 서양에서 먼저 자본주의가 태동했다고 생각했다.

외부효과

외부효과는 시장에서의 거래와 상관없이 개인이나 기업 등 어떤 경제주체가 한 행위로 인해 다른 누군가가 예상치 못한 혜택이나 손해를 보는 것을 말한다. 편의점 앞에 버스 정류장이 신설되면서 매출이 상승하는 것처럼 긍정적인 효과를 주는 경우를 '외부경제'라 하고, 공장 가동으로 인해 발생하는 환경오염처럼 부정적인 효과를 주는 경우를 '외부불경제'라고 한다.

외부효과는 예상치 못한 결과가 긍정적이든 부정적이든 시장의 실패를 불러온다. 시장은 보이지 않는 손에 의해 희소한 자원을 효율적으로 배분하는 역할을 하지만, 외부효과로 인해 시장에서 필요로 하는 것보다 적게 생산되거나 필요 이상으로 공급이 늘어남에 따라 효율적인 자원 배분이 불가능해지기 때문이다. 그래서 정부는 다양한 방법을 통해 경제 내 자원 배분을 보다 효율적으로 이루어질 수 있도록 시장에 개입한다.

외부경제는 수요 측면에서 시장의 실패를 가져온다. 외부경제의 긍정적인 효과에도 불구하고 사람들은 이에 대한 대가를 치르지 않기 때문에 공급자 입장에서는 굳이 사람들이 필요한 만큼 생산할 아무런 유인이 없기 때문이다. 이때 정부는 세금을 감면해주거나 보조금을 지급하는 방식으로 공급을 늘릴 수 있도록 유도한다.

반면 외부불경제는 공급 측면에서 시장의 실패를 가져온다. 공급자들은 외부효과로 인해 입게 될 피해를 방지하기 위한 아무런 조치를 취하지 않기 때문에 적정수준의 원가보다 더 싼 가격에 생산이 가능하다. 이렇게 절감된 비용은 공급을 확대시키는 유인으로 작동함으로써 시장에서 필요로 하는 것보다 더 많은 공급이 이루어지게 되는 것이다.

이러한 외부불경제로 인해 많은 사람들이 고통받게 된다면 공공의 이익을 위해 정부가 적극적으로 나서 문제를 해결해야 한다. 즉 정부는 기업들로 하여금 환경 기준을 준수하도록 강제하는 방식으로 오염물질 배출량에 상한선을 정하거나, 정화장치 설치 의무화 등 직접 규제를 가할 수도 있다. 또는 세금을 부과함으로써 생산비용의 증가로 인해 공급되는 양을 줄이기 위한 방법도 사용할 수 있다.

투자

퀀트투자

퀀트투자는 'Quantitative(계량적인)'의 줄임말로 순수하게 숫자 위주로 주식 종목을 평가해 투자하는 방법을 말한다. 기존의 전통적인 투자가 투자자의 직관력이나 산업의 성장성에 주목해 투자하는 것이라고 한다면, 퀀트투자는 오직 주식을 평가할 수 있는 여러 지표와 공식을 토대로 포트폴리오를 구성해 투자하는 방식이다. 퀀트투자가 각광받는 이유는 예측 불가능한 시장 상황에서 오로지 객관적인 숫자에 의해 모델을 만들 수 있으며, 투자에 있어 가장 리스크가 될 수 있는 사람의 감정이라는 요소를 제거할 수 있다는 점이다. 또한 가장 좋은 수익을 올릴 수 있는 포트폴리오를 만들기 위한 모델링이나 테스트를 수시로 할 수 있다는 것도 매력적이다. 종목 교체나 포트폴리오 변경을 손쉽게 하면서도 자신만의 객관적인 투자방법을 만들 수 있기에 퀀트투자는 특히 개미투자자들에게 환영받고 있다.

퀀트투자로 대표적인 유명한 투자자로는 세계적 부호이기도 한 짐 사이먼스가 있다. 짐 사이먼스는 성공한 펀드매니저이기도 하지만 그 전에 MIT, 하버드대학 등에서 교수 생활을 한 세계적인 수학자로도 유명하다. 그는 1977년 교수를 그만두고 1982년 르네상스 테크놀로지라는 투자사를 설립했다. 재미있는 것은 그가 직원을 채용할 때도 투자에 감정을 개입할 수 있는 펀드매니저들은 철저히 배제하고 수학이나 물리 전공자들을 선택했다는 점이다. 그는 성공적 투자를 위해서는 가치투자 등에서 이야기하는 주관적 판단이 반드시 제거되어야 한다고 생각했던 것이다. 그 후 그는 메달리온이라는 펀드를 만들었는데 이 펀드가 1988년부터 2018년까지 올린 수익률은 무려 연평균 39%에 달했다. 이는 같은 기간 S&P500지수 수익률 대비 1,000배, 워런 버핏의 버크셔 해서웨이 주식 대비 200배 수준이다. 이러한 성과는 사람들로 하여금 객관적 수리 과정의 퀀트투자에 대한 관심을 높이는 계기가 되었다. 그러나 어떤 기간에 퀀트투자 수익률이 가치투자를 앞질렀다고 해서 퀀트투자가 가치투자보다 좋다고 단언할 수는 없다.

예를 들어 일론 머스크의 테슬라 재무지표가 좋지 못한 상황에서도, 성장성을 보고 투자했던 사람들의 장기투자가 퀀트투자보다 더 나은 수익을 가져다줄 수도 있었기 때문이다. 퀀트투자와 가치투자는 정반대의 투자방법으로 보이지만 사실 그 출발점이 되는 전제는 같다. 그것은 바로 현재의 주식시장에는 저평가된 종목들이 있다는 것이다.

산업
손해보험

생명보험이 사람의 생존과 사망에 대한 보장을 제공하는 금융상품이라면, 손해보험의 주된 보장 대상은 재산에 해당되는 물건들이다. 그런데 현실에서는 생명보험과 손해보험 모두 질병, 상해, 간병이라는 겸영 가능한 제3보험에 집중하는 경우가 많아 소비자 입장에서는 생명보험과 손해보험의 차이점을 명확하게 알지 못할 때가 많다.

그러나 '○○해상화재보험'이라는 손해보험사들의 이름을 살펴보면 알 수 있듯이, 손해보험의 처음 시작은 해상 운송 시 발생한 문제나 화재로 인한 손실에 대해 보상하는 것으로부터 시작되었다. 손해보험이 어느 정도 틀을 갖추고 발전하기 시작한 것은 해상무역이 활발하던 중세시대였다. 유럽을 중심으로 발달했던 해상무역은 아시아 등 신대륙과의 무역이 확대되면서 해적이나 폭풍우 같은 자연재해 등에 대한 위험이 높아지자 이를 보험상품으로 구성해 판매함으로써 해상보험이 등장하게 된 것이다.

화재보험도 유럽의 길드에서 시작되었는데, 17세기 중반 영국 런던에서 있었던 대화재가 그 기원이었다고 알려져 있다. 당시 런던 인구 8만 명 중 7만 명의 집이 전소된 엄청난 규모의 재앙이었던 런던 대화재가 있었다. 이에 치과의사였던 니콜라스 바본은 국왕의 명을 받아 화재보험사를 설립하여 근대 보험 영업을 시작했고 나아가 산업혁명으로 생산 운송 수단이 발전하면서 자동차, 항공, 기계 등 보장 대상과 범위도 더욱 넓어지고 다양화되었다. 이처럼 손해보험은 중세와 근대를 거치며 현대에 이르기까지 경제활동과 산업 변화에 따라 성장하게 되었다.

우리나라의 경우 생명보험과 마찬가지로 일제강점기에 조선화재해상보험이 최초로 설립되었고 산업화 성장에 따라 손해보험도 급성장하기 시작했다. 특히 수출이 급증하고 자동차가 널리 보급되면서 높은 성장세를 이어왔다. 일반 국민이 접하는 손해보험의 대표적인 상품인 자동차보험은 인터넷을 통해 가입이 가능한 다이렉트 상품이 나오면서 보험은 무조건 대면해야 한다는 기존의 상식을 바꾸어놓기도 했다. 인터넷과 모바일을 통한 자동차보험 가입률이 꾸준히 성장하고 있으며 최근에는 주행거리만큼만 보험료를 산정하는 보험상품이 출시되기도 했다. 또한 자동차 주행 관련 데이터는 주행습관 등을 분석해 보험료를 할인해줄 뿐 아니라 쇼핑이나 여행 데이터 등과도 결합해 다양한 상품 서비스로 진화할 것으로 예상된다. 이외에도 펫 보험이나 고객의 필요에 따라 온·오프되는 유형의 보험 등 다양한 상품이 선보이고 있으며, 디지털 전환이 가속화됨에 따라 다른 금융 산업과 마찬가지로 빅테크와의 경쟁과 협업이 예상된다.

와이파이(WI-FI)

와이파이는 오스트리아 출신의 미국 여배우 헤디 라머가 만들었다. 그녀는 1940년대 미국에서 가장 인기 있는 여배우 중 한 명이었다. 사람들은 그녀의 섹시한 외모에만 열광했지만 사실 그녀는 어려서부터 수학과 과학을 좋아했고 기계의 작동원리에 관심이 많은 매우 지적인 여성이었다.

빼어난 미모를 가진 그녀는 어려서부터 영화배우로서 이름을 날렸다. 19세의 어린 나이에 그녀는 막강한 권력을 지닌 한 무기상과 결혼했지만, 열렬한 파시스트이자 의처증이 심했던 그는 그녀의 배우 생활을 탐탁지 않게 여겼다. 자유로운 삶을 추구했던 그녀는 결국 사사건건 그녀의 사회활동에 간섭했던 남편으로부터 도망쳐 미국으로 갔다. 미국에서도 영화배우로 성공한 그녀는 '세상에서 가장 아름다운 여성'이라는 수식어를 가진 할리우드를 대표하는 섹시 아이콘이 되었다.

미국에서 그녀는 성공적인 배우의 길을 걸으면서 한편으로 집에 돌아와서는 과학자로서의 삶을 살았다. 그러던 중 1940년 독일군의 공격으로 영국의 배가 침몰하는 사건이 발생했고 이로 인해 어린이를 포함해 수백명의 사람들이 목숨을 잃었다. 몹시 분노한 그녀는 연합군을 돕기 위해 어뢰의 적중률을 높이기 위한 연구에 몰두했다. 당시는 하나의 주파수를 사용했기 때문에 적군이 연합군이 발사한 어뢰를 쉽게 탐지해 대응할 수 있었다. 만약 주파수가 계속해서 바뀐다면 이를 탐지하기 어려울 것으로 생각한 그녀는 피아노의 공명 원리를 활용해 주파수를 끊임없이 변화시켜 적들에게 혼란을 주는 방법을 고안해냈다.

'주파수 도약'이라는 이름을 붙인 이 기술은 1942년에 특허를 받게 되었다. '주파수 도약'의 원리는 와이파이의 핵심기술로 블루투스와 GPS, 휴대전화 통화 등 무선통신 산업의 근간을 이룰 정도로 혁신적인 기술이었다. 하지만 해군에서는 그녀가 여성이라는 이유로 그녀의 발명을 무시했고 오히려 그녀가 당시 적국이었던 오스트리아 출신이라는 이유로 그녀의 특허를 빼앗기까지 했다.

1990년도에 들어서서 비로소 그녀의 업적은 빛을 발하기 시작했다. 1997년에 미국 전자개척재단은 전자공학의 새로운 길을 개척한 공로로 그녀에게 상을 수여했다. 이때 그녀는 "드디어 때가 되었군요." 하고 수상소감을 대신했다고 한다. 또한 2015년에 구글은 헤디 라머 탄생 101주년을 맞아 그녀를 기리는 헌정 영상을 발표했다. 그리고 "헤디 라머가 없었다면 오늘날의 구글은 없었다."라는 메시지를 전했다.

셰일 오일

셰일 오일은 모래와 진흙 등이 단단하게 굳어진 퇴적암층에서 뽑아낸 원유이다. 전통적인 원유의 경우 지표면 근처에 모여있기 때문에 수직시추를 통해 비교적 쉽게 채굴이 가능했다. 하지만 셰일 오일의 경우 전통적인 원유에 비해 훨씬 더 깊은 지하 3,000m의 퇴적암층 미세한 틈에 갇혀 있어 전통적인 원유보다 더 깊고 넓게 분포되어 있다. 그래서 셰일 오일을 생산하기 위해서는 지하 깊은 곳까지 뚫고 들어가 수평으로 이동하면서 채굴해야 한다. 게다가 암석과 석유를 분리해야 하므로 상당한 기술력이 필요했다. 이러한 이유로 1800년대부터 셰일 오일의 존재를 알기는 했지만, 기술력이 부족했고 채산성도 맞지 않아 그동안 생산이 이루어지지 않고 있었다. 그렇지만 수압 파쇄법과 수평 시추법이라는 혁신적인 채굴방법이 개발되었고, 2008년 금융위기로 초저금리가 유지되는 한편 유가가 100달러를 돌파하는 등 저금리와 고유가 상황이 지속되면서 셰일 오일 개발에 박차를 가했다. 그 결과 2010년 중반부터 본격적으로 셰일 오일을 생산하기 시작했다.

중동과 러시아 등 일부 지역에 집중되었던 전통적인 원유와 달리, 셰일 오일은 전 세계에 고루 분포되어 있다. 특히 러시아, 미국, 중국에 많이 매장되어 있는데 그중 미국에서 가장 활발하게 셰일 오일을 생산하고 있다. 이를 통해 미국은 2018년 사우디아라비아를 제치고 세계 최대 산유국 자리를 차지하며 국제 원유 시장에서 상당한 영향력을 행사했다.

이전에는 주요 석유 수출국으로 구성된 석유수출기구(OPEC)에 의해 유가가 좌우되었지만 셰일 오일 공급이 급격히 늘어나자 이들의 영향력이 축소되었을 뿐만 아니라 국제유가도 하락세를 보이기 시작했다. 이에 기존 산유국들은 자신들의 권력을 유지하기 위해 셰일 오일의 생산원가보다 낮은 수준에서 원유를 공급하는 유가 전쟁을 통해 셰일 오일 생산업체를 파산시키려고 했다. 하지만 셰일 오일 생산업체들은 지속적인 기술 개발로 생산원가를 낮추며 이에 대응했다. 오히려 유가 하락은 산유국들의 경제에 악영향을 미치게 되는데, 과도한 석유 의존적인 경제구조를 가진 베네수엘라의 경우 유가 하락의 직격탄을 맞아 경제가 파탄에 이르렀다.

5월
19주

근대 중국의 금융위기, 고무 버블

청나라 말기인 1800년대 후반, 중국에는 이미 증권시장이 존재했다. 그리고 증시 상장이라는 방식을 통해 많은 자금을 확보할 수 있는 시스템에 관심이 높았고 새로운 산업 성장에 대한 기대가 클 때였다. 이런 상황에서 고무라는 신소재가 등장해 자동차 산업의 확대와 더불어 수요가 급증했는데, 이로 인해 세계 각지 고무 생산지에는 고무 관련 회사들이 우후죽순 들어서게 되었다. 특히 고무의 최적 생산지인 인도네시아를 비롯해 동남아시아와의 거리도 멀지 않은 아시아에서 자본시장이 가장 발달했던 중국 금융시장으로 돈이 몰리기 시작했다. 그런데 상장사에 대한 확인 프로세스조차 없었던 초기 중국의 증권 시스템은 돈이 된다는 생각으로 몰려든 묻지마 투기성 자본으로 인해 언제 사고가 터져도 이상하지 않을 상황이었다.

어떤 회사는 고무나무를 심기도 전에 토지 매입만으로 상장하기도 했고, 어떤 회사는 고무산지 지명으로 회사명만 빌려 상장할 정도였다. 여기에 연일 신문에서는 고무회사 주식이 몇 달 만에 10배 이상 뛰었다며 투기 분위기를 더욱 과열시켰다. 당시는 오늘날의 인터넷이나 모바일 주식 구입 시스템이 없었으므로 인적 네트워크를 동원해 고무회사 주식을 사려는 사람들이 줄을 섰다. 이때 상인들이 증시에 투자한 금액이 대략 3,000만 량에 달했다고 한다. 청나라의 1년 재정 수입이 약 8,000만 량임을 감안해보면 엄청난 자금이었다.

그러나 1910년 런던 시장의 천연고무 주식이 하락하기 시작하자 이 소식을 접한 상하이 고무 주식 역시 급락했다. 한때 1675량이었던 주식은 105량까지 10분의 1 이상 하락했고, 이로 인해 투자 비중이 높았던 중국 상인들은 커다란 손실을 보게 되었다. 특히 지금의 은행 역할을 하던 전장(錢莊)이 도산하면서 그 피해는 더욱 확대되었고 서구 열강에 배상금을 지급해야 하는 문제까지 겹쳐 청나라는 더 이상 버틸 수 없는 지경에 이르렀다. 결국 청나라의 금융과 재정을 지탱하고 있던 전장이 파산하자 외국자본이 민간자본까지 잠식하게 되었고 청나라의 몰락을 앞당겼다.

인물

소스타인 베블런

미국의 경제학자 소스타인 베블런(Thorstein Bunde Veblen, 1857~1929)은 경제 현상을 역사와 사회제도의 변화와 연결지어 분석하고 설명하는 제도학파 창시자이다. 그는 자본주의에 대한 통렬한 비판가로 '미국의 마르크스'라고 불렸다.

그는 자신의 대표작 『유한계급론』(2019년 국내 출간)에서 부자를 유한계급이라고 불렀다. 마르크스는 부자를 생산수단을 소유한 사람이라는 뜻의 유산계급이라고 불렀다면, 베블런은 부자를 '여가'를 즐기는 사람이라는 뜻인 유한계급으로 불렀다. 여기서 말하는 여가란 비생산적인 활동에 종사하는 것을 의미하는 것으로 부자들은 시간이나 돈을 낭비함으로써 자신들의 부를 과시한다고 주장했다.

부자들에게는 정통 경제학에서 말하는 가격이 낮을수록 더 많은 재화가 소비된다는 논리가 전혀 통하지 않는다. 그들은 자신이 가지고 있는 부를 증명하기 위해서 과시적 소비를 즐긴다. 그래서 사치품일수록 그리고 가격이 오를수록 오히려 수요가 증가한다는 점을 발견했다. 많은 돈을 가지고 있다는 것을 증명하는 가장 확실한 방법은 돈을 아무런 거리낌 없이 쓰는 것이기 때문이다. 이러한 현상을 그의 이름을 따서 '베블런 효과'라고 부른다.

그는 이러한 현상이 인류가 사유재산을 인정하면서 시작되었다고 보았다. 사유재산이 인정되면서 생산적인 노동이 아닌 자신의 힘을 이용한 약탈을 통해 자산을 축적하게 되었고, 이러한 형태를 용맹성의 상징으로 받아들이면서 오히려 약탈을 통해 자산을 축적한 사람들을 받들어 모시게 되었다는 것이다. 그리고 이러한 약탈문화가 자본주의의 형태로 진화되어 나타나게 되었다고 주장했다.

'베블런 효과'와 더불어 사람들의 상식을 뒤엎는 그만의 독특한 통찰이 또 있다. 마르크스는 노동자 계급은 현 제도 속에서 가장 고통받는 계급이기 때문에 이들이 결국 변화를 선택하며 혁명을 일으킬 것이라고 주장했지만 베블런의 생각은 달랐다. 그는 노동자들은 오히려 지금 당장 살아남기 위해 자신의 모든 에너지를 쏟아붓기 때문에 기존의 제도에 순응하며 살기에도 버겁다고 생각했다. 그래서 그들은 오히려 변화보다는 기존의 제도가 그대로 유지되길 바라기에 가난한 사람일수록 보수적 성향이 될 수 있다는 것이었다. 변화를 위해서는 기존 방식에 대한 대안이 필요하지만, 가난한 사람일수록 이를 준비할 여건 자체가 준비되지 않는다고 바라보았다.

통화정책

통화정책은 화폐의 독점적 발행권을 지닌 중앙은행이 물가안정, 완전고용, 국제수지의 균형, 경제성장 등의 목적을 위해 통화량이나 이자율을 조절하는 정책을 말한다. 의회의 동의를 구해야 하는 정부의 재정정책과는 달리, 통화정책은 자체적인 판단에 의해 즉각적인 집행이 가능하다. 다만 이자율과 통화량 조절을 통해 경기를 조절해야 하므로 실물 부문에 직접적인 지원을 통해 경기를 조절하는 재정정책에 비해서는 정책의 효과가 나타나기까지 상당한 시간이 걸리는 단점이 있다.

중앙은행은 기준금리를 결정하고 이에 맞추어 통화량을 조절하는 방식으로 정책을 편다. 통화량의 변화는 국가 경제에 미치는 영향이 매우 광범위하기 때문에 단정지어 설명하기는 어렵지만, 경기를 살리기 위해서는 통화량을 늘리는 방향으로 정책을 펴는 것이 일반적이다. 통화량이 늘면 개인과 기업에 돈이 흘러가면서 개인은 소비를, 기업은 투자를 늘리기 때문이다. 그러나 이런 방식은 시중에 돈이 풍부해져 경기가 활성화되는 효과가 있지만, 이로 인해 물가가 상승하고 주식과 부동산에 버블이 생겨 결국 경기가 과열되는 문제가 생기기도 한다. 또 경기가 과열되면 이를 진정시키기 위해 통화량을 줄이는 방향으로 정책을 펴기도 한다. 중앙은행이 통화량을 조절하는 방식에는 공개시장조작, 지급준비율 정책, 재할인율 정책 등이 있다.

공개시장조작은 가장 대표적인 통화정책 수단으로, 중앙은행이 직접 금융기관을 상대로 국채 등을 사고팔아 시중에 유통되는 통화량을 조절하는 방식이다. 지급준비율 정책은 시중은행으로 하여금 예금의 일정 비율을 중앙은행에 예치해두도록 규정한 지급준비율을 조절함으로써 통화량을 조절하는 방식이다. 재할인율 정책은 중앙은행이 시중은행에 대출해줄 때 적용하는 금리를 조절하는 방식이다.

그렇다면 통화량을 늘리기 위해서는 어떻게 해야 할까? 중앙은행으로부터 금융기관으로 자금이 흘러가도록 정책을 사용해야 한다. 그래야 금융기관들은 늘어난 자금을 가지고 시중에 자금을 더 풀 수 있기 때문이다. 이를 위해 먼저 중앙은행은 금융기관들로부터 국채 등을 매입해 유동성을 직접적으로 공급한다. 또한 지급준비율을 낮추어 시중은행에게 대출 등에 사용할 수 있는 자금 여력을 늘려주는 한편, 재할인율을 낮추어 시중은행들의 자금조달 비용을 줄여준다.

다우지수

많은 국내 투자자들이 아침에 일어나 가장 먼저 하는 일 중 하나는 다우지수를 확인하는 것이다. 그만큼 미국 다우지수는 우리나라뿐 아니라 세계 경제에 큰 영향을 주는 지표이다. 다우지수는 미국의 다우존스사가 뉴욕 증권시장에 상장된 기업 중 30개의 우량기업만을 뽑아 시장가격을 평균하여 산출하는 지수이다. 1884년 미국 월스트리트 저널 편집장인 찰스 다우가 처음 창안한 것으로 다우존스(DJIA) 또는 그냥 다우(Dow)라고 부른다.

다우지수의 구성 종목을 보면 미국의 산업 변천사를 알 수 있는데, 그 이유는 바로 30개 종목에 시장 전체의 흐름을 담기 위해 성장 산업 기업이 지수 안에 편입되고 후퇴하는 산업들의 기업이 퇴출되기 때문이다. 다우지수는 1896년 철도지수로 시작해 그 후 제조, 정보기술을 거쳐 의료와 금융까지 51차례 종목이 변경되면서 그 시대에 맞는 산업으로 무게 중심을 옮겨왔다. 이러한 산업의 변화로 인해 2018년에는 한때 세계 최고 기업 중 하나였던 GE마저 퇴출되었다.

다우지수는 이처럼 세계적으로 가장 관심을 받는 대표적인 지수지만 몇 가지 한계점이 있기도 하다. 첫째, 30개 종목만으로는 전체 시장의 흐름을 대표할 수 없다는 것이다. 둘째, 주식 가격을 가중치로 산출하기 때문에 주가가 높은 주식이 주가가 낮은 주식에 비해 지수계산에서 비중이 높다. 즉 어떤 주식의 가격이 높아지면 지수변화에 많은 영향을 미치지만, 주식분할이나 배당을 해서 주가가 낮아지면 지수계산에서 차지하는 비중이 줄어들게 되는 것이다. 마지막으로, 종목이 30개밖에 되지 않는 상황에서 한두 개의 종목만 바뀌어도 이전과 다른 성격의 지수가 될 여지가 있다. 최근에 특정 산업이 성장함으로써 기존 산업의 종목을 대체할 경우 지수에 미치는 영향도 달라질 뿐 아니라, 신규 편입 종목이 반드시 새로운 변화를 적절하게 지수 내에 반영하고 있다고 단언할 수는 없기 때문이다.

다우지수는 2017년 트럼프 정부가 들어선 이후 2만 포인트를 넘어 2020년 1월에는 3만 포인트를 눈앞에 두기도 했지만, 2020년 2월부터 확산된 코로나19로 인해 3월에는 서킷브레이커(CB)*가 발동하기도 하면서 2만 포인트를 내주기도 했다.

---

* 주가지수의 상하 변동폭이 10%를 넘는 상태가 1분간 지속될 때 현물은 물론 선물 옵션의 매매거래를 중단시키는 제도

산업

반도체 산업 (1)

삼성전자, SK하이닉스 등 기업 이름이 먼저 떠오르는 반도체 분야는 우리나라 수출의 큰 비중을 차지하고 있을 뿐 아니라, 인력 고용 및 인프라 구축에 따른 지역사회 발전 등 국내 경제에 미치는 영향 역시 매우 크다. 따라서 반도체 산업의 흐름을 알면 우리나라 경제 상황을 이해하고 예측하는 데 많은 도움이 된다.

반도체는 전기가 통하는 도체와 전기가 통하지 않는 부도체의 중간 성격을 갖는 물질로, 조건에 따라 전기를 흐르게 할 수 있는 양면적 성격을 갖는 물질을 말한다. 이러한 반도체는 크게 정보를 저장할 수 있는 메모리 반도체와 정보 저장은 하지 않고 계산이나 제어 역할을 할 수 있는 비메모리 반도체로 나뉜다. 이 중 우리나라가 주로 생산하는 것은 정보를 저장하는 메모리 반도체이다. 메모리 반도체는 오류 없이 얼마나 많은 내용을 저장하고 표준화해 만들 수 있는지가 중요한 반면, 비메모리 반도체는 해당 소프트웨어나 시스템을 얼마나 잘 통제할 수 있는지에 대한 설계 기술이 핵심이다. 따라서 메모리 반도체는 특정 기준에 맞는 저장 장치를 만드는 개념이라 소품종 대량생산의 구조이며, 반대로 비메모리 반도체는 각각의 시스템 통제에 적합한 반도체를 생산하는 것이기에 다품종 소량생산이 이루어진다. 반도체 기업들은 사업 범위에 따라 크게 4개 종류로 구분된다. 첫째, 우리가 일반적으로 알고 있는 인텔, 삼성전자, SK하이닉스 등은 IDM이라 부르는 종합반도체회사이다. 이 회사들은 반도체 칩 설계부터 가공 조립 등을 모두 하기 때문에 대규모 시설과 막대한 투자가 필요하다. 둘째, UMC* 같은 파운드리 기업으로 반도체 위탁 생산업체이다. 이 역시 생산을 위한 일정 수준의 설비 규모가 있어야 하기에 투자비용이 크다. 셋째, 조립을 전문으로 하는 기업도 있다. 앰코** 같은 기업들은 보유 기술을 통해 가공된 웨이퍼를 조립해 납품한다. 마지막으로 설계와 개발을 전문으로 하는 팹리스(Fabless) 기업이 있다. 퀄컴 등이 여기에 해당되는데 실제 반도체 성능을 결정하는 집적회로를 설계 디자인하는 회사로 고도의 기술을 보유하고 있다. 이러한 반도체는 휴대폰, PC, TV 등 우리 일상의 전자기기뿐 아니라 자동차, 로봇 등에도 매우 폭넓게 쓰인다. 특히 최근에는 반도체 기반의 최첨단 기술이 접목된 전기 자동차가 각광을 받으며 그 영역을 확대해나가고 있다.

---

*   United Microelectronics Corporation, 대만 최초의 반도체 생산 기업

**   AmKor Technology 세계 3대 반도체 후공정 기업

일본계 미국인 과학자 가토 사토리는 1901년 물에 잘 녹는 커피를 발명했다. 이후 조지 워싱턴(미국 대통령과 동명이인)이 특허를 내고 이를 상업화하면서 인스턴트커피가 보급되기 시작했다. 그러나 커피가 잘 녹지 않아 크게 인기를 얻지는 못했다. 그러다 1930년대 과잉생산으로 몸살을 앓고 있던 브라질 정부의 요청으로 스위스 다국적 식품 기업 네슬레는 커피 본연의 맛과 향을 살린 커피를 개발했고 인스턴트커피의 본격적인 사업화를 성공시켰다. 인스턴트커피는 1, 2차 세계대전을 계기로 큰 인기를 끌었다. 총알이 빗발치는 전쟁터에서 커피를 마시기 위해 원두를 로스팅하고 이를 분쇄해 물을 내려 마시는 것이 쉽지 않았던 군에서는 인스턴트커피를 군 보급품으로 지급했다. 종전 후 집으로 돌아온 군인들은 전쟁터에서 맛보던 커피의 맛을 잊지 못해 인스턴트커피를 계속 찾게 되었다. 특히 2차 세계대전을 거치면서 인스턴트커피는 폭발적인 인기를 끌었다.

하지만 인스턴트커피에 설탕과 프리마를 섞어 1회분씩 포장한 커피믹스를 처음 개발한 나라는 바로 한국이다. 1976년 동서식품은 지금의 기다란 형태의 스틱형이 아닌 직사각형 형태의 파우치형 커피믹스를 처음으로 출시했다. 회사는 낚시나 등산 등 야외활동을 하면서도 편리하게 커피를 마실 수 있다는 점을 적극적으로 홍보했지만, 출시 초기 커피믹스에 대한 시장의 반응은 냉담하기만 했다. 그러나 IMF 외환위기를 거치면서 커피믹스의 매출은 급성장하기 시작했다. 당시 경비 절감을 위해 인력 구조조정을 단행했던 회사들은 가장 먼저 여자 사무직원을 해고했는데, 이들의 주된 업무 중 하나가 아침마다 커피를 타서 자리에 가져다주는 일이었다. 회사에 남은 남자 직원들은 직접 커피를 타 먹어야 했지만 커피를 타는 데 서툴렀던 탓에 커피의 맛이 형편없었다고 한다. 이를 계기로 물의 양만 잘 맞추면 누구나 쉽고 편리하게 커피를 탈 수 있는 커피믹스에 대한 수요가 늘기 시작한 것이다. 마침 뜨거운 물이 나오는 냉온수기가 사무실에 본격적으로 보급되기 시작한 것도 커피믹스의 성장에 큰 도움을 주었다.

2018년 기준으로 한국인이 연간 마신 커피는 약 253억 잔으로 이 중 117억 잔이 커피믹스이고 원두커피와 커피음료가 각각 51억 잔과 42억 잔이라고 한다. 하지만 2000년대 이후 한국 커피 시장은 스타벅스 같은 커피 전문점 중심의 커피가 빠르게 확산되면서 한국의 커피믹스 시장은 정체되고 있다. 참고로 2017년 특허청이 페이스북 이용자들을 대상으로 한 설문 조사에서 '한국을 빛낸 발명품 10선'으로 커피믹스는 훈민정음, 거북선, 금속활자, 온돌에 이어 5위를 차지했다.

경제상식
연방준비제도

미국 중앙은행은 Fed다. Fed(Federal Reserve)를 우리말로 풀어쓰면 연방준비제도이다. 연방준비제도를 줄여 '연준'이라고도 불린다. 중앙은행의 주요 업무 중 하나는 바로 화폐를 발행하는 것이다. 그래서 대부분의 나라에서는 중앙은행을 정부가 소유하고 있다고 보아도 무방하다. 하지만 미국의 연준은 특이하게 정부 소속이 아닌 민간은행 소속이다. 이는 연방준비제도가 탄생하게 된 역사적 배경을 알면 쉽게 이해될 것이다.

1907년에 발생한 미국의 금융위기를 계기로 오늘날의 Fed가 탄생했다. 뉴욕 3대 신탁회사 니커보커가 대규모 인출사태로 파산하면서 주식시장이 폭락하고 금융 시스템이 마비되면서 금융공황이 발생했다. 당시 중앙은행이 없던 미국이 금융 시스템 전체가 붕괴될 위기에 처하게 되자, 이때 구원투수로 등장한 회사가 바로 J.P 모건이었다.

J.P 모건은 주요 은행들과 증권사를 모아놓고 강제적으로 채무조정 작업을 실시했다. 이로써 사태가 진정되기 시작했다. 이 사건을 계기로 중앙은행의 필요성을 절감했지만 중앙집권적인 중앙은행의 설립에 반대하는 각 주정부들의 의견을 수렴하여 복수 중앙은행제도를 채택했다.

당시 지역별 경제 규모를 고려해 미국을 12개 지역으로 나누고 각각을 담당할 12개의 연방준비은행이 민간은행들의 투자로 설립되었다. 그리고 이 연방준비은행들을 연방준비제도가 통괄하는 형태를 취하도록 조치했다. 이처럼 중앙은행을 정부 주도가 아닌 민간의 필요에 의해 자발적으로 만들다 보니 우리가 흔히 알고 있는 중앙은행의 모습과는 다른 독특한 형태를 띠게 되었다. 참고로 연방준비제도가 중앙은행의 역할을 하고 있음에도 은행이라는 표현을 쓰지 않는 이유는 그 당시 사람들의 은행에 대한 반감이 상당했기 때문이다. 같은 이유로 연방준비제도는 금융의 중심지 뉴욕 대신 워싱턴 DC에 자리 잡게 되었다.

미국의 화폐 발행 시스템은 다소 복잡하다. 정부가 국채를 발행하면 이를 연방준비제도가 사주는데, 그 액수만큼 화폐가 발행된다. 쉽게 말해 정부가 연방준비제도로부터 돈을 빌려 화폐를 발행하는 것이다. 정부는 돈을 빌린 대가로 연방준비제도에 이자를 지급하는데, 이 이자를 가지고 연방준비제도의 지분을 가진 민간은행들은 매년 최대 6%의 배당을 받는다. 결국 화폐를 발행할수록 민간은행의 수익은 늘어나게 되는 것이다.

5월

20주

미국 남북전쟁과 그린백

미국 남북전쟁의 원인은 노예제도에 대한 북부와 남부의 첨예한 대립 때문이었다. 당시 미국에서는 계몽주의의 영향으로 노예제도에 대한 부정적인 인식이 퍼지기 시작했다. 노예제도는 독립선언문에서 언급한 인간의 자유, 생명, 행복 추구권 가치에도 맞지 않는 것이었다. 더욱이 에이브러햄 링컨이 공화당 전당대회에서 노예제도 폐지를 천명함으로써 남부와 북부의 대립은 더욱 극명해졌다.

미국의 남부와 북부가 노예제도에 대해 대립한 이유에는 남부와 북부의 정치적 대립이나 인종차별적인 부정적 가치관도 이유였지만, 경제적 배경이 가장 컸다고도 볼 수 있다. 당시 미국의 주요 산업 중 하나는 면화 농업이었고 미시시피와 루이지애나 등 그 중심지가 점점 남서부 쪽으로 이동하면서 남부에서는 더 많은 노동력이 필요해졌다. 더욱이 노예를 자산으로 평가했던 남부인들에게 노예는 중요한 재산이었기에 노예제도를 폐지한다는 것은 자신들의 재산을 빼앗기는 것과 같은 일이었다.

남북전쟁이 시작될 때 재무장관 체이스는 모든 은행에 있는 금을 정부 산하로 이전시키고 금 유출입을 관리함으로써 주요 무역국이었던 유럽과의 거래를 안정시켰다. 그리고 화폐 뒷면이 녹색으로 된 미국 최초의 법정화폐, 그린백을 발행했다. 전쟁을 원활하게 치르기 위해서는 재정적 뒷받침이 매우 중요한데, 금으로만 거래 가치가 인정되던 상황에서 금을 이용하지 않고도 그린백으로 자금을 유동화시킨 것이다. 당시 그린백은 미국 시장에 금 대체수단으로 4억 5,000만 달러나 풀리면서 군수 산업이나 철도 등에 흘러들어가 산업 경쟁력을 강화시키고 자금 부담을 완화시켰다. 그러나 많은 자금이 갑작스럽게 시장에 풀린 역효과로 인플레이션을 일으켰다는 지적을 받기도 했다.

그린백은 전쟁이라는 특수 상황에서 발행한 지폐이기에 사람들은 금은 숨겨두고 그린백만 유통시키기도 했다. 이러다 보니 그린백은 실제 액면의 반도 인정받지 못하는 가치로 통용되었다. 이에 정부는 1875년 그린백을 금화로 바꾸어주는 태환 정책을 시행했다. 태환이란 지폐 액면에 표시된 양만큼 금이나 은으로 교환해주는 것을 말한다. 이후 그린백은 1933년 루스벨트 대통령 때 발행량이 제한되었다가 존.F. 케네디 대통령에 의해 다시금 발행이 논의되었다. 그러나 1994년 결국 그린백은 유통중지되었고 지금의 연방준비제도가 세계 기축통화인 달러로서 그 역할을 대신하게 되었다.

카를 멩거

오스트리아의 경제학자 카를 멩거(Carl Menger, 1840~1921)는 경제 현상을 심리학적 방법으로 분석하고 주관적 인식을 기초로 하는 한계효용의 원리를 발견한 근대 경제학의 창시자이다. 동시에 그는 규제 완화와 작은 정부로 대표되고 자유주의적 사상을 신봉하는 오스트리아학파의 창시자이기도 하다.

기자로 활동하다 공무원이 된 그는 경제변동 및 가격변동 조사업무를 담당했다. 업무를 수행하던 중 전통적인 가격이론과 현실에서의 가격 사이에 괴리가 존재한다는 점을 발견하게 되는데, 이를 계기로 다니던 직장을 그만두고 경제학자의 길로 들어섰다.

멩거 이전에는 상품의 가격은 노동력이나 원자재 등 생산을 위해 투입된 비용에 의해 결정된다고 생각했다. 하지만 멩거는 생산자의 관점이 아니라 소비자의 관점에서 가격이 결정된다고 주장했다. 즉 상품의 가격은 소비자가 느끼는 주관적 만족에 의해 결정된다는 것이다. 그래서 그는 각각의 재화가 지닌 본래의 가치와는 상관없이 공급량의 과다, 혹은 감성적 만족 여부에 따라 가격이 달라진다고 주장했다.

그는 상품의 가격에 있어 희소성을 강조했다. 그에 따르면, 한 재화가 사람들이 원하는 수준에 비해 공급이 넘쳐난다면 사람들에게 그 재화는 더 이상 가치가 없다. 반대로 사람들이 원하는 수준에 비해 공급이 부족하다면 비로소 그 재화는 사람들에게 가치를 인정받게 된다. 물이나 공기는 인간이 살아가는 데 있어 반드시 필요한 재화이지만 우리가 필요로 하는 것 이상으로 많은 양이 존재하기 때문에 사람들은 그 가치를 낮게 생각하는 것이다. 이처럼 수요에 비해 공급이 부족한 재화를 경제재라고 하는데, 경제학에서 분석의 대상이 되는 것은 오직 경제재뿐이라고 주장했다.

그는 또한 시장에 자생적 질서라는 개념을 도입했다. 화폐가 처음 등장한 것은 통치자에 의해서가 아니라 사람들이 상품을 거래하는 과정에서 자연스럽게 나온 것이다. 이처럼 시장은 자신의 이익을 추구하는 사람들의 주관적인 행동에 의해 의도하지 않게 생긴 것이기 때문에 정부가 인위적으로 시장을 조작할 수 없다고 주장했다.

실업

　실업은 일할 수 있는 능력과 의사가 있음에도 불구하고 일자리를 잃어버리거나 일할 기회를 얻지 못하는 상태를 말한다. 실업의 증가는 가계 소득 감소로 연결되어 소비를 위축시킨다. 소비의 위축은 다시 생산의 감소를 초래하고, 생산이 감소함에 따라 기업의 일자리는 점점 줄어들면서 다시 실업자가 늘게 되는 악순환에 빠지게 된다. 실업의 증가는 결국 불황으로 연결될 수도 있으므로 정부에서는 적정 수준의 실업률을 유지하기 위해 노력한다.

　실업은 크게 자발적 실업과 비자발적 실업으로 나눌 수 있다. 자발적 실업은 일할 수 있는 능력이 있음에도 현재의 임금 수준에 만족하지 못하고 더 나은 조건의 직장을 찾기 위해 스스로 실업을 택한 것이다. 이직의 과정에서 고용정보의 부족으로 인해 실업 상태에 머무르는 것이기 때문에 마찰적 실업이라고도 불린다. 평생직장의 개념이 사라지고 이직의 가능성이 높아지면서 자발적 실업자의 수는 점차 증가하고 있으나 경제적으로는 큰 문제가 되지 않는다.

　반면 비자발적 실업은 꾸준히 구직활동을 하는데도 불구하고 일할 기회를 얻지 못하는 상태를 의미한다. 비자발적 실업에는 경제 전체적으로는 노동에 대한 수요와 공급이 일치하지만 산업부문 혹은 지역 간에 수요와 공급이 일치하지 않아 발생하는 구조적 실업, 불경기로 인해 경제 전반에 일자리가 부족해 발생하는 경기적 실업, 그리고 계절적 요인에 의해 발생하는 계절적 실업 등이 있다.

　자발적(마찰적) 실업과 구조적 실업은 전체적인 노동시장이 균형상태라고 해도 불가피하게 발생할 수 있는 실업이다. 이를 해결하기 위해 인위적으로 노동의 수요를 증대시키려고 한다면 단기적으로 임금인상만 유발할 뿐 기대한 만큼의 성과를 거두는 것은 불가능하다. 그래서 자발적 실업과 구조적 실업만이 존재하는 경우를 가리켜 자연 실업률이라고 부른다.

　정부에서는 완전고용을 목표로 다양한 정책을 사용하는데, 완전고용이란 실업자가 전혀 없는 상태를 의미하는 것이 아니라 자연 실업률 수준의 실업만이 존재하는 상태로 실업자 비율이 3~4%가 되면 완전고용이라고 판단한다.

투자
나스닥지수

다우지수와 함께 언급되는 주요 지표로 나스닥이 있다. 나스닥(NASDAQ)은 전미증권업협회(NASD)가 전산망을 통해 운영하는 주식시세 자동통보 시스템을 말한다. 원래 나스닥은 뉴욕 월가에 있는 미국 주식시장 중 하나로 장외시장이었다. 이후 시장 규모가 커지면서 장내시장으로 인정받았고 1971년 미국 벤처기업들이 자금조달을 쉽게 할 수 있는 시스템을 갖추게 되었다.

나스닥에 상장된 주요 회사는 마이크로소프트, 인텔, 구글, 애플 등 정보기술(IT) 회사들이 주를 이루고 있으며, 1990년 당시 IT 버블이 커지면서 2000년에는 5,000포인트까지 오르기도 했으나 버블 붕괴 후 지속 하락했다. 2010년 2,000포인트까지 떨어졌던 지수는 등락을 거듭하며 2020년까지 꾸준히 우상향 곡선을 그렸다. 이후 1만 포인트를 터치할 뻔했던 지수는 2020년 2월, 코로나19 바이러스 확산으로 인해 6,000대까지 하락하기도 했다.

나스닥은 과학기술 발전에 따른 IT 기업들의 성장을 지원하고 활성화한다는 측면에서 글로벌 표준이 되었고 이에 우리나라 코스닥, 일본의 자스닥 등 유사한 시장이 만들어지기도 했다. 우리나라의 경우 코스닥이 코스피에 상장하기에는 다소 무리가 있는 중소 벤처기업들이 모여 있는 이미지가 강하지만, 미국 나스닥은 뉴욕증권거래소(NYSE)와 별개의 개념이며 필요에 따라 이전 상장하기도 한다. 이에 애플, 마이크로소프트와 같은 글로벌 IT 기업들은 산업 특색이 강한 나스닥 시장에 머물고 있다.

반도체 산업 (2)

반도체는 휴대폰, 컴퓨터 등 대부분의 IT 기기에 기본이 되는 핵심 부품으로 부가가치 역시 매우 높은 산업이다. 특히 기술이 발전할수록 기기들의 성능은 개선되고 적용할 수 있는 영역 역시 확대될 수 있어 앞으로도 지속 성장이 기대되는 산업이다.

반도체의 글로벌 매출 추이를 보면, 반도체 가격과 수요에 따라 2~3년 단위로 심한 오르내림을 보이고 있지만 꾸준히 우상향하고 있다. 세계 반도체 시장 규모는 2020년 약 4,340억 달러로 전망되며 2025년에는 5,714억 달러까지 확대*될 것으로 예상된다. 반도체는 메모리 시장과 비메모리 시장으로 나누어 시장 규모 및 국가별 점유유형을 살펴볼 필요가 있다. 2019년 기준으로 전체 반도체 시장의 비중 중 메모리 반도체 비중은 약 37%, 비메모리 반도체 비중은 약 63%이다. D램 등 저장기능 중심의 메모리 반도체는 우리나라가 전체 글로벌 시장의 약 58%를 점유하고 있다. 비메모리 반도체 시장에서는 미국이 전체 시장의 70%를 차지하고 있으며 우리나라는 약 3% 수준이다. 이러한 반도체 시장은 IOT 관련 제품들이 크게 늘면서 수요 역시 더욱 늘고 있는데, 아시아 태평양 지역의 반도체 시장 규모가 글로벌 시장의 약 60% 이상을 차지하고 있으며 그중에서도 중국이 최대 생산국이자 소비국이기도 하다.

이러한 반도체 산업은 미래 경제성장에 매우 중요한 산업이기에 국가 간 분쟁 발발 시 쟁점 대상이 되기도 한다. 우리나라의 경우 2019년 7월, 한일무역 관계 악화로 인해 반도체 생산 프로세스가 연일 언론에 다루어진 적이 있었다. 그것은 바로 일본이 보유한 고순도 불화수소 기술에 대한 내용이었다. 일본이 세계 시장의 70%를 점유하고 있는 고순도 불화수소는 웨이퍼라는 반도체 원판 산화막을 제거하기 위해 반드시 필요한 물질이다.

삼성전자, LG디스플레이 등은 일본의 수출규제로 수입이 어려워지자 불화수소 공급처를 국내로 바꾸면서 국산화율을 높였다. 이에 일본은 오히려 수출량이 줄면서 역풍을 맞기도 했다. 미국은 2020년 8월, 중국을 겨냥해 미국 기술이 들어간 반도체를 쓰지 못하도록 제재했다. 현실적으로 미국의 기술이나 장비가 필수인 반도체 산업에서 세계에서 가장 큰 반도체 기업인 화웨이를 특정해 겨냥한 것이다. 이와 같은 정치적 이슈에 따른 글로벌 반도체 기업 간 역학관계 변화는 우리나라 기업들에 새로운 기회와 위협 요인이 될 것으로 예상된다.

* IC인사이츠 자료/ KOSME 산업분석 report

상품
김치냉장고

금성사(현 LG전자)는 1984년 국내 최초로 김치냉장고를 출시했다. 하지만 시대를 너무 앞서간 탓에 김치냉장고는 시장에서 철저히 외면당했다. 그 당시만 해도 대부분의 가정에서는 김치를 김칫독에 담아 땅에 묻어 보관했기 때문에 김치냉장고의 필요성을 전혀 느끼지 못했던 것이다. 그러나 김치냉장고는 1995년 만도기계(현 대우 위니아)에 의해 화려하게 부활했다.

원래 만도기계는 상용차와 기차에 들어가는 차량용 에어컨과 가정용 에어컨을 만들던 회사였다. 시원한 바람을 만들어내는 에어컨 특성상 더운 여름에는 불티나게 팔렸지만 추운 겨울에는 거의 팔리지 않았다. 주력 상품이 계절적 영향을 많이 받다 보니 겨울철에는 일거리가 많지 않았다. 그러던 중 한 대리점 사장이 프랑스의 와인냉장고나 일본의 생선냉장고처럼 한국 전통의 김치를 보관할 수 있는 냉장고를 만들어보자고 제안했다. 이를 계기로 만도기계는 본격적으로 김치냉장고 개발에 뛰어들었다.

1993년 만도기계는 국내 최초로 김치연구소를 설립하고 전국 팔도를 돌아다니며 김치맛을 연구했다. 3년 동안 100만 포기의 김치를 담그며 김치를 연구한 끝에 1995년 11월 김치냉장고 딤채를 출시했다. '딤채'는 조선시대 때 사용되었던 김치의 옛말이다. 만도기계는 자동차 부품업체가 만들었다는 선입견을 우려해 회사명을 철저히 감추는 대신, 브랜드를 앞세워 적극적으로 중상류층 주부를 대상으로 구전 마케팅에 나섰다. 핵심 고객층 3,000명에게 6개월간 제품을 사용할 수 있도록 무료 체험단을 운영했다. 이들에게 6개월 후 원하는 고객에 한해 반값에 제품을 구매할 수 있도록 했더니 97%가 제품을 구매했다. 이후 김치냉장고는 입소문을 타고 큰 인기를 끌게 되었다. 이어 딤채 10대를 구매하면 1대를 보너스로 지급하는 마케팅을 실시하자 딤채를 구입하기 위한 계까지 등장하게 되었다. 이러한 딤채의 성공은 한국의 대표적인 구전 마케팅 성공사례로 영국 헐(Hull) 대학교 교재에 소개되기도 했다.

딤채의 성공에는 거주문화의 변화도 한몫했다. 서울 올림픽 이후 아파트 중심의 거주문화가 급속도로 확산되었다. 아파트 특성상 김장독을 묻을 마당이 없어 어쩔 수 없이 김치를 냉장고에 보관할 수밖에 없었던 주부들이 김치맛이 떨어진다는 고민을 가지고 있을 때 딤채가 등장한 것이다.

마이데이터 산업

4차 산업혁명의 핵심 자원 중 하나인 데이터는 '21세기의 원유'로 비유될 만큼 그 중요성이 부각되고 있다. 그래서 기업은 개인의 정보를 최대한 수집하여 자신들의 사업에 활용해왔다. 하지만 개인은 자신의 데이터가 여기저기 흩어져 있는 탓에 이를 제대로 활용하는 것이 쉽지 않았다. 그동안 정보의 주체인 개인은 오히려 자신의 정보로부터 소외된 채 기업만이 이를 활용하여 돈을 벌어왔던 것이다. 이렇듯 기업과 개인 간의 정보 불균형 문제가 심화되는 가운데 이러한 문제를 해결하기 위해 정부에서는 데이터 3법(개인정보보호법, 신용정보법, 정보통신망법)을 개정하게 되었고, 이로써 2020년 8월부터는 마이데이터 산업(본인 신용정보 관리업)이 가능해졌다.

마이데이터는 개인이 정보 관리의 주체가 되어 흩어져 있는 자신의 데이터를 일괄적으로 수집하여 이를 관리하는 것이다. 더 나아가 자신의 데이터를 신용관리나 자산관리는 물론 건강관리에 이르기까지 다양한 분야에 능동적으로 활용하는 일련의 과정을 말한다. 이처럼 자신의 정보를 효율적으로 관리하고 활용할 수 있도록 지원하는 산업을 '마이데이터 산업'이라고 한다. 앞으로 개인은 마이데이터 사업자를 통해 계좌 입출금 내역, 신용카드 거래내역, 보험계약 정보, 통신료 납부내역 등 각종 기업이나 기관에 흩어져 있는 자신의 정보를 한 번에 확인할 수 있을 뿐만 아니라 이를 기반으로 자신에게 맞는 상품이나 서비스를 추천받을 수 있게 된다.

마이데이터 산업은 미국과 유럽 등에서 이미 활성화되고 있다. 대표적인 업체로는 크레딧 카르마(Credit Karma), 민트(Mint), 위캐쉬(Wecash)가 있다. 크레딧 카르마는 고객의 신용정보를 바탕으로 신용점수를 올릴 수 있는 팁을 알려주는 한편 맞춤형 상품을 제공하고 있으며, 민트는 각 금융기관에 분산되어 있던 계좌의 정보를 기반으로 자산을 통합 관리해주는 서비스를 제공하고 있다. 또한 위캐쉬는 그동안 은행을 이용하지 못했던 저신용자를 대상으로 개인 휴대폰 사용 기록 등 금융 외 정보를 분석해 개인의 신용을 평가하고 금융기관과 연계해 맞춤형 금융상품을 추천하고 있다.

국내에서도 마이데이터 산업의 핵심 시범 기업인 뱅크샐러드와 모바일 간편송금 서비스를 제공하고 있는 토스를 중심으로 활발히 진행되고 있다. 뱅크샐러드의 경우 통합 자산 조회와 자동 가계부 데이터화를 기반으로 고객에게 맞춤형 금융상품을 추천하고 있으며, 토스는 여러 금융회사들이 제공하는 대출의 개인별 확정금리를 비교해주는 서비스를 제공하고 있다.

5월

21주

역사

신용카드의 등장과 확산

신용이라는 개념은 4,000여년 전 고대 바빌로니아에서 처음 등장한 것으로 추정된다. 당시 사람들은 구입한 물품을 점토판에 기록했는데 판매자는 이 점토판을 구매자에게 보여주고 물품에 해당하는 돈이나 물건을 요구했다고 한다. 점토판이 지금의 카드 역할을 했던 것이다.

근대에 들어서는 1888년에 쓰여진 애드워드 벨라미의 소설 『뒤돌아보며』(2014년 국내출간)에서 신용카드의 개념이 최초로 언급되었다. 책에는 1년치 임금이 먼저 입금된 선불카드가 등장하는데 당시 카드라는 개념이 없었던 사회에서 돈을 카드라는 곳에 넣어두고 사용한다는 것은 매우 신선한 발상이었다. 이후 세계 최초로 '다이너스클럽'이라는 신용카드가 등장했다. 1949년 어느 날 미국 뉴욕 맨해튼의 한 식당에서 식사를 마친 프랭크 맥나마라는 지갑에 현금이 없다는 것을 깨달았다. 곤욕을 치른 그는 현금이 없어도 구매가 가능한 서비스를 고안해냈고 이후 회원 200명과 가맹점 14곳을 확보한 뒤 1950년 친구들과 함께 '다이너스클럽(Diners Club)'이라는 회사를 차렸다. 이때부터 최초의 신용카드 서비스가 시작된 것이다.

처음에는 뉴욕 14개 레스토랑과 협약을 맺고 한 달에 한 번 결제하는 방식이었는데, 초기 회원 200명을 대상으로 연회비를 5달러씩 받았다고 한다. 이후 회원은 급속도로 증가해 3년 만에 400개 레스토랑, 30개 호텔, 200개 렌터카로 확대되면서 자산가들을 주 타깃으로 삼아 다양한 고급 서비스를 제공하면서 멤버십을 확대해나갔다. 이에 미국 은행들은 신용카드에 기본적인 금융 서비스를 담고 일반적인 할인 서비스를 부가해 발행했는데 비자카드와 마스터카드가 대표적이다. 하지만 초기 신용카드는 카드 정보를 전송할 수 있는 시스템을 갖추지 못해 수기로 카드번호를 적고 카드사에 제출하는 방식이었기에 매우 불편했다고 한다. 그런데 이후 IBM에서 마그네틱에 카드와 결제정보를 심어 활용하도록 만드는 데 성공해 결제시간을 획기적으로 줄이고 상용화를 앞당길 수 있었다.

우리나라에서는 1969년 백화점에서 처음 신용카드를 도입했다. 범용 신용카드는 1978년 외환은행에서 해외 여행자를 대상으로 비자카드 발급업무를 했다고 알려져 있다. 이후 신용카드는 IC 회로, 근거리무선통신(NFC) 등의 방식을 거쳐 이제는 각종 페이 등으로 진화하고 있으며, 1985년 4,600억 수준이었던 우리나라 신용카드 결제액은 2019년 500조를 넘어서면서 또 다른 모습으로 성장하고 있다.

어빙 피셔

　미국의 경제학자 어빙 피셔(Irving Fisher, 1867~1947)는 경제 현상을 분석하는 데 있어서 수학적 방식을 도입하는 계량경제학의 창시자 중 한 사람으로 화폐수량설과 물가지수론을 주장한 통화주의의 개척자이다.

　그는 통화량의 변화가 물가와 경제활동에 미치는 영향에 대해 관심이 많았다. 'M(통화량)×V(화폐의 유통속도)=P(물가)×T(실질 국내총생산)'로 설명되는 '피셔의 교환방정식'을 통해 그는 물가와 화폐와의 관계를 명확히 설명하고 있다. 화폐의 유통속도(V)는 경제 제도와 거래 관습에 의해 결정되기 때문에 매우 안정적인 성격을 가지고 있어 고정된 값으로 보아도 무방하다. 또한 실질 국내총생산(T)의 경우 완전고용을 전제로 했기 때문에 단기적으로 일정하다고 보았다. 그러므로 결국 통화량(M)은 물가(P)와 비례한다는 것이 그의 주장이었다. 이러한 그의 주장은 오늘날 각국의 중앙은행이 통화량을 조절함으로써 물가를 관리하는 이론적 토대가 되었다.

　하지만 그는 경제학 분야에서의 탁월한 업적과 더불어 실패한 투자자로도 각인되어 있다. 그는 자신의 경제학적 지식을 바탕으로 미국 주식시장의 큰손으로 성장했다. 주식투자 재미에 흠뻑 빠져 있던 그는 주변의 많은 경고에도 불구하고 "주가는 영원히 꺼지지 않는 고점에 도달했다."라는 발언을 하며 주가가 미세조정을 거쳐 계속 상승할 것이라고 주장했다. 하지만 그의 예언은 빗나가고 그는 결국 1,000만 달러가 넘는 전 재산을 날리고 말았다. 아마도 예일대에서 그의 집을 구매해 계속 거주하게 해주지 않았다면 그는 길거리에 나앉았을 것이다.

　그러나 투자자로서의 실패와는 별개로 경제학에 있어 그의 천재성은 여전히 빛을 발했다. 그는 대공황 때 경기침체가 극심한 원인을 '부채 디플레이션' 때문이라고 설명했다. 물가하락으로 인해 실질금리(명목금리-인플레이션율)가 상승함에 따라 이자 상환에 부담을 느끼는 가계나 기업이 늘어나게 된다. 이자 상환 부담을 줄이기 위해 사람들은 서둘러 자산을 매각하여 부채를 상환하는데, 이 과정에서 자산가치가 더욱 하락하고 경기침체가 장기화된다는 것이다. 참고로 일본의 잃어버린 20년도 결국 '부채 디플레이션'이 원인이었다고 볼 수 있다.

경제학
주인과 대리인 문제

　자기의 일을 스스로 처리하는 것은 당연한 일이다. 그런데 여러 가지 사정으로 때로는 계약을 통해 누군가 대신해서 일을 처리해주기도 한다. 자신이 직접 하는 것보다는 전문적인 능력을 지닌 사람에게 위임하여 일을 처리하는 게 보다 효율적이기 때문이다. 이때 우리는 권한을 위임하는 사람을 주인이라 부르고, 권한을 위임받은 사람을 대리인이라 부른다. 이러한 관계는 주변에서 흔히 볼 수 있는데 주주와 경영자, 국민과 국회의원, 그리고 소송 당사자와 변호사 등이 대표적인 예라고 할 수 있다.

　하지만 주인과 대리인의 관계에서는 권한을 위임한 주인과 권한을 위임받은 대리인과의 이해관계가 일치하지 않을 때, 즉 대리인이 주인의 이익보다는 자기의 이익을 추구함에 따라 문제가 발생할 수밖에 없다는 근원적인 결함이 존재한다. 주주로부터 회사 경영과 관련된 일체의 업무를 위임받은 경영자를 예를 들어 설명해보자.

　주주는 회사가 장기적으로 안정적인 성장을 해나가기 원하지만, 경영자는 본인의 임기 중에 손에 꼽힐 만한 업적을 달성하기 원한다. 그래야 더 좋은 조건에 다른 곳으로 자리를 옮길 수 있거나 임기를 계속해서 연장할 수도 있기 때문이다. 그래서 단기에 성과로 드러나지 않는 장기투자보다는 비용을 절감하거나 자회사를 매각하는 등의 단기성과에 집중하는 경향이 있다. 그뿐 아니라 자신의 성과를 돋보이도록 회계장부를 조작하는 등의 극단적인 선택을 하기도 한다. 대표적인 예가 미국의 7대 기업 중 하나였던 엔론이 분식회계로 인해 파산한 사건을 들 수 있다.

　주인과 대리인 문제의 원인은 다양하겠지만 주로 정보의 비대칭성이 원인이 된다. 권한을 위임받은 대리인은 주인이 원하는 바를 정확히 알 수 없기 때문이다. 그래서 대리인에게 인센티브를 제공함으로써 주인과 대리인의 이해관계를 일치시키려고 한다. 대표적인 예가 스톡옵션을 부여하는 것이다. 스톡옵션이란 기업이 임직원에게 일정 수량의 자기 회사 주식을 일정한 가격으로 살 수 있는 권리를 부여하는 것으로, 매입 후 일정 기간이 경과하면 매각할 수 있다. 이는 기업의 가치를 반영하는 주가가 오르면 주주는 물론 스톡옵션을 부여받은 임직원 모두에게 이익이 되기 때문에 그만큼 대리인 개인을 위한 별도의 이익을 취하려는 행동이 줄어들 수 있다.

투자

중국의 주식시장

중국은 상해와 심천 두 지역에 증권거래소를 개설했으며, 이후 1997년 중국으로 반환된 홍콩의 증권거래소까지 총 3개의 대표적인 증권거래소를 보유하고 있다.

상해증권거래소가 문을 연 것은 1990년 12월이었다. 초기에는 정부 발행 채권거래가 주로 이루어졌으며 중국 인민은행의 비준을 받은 자본금이 100만 위안 이상인 주식회사만이 거래가 가능했고 개인은 거래할 수 없었다. 상해증권거래소에는 여러 지수가 있지만 그중 중국 '상해종합지수'는 우리나라의 코스피와 유사한 대표적인 지수이다. 상해종합지수는 가격가중지수를 사용하여 산출하는데, 1990년 12월 19일 개장일의 총 시장 자본을 100으로 기준 삼고 있다. 2007년 한때 6,000포인트를 돌파했던 상해종합지수는 현재(2020년 8월 기준) 3,400대 수준에 머물고 있다.

심천증권거래소는 상해증권거래소 설립 몇 달 뒤인 1991년 4월에 문을 열었다. 상해증권거래소는 채권과 주식거래가 모두 가능하지만, 심천증권거래소는 주식거래만 가능하다. 또한 상해는 은행이나 제조 등 전통적인 업종들이 주를 이루고 있지만 심천은 IT, 제약 등 신사업 업종들이 상장되어 있다. 그리고 500만 위안 이상의 자본금을 가진 기업만이 회원으로 가입할 수 있다.

홍콩증권거래소는 1891년에 설립되었으며 중국의 홍콩 특별 행정구에 위치해 있다. 홍콩에는 크게 항생지수(HSI)와 항생중국기업지수(HSCEI) 2가지가 있다. 이중 우리에게 익숙한 지수는 홍콩 H지수라고 불리는 항생중국기업지수이다. 홍콩 H지수는 2000년 1월 3일 2,000포인트를 기준으로 설정되어 있으며, 홍콩 증시에 상장되어 있는 중국 정부 소유 국유기업 또는 정부 지분이 30% 이상 되는 기업들의 주식을 모아 산출하는 지수로 외국인 투자자들의 비중이 높다. 그러나 홍콩증권거래소는 홍콩 국가보안법 시행과 같이 중국의 통제 강화와 미국과 홍콩이 맺은 특별대우 철회 이슈 등으로 큰 변동성을 보이고 있는 실정이다.

산업
자동차 산업 (1)

자동차 산업은 세계 최대 제조 산업 중 하나로 자동차 외관 등 뼈대를 이루는 철강 산업뿐 아니라 기계, 소재, 바이오 등 유관 산업에도 큰 영향을 미치는 산업이다. 또한 새로운 기술이 개발되면 자동차에 먼저 적용되는 경우가 많아 자동차 산업은 많은 사람들에게 관심의 대상이 되고 있다. 이러한 자동차 산업의 주요 글로벌 플레이어들은 꾸준히 자동차 제조 기술과 각자만의 브랜드를 발전시켜 시장을 형성해왔으며, 막대한 자본과 기술력을 필요로 하는 산업이기 때문에 향후에도 신규 시장진입이 어려워 현재 플레이어들 간 경쟁이 지속될 가능성이 높다.

세계 최초의 자동차는 1886년 독일의 칼 벤츠라는 엔지니어가 만든 '페이먼트 모터바겐'이라는 이름의 내연기관으로 알려져 있다. 이 차에 대해 재미있는 일화가 있다. 당시 칼 벤츠가 자신이 만든 자동차를 대중에게 공개하기를 꺼려 하자 그의 부인이 아이들을 데리고 칼 벤츠가 만든 자동차를 직접 운전해 친정집에 감으로써 유명해졌다고 한다. 이렇게 시작한 자동차는 1800년대 후반부터 자동차 설계 및 생산이 표준화되면서 대량생산이 가능해졌다. 특히 컨베이어 벨트를 이용한 포드의 일관생산 공정은 기존의 제조 방식을 대량생산에 적합하도록 표준화시킴으로써 생산성을 크게 향상시켰다.

우리나라의 경우 1903년에 대한제국 고종황제가 즉위 40주년을 맞이하여 미국산 자동차를 들여와 시운전했다는 기록이 있다. 그 이후 미군 지프차 내부에 드럼통을 차체로 개조해 만들었던 시발 자동차가 나왔고, 1970년대 현대자동차 포니가 나오면서 자동차 생산의 대부분을 국산화시켰다.

이후 자동차는 전 세계적으로 다양한 디자인과 기술 결합을 통한 발전을 거듭해왔으며 전 세계인들이 가장 구매하고 싶은 보편적 제품이 되었다. 그러나 자동차 산업 발전에 따른 우여곡절도 많았는데, 그중 가장 큰 이슈는 주요 글로벌 환경오염의 원인 중 하나로 자동차가 지목된 것이었다. 이에 미국 환경보호청이 폭스바겐의 질소산화물 배출을 문제 삼기도 했으며, 우리나라도 배출가스 5등급 차량이 서울 녹색교통지역 통행 시 과태료를 부과하는 등 자동차에 대한 환경 충족 기준이 높아졌다. 이처럼 환경관련 이슈들이 꾸준히 제기되면서 자동차는 안전과 환경이라는 기준을 충족시켜야 했고 이에 향후 전기차, 수소차 등 친환경 자동차로의 전환이 빠르게 이루어질 것으로 예상된다.

슈퍼마리오

미국과 함께 전 세계 캐릭터 산업을 양분하고 있는 일본은 포켓몬스터, 도라에몽, 헬로키티 등 다양한 캐릭터를 앞세워 전 세계인들의 마음을 사로잡고 있다. 그중에서도 역사상 최강의 게임 캐릭터를 꼽으라면 아마도 '슈퍼마리오'일 것이다. 전 세계에서 가장 많이 팔린 게임으로 기네스북에 등재되기도 한 슈퍼마리오는 세계적인 게임기 제조업체 닌텐도를 대표하는 캐릭터이다. 2016년 브라질 리우데자이네루 올림픽 폐막식에서는 일본의 아베 총리가 슈퍼마리오 캐릭터로 분장하고 깜짝 등장해 화제가 될 정도로 슈퍼마리오의 인기는 첫 등장부터 지금까지 식을 줄 모르고 있다.

슈퍼마리오는 원래 닌텐도를 기사회생시켜준 역사적인 게임 동키콩 속의 한 캐릭터였다. 동키콩이 굴리는 통나무를 피해 납치된 공주를 구출하는 게임인 동키콩에서 점프맨으로 등장한 것이 바로 슈퍼마리오이다. 마리오라는 이름은 닌텐도 오브 아메리카가 입주한 건물주의 이름에서 따온 것이다. 미국 진출 초기, 사업에 어려움이 많았던 닌텐도는 종종 임대료를 밀리곤 했는데 마침 임대료를 받기 위해 사무실에 방문한 건물주 마리오 시갈의 모습을 본 직원들이 그의 이름을 점프맨의 이름으로 사용했다. 이탈리아인의 이미지를 참고해 만들었기에 통통한 이탈리아계 건물주의 이름이 잘 어울린다고 생각했던 것이다.

이후 1985년 슈퍼마리오 시리즈의 첫 작품인 '슈퍼마리오 브라더스'라는 게임이 처음 출시되었다. 일본에서만 681만 장이 팔렸고, 전 세계적으로 4,024만 장이 팔릴 정도로 폭발적인 인기를 끈 이 게임은 마리오 시리즈를 통틀어 지금까지도 최고의 판매량을 자랑하고 있다. 이러한 성공으로 인해 사람들의 머릿속에 '닌텐도'라는 회사의 이름이 확실히 각인되기 시작했고, 미국에서는 '플레이 닌텐도'라는 말이 게임을 하자는 말처럼 쓰였을 정도라고 한다. 이 작품의 성공 덕분에 죽어가던 미국 비디오 게임 시장은 다시금 부활했다. 이후 슈퍼마리오는 애니메이션과 영화 등 다양한 분야로 그 영역을 확대해나가며 90년대를 대표하는 문화 아이콘으로 성장하게 되었다.

주식과 채권

기업에 투자하는 일반적인 수단으로 주식과 채권이 있다. 주식과 채권은 모두 기업이 시장에서 자금을 조달하기 위한 대표적인 수단이라는 공통점이 존재하지만, 각각의 성질은 완전히 다르다. 그래서 주식과 채권 어디에 투자하느냐에 따라 투자자의 지위나 권리도 달라지는 것이다.

주식은 쉽게 말해 회사에 대한 소유권을 잘게 나눈 증서이다. 주식에 투자한 사람은 전체 주식 중 자기가 소유한 주식 수만큼 그 회사의 주인이 되는 것이다. 주식을 소유한 사람을 가리켜 주주라고 하는데, 주주는 자기가 소유한 주식의 비율만큼 주주총회에서 의결권을 행사할 수 있다. 주식은 회사의 가치를 나타내는 바로미터이다. 그래서 주식은 시시각각 그 가격이 변한다. 회사가 계속 성장한다면 주식의 가치는 계속 오를 것이고, 반대로 회사가 계속되는 실적 악화로 파산하게 된다면 주식의 가치도 계속 떨어져 결국 종잇조각이 될 것이다. 그래서 주식에 투자하기 전에는 그 회사에 대해 면밀히 분석해야 한다. 만약 투자한 회사의 성과가 좋아 많은 이익이 발생한다면 배당의 형태로 이익금을 돌려받을 수 있다. 그러나 한창 성장하는 회사의 경우 주주에게 이익금을 배당하기보다는 사업을 더 키우기 위해 재투자하는 것도 좋은 방법이다. 재투자를 통해 회사의 가치가 올라간다면 주식의 가치도 함께 올라갈 테니 말이다.

반면 채권은 일종의 차용증서이다. 쉽게 말해 대출인 셈이다. 그래서 채권을 통해 조달한 자금은 부채로 분류되면 채권에 투자한 사람은 채권자가 되는 것이다. 채권자는 회사에 대한 어떠한 의사결정에도 참여할 수 없다. 대신 사전에 약속된 이자를 정기적으로 받을 수 있고, 만기에 원금을 돌려받을 수도 있다. 물론 채권에 투자한 회사가 파산한다면 원금을 돌려받지 못한다. 그렇지만 회사가 망해 청산절차를 거치더라도 채권 투자자는 주주에 우선하여 먼저 돈을 돌려받을 권리가 있다. 그러나 어디까지나 돌려받을 돈이 있을 때나 가능한 이야기다. 그러므로 채권에 투자하기 전에 회사의 신용상태를 먼저 파악해야 한다. 주식에 투자할 것이냐, 채권에 투자할 것이냐는 성장성과 안정성 어디에 초점을 두느냐에 따라 달라진다. 채권은 투자한 회사의 경영실적과는 별개로 정해진 이자와 원금을 돌려받을 수 있어 비교적 안정적이다. 반면 주식은 회사가 성장할수록 더 많은 배당을 받을 수 있을 뿐 아니라 주식의 가치도 함께 높아짐으로써 주식 매도 시 상당한 수준의 시세차익도 노릴 수 있다. 따라서 성장성을 중시한다면 주식에, 안정성을 중시한다면 채권에 투자하는 것이 좋다.

5월

22주

오즈의 마법사와 금본위제

동화 『오즈의 마법사』는 1900년에 발표한 라이먼 프랭크 바움의 작품으로, 세계적으로 큰 인기를 얻으며 만화뿐 아니라 뮤지컬과 영화로도 제작되었다. 주인공 도로시와 친구들이 마녀를 무찌르고 각자의 소원을 이루기 위해 떠나는 모험 이야기인 『오즈의 마법사』는 사실상 당시 미국의 금본위제 폐해를 풍자한 작품이라고도 할 수 있다.

먼저 '오즈'는 ounce(온스)의 약자로 금 등을 잴 때 사용되는 도량형 단위이다. 또 오즈의 마법사 이야기 동안 도로시가 걷는 고난의 여정이었던 금색 길은 미국의 금본위제와 오버랩된다. 또한 그들이 찾아간 에메랄드 성은 '그린백', 즉 달러를 빗대어 표현하고 있으며 부딪치는 것만으로 소원을 이루어주는 도로시의 은 구두는 금의 가치만을 인정받는 금본위제가 아니라 은까지 함께 유통할 때 문제가 해결될 수 있다는 것을 빗대어 말하고 있다.

당시 미국에서는 금보다 은이 많이 유통되고 있었는데, 주요 교역국인 유럽 등과 보조를 맞추려던 미국은 은을 제외한 금본위제로 정책을 변경했다. 이에 은이 시장에서 화폐로 활용되지 못하자 충분한 금을 가지고 있지 못했던 미국 경제에 디플레이션 현상이 일어나고 있었다. 시중에 돈이 넘치면 물가가 상승하고 화폐가치가 떨어지지만, 금이 부족했던 미국은 물가가 하락하고 화폐가치가 높아지면서 서민과 농민들은 더욱 힘들어지고 반대로 자산가들은 보유한 자산으로 더 이익을 보는 상황이 된 것이다.

실제로 1880년부터 1896년까지 16년간 미국 물가는 −23% 하락했다. 그런데 우연히도 때마침 발견한 알래스카 등 새로운 금광과 청화법이라는 금 추출 기술이 등장했다. 덕분에 1896년부터 1910년까지 14년간 35%의 인플레이션이 발생하면서 금본위제는 세계 1차 대전 전까지 미국 자본주의의 기준이자 새로운 경제 활성화의 근간이 되었다.

인물

존 메이너드 케인스

영국의 경제학자 존 메이너드 케인스(John Maynard Keynes, 1883~1946)는 붕괴하던 자본주의를 구원한 위대한 영웅이다. 그는 저서 『고용·이자 및 화폐의 일반이론』(2019년 국내 출간)을 통해 기존의 가계와 기업 중심의 경제 주체를 정부로까지 확장시키며 오늘날 주류 경제학인 거시경제학의 지평을 연 인물이기도 하다.

케인스가 등장하기 전에는 애덤 스미스의 자유방임사상과 "공급이 스스로 수요를 창출한다."라는 세이의 법칙이 주류 경제학으로 인정받아 왔다. 대다수의 경제학자들은 '보이지 않는 손'에 의해 경제가 잘 돌아갈 것이므로 정부는 모든 경제활동에 간섭해서는 안 된다고 생각했다. 그들에게 물건은 생산해놓기만 하면 전부 팔릴 것이기에 공황 따위는 절대로 있을 수 없는 일이었다.

그런데 1929년 10월, 뉴욕증시의 대폭락을 시작으로 전 세계가 침체의 수렁에 빠져들기 시작했다. 3% 수준이었던 미국의 실업률이 1933년에는 25%까지 치솟았다. 아무도 예상치 못한 경제 대공황이 발생한 것이었다. 많은 경제학자 중 그 누구도 이 현상에 대해 명확히 설명할 수 없었다. 무책임하게도 이들은 시장의 자정작용을 통해 시간이 지나면 곧 정상화될 것이라고만 말했다. 이러한 순간에 케인스가 등장한 것이다.

케인스는 주류 경제학자들을 향해 "시장만 믿고 기다리다가는 장기적으로 우리는 모두 죽는다."라며 일침을 놓았다. 물론 시장은 장기적으로 '보이지 않는 손'에 의해 균형상태로 돌아가기는 하겠지만 그러기에는 시간이 너무 오래 걸린다는 것이었다. 우리가 모두 죽고 난 다음에 경제가 회복된다면 무슨 소용이 있겠는가?

케인스는 시장에만 맡겨둔다면 과잉생산은 필연적으로 발생할 수밖에 없는데, 이에 대한 수요가 받쳐주지 않기 때문에 공황이 발생했다고 원인을 진단했고, 이를 해결하기 위해서는 정부가 적극적으로 나서서 수요를 창출해야 한다고 주장했다. 그러면서 금리를 인하하여 기업의 투자를 늘리는 한편, 대규모 공공투자를 통해 일자리를 창출함으로써 개인의 소득을 늘려 소비에 나설 수 있도록 만들라고 요청했다. 그의 이런 주장은 이후 미국 루스벨트 대통령의 뉴딜정책의 이론적 기반이 되었고, 국가의 적극적인 개입을 통해 경제의 모순을 해결하는 수정자본주의의 기초를 다지게 되었다.

국민 경제의 순환

가계에서 기업으로 토지, 노동, 자본과 같은 생산요소가 흘러 들어가고 이를 바탕으로 기업에서 가계에 재화와 용역을 공급한다. 그리고 가계에서는 생산요소를 기업에 제공한 대가로 소득을 얻어 기업에서 제공하는 재화와 용역을 소비한다. 이런 일련의 과정에서

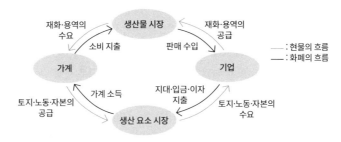

국민 경제의 순환 과정

화폐가 순환하고 소득과 소비가 되풀이되는데, 이를 '국민 경제의 순환'이라고 부른다.

국민 경제의 순환 과정을 통해 우리는 국민소득을 측정할 수 있다. 국민소득은 크게 3가지 방식으로 측정되는데 이를 카리켜 생산국민소득, 지출국민소득, 분배국민소득이라고 부른다. 생산국민소득과 지출국민소득은 생산물 시장을 중심으로 측정된다. 기업의 최종생산물의 시장 가치를 합친 것을 생산국민소득 또는 생산GDP(국내총생산)라 부르고, 가계의 최종생산물에 대한 지출을 합친 것을 지출국민소득 또는 지출GDP(국내총생산)라고 부른다. 반면 생산요소 시장을 중심으로 측정되는 분배지출소득 또는 분배GDP(국내총생산)는 최종생산물을 생산하는 데 필요한 지대, 임금, 이자 등의 비용을 합쳐 측정했다.

국민소득은 생산→분배→지출의 과정을 통해 순환하기 때문에 각각의 양이 모두 같아지게 된다. 그렇기 때문에 '생산국민소득=지출국민소득=분배국민소득'의 등식이 성립하는데 이를 가리켜 '국민소득 3면 등가의 원칙'이라고 한다.

주식 종목을 고르고 투자를 실행하기 위해서는 가장 먼저 해당 기업의 재무상태를 살펴보아야 한다. 재무상태 파악에 있어 기본이 되는 것이 부채와 순자산의 규모, 그리고 비중이다. 제아무리 사업 아이템이 좋다고 하더라도 재무적으로 충분한 자금이 없으면 언제든지 사업이 중지될 수 있기 때문이다. 그래서 가장 먼저 보아야 할 재무제표가 바로 현재 재무상황을 알 수 있게 해주는 재무상태표이다. 재무상태표는 특정 시점에 기업이 보유하고 있는 자산을 나타내는 보고서로 재무상태표를 통해 기업이 보유하고 있는 총자산과 부채, 자본 상황을 알 수 있다. 현금이 얼마나 있는지, 대출을 얼마나 받았으며 부동산 같은 다른 유형의 자산은 얼마나 보유하고 있는지 등 기업유동성과 재무탄력성, 재무적 위험에 관한 정보를 제공한다.

예를 들어 100억 자산이 있다고 하더라도 그중 90억이 부채인지, 자본인지에 따라 재무건전성이나 기업 경영에 대한 평가가 달라질 수 있으므로 투자 기업의 재무상태표를 살펴보는 것은 매우 중요한 일이다.

재무상태표는 자산, 부채, 자본 3가지 영역으로 구분되며 자산은 유동자산과 비유동자산으로 나뉜다. 이때 유동과 비유동을 구분하는 기준은 1년 안에 현금으로 환급이 가능한지 여부이다. 유동자산의 경우 일반적으로 현금화하기 쉬운 순서대로 나열된다. 부채도 역시 마찬가지로 크게 유동부채와 비유동부채로 나뉘는데, 상환일이 보고 기간 종료일로부터 1년 내의 부채는 유동부채, 1년 이후의 부채는 비유동부채로 구분된다. 또한 부채의 속성을 잘 살펴보는 것이 기업의 성장성과 재무건전성을 파악하는 데 도움이 된다. 보통 기업의 부채는 설비투자, 사업 확장 등을 위해 증가하기도 하는데, 만약 특별한 대안 없이 단순 경영난을 해결하기 위해 부채가 늘어가는 것이라면 늘어나는 이자는 경영에 부담이 될 수밖에 없다.

또한 해당 기업의 신용 하락으로 은행 차입이나 회사채 발행이 어려워 주식으로 전환할 수 있는 전환사채(CB)나 신주인수권부 사채(BW)를 남발하는 기업은 아닌지 살펴보아야 한다. 이처럼 재무상태표를 통해 자산의 구성과 부채의 속성 등을 살펴볼 수 있으며, 기업의 경영상황과 향후 변화를 대략적으로 알 수 있다.

산업
자동차 산업 (2)

전 세계에서 생산되는 자동차는 2019년 총 8,800만 대에 달했다. 이렇게 생산된 자동차 중 약 50%는 아시아태평양 국가에서 판매된다. 세계 자동차 시장은 Top5라고 불리는 5개 브랜드업체들이 전체 자동차 시장 중 50% 정도를 점유한다.

1위 폭스바겐 그룹, 2위 르노-닛산-미쓰비시, 3위 토요타, 4위 GM이며 현대·기아차 그룹이 세계 점유율 8% 내외로 5위에 링크되어 있다. 글로벌 자동차 시장 현황을 보면 미국과 중국 시장이 주춤한 가운데 인도 시장이 크게 성장하고 있는 것으로 나타났다.* 특히 인도는 중국, 미국, 일본에 이어 세계 4위 자동차 시장으로 올라섰으며 전기차 지원 정책 시행을 통해 향후 인도의 전기차 시장은 더욱 확대될 것으로 예상된다. 국내 완성차 브랜드별로 보면 현대·기아차가 약 100만 대** 가량 판매되며 전체 국내 시장의 약 80%를 점유하고 있다. 수입차는 전체 17만 대가 판매되었는데 그중 메르세데스 벤츠 판매 비중이 45%가 넘는다.

향후 자동차 산업은 디자인이나 외관 등 하드웨어에 대한 비교뿐 아니라 자율주행 기반의 안전 기능들이 부각되고, 스마트 전기차로 급속하게 변화함에 따라 소프트웨어 경쟁력 또한 강조될 것으로 보인다. 이에 IT·통신업체들과의 이종 산업 간 연계 강화를 통한 사물인터넷(IoT) 확대 및 전기차 배터리 성능 개선 등 관련 기술 역시 비약적으로 발전할 것으로 전망된다. 이에 정부는 2030년 미래 자동차 경쟁력 1등 국가를 모토로 하여 세계 시장점유율 확대와 27년 완전자율주행 세계 최초 상용화 등의 전략을 추진하고 있다. 또한 '미래 자동차'를 8대 혁신성장 선도과제 중 하나로 삼아 민관 협력으로 수소차 충전소를 준공하는 등 관련 인프라 확산에 박차를 가하고 있다.

그러나 2020년 자동차 산업은 코로나 팬데믹으로 큰 타격을 입을 것으로 전망된다. 글로벌 판매량도 2020년 기준 약 15% 이상 줄어들 것으로 예상되고 있다. 이러한 어려움에도 불구하고 글로벌 자동차 생산의 무게 중심이 기존 내연기관 자동차에서 벗어나 테슬라를 중심으로 한 전기차로 자동차 산업이 빠르게 이동하면서 새로운 변화가 기대되고 있다.

---

* 삼정KPMG, 한국경제연구원 레포트 인용

** 제네시스 포함

상품

편의점

세계 최초의 편의점은 1927년 미국의 작은 제빙회사였던 사우스랜드에서 시작되었다. 얼음을 판매하던 이 회사에서 우유나 달걀같이 상하기 쉬운 식품들을 팔기 시작한 것이다. 공장의 냉기 덕분에 식료품이 신선했을 뿐만 아니라 아침 7시부터 밤 11시까지 영업한 덕분에 사람들에게 인기가 많았다. 당시는 대부분의 상점이 일찍 문을 닫던 시절이었기에 늦은 밤까지 영업하는 것은 전례 없는 매우 파격적인 일이었다. 훗날 회사는 영업 시간을 강조하기 위해 상호를 '세븐일레븐(7-eleven)'으로 변경했다. 이후 일본에 진출한 세븐일레븐은 미국보다 더 큰 인기를 끌면서 미국 본토를 능가할 정도로 성장했다. 일본에서 세븐일레븐을 운영하던 이토요카도는 결국 미국 본사를 인수했고 오늘날 우리가 알고 있는 것처럼 세븐일레븐은 일본계 회사가 되었다.

우리나라 최초의 편의점은 1982년 서울 약수동에서 개점한 롯데 세븐 신당동점이다. 3호점까지 개설되었지만, 동네 슈퍼와 재래시장에 익숙한 소비자들의 외면으로 자리를 잡지 못한 채 3년 만에 사라졌다. 그렇지만 1988년 서울올림픽을 계기로 편의점은 다시 등장하게 되었는데 1989년 사실상 국내 1호 편의점인 세븐일레븐 올림픽점이 생겨났다. 세븐일레븐 올림픽점이 위치한 서울 방이동 올림픽선수촌 아파트는 중산층 이상이 모여 사는 부촌으로 소비수준이 높고 외국문화에도 익숙한 곳이었다. 이곳에서 판매하던 걸프(구매한 종이컵에 직접 따라 마시는 탄산음료)와 슬리피(얼음과 주스를 섞어 만든 슬러쉬)는 생소한 서양문화를 경험하려는 젊은이들을 중심으로 큰 인기를 끌었다. 그러나 편의점이 본격적으로 대중화되기 시작한 것은 1992년 방영된 MBC 드라마 '질투'의 영향이 컸다. 드라마 속 주인공들의 데이트 장소로 편의점이 자주 등장했는데, 주인공들이 편의점에서 라면과 김밥을 먹는 모습이 마치 세련된 도시 남녀를 상징하는 것처럼 보였기 때문이다. 이 드라마를 통해 편의점은 사람들에게 친숙한 장소로 다가가게 되었다.

24시간 영업하는 조금 비싼 슈퍼마켓 정도로만 인식되던 편의점은 1997년 전기료와 전화료 등 공공요금 수납 업무를 시작으로 생활 밀착형 플랫폼으로 끊임없이 진화하고 있다. 편의점은 현재 ATM기를 이용한 간단한 은행 업무는 물론이고 택배 서비스에서 세탁물 배달 서비스까지 다양한 서비스를 제공하고 있다. 그뿐 아니라 때로는 마트로, 때로는 식당으로, 때로는 카페로 다양한 용도로 사용되고 있다. 이러한 인기에 힘입어 2019년 말 기준으로 국내 편의점수는 4만 5,000여 개에 이르렀다.

유니콘 기업

스타트업은 설립한 지 오래되지 않은 신생 벤처기업을 뜻하는 말로 이들 중 설립한 지 10년이 채 안되었지만 기업 가치가 10억 달러(약 1조 2,000억 원)를 넘는 비상장 벤처기업을 가리켜 '유니콘 기업'이라고 부른다. 생존율이 극히 낮은 벤처 생태계에서 상장도 하기 전에 기업가치가 10억 달러를 돌파한다는 것은 거의 불가능에 가깝기 때문에 이러한 기업을 신화 속 동물인 유니콘에 빗대어 표현하면서 생겨난 말이다.

대표적인 유니콘 기업으로는 세계 최대의 숙박 공유 서비스 회사인 에어비앤비, 차량 공유 서비스 회사인 우버, 대륙의 실수로 유명한 스마트폰 제조회사 샤오미, 그리고 테슬라의 일론 머스크가 세운 민간 우주기업 스페이스X 등이 있다. 국내에도 국내 1호 유니콘 기업인 전자상거래 업체 쿠팡을 필두로 하여 마스크팩 브랜드 메디힐로 유명한 화장품업체 L&P 코스메틱, 게임 배틀 그라운드의 크래프톤, 그리고 간편송금 토스를 개발한 비바리퍼블리카 등이 있다.

유니콘 기업으로 성장하기 위해서는 벤처캐피탈(VC)의 투자가 반드시 필요하다. 충분한 자금이 뒷받침되어야만 기술혁신을 위한 연구개발 등 생존을 위한 지속적인 투자가 가능하기 때문이다. 특히 스타트업 특성상 이들이 제공하는 비즈니스 모델은 기존에 없던 새로운 방식이 많다. 그렇기 때문에 사람들이 처음 이를 인지하고 실험적으로 사용하는 초기 단계를 거쳐 대중적으로 광범위하게 확산되어 시장에 안정적으로 정착되는 단계에 이르기까지 오랜 시간이 걸릴 수밖에 없다. 그래서 어느 정도 시장 지배력을 확보할 때까지는 적자를 감수하고라도 고객의 경험 확대를 위한 적극적인 마케팅 활동 등을 계속할 수밖에 없는데, 이 시기를 버텨내기 위해서 충분한 자금력은 필수이다.

미국과 중국이 전 세계 유니콘 기업의 80% 정도를 보유하고 있는 주된 이유도 이들의 막강한 경제력 때문이다. 두 나라는 풍부한 자금력을 바탕으로 국가 주도로 스타트업을 육성하고 있다. 국내의 경우 유니콘 기업의 거의 대부분은 외국자본의 투자를 위해 성장해 온 것이 사실이다. 하지만 최근 우리나라도 중소벤처기업부 주도로 벤처 4대 강국으로 도약하기 위해 'K-유니콘 프로젝트'를 시행하고 있어 유니콘 기업 육성을 위한 새로운 생태계 구축이 기대되고 있다.

6월
23주

세계 대공황 발생의 이유와 결과

유럽과 미국을 중심으로 자리 잡았던 자본주의 경제는 19세기 중반까지만 해도 호황과 불황이 교차했지만 다른 국가에 영향을 줄 정도는 아니었다. 그러나 1930년대 미국에서 발생한 대공황은 전대미문으로 전 세계적인 공황으로 번지고 말았다. 그렇다면 이러한 세계적 대공황은 어떻게 나타나게 된 것일까? 사실 세계 대공황의 원인에 대해서는 명확한 인과관계를 토대로 꼬집어 이야기할 수 없을 만큼 다양한 의견이 존재한다. 그중에서 몇 가지 공통적인 이유를 찾아보자.

첫째, 곡물 가격 하락으로 인한 농업 산업의 침체를 들 수 있다. 제1차 세계대전 당시 전쟁 상황에서 크게 늘어난 곡물 수요가 전쟁 이후 과잉공급 되면서 전쟁 후 밀 가격이 절반 이하로 하락했다. 그러면서 많은 농가들이 소작농으로 전락하게 되었다. 기술 발전으로 인해 공산품 등의 생산은 크게 늘어 전체적인 사회 분위기는 경제가 성장하는 듯했지만, 고용은 늘지 않았으며 생산된 물건들은 재고로 창고에 쌓이기 시작했다.

둘째, 경제적 불평등도 한 요인으로 지적되고 있다. 1920년대 미국의 경우 부유한 국민 1%가 전체 국부의 60%를 점유하고 있었는데 그들의 소비나 경제 활성화 기여도가 미진했다는 것이다. 게다가 당시 독일을 비롯한 유럽은 미국에 경제적으로 크게 의존하고 있었는데, 미국마저 경제적으로 무너지자 함께 무너지게 되었다는 분석도 있다. 미국 경제를 호황으로 받치고 있던 요인 중 하나가 1924년부터 5년 동안 꾸준히 오르기만 했던 주식시장이었다. 그런데 주식시장에 언제든 거품처럼 꺼질 수 있는 확인되지 않은 투기적 성향의 자본이 늘어나 있었다.

예를 들어 가장 안전하게 자금을 운용해야 할 은행조차 확인되지 않은 외국 채권에 투자를 확대한다거나, 생산에 참여하지 않고 투기적 이윤만을 추구하는 회사에 투자자금이 몰려 있어 주식시장이 무너짐과 동시에 줄지어 도산한 것이다. 그리고 '마의 목요일'이라고 불린 1929년 10월 24일 그동안 커져 있던 거품이 사라지며 주식시장이 붕괴되었다. 이렇게 시장이 무너지자 당시 세계의 자금줄 역할을 하던 미국 자본가들은 더 이상 외국에 돈을 빌려주지 않거나 상환 연장을 해주지 않으면서 대공황은 세계적으로 큰 영향을 미치게 되었다.

결국 대공황으로 인해 미국에서만 5,000개 은행이 파산했고, 실업자가 전체 노동력의 4분의 1 수준까지 증가했으며, GNP도 800억 달러에서 400억 달러 수준으로 절반 가까이 하락했다.

인물

조지프 슘페터

조지프 슘페터(Joseph Alois Schumpeter, 1883~1951)는 혁신을 강조한 '창조적 파괴'로 유명한 오스트리아의 경제학자이다. 그는 당시 독일, 오스트리아, 미국 등의 눈부신 경제발전을 목격하면서 자본주의의 경제발전 원동력에 대해 평생을 연구했다.

기존의 고전주의 경제학에서 경제발전은 곧 양적 성장을 의미했다. 하지만 슘페터는 자신의 대표작 『경제발전의 이론』(2020년 국내 출간)에서 경제발전의 원동력은 외부가 아닌 경제 내부의 혁신에 있다고 주장했다. 다시 말해 원자재 수출이 늘어 GDP가 증가했다면 그것은 외부 충격에 의한 경제성장이므로 경제가 발전한 것이 아니라 단순히 경제가 순환하는 정태적 상황일 뿐이라는 것이다.

그는 "마차를 아무리 연결해도 기차가 되지 않는다."라는 말로 기술의 발전이나 경제구조의 질적 개선 등이 경제발전에 있어 무엇보다 중요하다고 강조했다. 그러면서 진정한 경제발전은 경제 내부에서 발생하는 새로운 힘에 의해 스스로 변해가는 것, 즉 생산과 소비가 변화하고 경제순환에서의 궤도가 변경되는 것으로, 동태적으로 이루어진다고 말했다.

그렇다면 이러한 동태적 힘의 근원은 어디서 나오는 것일까? 바로 기업가이다. 소비자는 절대로 혁신에 대한 욕구가 없다. 이들은 단지 혁신적인 기업가에 열광할 뿐이다. 혁신의 본질은 '창조적 파괴'에 있다. 혁신은 기존에 없던 전혀 새로운 발상을 통해 일어난다. 만약 기존 방식의 개선을 통한 발전이라면 이는 연속적인 변화일 뿐이며 결국 기존의 균형상태 유지일 뿐이다. 이에 대해 슘페터는 신제품의 개발과 새로운 생산방법 개발, 새로운 시장 개척, 새로운 원자재와 반제품 공급원의 발굴, 그리고 조직 개혁에 의한 생산요소의 새로운 결합에 성공한다면 지금까지의 균형은 깨지고 혁신을 통한 경제발전이 이루어질 수 있다고 주장했다.

그렇지만 기업가는 혼자 힘으로는 아무것도 할 수 없다. 기업가는 혁신을 일으키는 개인일 뿐 자본가는 아니기 때문이다. 혁신을 위해서는 이를 지원해줄 자금이 필요하고 그 역할을 하는 것이 바로 은행이다. 은행은 혁신적 기업가에게 대출을 통해 자금을 지원함으로써 새로운 결합을 통해 경제가 발전한다고 보았다.

효율성 임금이론

전통적 경제학에서는 임금은 생산성에 의해 결정된다고 보았다. 그래서 생산성이 높은 직원일수록 회사에 기여하는 바가 크기 때문에 더 많은 임금을 받을 자격이 충분하다고 생각했다.

하지만 효율성 임금이론은 이러한 생각을 정면으로 반박하고 있다. 오히려 근로자에게 적정수준보다 더 많은 임금을 줄수록 생산성이 올라간다고 주장했다. 즉 임금 수준이 노동의 생산성을 결정한다고 본 것이다. 이에 대한 근거는 크게 4가지가 있다.

첫째, 영양 이론이다. 더 높은 임금을 받는 근로자일수록 더 좋은 음식을 먹기 때문에 영양 상태가 좋아 더 건강해지고 이에 따라 생산성이 올라간다고 보았다. 이는 저개발국가일수록 중요한 요인 중 하나이다.

둘째, 태업 이론이다. 적정수준보다 높은 임금을 받을수록 다른 곳으로의 이직은 꿈도 꾸지 않는다. 지금 일하는 곳의 근로조건이 제일 좋기 때문이다. 그래서 지금 다니는 직장에서 해고되지 않기 위해 더욱 열심히 일한다는 것이다.

셋째, 이직 이론이다. 임금이 높을수록 이직률이 줄어들기 때문에 생산성 유지가 가능하다. 그뿐만 아니라 기존 직원의 이직으로 인해 사람을 새로 뽑을 때 발생하는 비용도 아낄 수 있다.

넷째, 역선택방지 이론이다. 임금이 높으므로 우수한 인재가 몰릴 수밖에 없고 우수한 인재가 많이 지원할수록 좋은 사람을 뽑을 확률도 높아진다.

현금흐름표

현금흐름표는 재무상태표와 손익계산서를 현금의 유입과 유출의 관점에서 쓴, 일정 기간의 현금흐름을 나타내는 표이다. 기업 본연의 활동은 인력과 설비 등의 투자를 통해 새로운 제품과 서비스를 만들어 공급하고 그에 따른 수익을 창출하는 것이 기본이다. 이때 현금흐름표를 통해 어느 단계에서 얼마의 현금이 들어오고 나갔는지를 알 수 있어 기업의 자금 유동성과 자금 집행의 적정성 등을 확인할 수 있다.

현금흐름표는 크게 영업활동, 투자활동, 재무활동 3가지로 나뉘는데 유입이 유출보다 많으면 (+), 반대로 유출이 더 많으면 (−)로 표기한다. 영업활동에는 제품 판매를 통한 현금유입과 인건비 등의 현금 유출 사항이 기록된다. 영업활동은 기업 본연의 활동인 만큼 만약 여기서 (−) 현금흐름이 발생한다면 유의해서 살펴볼 필요가 있다. 투자활동 부문은 영업활동 외에 유가증권이나 고정 자산을 처분하거나 구매함으로써 발생한 현금 유출입 내용이 담긴다. 재무활동에서는 주식 발행을 통한 현금 유입, 은행에서 빌린 현금 차입 등 현금의 유입과 배당금 지급 또는 차입금 상환 등의 현금 유출이 기록된다.

일반적으로 좋은 회사는 영업활동은 (+), 투자활동은 (−)인 경우가 많다. 본업으로 돈을 많이 벌어 적극적으로 투자했다는 의미가 되기 때문이다. 재무활동의 경우 어느 정도 안정기에 접어든 회사는 (−)를 보인다. 즉 빚을 갚아간다는 뜻이다. 반면 성장기의 회사는 돈을 더 차입해 투자를 늘리기 때문에 (+)를 보인다.

현금흐름표를 언뜻 보면 손익계산서와 큰 차이가 없어 보인다. 그러나 현금흐름표와 손익계산서의 차이는 손익계산 시점과 실제 현금 유입, 유출이 발생한 시점이 다른 경우이다. 이때 손익계산서에서는 알 수 없지만 현금흐름표에는 반영된다는 것이다. 예를 들어 올해 A 기업 매출이 10억 발생했는데 몇 달 뒤에 받을 외상 매출이라고 가정해보자. 그렇다면 A 기업에는 아직 10억의 현금이 들어오지 않은 것이다. 이때 손익계산서에는 외상 매출로 인한 수익은 발생한 것으로 기재되지만 현금흐름표에는 반영되지 않는다. 즉 받을 돈은 있지만 아직 채무자로부터 받지 못해 현금흐름표에는 빠져 있게 된다는 것이다. 이에 현금흐름표는 매출은 잘 일어나고 있지만, 실제로 돈을 받지 못해 폐업하는 흑자 도산 기업에 대한 시그널을 살피는 지표로도 활용된다.

산업
이동통신 산업 (1)

1984년 1G를 시작으로 1990년대 2G, 2000년대 3G, 2010년대 4G를 거쳐 2020년 이후 5G가 상용화되고 있다. 여기서 G는 Generation의 약자로 세대가 바뀌었음을 의미한다. 1G는 음성통신 중심의 통화를, 2G는 CDMA* 라는 기술 상용화를 통해 문자와 음성을 같이 사용할 수 있게 되었으며, 3G 기술은 이미지 등을 포함한 멀티미디어 통신을 가능하게 했다. 4G가 보편화된 현재는 모든 유무선 통신망을 하나의 인터넷 프로토콜 망으로 통합한 All−IP 시스템 구축으로 모바일 광대역 서비스가 가능하다. 최근 큰 관심을 받고 있는 5G는 4G 대비 용량과 속도가 20배가량 향상된 통신기술이다. 언제 어디서나 연결이 쉽고 1Gbps급 전송 속도로 단 몇 초 안에 고화질 영화 한 편을 다운받을 수 있다.

우리나라에서는 2019년 4월 3일에 세계 최초로 5G 서비스를 시작했다. 이러한 이동통신 시장은 기술의 발전과 OTT** 서비스 확대로 동영상 스트리밍 서비스 수요는 연평균 47% 증가하며 21년에는 4,900만 TB까지 증가할 것으로 예측된다.***

이동통신 산업은 국민이 소통하고 정보를 습득하게 하는 국가기간산업으로 서비스 인허가나 사업 영역에 대한 정부 규제가 비교적 강한 산업이다. 또한 통신기술은 다양한 기술이 집약되어 스마트폰 개발 이후 더욱 기술이 고도화되고 다양화되었다. 이후 연결 중심의 사물인터넷(IoT) 발전으로 인해 대부분 스마트폰에 한정되어 있던 연결성이 가정 및 일터의 기기로 확대되면서 이동통신 디바이스에 대한 수요와 기술 발전은 지속될 것으로 보인다.

우리나라는 오랫동안 SK텔레콤, KT, LGU+ 3개 이동통신사가 국내시장을 나누어 점유하고 있으며 이동통신사업 특성상 초기에 엄청난 투자비용이 소요되어야 하기 때문에 신생업체 진입이 어려운 상황이다. 이에 정부에서는 경쟁을 통한 이동통신 산업의 활성화를 위해 2010년 이후 네 번째 이동통신사업자 선정을 추진했으나 결국 재무적인 기준과 사업능력 기준에 충족한 회사를 찾지 못하고 무산되었다.

---

*   Code Division Multiple Access: 코드[부호] 분할 다중 접속
**   Over The Top: 인터넷 망(모바일 환경)으로 영상을 보는 방식
***   Ksure '5G 및 이동통신산업 동향 분석', ISTANS Magazine

피임약

20세기 여성해방운동에 가장 큰 기여를 한 피임약은 미국의 여성 인권운동가 마거릿 생어 덕분에 세상에 나올 수 있었다. 그녀의 어머니는 평생 동안 18번의 임신으로 11명의 아이를 낳았는데, 결국 잦은 임신과 출산으로 쇠약해진 그녀는 50세의 나이에 사망했다. 당시 이런 일은 흔한 일이었다. 임신과 출산, 가사노동까지 모두 전담해야 했던 여성들은 잦은 출산으로 몸이 상해 일찍 사망하는 경우가 많았다. 게다가 빈민가 여성들은 불법적인 임신중절 수술 도중 사망하는 일도 많았다. 결국 원하지 않는 임신이 여성 본인은 물론 아이의 사망률을 높인다고 생각한 마거릿 생어는 여성의 피임할 권리를 주장하며 적극적인 산아제한 운동을 시작했다.

하지만 피임을 풍속을 교란하는 외설적인 행위로 규정한 콤스톡법으로 인해 그녀는 온갖 박해를 받았다. 그녀가 여성들에게 피임법을 알리기 위해 만들었던 잡지는 폐간되었고, 산아제한 클리닉을 운영했다는 이유로 30일간 감옥에 투옥되기도 했다. 이때 그녀의 죄목은 공안질서방해죄였다. 그렇지만 여성은 자기 몸의 주인이 되어야 한다는 그녀의 신념을 누구도 막을 수 없었다. 수많은 사람들이 그녀를 지지했고 언론에서도 그녀에게 관심을 갖기 시작했다. 1936년, 결국 피임의 전파를 불법으로 규정한 법이 폐지되었다.

마거릿 생어는 여기서 한 걸음 더 나아가 경구 피임약 개발을 후원했다. 그녀의 지원에 힘입어 1960년 세계 최초로 먹는 피임약 에노비드가 출시되었고 이로 인해 여성은 더 이상 원하지 않는 임신으로 고통받지 않아도 되었다. 여성 스스로 임신을 결정할 수 있게 되자 교육수준이 높아졌을 뿐만 아니라 사회적 진출도 늘면서 여성의 신체적, 사회적 지위가 향상되었다.

경제상식
플라시보 소비

지속되는 경기불황에 얇아진 지갑 사정을 고려하여 합리적인 소비를 추구하는 경향이 일반화되면서 '가성비'라는 말이 유행했다. 가성비는 '가격대비 성능'의 준말로 지불한 가격대비 얼마나 높은 효용을 얻을 수 있는지를 나타내는 말이다. 가성비는 주로 저렴한 제품이나 서비스에 사용하는데, 가격은 낮지만 비싼 것 못지않은 성능을 자랑한다는 뜻으로 많이 사용된다. 하지만 가성비는 전적으로 가격을 기준으로 사용하는 말이기 때문에 제값 하는 비싼 제품보다 성능이 떨어지는 것은 당연한 일이다. 그래서 가성비가 좋다고 샀지만 결국 원하는 수준에 못 미쳐 애물단지로 전락하는 경우도 많이 있다.

그래서 최근에는 '가격대비 마음의 만족'을 추구하는 '가심비'가 새로운 소비 트렌드로 부상하고 있다. 가성비가 가격과 객관적인 성능에 초점을 맞추었다면, 가심비는 소비를 통해 얻는 만족감과 심리적 안정감 등에 초점을 맞추었다. 늦게까지 야근을 하고 집에 돌아오는 길에 평소와 달리 택시를 타거나, 저렴한 구내식당에서 점심을 먹었지만 밥값보다 비싼 디저트를 먹거나, 평소 가지고 싶던 제품을 사기 위해 과감히 지갑을 여는 등 지출에 대한 부담보다는 스스로 만족과 행복을 위해 소비하는 것이 바로 가심비를 고려한 소비의 전형이다.

소비를 통해 가심비를 경험한 사람은 해당 제품에 대한 믿음 갖게 되는데, 이는 실제 그 제품의 객관적인 성능과 상관없는 전적으로 소비자 개인의 주관적인 경험이다. 마치 아무 효과가 없는 약일지라도 진짜 효과가 좋은 약이라고 믿고 먹었을 때 환자의 증세가 호전되는 현상을 의미하는 플라시보 효과와도 비슷하다고 해서 이러한 소비를 '플라시보 소비'라고 부른다. 플라시보 소비는 다음과 같은 상황에서 그 효과가 극대화된다.

첫째, 천연소재로 만든 생리대처럼 제품 사용을 통해 심리적 안정을 얻을 수 있는 소비.

둘째, 편의점에서 파는 고급 디저트류나 매니아 층을 위해 제작된 굿즈처럼 소비를 통해 스트레스를 해소할 수 있는 소비.

셋째, 프리미엄 육아용품처럼 자신이 사랑하는 대상을 위한 소비.

넷째, 위안부 할머니, 빈곤 국가 아동, 유기견 등 다양한 분야에 후원하는 기업의 제품을 사용함으로써 자신의 아이덴티티를 표현할 수 있는 소비 등이 있다.

6월

24주

역사

독일의 하이퍼 인플레이션

1920년대 독일의 인플레이션은 상상을 초월할 정도였다. 미국 달러와 비교했을 때 1921년 미국 달러 대비 독일 마르크화 환율은 60마르크 수준이었다. 그런데 2년이 지난 1923년 달러 대비 독일 마르크화 환율은 4조 2,000억 마르크에 이르렀다. 즉 2년 남짓한 시간 동안 700억 배가 뛴 것이다. 이해를 돕기 위해 우리나라 기준으로 보면, 현재 1달러를 1,200원과 교환할 수 있지만 2년 후에 1달러와 교환하기 위해 필요한 돈은 84조라는 의미이다. 이처럼 1920년대 독일이 엄청난 인플레이션을 겪게 된 이유는 전쟁 배상금 때문이었다.

제1차 세계대전이 끝나고 협상 결과 1921년 독일이 부담해야 할 전쟁 배상금은 1,320억 마르크로 결정되었는데, 이는 당시 전체 국민소득의 10% 수준으로 독일로서는 감당하기 어려운 수준이었다. 게다가 배상을 마르크로 받는 것이 아니라 그 가치만큼의 금이나 외환으로 지불해야 했다. 이에 독일은 정부가 발행한 채권을 당시 중앙은행인 독일제국은행이 매입하는 형식, 다시 말해 정부가 돈을 더 많이 찍어내서 배상금을 마련하는 방법을 택했다. 그러나 이러한 조치는 곧바로 물가 상승으로 이어졌다. 전쟁 배상금을 부담하기 위해 더 많은 돈을 발행할 것이라는 사실을 누구나 알고 있었기에 물가가 더욱 가파르게 상승한 것이다. 게다가 물가 상승이 지속될 것이라는 사실을 예상한 채무자들은 시간을 끌수록 돈의 가치가 떨어질 것이기에 일부러 돈을 갚지 않으려고 했다. 실질 임금이 하락한 노동자들은 임금을 높여달라고 요구했으며, 아무도 은행에 저축을 하려고 하지 않았기에 금융 재정 여력도 취약해지게 되었다. 외국 투자자들 역시 독일을 떠났다. 이와 같은 재앙 수준의 인플레이션이 지속 확산되면서 독일은 경기침체의 늪에 깊숙이 빠져들었다.

이후 독일은 렌텐마르크라는 새로운 화폐를 도입하고 발행을 제한했으며 또한 승전국들이 배상금액의 일부를 삭감해줌으로써 부담을 덜었고, 치솟던 물가는 안정되어 하이퍼 인플레이션 현상은 점차 수그러들었다. 그러나 독일의 유례없는 이 현상은 정부 차원에서 대책 없이 돈을 찍어낼 때 어떤 부작용이 발생하는지에 대해 많은 나라들에 교훈을 주었다. 정부 차원의 물가관리 필요성과 통화 발행 및 유통 정책이 얼마나 중요한가를 다시금 깨달을 수 있는 계기가 된 것이다.

인물

폴 새뮤얼슨

　미국의 경제학자 폴 새뮤얼슨(Paul Samuelson, 1915~2009)은 경제학의 수리화로 과학적 분석 수준을 끌어올리는 데 기여한 공로로 1970년 미국인으로는 최초로 노벨 경제학상을 받았다. 그는 현대 경제학의 아버지로 불릴 정도로 경제학사에 한 획을 그은 인물이다. 수리경제학, 미시경제학, 국제경제학, 후생경제학 등 경제학 전 분야에 걸쳐 그의 손길이 미치지 않은 곳이 없을 정도로 경제학에 대한 공헌이 상당했다.

　그는 미시적 시장균형이론과 케인스의 거시경제이론을 접목시키면서 신고전파종합이라는 새로운 학문체계를 완성했다. 신고전파종합이란 정부의 금융과 재정정책을 바탕으로 완전고용 조건을 달성하면 나머지는 수요와 공급에 의한 시장의 자율적인 기능에 맡겨야 한다는 이론이다. 한마디로 미시와 거시를 통합하려는 시도였다.

　이러한 시도가 가능했던 이유는 그의 독특했던 대학교 시절의 경험 때문이다. 대공황 시절 그는 대학을 다니면서 케인스 경제학에 매료되었고, 케인스 경제학의 개념과 이론을 보다 정교하게 다듬어나갔다. 하지만 아이러니하게도 그가 다닌 시카고대학은 자유방임주의의 본거지로, 그의 스승 슘페터는 당시 케인스와 쌍벽을 이루는 인물이었다.

　폴 새뮤얼슨의 졸업 논문인 「경제분석의 기초」는 경제학 이론을 수학적으로 증명하고 발전시킨 기념비적 역할을 했는데, 오늘날 전 세계 경제학자들이 자신의 이론에 대한 수학적 근거를 찾는 데 자주 이용되고 있다. 그의 수많은 저서 중 베스트셀러 『경제학』 (2015년 국내출간)은 1948년 처음 출간된 이후 19번째 개정판이 나올 때까지 40개 언어로 번역되어 400만 부나 팔렸다. 이 책은 그의 수학적 재능과는 무관하게 난해한 케인스의 경제이론을 일반인도 이해하기 쉽도록 풀어서 설명하고 있다.

　그는 정부의 적극적인 시장 개입을 주장했던 인물로 미국 정가와도 인연이 깊다. 존 F. 케네디 전 대통령과 린든 B. 존슨 전 대통령의 경제고문으로 활동했을 뿐만 아니라 빌 클린턴 전 대통령의 경제정책에도 직간접적으로 영향을 미쳤다.

대체재와 보완재

'꿩 대신 닭'이라는 말이 있다. 예로부터 설날에 떡국을 끓여 먹을 때는 반드시 꿩고기를 넣어서 끓였다. 맛도 맛이지만 꿩을 상서로운 새로 여겼기 때문이다. 하지만 꿩고기는 구하기 어려워 일반 가정에서는 꿩 대신 닭을 이용해 떡국을 끓였는데, 여기서 나온 말이 바로 꿩 대신 닭이다. 적당한 것이 없으면 그와 비슷한 것을 이용한다는 의미의 이 말과 경제학에서 가장 잘 어울리는 단어는 바로 대체재이다.

대체재는 용도가 비슷할 뿐만 아니라 동일한 효용을 얻을 수 있는 재화들로, 서로가 서로를 대체할 수 있기 때문에 한쪽의 수요가 늘어나면 다른 쪽의 수요가 줄어드는 특징이 있다. 대표적인 예로 콜라와 사이다, 쌀과 밀가루, 그리고 버터와 마가린 등이 있다.

대체재가 존재할 경우 가격 변동성에 민감하게 반응하게 된다. 즉 한쪽의 가격이 오르면 사람들은 가격변동이 없어 상대적으로 가격이 저렴해진 대체재 쪽으로 수요를 늘리기 때문이다. 예를 들어 만약 콜라의 가격을 올린다면 사람들은 사이다의 소비를 늘릴 것이다.

반면 '바늘 가는 데 실 간다'라는 표현과 경제학에서 가장 잘 어울리는 단어는 보완재이다. 보완재는 서로가 서로에게 보완관계에 있는 재화들로, 따로따로 소비했을 때보다 함께 사용할 때 만족도가 커지는 특성이 있다. 그래서 이 둘의 수요는 같은 방향으로 움직이는 특성이 있으며 한 쪽의 가격이 오르면 그 재화는 물론 보완재의 수요도 함께 감소한다. 대표적인 예로 피자와 콜라, 커피와 설탕, 바늘과 실 등이 있다.

투자

기본적 분석

주식투자기법들의 이론과 배경은 가지각색일지라도 하나의 공통점을 가지고 있다. 그것은 바로 낮은 가격으로 매수해 높은 가격에 매도한다는 것이다. 누구나 알고 있는 투자 상식이지만 지금의 가격이 가치 대비 높게 평가된 것인지 낮게 평가된 것인지를 알아내기란 매우 어렵다. 그래서 현재 주식 가격의 적정성 평가를 위한 대표적인 두 가지 접근 방법이 있다. 그중 하나는 기본적 분석이라고 부르는 방법으로 기업의 재무상황과 영업활동 등을 토대로 주식의 현재 가치가 저평가 또는 고평가되었는지를 확인해보는 것이다. 다른 하나는 최근 주가의 흐름을 근거로 상승과 하락을 예측해보는 기술적 분석이다. 먼저 기본적 분석에 대해 살펴보자.

기본적 분석은 가치투자의 창시자 벤저민 그레이엄과 워런 버핏의 투자 철학과 분석 방식을 기반으로 한다. 이들은 견실하고 향후 성장할 것으로 기대되는 기업의 주식 중 현재 관심에서 소외되거나 저평가된 종목, 또는 꾸준히 좋은 성과를 내는 종목을 찾아 미래에 투자한다는 것이 그 핵심이다. 그래서 기업의 재무제표와 공시 내용을 분석해 미래 가치가 높은, 가치 있는 기업을 찾는 것이 기본적 분석이다.

재무제표에서는 부채 현황이나 자본흐름을 통해 기업의 재무적 안전성과 비용 대비 수익성 추이, 향후 성장성 등을 유추해볼 수 있다. 그리고 공시 내용을 통해 경영의 변화나 증자, 감자 내역, 주가변동 사유 등 다양한 정보들을 확인할 수 있다. 특히 기본적 분석을 중시하는 투자자들은 공시 내용 분석에 많이 집중한다. 공시 내용에서 주가의 급등과 급락의 이유 또는 경영의 변화를 알 수 있기 때문이다. 예를 들어 일반적으로 공시 내용 중 자사주 취득은 호재로 작용해 주가를 끌어올리고, 반대로 자사주 처분은 자금융통에 어려움을 겪고 있다는 시그널을 주기 때문에 주가 하락의 요인이 된다.

그러나 기본적 분석은 옛날 제조업 산업 중심의 기업 분석에는 의미 있는 방식이지만 변동성이 큰 우리나라 주식시장의 특성상 잘 맞지 않는 경우가 있고, 특히 바이오 주처럼 재무건전성이나 실적보다는 기대감에 의존하는 종목의 경우 적용할 수 없다는 한계도 있다.

이동통신 산업 (2)

　세계 이동통신 시장은 기간산업을 확대해가는 신흥국들의 수요가 늘면서 지속 증가하고 있다. 우리나라는 2010년에 이미 이동통신 보급률 100%를 넘어섰으며 이동통신 단말기와 요금이 지속 하향되는 모습을 보여와 새로운 수요를 창출하기는 쉽지 않은 상황이다. 또한 통신요금 인하는 종종 정부의 대국민 지원 정책 중 하나로 활용되기도 하면서 수익마저 크게 늘지 않는 등 우리나라 이동통신 산업은 성숙기에 접어들었다고 볼 수 있다.

　2017년 3만 5,000원이었던 우리나라 이동통신업체들의 아르푸(ARPU)[*]는 2019년에 3만 원 초반대로 하락해 있는 상황이다. 그나마 5G 서비스를 개시한 후 다소 상승했으나 여전히 예전 수준에는 미치지 못하고 있다. 이처럼 정체되어 있는 것처럼 보이는 이동통신 산업이지만 5G라는 신기술을 통한 새로운 변화를 이끌어갈 것으로 예상된다. 특히 코로나 팬데믹 이후 언택트 환경이 확대된 만큼 증가하는 데이터 트래픽 기반의 다양한 콘텐츠 향유와 서비스 제공은 5G 환경에서 더 큰 힘을 발휘할 수 있다. 또한 5G가 상용화되면 기존의 이동통신 산업뿐 아니라 스마트 팩토리, 디지털 헬스케어, 스마트 홈, 자율주행차까지 일상생활 및 산업 곳곳에 큰 영향을 미칠 것이기 때문에 미국과 중국, 우리나라를 중심으로 글로벌 경쟁이 한창인 부분이다.

　5G 시장은 향후 반도체 등 타 산업과의 연계를 통한 사업 확장 및 글로벌 시장 확대에도 지대한 영향을 미칠 수 있어 국제표준을 선점해 5G 시장을 선도하고자 하는 기업과 국가 간의 경쟁은 더욱 치열해질 것으로 전망된다. 이에 우리나라는 조기 5G 상용화 계획에 따라 2019년 4월에 상용 서비스를 시작하며 서비스를 확대해나가고 있다.

　미국도 4억 달러에 달하는 5G 네트워크 관련 투자를 추진 중이고, 중국 역시 정부 차원의 지원을 아끼지 않고 있다. 이러한 세계 5G 이동통신 시장 규모는 2026년까지 전체 이동통신 시장의 50%에 해당하는 1조 1,600억 달러까지 성장할 것으로 예상^{**}되며 이후로도 꾸준한 성장을 이어갈 것으로 전망된다.

---

*　Average Revenue Per User : 사업자의 서비스 가입자당 평균 매출액
**　한국 전자통신연구원 연구자료, 과학기술정보통신부, GSMA,

상품

튜브 물감

미술 시간에 흔히 쓰는 튜브 형태의 물감은 1841년 미국의 초상화가 존 랜드에 의해 발명되었다. 튜브 물감이 발명되기 전에 화가들은 소나 돼지의 방광에 물감을 보관했는데, 이동하는 과정에서 걸핏하면 터지는 바람에 물감이 새기 일쑤였다. 게다가 공기와 접촉한 물감은 쉽게 굳는 성질이 있는데, 동물의 방광을 이용한 물감 보관 방법은 한 번 열면 닫기가 쉽지 않아 장시간 작업이 어려웠고 이러한 이유로 야외에서 작업하는 것은 쉽지 않은 일이었다. 그래서 대부분의 화가들은 풍경화를 그릴 때 비록 야외에서 스케치를 하더라도 채색만큼은 자신의 작업실로 돌아와 기억에 의존해 작업하는 것이 일반적이었다.

이러한 불편함을 느꼈던 존 랜드는 물감을 쉽게 휴대할 수 있는 방법에 대해 고민하다 오늘날 우리가 알고 있는 형태의 튜브 물감을 개발하게 되었다. 튜브 물감은 휴대가 간편할 뿐만 아니라 사용할 만큼만 짜서 쓰기 때문에 공기와의 접촉도 최소화할 수 있어 지속적으로 물감을 사용할 수 있었다. 그는 튜브 물감을 미국과 영국에서 각각 특허를 받았고, 윈저 앤 뉴튼 사가 그의 특허권을 매입해 본격적으로 대량생산에 나섰다.

휴대가 간편한 튜브 물감 덕분에 야외 작업에 대한 불편함이 해결되면서 많은 예술가들이 자유롭게 밖으로 나가 그림을 그리기 시작했다. 특히 튜브 물감의 등장은 빛과 대기의 움직임을 순간적으로 포착해 작업하는 인상주의의 발전에 결정적인 역할을 하게 되었다. 프랑스의 화가 르누아르는 튜브 물감에 대해 이렇게 말했다.

"튜브 물감은 우리가 자연에서 그림을 그릴 수 있게 해주었다. 만일 튜브 물감이 없었다면 모네도, 세잔도, 피사로도, 그리고 인상주의도 없었을 것이다."

공정무역

지금까지 무역거래에 있어 선진국은 자신들의 우위를 활용하여 개발도상국 생산자들을 착취해왔다. 특히 전 세계에 커피와 차, 초콜릿 등을 공급하는 글로벌 메이저업체들은 자신들의 이익을 극대화하기 위해 개발도상국 생산자들로 하여금 더 낮은 가격에 농산물을 납품할 것을 강요해왔다. 그 결과 개발도상국가의 농장에서 일하는 노동자들은 아무리 열심히 일해도 절대로 빈곤의 늪에서 빠져나올 수 없었다.

이러한 불공정 무역거래를 해결하고자 공정무역이 등장하게 되었다. 공정무역은 아시아, 아프리카, 남미 등 개발도상국 생산자들에게 정당한 대가를 지불함으로써 그들의 경제적 자립과 지속가능한 발전을 지원하기 위한 무역형태를 말한다.

공정무역은 1960년대 시민운동의 일환으로, 관련 조직과 단체가 만들어지면서 유럽과 미국 등 선진국을 중심으로 본격적으로 시작되었다. 그러다 1988년 네덜란드에서 최초로 멕시코산 커피에 막스 하벨라르(MAX HAVELAAR)라는 인증마크를 부착해 판매한 것을 계기로 공정무역 관련 인증마크들이 생기면서 대중적으로 확산되기 시작했다.

우리나라에서는 2003년 '아름다운 가게'에서 아시아의 수공예품을 판매한 것을 계기로 공정무역 운동이 시작되었다. 이후 두레생협, 아이쿱생협, 아시아 공정무역 네트워크 등 다양한 공정무역 단체가 설립되면서 공정무역 규모가 빠른 속도로 성장하고 있다. 공정무역 단체들은 개발도상국 농민들에게 열악한 인프라 구축을 지원하는 한편, 최저가격을 보장함으로써 그들의 자립을 지원하고 있다. 대신 그동안 생산단가를 낮추기 위해 임금이 싼 아이들을 고용해왔던 것을 금지함으로써 아동의 노동력을 착취하는 행위를 근절하고, 친환경농법을 통한 환경보호에 앞장서는 등 다양한 활동에 앞장서고 있다.

하지만 공정무역에도 부작용이 있다. 가격은 수요와 공급에 의해 결정되어야 하는데 시세보다 비싼 가격에 구매함으로써 수요·공급 시스템을 왜곡시킬 수 있다. 왜냐하면 공정무역을 통해 비싼 가격에 사주는 작물에 생산이 집중되면서 시장에서 필요로 하는 다른 작물들은 생산하려고 하지 않을 것이기 때문이다.

6월

25주

뉴딜정책

　자유경제 자본주의의 가장 중요한 사상은 시장은 자율에 맡기고 국가의 개입을 최소화한다는 것이다. 그러나 1929년 미국은 대공황을 겪으면서 생산이 절반으로 줄고 실업자가 1,500만 명을 넘어서는 극심한 경기침체 상황을 맞이했다. 기존의 자본주의 체제만으로 이 문제를 해결하기는 어려웠다. 이때 1932년에 당선된 루스벨트 대통령은 대공황 탈출을 위한 구제와 부흥, 개혁 등을 슬로건으로 내세우면서 정부가 본격적으로 경제에 개입하기 시작했다. 이러한 정책들을 대통령 수락 연설에서 사용한 '뉴딜'이라는 단어를 차용해서 '뉴딜정책'이라고 명명했다.

　뉴딜의 주요 내용으로는 먼저, 금융 안전망을 구축하기 위해 은행에 대규모 자금을 제공하여 국민의 안정적인 경제활동을 지원했고 농산물 가격을 안정화시키기 위해 노력했다. 그리고 농업 조정법을 기반으로 경작을 제한함으로써 농산물 가격을 1차 세계대전 이전으로 회복시킨 것과, 대규모 공공사업을 추진함으로써 일자리를 제공해 실업률을 줄이는 노력을 했다. 즉 일자리 창출을 통해 소득수준을 높여 시장에 적정 소비를 창출하고 자금이 원활하게 융통될 수 있는 경제 환경 구축에 노력한 것이다. 이와 같은 뉴딜정책을 통해 기존에 할 수 없었던 새로운 개혁과 정책들이 시도되면서 대공황은 점차 안정화되었고 나름의 의미 있는 성과를 창출했다.

　그러나 이러한 루스벨트 대통령의 노력에도 한계가 있었다. 경기는 빠르게 회복되는 듯했지만, 수요 창출을 위해 확대 공급한 통화로 인해 인플레이션이 초래된 것이다. 정치적으로도 정부의 개입 확대를 사회주의 정책으로 인식했던 보수주의자들은 뉴딜정책에 대해 불만이 높았고, 개혁 수준이 기대에 못 미친다는 진보주의자들 역시 불만의 목소리를 내면서 루스벨트 대통령은 난관에 부딪히게 되었다. 이런 상황이 채 지나지 않아서 1937년 대공황이 다시 발생하게 되었다. 루스벨트 대통령은 다시 공황 상황을 타개하고자 했고 1938년부터 1939년까지 추진한 경제정책을 '후기 뉴딜'이라고 부른다. 이러한 루스벨트 대통령의 뉴딜 정책은 자유주의 경제 중심의 미국 자본주의를 정부 주도로 수정하게 했을 뿐 아니라 정치, 사회 전체에 걸쳐 큰 영향을 미쳤다는 데 큰 의미가 있다.

밀턴 프리드먼

미국의 밀턴 프리드먼(Milton Friedman, 1912~2006)은 작은 정부로 대변되는 자유시장주의 경제학자로, 통화가치 안정을 최우선으로 생각하는 통화주의 경제학파의 창시자이다. 그는 대공황 이후 전 세계를 주름잡아온 '케인스 학파에 반기를 든 인물로 재정정책보다는 중앙은행을 통한 통화공급정책을 강조했다. 이는 불황이나 인플레이션 등 국민경제 변화에 가장 큰 영향을 미치는 요인이 바로 통화량이라 생각했기 때문이다. 그는 통화이론과 경제안정 정책에 기여한 공로로 1976년 노벨 경제학상을 수상했다.

프리드먼은 대공황의 원인에 대해서도 새롭게 설명했다. 유효수요 부족을 대공황의 원인으로 꼽은 케인스와 달리, 프리드먼은 잘못된 통화정책을 대공황의 원인이라고 주장했다. 경제가 위축되면 정부는 통화량을 늘려 경기를 활성화시켜야 하는데, 오히려 정부가 통화량을 감소시켰기 때문에 극심한 신용경색*이 발생하면서 대공황으로 연결되었다는 것이다. 대공황 당시 미국의 통화량은 3분의 1 정도 급감했는데, 이것이 대공황의 직접적인 원인으로 작동했다고 보았다.

또한 그는 불황 극복을 위한 재정정책은 구축 효과로 인해 쓸모가 없다고 주장했다. 구축 효과란 재정정책을 통해 정부지출을 확대할 경우 그와 비슷한 수준으로 민간부문의 투자와 소비가 위축되는 부작용을 말한다. 만약 정부가 정부지출 확대를 위해 국공채를 발행할 경우 시장의 자금이 국채를 사는 데 집중되면서 이자율은 상승하게 된다. 이자율이 상승함에 따라 자금조달이 어려워진 기업들은 투자를 줄일 수밖에 없다. 또한 세금을 통해 정부지출을 확대할 경우 국민의 가처분소득이 줄어들면서 소비가 감소할 수밖에 없다. 결국 재정정책으로 인한 정부지출 확대가 민간부문의 투자와 소비를 감소시킴으로써 아무런 효과를 발휘하지 못한 채 이자율만 상승시킬 뿐이라는 것이다.

그렇다고 그가 통화정책을 적극적으로 활성화하자고 주장한 것은 아니다. 그는 통화정책은 단기적으로만 효과가 있을 뿐 장기적인 경제성장에는 영향을 미치지 못한다는 것을 강조했다. 자칫 잘못된 통화정책이 오히려 경제를 망칠 수도 있기 때문이다. 그는 연방준비은행(FRB)이 일정 비율로 화폐공급을 늘려간다면 인플레이션 걱정 없이 안정적인 경제성장이 가능하다고 주장했다.

---

* 금융기관 등에서 자금 공급이 원활하지 않아 기업이 자금부족으로 어려움을 겪는 현상

재정의 기능

　국민 경제는 크게 가계, 기업, 정부로 구성되어 있다. 가계는 소비의 주체로 효용을 극대화하려 하고 기업은 생산의 주체로 이윤을 극대화하려고 한다. 반면 정부는 가계와 기업으로부터 거둬들인 세금을 기반으로 무상교육, 실업수당, 복지수당처럼 생산활동과 무관한 사람들에게 일방적으로 지급하는 이전지출을 통해 민간부문의 자원 배분을 조정한다. 또한 기업에서 돈이 되지 않아 생산하지 않는 것들을 공공재와 공공 서비스의 형태로 생산하여 제공하기도 한다. 이처럼 정부는 생산과 소비의 주체가 되어 사회 전반의 후생 증대를 목표로 다양한 경제활동을 하고 있는데, 이를 재정(財政, Public Finance)이라고 부른다.

　정부의 재정활동은 국민 경제에서 자원 배분의 효율성을 높이고 소득 재분배를 통해 형평성을 확보하는 한편, 경제를 안정적으로 운영하는 데 그 목적이 있다. 각각의 내용에 대해 좀 더 자세히 알아보도록 하자.

　첫째, 자원의 최적 배분. 시장은 '보이지 않는 손'에 의해 가장 효율적으로 생산하고 소비한다. 하지만 이런 시장도 독과점, 시장의 불완전성, 외부경제 등으로 인해 제대로 작동하지 못하는 경우가 있다. 이때 정부가 직접 개입함으로써 자원이 보다 효율적으로 작동하도록 하는 한편 시장이 존재하지 않을 경우 직접 공공재를 생산하여 공급하기도 한다.

　둘째, 소득의 재분배. 소득 격차가 심해질수록 상대적 박탈감이 심해지면서 여러 가지 부작용을 낳는다. 그래서 정부는 계층 간 소득 격차를 완화하기 위해 재산이나 소득이 많은 사람에게는 더 높은 세율을 적용하는 누진세 등을 부과해 세금을 더 많이 걷고 이를 재원(財源)으로 하여 저소득층을 위한 복지제도를 확충한다. 이러한 활동을 통해 사회적 약자를 보호하고 국민의 인간다운 삶을 위한 최소한의 기반을 조성하기 위해 노력한다.

　셋째, 경제의 안정화. 과도한 인플레이션과 급격한 경기침체, 장기간 고용 부진 등 경기변동의 폭이 클수록 여러 가지 부작용이 생길 수밖에 없다. 그래서 정부는 안정된 경제환경 속에서 국민이 안심하고 경제활동에 전념할 수 있도록 경기변동 폭을 줄이기 위해 노력한다. 경기가 호황일 때는 이를 억누르기 위해 정부의 지출을 감소시키고 세율을 인상하는 등 긴축정책을 실시하고, 불황일 때는 정부의 지출을 증가시키고 세율을 인하하는 등 확장정책을 펼친다.

투자
기술적 분석

　기본적 분석이 기업의 본질적인 내재가치를 분석하는 데 반해 기술적 분석은 가격 거래에 따른 주가 움직임을 분석하여 투자하는 방법이다. 기술적 분석은 19세기 후반에 미국에서 기업 공시제도가 정비되지 못해 공신력 있는 기업 정보를 얻지 못했던 때부터 활용되던 방법이다.

　일부 기술적 분석가는 기본적 분석에서 강조하는 기업에 대한 가치평가가 지금 주가에 이미 반영되어 있기 때문에 따로 개별 종목의 정보나 특성을 크게 고려하지 않아도 된다고 이야기한다. 즉 차트에 기반한 가격 움직임을 살펴보는 기술적 분석이 단기적 관점에서 보면 기본적 분석보다 효과적일 수 있다는 의미이다. 특히 기술적 분석은 시장참여자들의 심리적 기대가 가장 큰 영향을 미친다고 판단한다. 그리고 시장 심리에 의해 발생되는 수급이 주가에 반영됨으로써 형성된 추세와 나름의 패턴을 적절하게 해석하고 투자할 경우, 수익 창출이 가능하다는 것이 기술적 분석의 효용이라고 할 수 있다. 이러한 기술적 분석의 장점 중 하나는 특정 종목의 주식뿐 아니라 지수, 파생상품 등의 분석에도 적용할 수 있다는 것이다.

　기본적 분석이 여러 재무제표를 다양한 각도에서 분석하고 때로는 행간의 의미를 찾아야 하는 반면, 기술적 분석은 추세와 수급의 방향성만으로 대략적인 상승과 하락을 예상할 수 있다. 따라서 기본적 분석보다 쉽게 투자할 수 있다는 장점이 있다. 반면에 기술적 분석의 단점은 자의적 해석이 강하다는 것이다. 같은 차트를 보고 어떤 사람은 해당 종목에 대한 매집이 시작되었다고 판단하는 반면, 다른 누구는 매도하고 있다고 생각할 수 있다. 이는 사람마다 모두 다를 수밖에 없는 투자 경험과 종목에 대한 선입견 등 주관적 요소가 강하게 반영되기 때문이다. 또한 오랜 기간의 가격 흐름을 차트로 보면 알 수 있지만, 매일매일의 차트를 쪼개 보면 별다른 시그널을 찾을 수 없는 후행적 분석이라는 단점도 있다.

석유 산업 (1)

　석유는 세계 산업경제에 가장 큰 영향을 미치는 원자재이다. 석유는 기본적인 연료 공급원으로서의 기능뿐 아니라 우리 일상 필수품의 원재료로 사용되기 때문에 1970년대 오일 쇼크 때 경험했듯이, 석유의 수급과 가격 변화는 국가 경제에 커다란 영향을 미친다. 1978년 우리나라 에너지원 중 63% 이상이 석유에너지였다. 이후 1차 에너지원 중 석유 소비 비중은 LNG와 신재생 에너지, 원자력으로 전환되면서 점차 줄어들고 있지만 여전히 38%* 비중이 넘는 주요 에너지원으로 역할을 담당하고 있다.

　석유 산업은 크게 탐사와 개발부터 판매에 이르는 일련의 과정을 상류, 중류, 하류 3가지 부문으로 분류할 수 있다. 상류 부문은 석유탐사와 개발, 생산 영역이 해당되며 중류 부문은 생산된 석유를 처리 운송하고 저장하는 사업 영역을, 하류 부문은 이를 정제해 판매하는 영역을 말한다. 특히 하류 부문만의 사업을 영위하는 회사를 정유회사라고 한다. 또한 상류부터 하류까지 모든 부문을 수행하는 미국의 엑손모빌, 네덜란드의 쉘 같은 회사를 일괄조업 석유회사라고 하며 메이저 기업이라고 부른다.

　20세기 세계 경제발전의 원동력이 되었던 석유 산업은 자본집약적 산업으로 초기에 막대한 자금이 필요한 사업이다. 석유탐사에 성공하면 오랜 기간 안정적인 수익을 기대할 수 있지만, 실제로 탐사를 통해 석유를 찾을 확률은 20%가 채 되지 않는다. 그러므로 막대한 자금을 투자한다고 해서 성공이 보장되는 사업은 아니다. 또한 석유 산업은 높은 공공성의 산업으로도 분류된다. 석유는 국가경제 및 국민생활에 매우 중요한 원료이므로 이를 안정적으로 관리하는 것이 매우 중요하다. 따라서 대부분의 국가들은 석유를 들여오면 정부가 직접 석유 관련 제품을 생산, 공급하는 데 관여하고 있다.

　우리나라는 석유가 나오지 않기 때문에 하류 부문의 정유 사업이 발달했는데 2019년 기준 국내 총 정제 처리 물량은 303만 B/D** 수준이다. 현재 우리나라의 대표적인 정유회사로는 1962년 정부 주도로 국내 최초로 설립된 SK에너지와 1967년 설립된 민간 정유회사인 GS 칼텍스, 쌍용그룹과 이란 국영석유공사 간의 합작 투자로 설립된 한·이 석유로부터 이어진 S-Oil, 현대 오일뱅크 등이 있다.

---

*　2019년 기준

**　Barrels of oil per Day

상품

비누

비누의 어원은 고대 로마시대 때 제사를 지냈던 사포(Sapo) 언덕의 이름에서 유래되었다. 이 언덕에서는 양을 태워 신들에게 바치는 종교의식을 지냈는데, 우연히 양을 태우고 남은 재가 물과 섞이면 빨래의 때를 말끔히 빼준다는 사실을 발견했다. 양을 태우는 과정에서 동물의 기름과 재가 섞이면서 자연스럽게 비누가 만들어진 것이다.

비누는 고대 바빌로니아인들이 처음 사용했다고 알려졌을 만큼 긴 역사를 갖고 있지만, 일반인들이 비누를 마음껏 사용하기 시작한 것은 얼마 되지 않는다. 그동안 대량생산이 어려워 상당히 고가로 거래되었던 비누는 귀족들의 전유물로써 마치 사치품처럼 사용되었다. 그런데 1790년 프랑스의 화학자 니콜라스 르블랑에 의해 비누의 대량생산이 가능해졌다. 그는 해수의 소금과 암염을 이용해 탄산나트륨을 만들어내는 르블랑 공정을 발명해냈다. 이로 인해 비누의 가격이 낮아졌고 비로소 사람들은 비누를 마음껏 사용할 수 있게 되었다.

비누가 대중화되기 전에 사람들은 제대로 씻거나 빨래를 하지 못해 위생상태가 엉망이었고 자연히 각종 전염병과 피부병으로 고통받는 사람들이 많았다. 이처럼 건강상태가 좋지 않다 보니 당시 사람들의 평균수명은 40세에 불과했다. 하지만 비누가 일반인들에게 보급되면서 사람들은 비누로 몸을 씻고 빨래를 할 수 있게 되어 생활환경이 개선되면서 평균수명은 20년 정도 연장되었다.

세계 최대의 생활용품 기업 P&G는 1879년 개별 포장된 상태로 판매된 최초의 비누 '아이보리'를 출시했다. 순도가 높고 세정력이 좋아 품질이 우수했을 뿐만 아니라 물에 가라앉는 다른 비누와 달리, 물에 뜨는 특성이 있던 이 비누는 선풍적인 인기를 끌며 오늘날의 P&G를 있게 만든 1등 공신이 되었다. 참고로 아이보리 비누가 출시될 당시 가정에는 목욕을 할 만한 변변한 시설을 갖추지 못해 사람들은 주로 강가에서 목욕을 많이 했는데, 물에 뜨는 아이보리 비누는 목욕을 하다 비누를 잃어버릴 일이 없어 인기가 좋았다고 한다.

P&G는 더 많은 비누를 팔기 위해 마케팅에도 공을 들였는데, 특히 주부들을 타깃으로 한 라디오나 TV 드라마 앞뒤로 광고를 많이 했다. 그래서 주부들이 즐겨보는 일일드라마의 경우 비누 만드는 회사의 지원을 받아 만든 드라마라는 뜻으로 '솝 오페라'라고 불렸다고 한다.

경제상식

모디슈머

과거의 소비자들은 단순히 기업에서 만든 제품을 소비하는 수동적인 역할만 해왔다. 그러나 오늘날 소비자들은 자신들의 생각을 적극적으로 기업에 어필하면서 기업의 생산은 물론 마케팅 방식에도 많은 변화를 이끌어내고 있다. 그래서 최근에는 소비자가 기업에 영향을 미치는 방식에 따라 소비자를 분류해 ○○슈머라 부르고 있다. 여기서 ○○은 기업에 영향을 미치는 방식을 뜻하는 영어단어로, 해당 영어단어와 소비자를 의미하는 Consumer를 합성해 만든 단어가 바로 ○○슈머이다.

최초의 슈머족은 프로슈머(Prosumer)이다. 미국의 미래학자 앨빈 토플러는 그의 저서 『제3의 물결』(2014년 국내 출간)에서 앞으로는 생산자와 소비자의 경계가 허물어질 것이라고 예견하며 프로슈머라는 단어를 처음 사용했다. 프로슈머의 프로는 생산한다는 뜻의 'Produce'를 지칭하는 말로 이들은 자신들이 사용하는 제품에 만족하지 않고 제품 기획 단계에서 생산과 유통 단계에 이르기까지 전 분야에 걸쳐 다양한 의견을 기업에 제시함으로써 자신들의 취향에 맞는 제품을 출시하도록 만드는 능동적인 소비자들이다.

이 밖에도 기업 광고 등에 의존하지 않고 새로운 제품이나 서비스를 직접 체험하기 원하는 체험적 소비집단인 트라이(Try, 시도하다)슈머, 안전에 대한 불신이 커짐에 따라 제품을 구매하기 전에 성분과 원재료는 물론 다른 사람들의 사용 후기까지 확인하고 소비하는 깐깐한 소비자 집단인 체크(Check, 확인하다)슈머, 그리고 국내와 해외에서의 가격 차이에 불만을 가지고 직접 해외 인터넷 쇼핑몰을 통해 물건을 구입하는 해외직구족 바이(Buyer, 수입상)슈머 등이 있다.

이외에도 요즘 이슈가 되고 있는 슈머족으로는 '모디슈머'가 있다. 모디슈머의 모디는 '수정하다'라는 뜻의 'Modify'로 제조사가 만든 방식에 따라 제품을 소비하는 것이 아니라 자신만의 특색 있는 방식으로 제품을 소비하는 소비자를 말한다. 이들은 기존의 틀에 얽매이지 않고 자신만의 방식으로 제품을 재구성함으로써 제품을 끊임없이 재창조하고 있다. 모디슈머를 통해 유행하게 된 제품으로는 영화 〈기생충〉에서 화제가 된 '짜파구리(짜짜로니+너구리)'와 아이돌 갓세븐의 마크 팬이 마크를 알리고 싶어서 만들었다는 '마크정식(떡볶이+스파게티+치즈+소시지)' 등이 있다. 특히 삼양식품 불닭볶음면의 경우 까르보 불닭볶음면과 짜장 불닭볶음면 등 소비자들이 집에서 직접 재조합해서 먹는 레시피가 실제 제품 출시로 연결되면서 매출이 급상승하고 있다.

6월

26주

브레튼우즈 체제

2차 세계대전이 진행 중이었던 1944년 7월, 미국 뉴햄프셔주에 있는 휴양지 브레튼우즈에 44개국 대표들이 모여 새로운 금융 체제를 논의했다. 여기서 말하는 새로운 금융 체제란, 전쟁으로 인해 혼란스러웠던 화폐에 대한 기준을 만들고 이를 통해 세계무역을 활성화함으로써 세계 경제를 함께 성장시키자는 논의였다. 브레튼우즈 체제 논의 결과 미국 달러만이 금과 고정 비율로 바꿀 수 있게 된 반면, 다른 통화들은 금이 아닌 미국 달러만 고정 환율로 교환할 수 있도록 했다. 두 차례 세계대전을 거치면서 수립된 브레튼우즈 체제는 글로벌 정치와 경제적으로 커다란 의미를 갖는다.

먼저, 회의가 열린 곳이 지금까지 죽 진행해오던 세계 금융 중심지인 영국 런던이 아니라 미국이었다는 점이었다. 즉 미국 달러가 세계 기축통화가 되었다는 뜻은 미국이 전쟁으로 피폐해진 유럽보다 경제적 우위를 갖고 있으며, 이러한 미국 달러가 가장 신뢰할 수 있는 통화수단이라는 것을 전 세계적으로 공식화했다는 것이었다. 유한 자원인 금은 생산에 제한이 있지만 금과 바꿀 수 있는 유일한 통화인 달러는 세계 거래 시장과 통화량이 커질수록 그 발권량은 늘어날 수밖에 없었다. 이를 실현하기 위해 각국에 필요한 외화를 공급하는 국제통화기금(IMF)과 전후 부흥과 후진국 개발을 위한 국제부흥개발은행(IBRD)이 창설되었다.

많은 사람들은 브레튼우즈 미팅을 통해 미국 역시 당시 유럽 열강들처럼 직접적이거나 또는 경제적 식민지 지배 체제를 만들 것이라고 생각했다. 하지만 미국이 그려온 청사진은 다른 나라의 이권을 크게 침해하지 않으면서도 새로운 경제 체제를 만드는 것이었다. 그랬기 때문에 여러 국가들이 모였음에도 쉽게 동의할 수 있었을 것이다.

그러나 브레튼우즈 체제는 1960년대 이후 지속된 국제 유동성 문제와 기축통화인 달러화 신용의 계속적인 실추로 인해 붕괴의 과정에 들어섰다. 마침내 1971년 닉슨 대통령은 더 이상 달러를 금으로 바꿀 수 없다는 금태환 정지 선언을 했고, 브레튼우즈 체제는 종료되었다.

인물

제임스 뷰캐넌

'공공선택이론'으로 유명한 미국의 경제학자 제임스 뷰캐넌(James M. Buchanan, 1919~2013)은 정치적 의사결정 과정을 경제학적으로 분석한 공로를 인정받아 1986년 노벨 경제학상을 받았다. 그는 정치인이나 정부관리들도 평범한 개인과 마찬가지로 기본적으로 자신의 이익을 추구한다고 바라보았다. 그러므로 그들은 공공의 이익이 아닌 재선이나 권력, 명예와 같은 자신의 이익을 극대화하려고 노력할 뿐 결코 공공의 이익에 부합하는 결정을 하지 않는다고 주장했다. 그는 시장이 실패하듯 정부도 실패할 수 있다고 주장하면서 과도한 재정적자를 바탕으로 한 재정정책에 경종을 울렸다.

정치인은 자신들의 권력을 유지하기 위해 유권자의 표가 필요하다. 그들은 유권자가 듣기 좋아하는 말들로 그들을 현혹시킨다. 매번 선거 때만 되면 복지 포퓰리즘이나 특정 지역에 유리한 개발계획들이 쏟아지는 것도 이러한 이유에서다. 정부 관료도 마찬가지다. 그들에게 더 많은 예산은 더 큰 권력을 의미한다. 그들은 더 많은 예산을 얻기 위해서 더 많은 공공사업을 일으키고 이를 빌미로 조직의 규모도 점점 더 키운다. 그래서 호황이든 불황이든 상관없이 정부의 재정적자 규모는 계속해서 커질 수밖에 없고 결국 그 부담은 다음 세대가 짊어질 수밖에 없다.

이러한 상황을 가장 잘 활용하는 것은 특수 이익집단이다. 이들은 경쟁과 혁신을 통해 정당한 경제활동으로 이익을 보기보다는 정치가들에게 로비를 해서 자신들에게 유리한 방향으로 법이 만들어지도록 노력한다. 어차피 정치가와 정부 관료들은 주어진 예산을 쓴다는 것이 중요할 뿐, 어디에 어떻게 쓰는지는 크게 중요하지 않다는 점에서 서로의 이익이 가장 잘 맞아떨어지기 때문이다. 일반 시민들도 이러한 현실을 잘 알고 있지만 특별히 여기에 반대하지도 않는다. 어차피 자신의 노력으로 이 현실을 바꿀 수 없다면 그냥 무시하고 사는 것이 오히려 경제적이기 때문이다. 뷰캐넌은 이를 '합리적 무시'라고 했다.

그는 이러한 문제는 개인의 문제가 아니라 정치제도의 문제라고 생각했다. 헌법에는 정치적 이해관계에 따른 정부의 권력 남용을 막을 아무런 장치가 없기 때문에 이런 일이 발생하는 것이라고 주장하면서 그는 헌법 혁명을 통한 해결을 강조했다.

경제학
승수효과

정부가 재정지출을 확대하면 이로 인해 가계의 소득이 늘어나고 가계는 늘어난 소득을 기반으로 소비를 늘리게 된다. 가계의 소비가 늘어나면 기업의 매출이 늘어나면서 다시 고용을 늘리고 늘어난 고용을 바탕으로 가계의 소득이 늘어나는 선순환 구조가 발생한다. 이처럼 정부가 재정지출을 늘릴 경우 지출한 금액보다 더 많은 국민소득이 창출되고 이로 인해 총수요가 증가해 기업의 생산과 고용이 느는 등 연쇄적 파급효과를 일으키는 것을 가리켜 '승수효과'라고 한다.

이해를 돕기 위해 간단한 예를 들어보자. 어떤 나라의 국민들은 소득의 80%를 소비하고 20%를 저축하는 성향을 가지고 있다고 가정해보자. 어느 날 국가에서 경제를 살리기 위해 5,000만 원의 지출을 했다면 이로 인해 늘어난 총수요는 얼마나 될까?

일단 정부지출 5,000만 원은 누군가의 소득이 된다. 그러면 그 사람은 5,000만 원의 80%인 4,000만 원을 소비하고 20%인 1,000만 원을 저축한다. 4,000만 원의 소비는 다른 누군가의 소득으로 잡히고 그 사람 또한 4,000만 원의 80%인 3,200만 원을 소비하고 20%인 800만 원을 저축한다. 이렇게 누군가의 소득이 다시 소비를 유발하는 과정이 무한히 반복되면서 5,000만 원의 지출이 결국 2억 5,000만 원의 소비로 연결되는 것이다.

승수효과는 대공황을 극복하기 위해서는 정부가 적극적으로 나서 재정지출을 늘려야 한다는 케인스의 주장을 뒷받침한 핵심 이론이다. 불황에서 탈출하기 위해서는 가계는 소비를 기업은 투자를 늘려야 하는데, 미래의 전망이 불안하기 때문에 아무도 그렇게 하지 않는다. 이때 소비와 투자의 불씨를 살리기 위해 정부는 재정적자를 감수하면서까지 재정지출을 늘려야 한다는 것이 그의 주장이었다. 그리고 그의 말대로 적극적인 재정지출을 통해 대공황을 극복해냈다.

투자

다우이론

다우이론은 주가예측이론 중에서도 오래되었으며 널리 알려진 이론으로 세계적인 주가지수인 다우존스 산업평균지수를 창안한 찰스 다우로부터 시작되었다. 찰스 다우가 사망한 이후 사무엘 넬슨과 대공황 예측으로 유명한 윌리엄 헤밀턴, 로버트 레아 등이 논문과 이론들을 체계화하여 다우이론을 정립했으며 사무엘 넬슨이 '다우이론'이라 칭했다.

다우이론의 기본은 주가에는 이미 시장에 알려진 공개 정보가 반영되어 있다는 효율적 시장가설을 토대로 하여 주식시장이 오르내리는 싸이클 안에서 일정하게 변화한다는 전제에서 출발한다. 다우이론은 기간에 따라 일 단위 단기추세, 수개월 중기추세, 몇 년에 걸친 장기추세 이렇게 3가지로 구분한다. 만일 새로운 중기추세 최저점이 이전 장기추세의 최저점보다 높은 경우 상승국면으로 들어간다고 분석한다. 그리고 중기와 장기로 이어지는 추세를 투자자들의 움직임에 따라 각각 강세와 약세 3가지의 총 6가지 국면으로 구분한다.

강세 1국면은 침체된 시장에서 서서히 상승 기류가 나타나 강세장으로 접어드는 국면이며, 2국면은 본격적인 상승장을 이야기한다. 1, 2국면 때 전문가는 매수하고 일반인은 매도하거나 관망한다. 3국면은 일반인 매수가 늘어나 과열 양상을 보이는 반면 전문가는 매도하는 상황이다. 이후 4국면부터 6국면까지는 약세장을 이루는 기간이며 분산, 공포, 침체를 겪는다고 설명하고 있다. 각 국면마다 전문가와 일반인이 상황을 다르게 인식함으로써 발생하는 의사결정 차이에 대해 설명하고 있다.

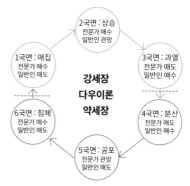

요약해보면 전문가는 공포에 사고, 과열에 매도하는 모습을 보이지만 일반인은 반대 포지션을 취함으로써 지속적인 손실을 본다는 내용을 담고 있다. 다우이론은 예전부터 사용된 기술적 분석의 정형화된 이론으로 인정받고 있으나 제한적인 부분 역시 존재한다. 미래 예측에 활용되기보다는 현재의 진행 국면이 어디인가를 파악하는 데 초점을 두며 개별 종목에 적용하기에는 그 한계성이 있다는 것을 보여준다. 특히 기업 이벤트 하나하나에 크게 영향을 받는 변동성이 큰 종목의 경우에는 다우이론을 적용하기 적합하지 않다.

석유 산업 (2)

우리나라는 석유 한 방울 나지 않는 나라지만 세계 5위권의 석유정제 처리역량을 보유하고 있다. 주요 산유국이자 소비국인 미국, 중국, 러시아, 인도(1위~4위) 다음으로 약 8,300만 배럴에 달하는 전 세계 정제 처리물량 중 3.7%[*]를 처리하고 있다.

세계 여러 국가들이 에너지 자원 확보에 열을 올리고 있는 상황에서 석유 산업 분야의 경쟁력을 갖추고 있다는 것은 국가 경쟁력을 높이는 데도 도움이 되는 부분이다. 그러나 각국의 CO_2 절감 등 환경친화적 에너지로의 전환 노력으로 인해 석유 산업은 새로운 기로에 서게 되었다.

석유를 대체하는 친환경 에너지 확대로 기존의 석유 산업이 점차 위축될 것이라는 주장과 앞으로도 여전히 오랫동안 활용될 유효한 에너지 자원이라는 의견이 대립하며 석유 산업의 미래에 대한 갑론을박이 한창이다. 그러나 이러한 논쟁의 결과가 도출되기도 전에 석유 산업은 코로나19 팬데믹으로 가장 큰 타격을 입은 산업 중 하나가 되었다. 코로나 팬데믹으로 전 세계 여행과 운송이 막히고 이에 따른 석유 수요 감소는 글로벌 석유 산업을 위축시켰다.

국제에너지기구가 발표한 석유 시장 전망보고서[**]에는 전년 대비 석유 수요량이 소폭 증가할 것으로 예상했으나 코로나 확산 이후 오히려 약 30% 정도 감소한 1995년 수준에 머물 것으로 전망했다. 이에 OPEC+[***]는 석유시장 안정을 위해 역대 최대 규모의 감산 계획을 세웠다.

2020년 초 60달러를 오가던 국제유가도 3, 4월에 급격하게 하락하면서 역사상 유례없는 마이너스 유가를 기록하기도 했다. 이후 어느 정도 안정세를 찾았으나 여전히 석유 산업에 대한 전망이 밝지만은 않은 상황이다. 또한 석유 산업은 수요를 감안한 선(先)투자와 일정 부분 제품 재고관리비용 등 여러 부수비용도 지속 발생하기에 코로나 팬데믹으로 인한 수요 감소는 우리나라뿐 아니라 전 세계 석유 산업에 공급 과잉과 마진 하락 등 부정적인 영향을 미칠 것으로 전망된다.

---

[*]   2019년 기준
[**]   2020년 발간
[***] OPEC(석유수출국기구) 주요 10개 산유국 연대체제

허니버터 아몬드

2019년 아랍에미리트에서 개최된 스포츠 행사에서 만수르 왕자 앞에 놓여 화제가 된 간식이 있었다. 그것은 바로 길림양행의 허니버터 아몬드이다. 허니버터 아몬드는 국내에서 맛과 향을 입힌 시즈닝 아몬드 열풍을 일으키면서 새로운 시장을 개척한 상품으로 전 세계 16개국에 수출되고 있다. 허니버터 아몬드는 최근 몇 년 사이에 한국에 여행 온 외국 관광객들이 집으로 돌아갈 때 선물용으로 구입하는 인기 상품 중 하나가 되었다. 특별히 광고하지 않았음에도 그 맛에 반한 사람들의 입소문을 타고 인기몰이를 했기 때문에 가능한 일이었다.

허니버터 아몬드의 탄생에는 2014년 해태제과의 허니버터칩 열풍이 있었다. 당시 품귀 현상으로 구하기 어려웠던 허니버터칩을 대신해 아몬드에 허니버터 맛을 입혀보자는 편의점 GS25의 요청을 수용해 2015년 1월에 출시한 것이 바로 허니버터 아몬드였다. 결과는 대성공이었다. 하지만 안심할 수는 없었다. 어디까지나 허니버터 아몬드의 인기는 허니버터칩 열풍이 있었기에 가능했던 것이고, 한 가지 맛으로만 승부한다면 곧 다른 회사들이 비슷한 제품을 출시해 어렵게 만들어낸 열풍이 사라질 수도 있었다.

길림양행은 다른 경쟁자들이 따라 할 수 없도록 다양한 맛을 개발하기 시작했다. 김, 와사비, 군옥수수, 불닭볶음, 요구르트 등 다양한 맛의 아몬드 시리즈를 출시하는 과정에서 와사비 맛과 같은 히트 상품들이 연이어 쏟아지면서 까다로운 소비자들의 입맛을 사로잡는 데 성공했다. 덕분에 돌풍의 주역이었던 허니버터칩의 열기는 사그라들었지만 허니버터 아몬드의 인기는 여전히 건재할 수 있었다.

그렇지만 허니버터 아몬드의 성공을 단순히 시기를 잘 탄 운이 좋은 상품으로 생각해서는 안 된다. 한국에서 독점적으로 아몬드를 수입할 수 있었던 길림양행은 90년대 들어 수입규제가 해제되면서 위기를 맞게 되었다. 대기업들이 직접 아몬드를 수입하면서 경쟁력을 잃게 된 것이다. 하지만 쓰러져 가던 회사를 살린 것은 그의 아들이었다. 아버지로부터 빚만 100억 원이었던 회사를 물려받은 윤문현 대표는 시즈닝 아몬드에 주목해 본격적으로 연구에 나선 끝에 잘 눅눅해지지 않으면서 서로 달라붙지 않도록 만드는 코팅 기술을 개발하는 데 성공했다. 이러한 준비가 뒷받침되었기에 허니버터칩 열풍을 기회로 기사회생할 수 있었던 것이다.

경제상식

블랙 스완

과거 유럽 사람들은 세상에는 흰색 백조만 존재한다고 생각했다. 그들이 그때까지 보아온 백조는 모두 흰색이었기 때문이다. 그래서 블랙 스완(Black Swan)이라고 하면 실제로 존재하지 않거나 실제와는 다른 상상이라는 은유적 표현으로 사용되어 왔다. 하지만 17세기 말 호주에서 진짜 검은색 백조가 발견되자 유럽 사람들은 그동안 가지고 있던 믿음이 산산이 부서지며 상당한 충격을 받았다. 이때부터 블랙 스완은 '불가능하다고 생각했던 일이 실제로 발생한 것'이라는 의미로 변했다.

이후 월가의 투자전문가 나심 니콜라스 탈레브가 서브프라임 모기지 사태를 예언한 『블랙 스완』(2018년 국내 출간)을 출간하면서 '블랙 스완'이라는 표현은 경제 분야에서 널리 사용되었다. 책에서 그는 블랙 스완의 특징을 3가지로 정리하고 있다.

첫째, 극단값이다. 지금까지의 경험을 통해서는 도저히 상상할 수조차 없을 정도로 기대 영역 밖에 존재한다.

둘째, 파괴적이다. 예측할 수 없지만 실제로 발생한다면 엄청난 충격과 파급효과를 동반한다.

셋째, 존재가 드러나고 나서야 비로소 설명이 가능해진다.

『블랙 스완』에는 칠면조 이야기가 나온다. 칠면조는 자기에게 항상 먹이를 주고 살뜰히 보살펴 왔던 농부를 잘 따른다. 하지만 농부는 추수감사절 저녁 식탁에 칠면조 고기를 올리기 위해 그동안 잘 키워온 칠면조를 죽인다. 죽는 순간 칠면조는 지금껏 믿고 따랐던 농부가 자기를 죽일 것이라는 사실을 한 번이라도 생각해본 적이 있을까? 이처럼 자기의 믿음이 최고조에 다다르고 미래에 대해 아주 편하게 예측하려는 순간 예상치 못한 위기가 성큼 다가온다.

1929년 경제 대공황, 1978년 블랙 먼데이, 2001년 9·11 테러 사건, 그리고 2008년 글로벌 금융위기에 이르기까지 모두가 현실에 안주하며 장밋빛 미래를 예상할 때 어김없이 블랙 스완이 우리 앞에 나타났다. 그러므로 미래를 예측하려고 하기보다는 우리가 알고 있는 것을 항상 의심함으로써 만일의 사태를 대비해 준비하는 자세가 필요하다.

7월

27주

GATT와 WTO

세계 대공황 이후 많은 나라들이 침체된 국내 산업을 정상화하고자 보호무역을 시행했다. 이에 가장 먼저 한 것이 수입품에 대한 관세를 높게 부과하는 것이었다. 당시 미국은 먼저 농산물에 대해서만 관세를 인상하고자 했지만 나중에는 2만 개가 넘는 상품에 관세를 올리게 되었고 평균 수준 60%로 매우 높은 관세를 부과했다.

미국의 높은 관세는 교역 상대국가로부터 높은 보복관세를 책정하게 함으로써 전 세계 무역액은 크게 줄고 글로벌 경제는 오히려 더 침체되는 악순환이 지속되었다. 그러자 여러 국가의 지도자들은 자국 우선주의 보호무역이 당장은 도움이 되는 듯 보여도 개별국가의 이익만 추구해서는 대공황 같은 경제위기를 막을 수 없다는 데 의견이 일치했다. 이에 브레튼우즈 이후 자유교역 확대를 위한 국제협정을 수립하는데 이것이 바로 GATT, 즉 관세 및 무역에 관한 일반 협정이다.

GATT는 제네바 협상에 참가했던 23개국을 최초 가입국으로 해서 1948년부터 적용되었다. 국제기구는 아니었고 가입국 간에 하나의 약속 같은 것이었는데, 가장 이득을 얻는 국가에 적용되는 조건이 다른 국가에도 동일하게 적용되어야 한다는 최혜국대우 공여 원칙을 토대로 만들어졌다.

GATT 협정하에서 총 8차례 다자간 무역협상이 이루어졌고, 마지막 8번째 협상이 바로 우리에게도 널리 알려진 우루과이라운드이다. 우루과이라운드 참여국은 125개국까지 확대되고 우리나라 역시 농산물과 섬유 등 분야가 포함되었다. 그러나 베트남 전쟁으로 인한 달러 발행 증가와 1973년과 1978년의 오일쇼크 등 국가 간 거래 분쟁이 증가하면서 보다 강력한 분쟁 조정기구가 필요해졌다. 이에 1995년 GATT는 해체되고 WTO, 즉 세계무역기구가 설립되었다.

스위스 제네바에 본부를 둔 WTO는 단순 협정이 아닌 실체가 있는 글로벌 기구로 설립되었다. WTO는 GATT의 한계점을 보완해 회원국 간의 무역을 관리 및 지원하고 공산품 분야 등 무역거래 산업의 영역을 넓히며 세계 자유무역에 기여하고 있다.

게리 베커

미국의 경제학자 게리 베커(Gary Becker, 1930~2014)는 미시경제의 분석 영역을 인간행동과 그에 따른 상호작용에까지 확대한 공로로 1992년 노벨 경제학상을 받았다. 그는 그동안 경제학에서 무시되어 왔던 결혼, 범죄, 가족 등 인생 전반에 걸친 일상생활의 문제들을 경제학적 원리로 설명하기 위해 노력해왔다.

인간은 누구나 편익과 비용을 계산해 자신의 만족을 극대화하는 방향으로 살아갈 뿐이라고 생각한 그는 가족을 하나의 공장으로 가정하고 청소, 요리, 성생활, 자녀 양육 등 결혼에 수반되는 여러 가지 활동들을 가계가 만들어낸 생산물로 보았다. 결혼을 통해 만들어진 성과물들을 소비함으로써 효용, 즉 행복을 얻게 되는데 그는 결혼을 통해 얻을 수 있는 효용이 혼자 살 때보다 크다는 확신이 생길 때만 결혼이 성립한다고 생각했다.

과거에는 결혼이 여러모로 이득이었다. 하지만 여성의 사회적, 경제적 지위 상승과 높아지는 자녀 양육비와 주거비용 등으로 인해 이제는 결혼이 예전처럼 남는 장사가 아닌 게 되어버렸다. 그래서 결혼을 미루거나 포기하는 사람들이 많아지고 있는 것이 현실이다.

범죄의 경우도 마찬가지다. 대부분의 사람들은 범죄를 도덕의 범주에서 생각한다. 범죄를 통해 벌어들일 이익이 아무리 크더라도 정상적인 사람이라면 범죄를 저지르지 않는다고 생각한다. 하지만 그의 생각은 조금 달랐다. 그는 사람들이 범죄를 통해 얻게 되는 이익이 체포되었을 때 치러야 하는 대가에 비해 크다면 누군가는 범죄자가 될 것이라고 생각했다. 이런 이유로 그는 범죄를 예방하기 위해서는 검거율과 형량을 높임으로써 범죄자를 확실하게 처벌해야 하며 범죄를 처벌할 때도 생산성을 높이기 위해 징역보다는 벌금이 낫다고 주장했다.

그는 인간을 자본으로 규정하고 생산요소로서의 인적 자본을 강조했다. 인적 자본이 토지와 자본 같은 물적 자본보다 더 중요하다고 주장하면서, 기업의 지속적인 성장을 위해서는 인적 자본의 질을 높이기 위한 교육에 투자할 것을 강조했다.

디플레이션

디플레이션은 경제 전반에 걸쳐 상품과 서비스의 가격이 지속적으로 떨어지는 현상을 말한다. 물가가 떨어진다는 것은 소비자 입장에서 희소식이 아닐 수 없다. 원하는 제품을 더 저렴한 가격에 살 수 있기 때문이다. 하지만 일시적이 아니라 장기적으로 물가가 떨어지는 현상은 생산자나 소비자 모두에게 재앙이 될 수 있다. 왜냐하면 1930년대의 '대공황'과 1990년대에 시작된 '일본의 잃어버린 20년'은 모두 디플레이션이 경기침체로 이어진 결과이기 때문이다. 존 메이너드 케인스는 디플레이션에 대해 이렇게 말했다.

"인플레이션은 불공정하고 디플레이션은 부적절하다. 그런데 둘 가운데 디플레이션이 더 나쁘다."

컴퓨터처럼 매년 기술이 발전함으로써 생산성 향상으로 인해 가격이 내려가는 경우도 있지만, 이는 극히 일부일 뿐 디플레이션은 보통 총수요가 줄어들면서 발생한다. 제품에 대한 수요가 줄어들면서 창고에는 팔리지 않는 제품들이 쌓이고, 기업은 재고를 해결하기 위해 할인판매를 시작한다. 제품의 가격은 점점 떨어지고 소비자는 더 싼 가격에 제품을 구매하기 위해 소비를 뒤로 미룬다. 기업은 가격을 더 낮추고 이익은 점점 줄어든다. 기업은 투자와 고용을 줄이고 하나둘 파산하는 기업이 생기면서 실업률은 증가한다. 이제 소비자는 단순히 더 싸게 사기 위해 소비를 뒤로 미루는 것이 아니라, 소비할 여력이 줄어들어 제대로 된 소비를 할 수 없게 된다. 이러한 악순환이 지속되면서 경기는 점점 침체의 늪에 빠지게 된다. 그래서 디플레이션이 무서운 것이다.

디플레이션을 해결하기 위해서 할 수 있는 정책은 크게 2가지이다. 먼저, 정부의 재정지출을 확대함으로써 유효수요를 늘리는 방법으로 대표적인 사례가 '뉴딜정책'이다. 미국 루스벨트 대통령은 대공황 때 유효수요를 늘리기 위해 테네시 계곡에 댐을 건설하는 등 대규모 토목공사를 일으켜 실업자 문제를 해결하고, 노동자와 농민의 소득을 보존해주기 위한 방안을 마련했다. 또 다른 방법은 중앙은행의 통화정책으로 기준금리를 낮추는 등의 방법을 통해 시중 통화량을 늘려주는 것이다.

2008년 금융위기 때 당시 연방준비제도(Fed) 의장이었던 벤 버냉키는 "헬리콥터로 공중에서 돈을 뿌려서라도 경기를 부양하겠다."라고 말했을 정도로 적극적인 통화확장 정책을 펼쳐서 디플레이션의 위험으로부터 세계 경제를 구해내기도 했다.

투자

현물과 선물의 개념과 차이점

주식 관련 경제 뉴스에 자주 등장하는 용어 중 현물과 선물이 있다. 현물과 선물을 구분하는 방법은 아주 간단하다. 10억짜리 A 빌딩을 지금 돈 주고 매입하는 것을 현물(現物)거래라고 한다. 현물이 거래되는 시장을 현물 시장이라고 하며 우리가 일반적으로 떠올리는 거래가 여기에 해당한다. 하지만 1년 뒤 10억에 A 빌딩을 매입하겠다고 약속하면 선물(先物)거래가 된다. 1년 후 A 빌딩 가격이 10억으로 유지될지 오를지 떨어질지는 누구도 알 수 없다. 즉 선물이란 미래의 특정 시점에 특정 가격으로 거래하자고 한 약속으로 현재 시점 대비 누군가는 손실을, 누군가는 이익을 보는 구조의 거래이다. 이 밖에도 선물은 현물과 몇 가지 다른 특징을 가진다.

가장 큰 차이는 유효기간의 유무이다. 현물은 언제든 내가 거래하고 싶을 때까지 보유하거나 매도할 수 있지만, 선물은 유효기간이 있다. 이에 선물에는 보통 기간이 함께 붙어 이름 짓는다. 예를 들어 12월물 선물이라면 12월에는 청산을 해야 한다는 뜻이다.

두 번째 차이는 투자 대상의 수익 포지션이다. 현물의 경우 가격이 오른 후 매도해야만 차익을 통해 수익을 낼 수 있다. 반면 선물은 미래 가격을 맞추는 게임과 같아서 매도, 매수 포지션에 따라 가격이 오르거나 떨어져도 수익을 낼 수 있다. 이 밖에도 선택 종목 수와 레버리지 비율 등에서 차이점을 갖는데, 보편적으로 선물은 위험이 높은 만큼 수익도 높은 '하이리스크 하이리턴' 구조이다. 선물거래가 필요한 이유는 보통 미래의 리스크 헷지와 관련이 있다.

예를 들어 한국에서 TV를 제조해 미국에 수출하는 B 업체가 있다고 가정해보자. B 업체는 지금 당장 물건을 제공할 수 있는 것이 아니라 몇 개월에 걸쳐 약속된 TV 물량을 만든 다음 미국에 보낼 수 있다. 그런데 그 사이 미국에서 받은 달러의 가치가 1달러 1,200원에서 1,000원으로 떨어지게 되면 B 업체는 손해를 보게 된다. 이에 B 업체는 외환 선물 시장에서 현재 시점의 환율로 달러를 매도하는 미국 달러 선물 계약을 체결하여 실제 대금 수령 시점에 달러 가치가 떨어지더라도 손실을 줄이게 되는 효과가 있다. 즉 선물 거래를 통해 미래 현물 시장에 발생할 수 있는 손실의 크기를 줄이는 것이다. 또한 리스크 헷지 목적 이외에도 직접 투자 대상으로서 선물 시장은 큰 비중을 차지하고 있다.

헬스케어 산업 (1)

코로나 팬데믹 이후 건강관리와 질병에 대한 관심이 높아지면서 헬스케어는 가장 관심받는 산업 중 하나가 되었다. 이러한 헬스케어 산업은 일반적인 보건 의료 서비스를 통칭하기도 하지만 어디까지를 헬스케어로 볼 것인가에 따라 좁게는 건강지표 측정 관리를 통한 건강관리부터, 넓게는 질병 예방 및 진단과 치료의 의료영역까지 다양한 의미로 정의되고 있다.

헬스케어 개념이 처음 등장한 것은 18세기부터이다. 18세기 산업혁명 이후 시작된 급격한 도시화로 많은 사람들이 도시로 몰렸는데, 당시 위생에 대한 인식 부족과 인구의 밀집은 전염병 확산 방지에 어려움을 가중시켰다. 이로 인해 백신과 치료약 개발에 관심이 높아졌으며 20세기에 이르러 페니실린이 발견되면서 의약품을 통한 본격적인 질병 치료가 이루어졌다. 보험을 활용한 경제적 관점에서의 질병 대비도 이때 활성화되기 시작했다.

이렇게 출발한 헬스케어는 시대 흐름에 따라 개념도 차츰 바뀌게 되었다. 현재에 이르러서는 의료기술의 발달로 인간 수명이 늘어나면서 선진국을 중심으로 고령화가 확대되었다. 고령화에 따른 당뇨, 고혈압 등 만성질환 역시 증가하면서 국가 차원의 의료 정책 및 관리가 필요해졌다. 이에 기존 치료 중심의 헬스케어는 국가가 관심을 갖고 관여하는 예방과 관리 중심으로 변화하게 된 것이다. 특히 IT 기술의 발전은 일상의 건강 데이터를 실시간 수집 가능하게 함으로써 헬스케어의 영역을 더욱 확장시켰다.

우리나라는 의료법 해석에 대한 모호함 등으로 건강관리 수준의 헬스케어 서비스와 의료행위를 명확하게 구분하기 어려워 아직은 제한적으로 제공되고 있지만 미국, 중국, 일본 등에서 헬스케어 산업은 다른 산업과의 연계 확장을 통해 크게 성장했다. 특히 미국과 중국은 보험업을 중심으로 성장했는데 중국 평안보험의 경우 '평안 굿닥터'라는 AI 기반의 의료 플랫폼을 통해 병원과 연계한 각종 의료 서비스뿐 아니라 일상의 건강관리 서비스까지 제공하고 있다. 바이탈리티*, UHG** 등도 헬스케어의 성공모델을 구축하면서 지속 성장하고 있다. 이러한 헬스케어 산업은 향후 IoT 등 관련 기술이 발달할수록 실시간 사람의 건강상태를 더욱 정교하게 측정, 관리하게 함으로써 더욱 성장해나갈 것이다.

---

* 남아프리카공화국의 대표 금융사 디스커버리의 바이탈리티 서비스는 건강증진 활동 시 건강과 금융이 결합된 인센티브 제공을 통해 글로벌 헬스케어 사로 성장했다.
** 미국 보험사 유나이티드헬스그룹(UHG)은 헬스케어 및 제약 브랜드인 옵텀(Optum) 자회사를 설립해 사업 영역을 확대하고 지속 성장하고 있다.

상품
이케아

이케아는 세세에서 가장 유명한 스웨덴 가구 제조기업이다. 이케아 설립자 잉바르 카프라드(Ingcar Kamprad)는 그의 이름과 그가 자란 농장(Elmtaryd), 태어난 도시(Agunnaryd)의 앞글자를 따서 회사 이름을 'IKEA'로 지었다. 현재 미국, 독일, 캐나다, 프랑스 등 세계 29개국에 300개가 넘는 매장을 운영하고 있으며 본사 소재지는 네덜란드에 있다.

설립자 잉바르 카프라드는 2차 세계대전 직후 젊은 신혼부부들이 스웨덴 가구에 대한 니즈는 있지만 비싼 가격 때문에 부담스러워한다는 사실을 알게 되었다. 이에 그는 사람들의 니즈에 맞는 가구를 제작하고 공급하기 위해 노력했다.

1950년대 스웨덴은 대규모 주택건설 붐과 맞물려 글로벌 가구 기업으로 성장할 수 있었다. 이때 이케아의 차별화 전략은 고품질의 가구를 저렴한 가격에 제공하면서도 원가 절감을 하는 것이 핵심이었다. 먼저 이케아는 임대비용 절감을 위해 도시 외곽에 매장을 위치시켰고, 물건들을 조립형으로 설계하여 납작하게 쌓아 운반 효율을 높였으며, 고객이 전시장에서 조립된 가구를 보고 직접 운송하게 해서 배달 비용을 절감했다.

또 한 가지 제품에 대해 같은 디자인으로 전 세계에 균일하게 판매하기 때문에 대량생산을 통해 가격을 낮출 수 있었다. 그리고 이케아만의 특징인 DIY로 고객이 스스로 조립하게 함으로써 제조비용도 줄일 수 있었다. 이케아의 이러한 전략은 저렴한 가격에 비해 내구성이 뛰어나고 품질이 좋다는 평을 받는 데 성공했다.

이케아가 유명해지자 '이케아 효과', '이케아 세대'와 같은 신조어들이 만들어졌다. '이케아 효과'는 완제품을 구입하는 것보다 고객이 직접 조립한 가구가 더 큰 만족감을 줄 수 있다는 의미이다. '이케아 세대'는 실용적이지만 저렴한 가격 때문에 언제든지 대체 가능한 이케아의 특징과, 높은 스펙에도 불구하고 낮은 급여와 고용불안을 걱정하는 젊은 세대의 모습이 서로 비슷해 이들을 대표하는 단어로 쓰이기도 한다.

우리나라에는 총 6개의 이케아 매장이 운영되거나 예정되어 있는데, 가장 먼저 문을 연 곳은 광명점이며 현재 고양점, 기흥점, 동부산점이 운영 중이다.

리쇼어링

리쇼어링(reshoring)은 해외에 진출한 자국 기업에게 이전 비용 지원은 물론이고 각종 세제 혜택과 규제 완화 등을 제공함으로써 본국으로 다시 불러들이는 정책이다. 기업이 인건비가 저렴한 곳을 찾아 생산비를 절감하거나 해외시장 개척을 위해 생산기지를 해외로 옮기는 오프쇼어링(offshoring)과는 반대 개념이다.

1990년대만 해도 미국을 중심으로 한 선진국에서는 IT와 금융 등 고부가가치 서비스 산업의 경쟁력을 강화시키는 전략을 통해 제조업에서 서비스업으로 산업 구조를 재편하기 시작했다. 하지만 제조업이 해외로 이전되면서 여러 가지 문제점들이 드러났다. 고용 유발효과가 큰 제조업이 사라지자 경기가 활력을 잃으며 실업률이 높아졌고 국내 생산능력이 저하되면서 국내 산업 기반이 쇠퇴하는 산업 공동화 현상이 발생하게 되었다. 특히 글로벌 금융위기 이후 제조업의 비중이 높은 국가가 그렇지 않은 국가에 비해 더 빠른 고용회복 속도를 보였다. 이에 따라 선진국들은 제조업을 본국으로 회귀시키기 위해 다양한 인센티브를 제공하고 있다.

기업의 입장에서도 리쇼어링이 그다지 나쁜 선택은 아니다. 최근 중국이나 베트남 등 상대적으로 인건비가 저렴했던 국가들의 임금이 빠르게 상승함에 따라 해외이전을 통한 인건비 절감은 더 이상 효과적이지 않았다. 반면 선진국의 경우 로봇을 활용한 생산공정의 자동화 등으로 공장 운영의 효율성을 높여 생산비용 하락을 유도할 수 있게 되었다. 게다가 본국으로 생산설비를 이전할 경우 그동안 오프쇼어링의 문제점이었던 품질관리의 어려움과 기술의 해외유출, 장거리 운송시간 등을 해결할 수 있다는 장점이 있다. 그뿐 아니라 정부로부터 받게 되는 각종 혜택을 감안한다면 해외에 있는 공장을 본국으로 이전하는 것이 더욱 유리해진 셈이다.

거기다 한때 코로나 19로 인한 세계의 공장인 중국 공장이 가동을 중단하면서 글로벌 공급망의 붕괴 위기를 목격한 기업들은 이를 계기로 보다 안정적인 공급처를 선호하게 되었다.

이렇듯 정부는 물론 기업도 리쇼어링에 대한 관심이 높아짐으로써 본국으로의 생산시설 이전이 더욱 가속화될 전망이다.

7월

28주

FTA

1995년에 설립된 WTO(세계무역기구)는 국가 간 무역거래를 주도해왔지만 2001년 도하 협상 이후에는 뚜렷한 성과가 없었다. 반면 협정을 체결한 국가 간 상품이나 서비스 교역에 대해 관세 및 무역장벽을 철폐함으로써 배타적 무역 특혜를 부여하는 FTA(자유무역협정)는 크게 활성화되었다.

WTO와 FTA의 가장 큰 차이점은 WTO가 다자간 협정인데 반해 FTA는 서로 뜻이 맞는 이해관계 국가 간의 협정이라는 것이다. 예를 들어 우루과이라운드처럼 여러 국가들이 동시에 협상을 진행해야 하는 WTO는 많은 시간이 소요되고 이해관계 절충이 어려운 다자간 협정이지만, FTA는 서로의 이익관계나 인접지역 중심으로 맺는 특혜무역협정이기에 더욱 활성화되었다. 게다가 FTA는 GATT, WTO에서 강조했던 최혜국대우 원칙을 반드시 준수하지 않아도 상황에 따라 예외를 허용하며 균형 있는 상호이익과 민간에 미칠 영향 등을 고려한다는 특징이 있다. 이러한 FTA는 경제 통합의 수준에 따라 크게 5단계로 나뉜다.

1단계는 특정 국가로부터 특정 상품에 대한 우선적인 교역을 허용해주는 것으로 관세는 줄여주지만 완전히 폐지하지는 않는다. 2단계는 관세를 철폐해주는 수준으로 NAFTA(북미자유협정)가 여기에 해당된다. 3단계는 회원국 간의 자유무역 이외에도 다른 나라들에 대해 공동 관세율을 적용하는 관세 중심의 동맹이며 벨기에와 네덜란드, 룩셈부르크 3개국이 체결한 베네룩스 관세동맹이 대표적이다. 4단계는 회원국 간에 생산요소의 자유로운 이동이 가능한 공동시장으로 EEC(유럽경제공동체), CACM(중미공동시장), ANCOM(안데스공동시장) 등이 있다. 마지막으로 5단계는 단일통화 및 회권국들의 공동의회 설치와 같이 경제뿐 아니라 정치적으로도 통합 수준에 이른 단일시장을 말하는데, 1992년 마스트리히트조약 이후의 EU가 해당된다. 그러나 이와 같은 FTA는 지도자의 정책 변화, 국가 간 이해관계에 따라 변화하고 있다. 대표적인 것이 미국 트럼트 대통령이 값싼 멕시코 인력의 영향력을 제한하고 자국의 산업 보호를 위해 맺은 USMCA(United States-Mexico-Canada Agreement)이다. USMCA는 북미의 대표적 FTA인 NAFTA(북미자유무역협정)의 효력을 정지시키고 미국에 유리한 자국 우선주의 내용을 담고 있다. 또한 통합 5단계의 경제체제를 구축했던 EU에서도 2016년 5월, 영국이 탈퇴를 선언하는 등 상황에 따라 글로벌 자유무역협정에 새로운 변화가 일어나기도 했다.

인물

존 갤브레이스

캐나다 경제학자 존 케네스 갤브레이스(John Kenneth Galbraith, 1908~2006)는 과거 모든 것이 부족했던 시절 경제에 있어 생산은 무엇보다 중요했지만, 물질적으로 풍요로워진 지금은 생산에 대해 다른 관점에서 접근해야 한다고 주장했다. 즉 절대적 빈곤 해결이 지상 최대의 과제였을 때의 경제학과, 물질적으로 풍요롭지만 여전히 상대적 빈곤에 시달리는 시대의 경제학은 달라야 한다고 강조했다.

사실 우리의 생산은 이미 충분한 수준에 도달했음에도 불구하고 경제학에서는 여전히 '생산'만을 강조하고 있다. 항상 경제는 성장해야 한다고 주장하고 있으며 완전고용상태에 도달하기 위해 그렇게 기를 쓰고 노력하고 있다. 그렇다면 필요 이상으로 생산된 재화들은 어떻게 소비될까?

존 갤브레이스는 그의 저서 『풍요한 사회』(2006년 국내출간)에서 이러한 현상을 '의존효과'라고 설명했다. 의존효과는 소비자가 자신의 욕망에 의해 소비하는 것이 아니라 광고 같은 기업의 적극적인 마케팅 활동에 자극을 받아 의존적으로 소비가 이루어지는 현상을 말한다. 결국 우리는 우리의 필요에 의해서가 아니라 기업이 우리에게 주입한 욕망에 의존해 소비하기 때문에 충분히 많이 가지고 있음에도 불구하고 계속해서 새로운 것을 원하게 되는 것이다.

생산 중심의 경제학은 경제가 어려울수록 개인이 대출을 받아 소비하는 것을 장려한다. 기업이 성장하기 위해서는 자신들의 생산물을 누군가가 소비해야 하는데 그 대상이 바로 개인들이기 때문이다. 하지만 도로, 항만, 병원, 학교 등 공익을 위한 지출에는 인색하다. 시장에 정부의 간섭은 불필요하다는 자유방임사상을 전제로 하기 때문이다.

존 갤브레이스는 개인의 소비는 건전한 경제행위로 인식하는 반면 공공지출을 부담스러워하는 기존 경제학의 생각을 바꾸어야 한다고 주장했다. 물질적으로 풍요로운 사회에는 그에 맞는 새로운 경제 개념이 필요한데, 이를 위해서는 민간부문과 공공부문 사이의 균형이 필수적이라고 강조했다. 그렇기 때문에 국가가 직접 나서 공공부문 투자를 확대해야 한다고 주장하면서 그는 이것을 '사회적 균형'이라고 불렀다.

앵커링 효과

앵커(anchor)는 '닻'이라는 뜻의 영어단어이다. 앵커링 효과는 닻을 내린 배는 닻을 내린 곳으로부터 많이 움직이지 못하는 것처럼 처음에 인상적이었던 숫자가 기준점으로 작용하여 판단의 범위를 제한하는 것을 의미한다. 처음에 인상적이었던 숫자라는 것은 어떤 근거에 입각해서 나온 합리적인 숫자가 아니다. 우연히 벽에 걸린 시계를 통해 본 시간이나 상대방의 티셔츠에 그려진 숫자, 혹은 누군가 나에게 먼저 제시한 숫자처럼 결정을 내리는 데 아무런 관계가 없는 숫자들인데 우리는 이러한 숫자들에 휘둘려 의사결정을 내린다는 것이다.

앵커링 효과를 처음 입증한 사람은 대니얼 카너먼(Daniel Kahneman)과 아모스 트버스키(Amos Tversky)이다. 그들은 유엔에 가입한 아프리카 국가의 비율을 묻는 실험을 했다. 피실험자들은 대답하기 전에 숫자판을 돌렸는데 그들은 실제 아프리카의 유엔 가입비율과 상관없이 숫자판에 나온 숫자를 기준으로 정답을 제시했다. 예를 들어 숫자판에 10이라는 숫자가 나온 피실험자들은 평균적으로 아프리카 국가의 유엔 가입비율을 25%라고 대답한 반면 숫자판에 65라는 숫자가 나온 피실험자들은 평균적으로 45%라고 대답했다.

물에 빠진 사람이 지푸라기라도 잡으려는 것처럼 사람들은 불확실한 상황에 놓이면 자신에게 주어진 임의의 숫자를 이용하여 기준점을 세우려는 경향이 있다. 이러한 사람들의 심리를 간파하고 발빠르게 활용하는 분야가 바로 기업의 마케팅 현장이다.

기업은 할인행사 때면 어김없이 원래 가격을 표시해둔다. 그래야 원래 가격이 소비자의 기준점으로 작용하여 할인된 가격이 싸다고 인식하기 때문이다. 또 가끔은 매장에 말도 안 되게 비싼 제품을 진열해두기도 한다. 이 물건을 본 사람들은 이것을 기준으로 삼기 때문에 매장 안의 다른 제품들을 비교적 싸다고 인식하는 것이다. 이러한 현상은 가격협상에서도 나타난다. 가격협상을 유리하게 이끌어가고 싶다면 먼저 가격을 제시하는 것이 좋다. 그래야 최초에 제시한 가격이 기준이 되어 협상이 진행될 가능성이 높아진다.

이처럼 앵커링 효과는 쇼핑에서부터 비즈니스 협상에 이르기까지 우리 생활에서 광범위하게 일어나고 있는 현상이다.

현물과 선물을 활용한 투자

현물시장과 선물시장은 관련성이 높다. 예를 들어 미래에 거래될 선물지수가 오르면 사람들은 기업의 좋은 실적을 예상하며 기대심리가 높아지기 때문에 현물시장인 주식시장 역시 오를 가능성이 높다. 따라서 성공적인 주식투자를 위해서는 현물과 선물시장과의 관계를 잘 알아두어야 한다.

10억짜리 A 빌딩을 오늘 대금을 지불하고 매입하면 10억짜리 현물거래가 되지만, A 빌딩을 1년 뒤 매입하기로 선물 거래를 약속했다면 거래 대금은 10억 이상이 될 가능성이 높다. 왜냐하면 1년 동안 빌딩 유지관리 등의 비용이 필요하기 때문이다. 그래서 이론적으로 보면 선물이 현물보다 비싸며 유지관리 비용 발생으로 인한 현물과 선물의 차이를 '베이시스'라고 한다. 즉 베이시스는 선물가격에서 현물가격을 차감한 값이며 현물가격에 베이시스를 더한 값이 선물가격이다.

선물이 현물보다 비싼 경우를 '콘탱고'라고 부르며 정상시장이라고 한다. 반면 앞서 사례로 언급했던 A 빌딩이 1년 후 5억으로 하락했다고 하면 선물이 현물보다 싸지는 현상이 발생하게 된다. 이런 경우는 '백워데이션'이라고 하며 거꾸로 된 시장이라는 의미로 역조시장이라고도 한다. 백워데이션이 발생하면 앞으로 시장 심리가 좋지 못해 향후 주가가 하락할 가능성이 높다는 것을 의미한다. 이러한 현물과 선물 특성을 활용한 대표적인 투자방법으로 차익거래가 있다.

차익거래는 말 그대로 선물과 현물과의 가격 차이가 발생할 때 거래하는 전략을 말한다. 모든 거래 대상은 일물일가(一物一價)라는 말처럼 하나의 물건이 하나의 가격을 가진다. 그런데 현물과 선물 간에는 시간차가 존재하기 때문에 하나의 물건임에도 선물 청산 시간까지 가격이 수시로 변한다. 이때 선물이 비싸지고 현물이 싸질 때는 현물을 사고 선물을 파는 전략을, 선물이 싸지고 현물이 비싸질 때는 현물을 팔고 선물을 사는 전략을 실행할 수 있는데 이것을 차익거래라고 말한다.

이러한 차익거래는 특히 기관이나 대형 펀드 등에서 주로 쓰이는 전략으로, 사람이 수시로 지수를 살펴 거래를 체결하기보다는 선물과 현물의 가격을 바로 비교할 수 있는 알고리즘을 활용하여 매수매도하는 경우가 많아 프로그램 매매로도 불린다. 이외에도 현물과 선물의 차이를 이용한 리스크 헷지 전략, 투기 전략 등이 있다.

헬스케어 산업 (2)

2010년 이후 본격적으로 활성화된 ICT(정보통신 기술) 기술기반의 융합형 헬스케어를 스마트 헬스케어라고 한다. 제약 바이오나 의료 서비스까지 포함한 시장 규모를 추정하는 것은 쉽지 않지만, 순수 스마트 헬스케어 시장만 놓고 보면 약 2,060억 달러*에 달한다. 또한 스마트 헬스케어 시장은 연평균 21%라는 높은 성장률을 보여왔으며 앞으로도 코로나와 디지털 기기의 확대에 따라 더욱 성장할 것으로 예상된다. 또한 고령화가 급속하게 진행된 일본과 미국을 비롯한 유럽 선진국에서 노령 인구가 급증할 것으로 예상되는 만큼 스마트 헬스케어 산업에 대한 관심도가 높다. 이에 미국을 중심으로 헬스케어 사업 영위를 위해 ICT 기업, 非 ICT 기업들과의 합작회사 설립, M&A 등이 활발해지며 헬스케어 부문에 대한 벤처투자 역시 지속 증가하고 있는 상황이다. 미국에서는 애플이나 구글이 위치 또는 입고 신는 웨어러블 디바이스를 통해 건강 및 운동을 관리하는 기술을 개발하고 있고, 아마존은 온라인 약국을 인수해 조제 약품을 판매하는 등 다양한 서비스를 제공하고 있다. 또한 중국의 바이두나 알리바바 역시 온라인 진료 및 처방, 약품 수령 등에 대한 시스템을 도입하면서 스마트 헬스케어 사업을 수행하고 있다.

우리나라 스마트 헬스케어 시장은 약 2조 원** 정도로 꾸준한 성장을 이어오고 있지만 미국이나 중국과 비교하기에는 아직 미미한 상황이다. 인바디, 아이센스 등 특정 건강지수를 측정하는 기업이나 삼성 갤럭시 워치의 웨어러블 기기처럼 대부분 건강관리를 위한 완제품 형태의 하드웨어 기기를 제공하는 유형이 대부분이다.

우리나라가 헬스케어 선진국에 비해 헬스케어 산업이 속도감 있게 성장하지 못하는 몇 가지 제한점이 있다. 먼저 의료법의 모호한 경계와 국내 우수한 의료기술과 의료보험 체계이다. 또한 미국 등은 의료비가 비싸고 의료 서비스를 받기 위해서는 멀리 이동해야 하는 경우가 많지만 우리나라는 집 근처 병원을 쉽게 방문할 수 있고 의료비 부담 역시 높은 수준이 아니다. 따라서 헬스케어 서비스에 대한 관심도가 낮아질 수밖에 없는 환경이다. 그러나 코로나 팬데믹을 겪으며 헬스케어에 대한 관심도가 높아졌고, 급속한 고령화와 디지털 기기의 발전, 헬스케어 산업 관련 규제도 완화되는 모습을 보이는 등 향후 헬스케어 산업은 지속 발전할 것으로 예상된다.

* KOTRA '스마트 헬스케어 유망시장 동향 및 진출전략' 2020년 기준
** 2018년 기준

컴퓨터

1세대 진공 트랜지스터로부터 시작된 컴퓨터는 반도체와 전자기술의 발달로 크기는 점점 작아지고 연산속도는 더욱 빨라지며 현재 5세대라 불리는 초고밀도 인공지능 단계에 이르렀다. 인텔의 공동 설립자인 고든 무어는 '반도체 칩에 들어갈 수 있는 트랜지스터 수는 2년마다 2배씩 늘어날 것이다.'라고 언급했는데 이러한 무어의 법칙은 현실이 되어 1989년 120만 개였던 트랜지스터 숫자는 현재 20억 개에 달할 정도로 소형화되고 정교화되었으며 성능 역시 큰 발전을 이루었다.

최초의 현대적 컴퓨터는 2차 세계대전이 한창이던 1943년 영국이 만든 암호해독기 '콜로서스'로 알려져 있다. 이후 우리에게 익숙한 '에니악'이 1946년 미국 펜실베이니아 대학에서 만들어졌으며, 1951년 개발된 '유니박'이라는 최초의 영업용 컴퓨터가 일반에게 시판되었다. 이 당시만 하더라도 컴퓨터는 엄청난 크기와 가격으로 누구나 접할 수 있는 문명의 이기가 아니었다. 그러나 1974년 '알테어8800'이라는 개인 사용을 목적으로 한 컴퓨터가 출시되면서 처음으로 퍼스널 컴퓨터(Personal Computer)라는 용어가 등장했다. 이후 1977년 애플II를 시작으로 애플사의 매킨토시 계열 개인용 컴퓨터도 등장했지만, 대부분의 시장을 IBM사의 PC가 점유하며 개인용 컴퓨터의 표준으로 자리 잡게 되었다.

보편화된 개인용 컴퓨터가 아닌 소수 전문가 대상, 특정 목적을 위한 초고속, 거대용량의 컴퓨터를 슈퍼컴퓨터라고 하는데, 보통 슈퍼컴퓨터는 컴퓨터 기술과 첨단 수준을 나타내기에 국가 간 경쟁도 치열하다. 2020년 기준 세계 1위의 슈퍼컴퓨터는 일본의 '후가쿠'가 차지했다. 후가쿠의 초당 연산 능력은 41경 55,000조 번으로 미국 IBM 슈퍼컴퓨터인 '서미트'에 비해 2.8배나 빠르다고 한다. 우리나라에는 슈퍼컴퓨터 5호기인 '누리온'이 있다.

최근에는 지금의 컴퓨터 한계를 뛰어넘는 꿈의 컴퓨터라 불리는 양자 컴퓨터에 대한 관심이 높아지고 있다. 기존의 0과 1을 이용한 직렬적 계산 방식이 아닌 동시병행으로 연산함으로써 연산의 횟수를 줄이는 방식인데, 아직은 이와 같은 연산 방식의 적용 영역이 한정적이고 오류 발생 리스크도 있어 향후 상용화를 위한 더 많은 연구가 필요하다.

경제상식

메자닌 펀드

메자닌(Mezzanine)은 공간을 효율적으로 사용하기 위해 건물의 층과 층 사이에 설치된 공간을 의미하는 단어로, 메자닌 펀드는 주식과 채권 사이의 중간에 위치한 모든 형태의 금융상품에 투자하는 펀드를 말한다. 전환사채(CB), 신주인수권부사채(BW), 교환사채(EB) 등은 메자닌 펀드의 주요 투자대상인데, 이러한 상품들은 주식의 성격이 가미된 채권이라는 특징이 있다.

이들은 처음에는 일반적인 채권처럼 이자를 받지만 나중에 주식으로 전환할 수 있는 권리를 행사해 주가 상승에 따른 추가적인 수익을 올릴 수도 있다. 물론 주가가 낮다면 주식으로 전환할 수 있는 권리를 행사하지 않고 채권을 만기까지 보유해 원금을 돌려받을 수도 있다. 그래서 메자닌 펀드는 채권의 안정성과 주식의 수익성을 고루 겸비했다고 볼 수 있다. 메자닌 펀드의 주요 투자대상인 전환사채, 신주인수권부사채, 교환사채의 특징에 대해 알아보자.

전환사채는 채권을 발행한 회사가 신규로 발행하는 주식으로 전환할 수 있는 권리를 가지고 있는 채권이다. 채권을 발행할 때 주식으로 전환되는 가격을 미리 설정해놓기 때문에 주가가 설정한 가격보다 높다면 채권을 주식으로 전환해 주가 상승에 따른 시세차익을 볼 수도 있다. 하지만 주식으로 전환할 수 있는 권리를 주는 대신 이자가 낮기 때문에 주식으로 전환하지 않고 만기까지 보유한다면 수익이 낮은 편이다.

신주인수권부사채는 신규 발행 주식을 매입할 수 있는 권리가 부여된 채권이다. 전환사채와 다른 점은 전환사채는 권리행사 시 채권이 주식으로 전환되어 채권은 사라지고 주식만 남게 되지만, 신주인수권부사채는 권리를 행사하더라도 채권은 그대로 남는다. 대신 주식을 매입할 수 있는 권리를 가지고 있으므로 신규 발행 주식을 매입하기 위해서는 돈을 추가로 내야 한다.

교환사채는 채권을 발행한 회사가 보유하고 있는 주식 등 다른 유가증권으로 교환할 수 있는 권리를 가지고 있는 채권이다. 이때 교환해주는 유가증권은 발행회사 주식일 필요도 없고 다른 회사의 주식 또는 채권도 가능하다.

7월

29주

마셜 플랜

1945년 5월, 독일이 연합군에 항복을 선언하면서 제2차 세계대전은 막을 내렸다. 독일은 승전국 미국과 소련, 프랑스 등에 의해 분할 점령되고 동유럽은 소련의 영향권 아래 놓이게 되었다. 그 후 1947년 미국 하버드대학교 졸업식 연설에서 당시 국무장관이었던 마셜은 "시장경제 체제를 선택하는 나라들이 그들의 경제를 부흥시키기 위해 계획을 세우고 추진한다면 미국은 대규모 재정적 지원을 하겠다."라고 발표했다. 그때부터 이 계획을 발표한 국무장관의 이름을 따서 '마셜 플랜'이라고 명명했다. 마셜은 이 계획이 특정 나라나 이념에 반대하는 것이 아니라 전쟁으로 어려움을 겪고 있는 유럽의 기아와 빈곤, 절망과 혼란에 맞서는 계획이라고 하면서 대의적 타당성을 주장했다. 그러나 마셜 플랜에 순수한 의도만 있었던 것은 아니었다.

당시 공산주의 이념으로 미국에 맞섰던 소련은 터키와 그리스의 공산주의 세력을 지원하고 있었는데 1946년, 공산주의자들이 일으킨 내란으로 그리스 정국이 혼란스러웠다. 이때 다른 유럽국가들은 전쟁으로 인한 재정적 곤란을 겪고 있었기에 그리스를 지원할 여력이 없는 상황이었다. 이에 미국 트루먼 대통령은 "무력으로 국민을 굴복시키는 소수 권력자나 외세 압력에 저항하는 자유민을 지원하는 것이 미국의 정책이어야 한다."라며 트루먼 독트린을 발표했다. 이 내용은 마셜 플랜을 통해 구체화되어 추진된 것으로 유럽 공산주의 국가들의 영향력을 억제하기 위해 경제적 지원을 하겠다는 것이었다. 또한 지원 대상에서 소련과 공산주의 체제의 동유럽 국가를 제외시키기 위해 "자체적인 정치적 개혁과 외부 감독을 받아야 한다."라는 조건을 내세웠다.

이에 마셜 플랜은 영국, 프랑스, 이탈리아, 서독, 벨기에 등 서유럽 총 16개국에 집행되었으며 1952년까지 약 130억 달러, 현재 기준으로 우리나라 돈으로 환산하면 약 150조 원 정도를 제공하여 해당 국가들의 기반 산업을 크게 성장시키는 등 전쟁 후 유럽의 부흥을 이끄는 마중물 역할이 되었다. 이러한 마셜 플랜을 계기로 서유럽과 활성화된 경제 교류는 유럽경제협력기구(OEEC) 결성으로 이어졌고, 이후 비유럽 국가들까지 참여하는 경제협력기구(OECD)로 발전했다.

인물

토마 피케티

토마 피케티(Thomas Piketty, 1971~)는 자본주의가 전 세계 불평등에 어떤 영향을 미치는지에 대해 연구한 프랑스 경제학자이다. 그의 책 『21세기 자본』(2014년 국내 출간)은 3세기에 걸친 20개국 이상의 방대한 자료를 바탕으로 경제적 불평등의 구조와 역사를 분석한 책이다. 이 책이 전 세계적으로 인기를 끌면서 그는 일약 스타덤에 올랐다. 이 책에서 그가 전하는 메시지는 간단하다.

"돈이 돈을 버는 속도(자본수익률)가 열심히 일해서 돈을 버는 속도(경제성장률)에 비해 빨라질수록 빈부의 격차는 더욱 심해질 수밖에 없다."

그는 이 책을 통해 경제가 발전할수록 빈부의 격차가 줄어들 것이라는 기존 경제학의 생각을 뒤엎었다. 그는 역사상 일부를 제외하고는 자본수익률이 경제성장률을 압도해왔기 때문에 자본을 소유한 최상위 계층에 부가 집중되고 있다고 주장했다. 그렇기 때문에 일반 서민의 경우 아무리 열심히 일해도 자본가들의 소득 상승분을 따라갈 수 없고, 이는 능력주의의 가치와 사회 정의의 원칙과도 맞지 않는다고 말했다.

이러한 불평등을 해소하기 위해서는 소득 상위 1%에 80%의 세금을 부과하는 한편, 세습자본주의를 피하기 위해 부유세를 부과해야 한다고 주장했다.

소유효과

　자신이 어떤 것을 소유하고 있다는 사실 하나만으로 그것의 가치를 높게 평가하는 현상을 '소유효과'라고 한다. 행동경제학자 리처드 탈러와 대니얼 카너먼은 대학생을 상대로 소유효과를 실험했다. 한 그룹에는 대학 로고가 새겨진 컵을 주고 다른 그룹에는 현금을 주었다. 머그컵을 준 그룹에는 머그컵을 얼마에 팔지를 물어보았고, 현금을 준 그룹에는 머그컵을 얼마에 살지를 물어보았다. 그 결과 컵을 소유한 집단이 현금을 받은 집단에 비해 머그컵에 합당한 가격으로 2배 가까운 금액을 책정했다. 재미있는 점은 소유효과에 있어서 직접적인 접촉이 중요하다는 것이다. 한 연구에서는 머그컵을 30초 이상 들고 있던 피실험 집단이 10초 이내 혹은 전혀 머그컵을 잡지 않은 피실험 집단에 비해 더 높은 가격으로 머그컵을 사겠다고 대답했다.

　이러한 원인에는 자기가 소유한 물건에 더 많은 애착을 가지는 인간의 성향 때문이기도 하지만 한편으로는 인간의 손실회피성향과도 관련이 깊다. 손실회피성향은 사람들은 동일한 금액의 이익과 손실이 있다면 손실에 더 민감하게 반응하는 것을 말한다. 쉽게 말해 1만 원을 얻었을 때의 기쁨보다는 1만 원을 잃었을 때의 고통이 2배 가까이 더 크다는 것이다. 사람들은 자신이 가진 물건을 내놓는 것을 손실로, 그것을 팔아서 얻은 돈에 대해서는 이익으로 간주한다. 이때 손실을 더 크게 평가하기 때문에 자신이 소유한 물건을 더 높게 평가하려는 경향을 보이는 것이다.

　소유효과의 또 다른 특징으로 많은 노력을 기울인 물건일수록 소유의식이 강해진다는 것이다. 이는 투입된 노력이 그 대상에 대한 애착뿐만 아니라 평가하는 방식까지도 바꾸기 때문이다. 이러한 현상을 가장 잘 활용하는 기업은 바로 스웨덴 가구업체인 이케아(IKEA)이다. 이케아는 사람들로 하여금 제품을 구입해 직접 조립하게 함으로써 더 높은 만족감을 얻게 하는 데 성공한 기업이다.

　환불보장제도, 체험마케팅, 후불제 등은 소비자로 하여금 제품을 사용하게 만들어 소유효과를 극대화시키려는 기업의 마케팅 전략이다. 일단 제품을 사용해본 소비자는 제품에 더 많은 애착을 가지게 되어 특별한 경우가 아니면 계속 쓰기를 원하기 때문이다. 또한 부동산 시장에서도 소유효과가 두드러지게 나타나는데, 집을 파는 사람의 입장에서는 자신이 소유한 집의 가치를 더 높게 평가한 나머지 거래가 불발되는 경우도 많다.

옵션거래

선물거래는 기초자산을 토대로 정해놓은 미래 시점에 이루어지는 거래이다. 반면에 옵션은 미래 시점을 정해두고 이루어지는 거래라는 점은 같지만, 기초자산이 아닌 기초자산을 매수할 권리와 매도할 권리를 거래하는 것을 의미한다. 부동산에 비유하면 아파트 분양권과 비슷하다고 생각하면 이해가 쉽다. 분양권 매입 후 몇 달이 지나 가치가 상승한다면 아파트에 입주해서 살 수 있는 권리인 분양권을 매도할 수도 있고, 몇 년 후에도 가치 상승이 기대될 뿐 아니라 거주로도 좋다고 판단되면 중도금과 잔금을 치르고 입주해도 된다. 이처럼 옵션은 매수자가 선택권을 갖는 특징이 있다. 옵션은 향후 상승할 것으로 예상해 미리 정한 가격에 살 권리인 콜옵션과, 하락할 것으로 예상해 팔 권리인 풋옵션으로 나뉜다. 콜옵션의 사례를 설명해보자. 기초자산에 해당하는 배추가 현재 한 포기에 1,000원인 경우, 6개월 뒤 배춧값이 크게 오를 것이라고 예상된다면 6개월 뒤 한 포기에 1,000원씩 매입할 수 있는 권리를 100원에 매입하는 것이다. 6개월 뒤 실제로 한 포기에 2,000원까지 올랐다고 가정하면 1,000원에 사서 2,000원에 팔 수 있으니 콜옵션을 행사하면 되고, 반대로 배춧값이 떨어지면 옵션값인 100원만큼만 손실을 보면 되는 것이다. 이처럼 옵션은 사고파는 권리에 대한 거래이다.

옵션거래를 이해하기 위해 알아야 할 몇 가지 개념이 있다. 먼저 옵션 프리미엄이다. 옵션 매수자에게만 주어지는 권리로서 나중에 살 것인지, 팔 것인지에 대한 권리에 상응하는 금전적 대가로 볼 수 있으며 옵션 가격이라고도 한다. 다음은 기초자산이다. 매수자와 매도자 간의 거래 대상물을 말하는데 코스피200 같은 지수나 채권 등이 여기에 해당한다. 마지막으로 만기일이다. 옵션도 마찬가지로 옵션 권리를 행사할 수 있는 날이 정해져 있다. 따라서 만기일에 가까울수록 옵션의 시간가치는 0에 수렴하게 된다. 옵션에 많은 사람들이 관심을 갖고 투자하는 가장 큰 이유는 옵션이 적은 금액만으로도 현물거래 이상의 수익률을 기대할 수 있다는 것이다. 게다가 손실이 나도 옵션 프리미엄 가격으로 제한된다. 그러나 옵션을 발행한 매도자는 거래를 책임지고 이행해야 하기 때문에 수익은 제한적인데 반해 손실은 무한대가 된다. 때문에 옵션 매도는 대부분 개인이 아닌 증권사 등의 기관들이 담당하고 있다.

게임 산업 (1)

아직도 많은 사람이 게임이라고 하면 단순히 스마트폰이나 PC로 휴게 시간에 즐기는 놀이 정도로 생각하지만, 게임 산업은 풍부한 소재와 재미로 지속 성장하고 있는 우리나라의 대표적인 수출 효자 산업이다. 또한 디지털 기술과 환경이 심화되면서 게임의 현실성과 흥미 유발 요인 역시 고도화되어 앞으로도 지속적인 성장이 기대되는 산업 부문이다. 게임은 여러 기준에 의해 나눌 수 있으나 가장 기본적으로 장르에 따라 나눌 수 있다. 상대와 대결하는 격투 게임 등 액션 게임과 스토리에 따라 진행하는 어드벤쳐 게임, 게임 유저가 직접 게임 속 캐릭터가 되어 역할을 수행하는 RPG(Role Playing Game), 단순하게 총, 대포 등을 발포하는 슈팅 게임, 가상세계 속에서 경험해보는 시뮬레이션 게임 등으로 나뉜다.

게임 플랫폼 유형에 따라서도 구분할 수 있다. 스마트폰 등 모바일 기기와 어플을 다운받아 하는 모바일 게임, 게임기기에 설치된 조이스틱을 활용한 아케이드 게임, 플레이스테이션이나 윌처럼 전용 게임기기를 게임패드나 TV에 연결하는 콘솔 게임, PC 기반의 게임으로 나눌 수 있다.

이처럼 게임에 대한 관심도와 기술이 높아지면서 1998년에는 게임전용 방송국이 설립되어 젊은 층을 중심으로 스타크래프트, 피파 축구 게임 중계가 큰 인기를 끌기도 했다. 또한 신규 게임을 어느 회사가 개발하는지, 개발자가 누구인지에 따라서 게임기획 시작 때부터 스포트라이트를 받기도 한다.

이러한 게임 산업은 VR(가상현실)과 IT 기술이 결합된 지식집약적이며 고부가가치 산업이다. 또한 게임 산업은 흥미 코드만 맞는다면 다른 문화 국가에서도 흥행할 수 있어 상대적으로 문화적 장벽이 낮은 분야이기도 하다. 반면 대표적인 고위험, 고수익 산업이기도 하다. 초기 게임 개발에 대한 투자 비용이 매우 높고 개발 중간 일정이 연기되거나 중지되는 경우들도 있어 실제 상업화를 통한 수익창출까지의 성공률이 매우 낮은 편이다. 게다가 게임은 대표적인 규제 산업이기도 하다. 게임 내용의 선정성이나 폭력성 등에 따른 규제도 있지만, 청소년 대상의 심야시간 게임을 금지하는 셧다운제가 적용되고 있어 논쟁의 쟁점이 되고 있다.

상품
프리미어 리그

　세계 축구계에는 '빅리그'라 불리는 유명한 5개의 리그가 있다. 스페인 프리메라리가, 독일 분데스리가, 이탈리아 세리에 A, 프랑스 리그앙, 그리고 영국 프리미어리그이다. 스페인 프리메라리가는 축구의 신이라고 불리는 메시가 뛰고 있는 바르셀로나 FC와 레알 마드리드 같은 강팀으로 유명하며, 독일 분데스리가에는 최고의 강팀으로 꼽히는 바이에른 뮌헨팀이 소속되어 있다. 분데스리가는 차범근 전 감독이 뛰었던 리그로도 잘 알려져 있다. 이탈리아 세리에 A에는 호날두가 뛰고 있는 유벤투스가 있으며, 프랑스 리그앙에는 음바페, 네이마르 등 전 세계 이목을 집중시키고 있는 파리 생제르망이 있다. 영국의 프리미어리그는 과거 박지성 선수가 맨체스터 유나이티드에서 활약하면서 국내에 널리 알려졌으며 현재 손흥민 선수가 토트넘 소속으로 뛰고 있다.

　1992년 프리미어리그가 출범하기 전까지 영국 축구 리그는 1985년 헤이젤의 훌리건 사건과 1989년 힐스버러 참사로 수많은 관중이 사망하거나 부상당하면서 영국 구단들은 5년간 유럽 대항전에 참가하지 못하는 등 침체와 비통의 시간을 보냈다. 게다가 당시 유럽 리그 중 문제 있는 리그로 인식되며 팬들의 주목을 받지 못했다. 그런데 리그 운영의 체계와 규정들을 바꾸고 차별화 전략을 통해 지금은 가장 인기 있는 리그로, 연 2조가 넘는 중계료와 세계 7억 이상의 팬들이 즐겨보는 세계 최고의 리그가 되었다. 프리미어리그가 이렇게 유럽 최고뿐 아니라 전 세계 최고 리그가 될 수 있었던 요인은 개방성에 기반한 다양성과 경쟁 시스템 도입, 고품질의 중계방송 등에 있었다.

　프리미어리그는 개방성을 높이고자 관련 규정을 완화함으로써 세계적인 감독과 선수들이 뛸 수 있는 환경을 만들었다. 이에 2020~2021 시즌의 경우 20개 팀 중 영국 감독은 8명에 불과하고 독일, 스페인, 포르투갈 등 다양한 국적의 감독들이 팀을 지휘하고 있다. 2019년 기준 외국인 선수 비율도 63.1%로 세리에 A(55.9%), 분데스리가(54.9%), 라리가(37.9%)와 비교했을 때 높은 편이다. 또한 프리미어리그 하위 3개 팀과 2부리그 상위 3개 팀이 서로 리그를 옮기는 승강제를 통해 팀 간의 동기부여를 강화했다. 그리고 TV 중계권료의 경우에도 성적순으로 구단에 배분하며 스폰서 광고는 각 구단이 별도로 계약하는 방식으로 하는 등 효율적 경쟁 시스템을 구축했다. 나아가 프리미어리그의 중계 화면은 마치 영화를 보는 것처럼 선수들의 개인 기술을 놓치지 않고 여러 각도에서 시청할 수 있도록 해주는 등 수준 높은 기술을 선보이며 높은 인기를 얻는 데 한몫했다.

채찍효과

원자재를 조달해 제조업자가 생산한 물건이 도매업자와 소매업자를 거쳐 최종 소비자에게 전달되는 일련의 과정이, 마치 고리처럼 서로 긴밀하게 연결되어 있다고 해서 이를 가리켜 공급사슬(Supply Chain)이라고 부른다. 그런데 공급사슬 내의 과정이 길면 길어질수록 고객의 사소한 수요의 변화가 공급사슬 맨 끝에 위치한 기업에게는 매우 큰 영향을 끼치게 된다. 이를 가리켜 '채찍효과'라고 부른다. 이는 마치 채찍을 휘두를 때 손목을 살짝만 튕겨도 채찍의 끝으로 갈수록 그 파동이 커지는 것과 같아서 붙여진 이름이다.

채찍효과는 공급사슬의 끝쪽으로 갈수록 수요의 왜곡이 심해져 발생하는 현상이다. 이렇게 수요가 왜곡되는 가장 큰 원인은 충분한 재고를 확보하려는 심리가 강하기 때문이다. 평소보다 고객이 10% 정도 늘었다고 가정해보자. 소매업자는 이런 변화에 대응해 30% 정도 더 많은 제품을 주문할 것이다. 왜냐하면 앞으로 고객이 늘 것으로 예상한 소매업자가 충분한 재고를 확보함으로써 고객이 있음에도 불구하고 물건이 없어 팔지 못하는 불상사를 막으려 하기 때문이다. 이러한 이유로 도매업자도 소매업자가 주문한 수량보다 더 많은 제품을 주문하게 되고 이 과정이 반복되면서 규모는 점점 커지게 된다. 결국 고객의 수요는 10%밖에 늘지 않았는데도 불구하고 제조업자는 평소보다 2~3배 많은 물건을 생산하게 되는 것이다.

물론 채찍효과가 발생하는 원인은 더 다양하다. 물건을 주문해서 도착하기까지 시차가 존재할 뿐만 아니라 소비자에게 멀어질수록 대량주문 방식을 사용하기 때문에 필요한 수량보다 더 많이 주문하게 되는 것이다. 게다가 공급은 한정되어 있는데 수요가 폭증할 경우 더 많이 주문한 곳에 더 많이 물건을 배정해주는 거래 관행과 제조업자의 잦은 가격변동 등도 수요를 왜곡하는 주요 원인이 된다.

채찍효과로 인해 발생하는 필요 이상의 재고는 관리비용의 상승 원인이 되기 때문에 기업 입장에서도 부담이 될 수밖에 없다. 그러므로 공급사슬 내 각 주체들이 수요에 대한 정확한 정보를 공유하는 한편, 주문 방식의 변경과 가격 변동성 최소화 등 시스템 개선을 통해 불필요한 재고를 줄이려는 노력이 필요하다.

7월

30주

에르하르트와 라인강의 기적

독일은 2차 세계대전 패전 후 동독과 서독으로 나뉘었다. 동독은 소련의 영향 아래서 공산주의 국가 체계를 갖추어가고 있었으며, 서독은 미국의 지원 속에서 자유주의 기반의 경제성장을 이루게 되었다. 1947년 미국 국무장관 마셜의 유럽재건 경제 지원정책인 마셜 플랜 발표 이후 서독은 재무장관 에르하르트의 주도하에 '데-마르크'라는 새로운 화폐를 도입했다. 동독 지역에서는 이 화폐 사용을 금지했으나 서독은 이 새로운 화폐를 기반으로 시장경제 정책을 시행했다.

에르하르트는 "앞으로의 경제발전 방향은 현재의 빈곤을 균등하게 나누는 것이 아니라 좀 더 많은 것을 생산해내야 한다."라고 주장하면서 국가가 시장경제 과정에 자의적으로 참여하여 통제하는 방식을 반대했다. 그러나 시장이 안정되며 갑자기 증가된 구매력과 그동안 억눌려 있던 구매 욕구가 폭발하면서 초기 인플레이션 현상이 나타났다.

폭등하는 물가에 불만을 가진 파업 노동자들에게 에르하르트는 이러한 물가상승은 통화량에 적응해가는 필수 과정이라고 설득했다. 그리고 정말로 에르하르트의 말처럼 화폐개혁 이전에 2마르크도 되지 않았던 근로자의 시간당 평균수입이 1950년 2.4마르크까지 20%가량 증가했다. 그러자 국민의 시선은 반대에서 지지로 바뀌었다. 거기다 1950년 한국전쟁이 발발하면서 기술력 기반의 우수한 독일산 군수물자에 대한 수요 역시 증대되었고, 외국자본도 유입되면서 생산 증대와 산업 성장이라는 결과를 이끌어냈다.

결과적으로 1952년 320억 달러였던 서독 GDP는 10년 뒤인 1962년에 890억 달러까지 크게 증가했으며 서독의 경제성장률은 영국, 미국과 비교해서도 4~5배 높은 수준이었다. 이러한 서독의 경제성장을 가리켜 생산 및 물류의 중계 역할을 한 라인강의 이름을 따서 '라인강의 기적'이라고 부른다. 라인강의 기적은 패전 후 실의에 빠져 있던 독일인들에게 '할 수 있다'는 생각을 심어주었을 뿐 아니라 사회, 정치, 경제 부문의 새로운 도약의 계기가 되었다.

인물

폴 볼커

1979년부터 1987년까지 연방준비제도(Fed) 의장을 역임한 미국의 경제학자 폴 볼커 (Paul Adolph Volcker, 1927~2019)는 '인플레이션 파이터'로 유명하다. 그는 경기불황 속 물가 가 상승하는 스태그플레이션 위기 속에서 미국을 구해낸 인물이다. 그의 노력 덕분에 미 국은 90년대 경기호황을 맞이할 수 있었다.

일반적으로 경기가 호황이면 수요가 증가하면서 이에 따른 기대심리로 인해 물가가 오 르는 인플레이션이 발생한다. 인플레이션이 발생하면 중앙은행에서는 기준금리를 올려 시중에 풀린 유동성을 흡수함으로써 이를 해결한다. 반면 경기가 불황일 때는 경기 위축 으로 인해 물가가 하락하는 디플레이션이 발생한다. 디플레이션이 발생하면 중앙은행에 서는 기준금리를 인하함으로써 시중에 자금을 풀어 경기를 살린다.

하지만 폴 볼커가 연방준비제도 의장으로 취임한 시기의 미국은 석유파동으로 인해 물가가 급격히 상승하면서 경기가 불황에 빠지는 다소 복잡한 상황이었다. 물가를 잡기 위해 금리를 올리면 경기침체가 가속화될 수밖에 없었고, 반대로 경기를 살리기 위해 금 리를 내리면 오히려 물가가 천정부지로 상승할 수밖에 없었다. 이러지도 저러지도 못하는 진퇴양난의 상황이었다.

이러한 상황 속에서 그는 두 마리 토끼를 잡기 위해 노력하는 대신 먼저 인플레이션 을 잡는 데 집중했다. 그는 정부가 직접 나서서 경제 문제를 해결하기보다는 통화정책을 통해 인플레이션만 잡는다면 경제성장과 고용증대가 자연스럽게 이루어질 것이라고 생 각했다.

폴 볼커는 취임 당시 11.2%였던 기준금리를 지속적으로 올려 1981년에는 21%까지 끌 어올렸다. 이러한 금리 인상으로 수많은 기업이 도산했고, 이로 인해 취임 당시 6%대의 실업률은 10.8%까지 치솟았다. 말도 안 되는 고금리에 격분한 사람들은 연일 시위를 벌였 다. 그는 금리 인상을 반대하는 사람들의 살해 협박에 시달려 권총을 몸에 지니고 다니 기도 했다. 하지만 그는 이러한 어려움 속에서도 인내하면서 강력하고 일관된 정책을 추 진해나갔다. 그 결과 1981년 13.5%에 달했던 물가상승률이 1983년에는 3.2%까지 떨어졌 다. 그의 정책으로 인해 물가안정과 산업 구조조정에 성공한 미국은 이후 장기적인 경제 호황의 길로 접어들게 되었다.

경제학

매몰 비용의 오류

영국과 프랑스가 합작해 만든 최초의 초음속 여객기 콩코드는 세계에서 가장 빠른 비행기였다. 그러나 세계 최초의 초음속 여객기라는 명성과 달리, 몸체가 좁아 탑승 인원이 적었고 연비가 낮아 사업성이 좋지 않았다. 그뿐 아니라 잦은 고장 등 여러 가지 문제를 안고 있었다. 하지만 콩코드 개발을 위해 이미 너무 많은 비용을 투자했기 때문에 모든 것을 포기하고 빠져나올 수도 없었다. 결국 콩코드는 사고로 탑승자 전원이 사망하는 사건을 계기로 역사 속으로 사라지고 말았다. 이처럼 결과가 만족스럽지 못하지만 그동안 투자한 것이 아까워 합리적인 판단을 내리지 못하는 경우를 '콩코드의 오류'라고 부르며 경제학에서는 이를 '매몰 비용의 오류'라고도 부른다.

매몰 비용은 일단 지출한 뒤에는 어떤 선택을 하든 회수할 수 없는 돈을 말한다. 매몰 비용은 이미 엎질러진 물과 같아 다시 주워 담을 수 없다. '이미 엎질러진 물'은 마음은 아프지만 깨끗이 포기해야 한다. 마음에 담아두어 보았자 자신만 괴롭기 때문이다. 이렇듯 합리적인 사람이라면 어떤 결정을 할 때 그동안 자신이 쏟아부은 노력이나 시간, 비용 등 이미 써버려 회수할 수 없는 매몰 비용을 제외하고 결정을 내려야 한다. 하지만 대부분의 사람들은 오히려 이 매몰 비용 때문에 안 된다는 것을 뻔히 알면서도 더욱더 매달리는 경향이 있다.

5년간 열심히 공무원 시험을 준비했는데 아깝게 또 떨어졌다면 계속 공부하는 것이 맞을까? 아니면 할 만큼 했으니 깨끗이 포기하고 다른 일을 알아보는 것이 좋을까? 영화관에 갔는데 표를 잃어버렸다면 표를 다시 사서 영화를 보는 게 맞을까? 아니면 표를 다시 사느니 집으로 돌아가는 것이 맞을까? 호텔 뷔페에 갔는데 배가 살짝 부르다면 그럼에도 불구하고 많이 먹는 것이 좋을까? 아니면 돈은 아깝지만 적당히 먹고 나오는 것이 좋을까? 아마도 대부분은 이 질문들을 보면서 너무나 쉽게 대답할 수 있을 것이다. 왜냐하면 당사자가 아니기 때문에 매몰 비용을 제외하고 객관적으로 판단할 수 있기 때문이다. 하지만 이 질문의 당사자들은 자신이 이미 치른 비용 때문에 비합리적인 행동을 하게 된다.

그래서 매몰 비용의 오류에 빠지지 않기 위해서는 과거가 아닌 앞으로의 비용과 수익을 기준으로 결정을 내리는 것이 중요하다.

네 마녀의 날

주가 관련 뉴스를 보다 보면 종종 '네 마녀의 날'이라는 단어가 등장한다. 그리고 어김 없이 주가 변동성이 클 수 있으니 유의하라는 내용도 동반된다. 여기서 네 마녀는 주가지 수선물, 주가지수옵션, 개별주식옵션, 개별주식선물을 의미하며 각각의 만기일이 동시 에 겹치는 날로 우리나라의 경우 매년 3, 6, 9, 12월 둘째 주 목요일이 해당된다.

우리나라는 2008년 4월까지는 '세 마녀의 날'이었으나 이후 개별주식선물까지 도입되 어 네 마녀가 되었다. 4개의 거래 시장이 만기되면서 만기 당일, 자금 규모가 큰 외국인이 나 기관투자자들의 프로그램 매매가 대량으로 실행되면서 주가 변동성 역시 커지기 때 문에 이를 이야기 속 마녀들의 심술에 빗대어 '네 마녀의 날(Quadruple Witching Day)'이라고 한다.

주가지수선물과 주가지수옵션의 기준이 되는 지수(기초자산)는 여러 개 있지만 주로 코스피200지수에 연동된 거래를 의미하며, 개별주식옵션과 개별주식선물에서 의미하 는 개별주식은 한국거래소에 상장되어 있고 유통주식수가 200만 주 이상, 소액주주수가 2,000명 이상, 1년간 총 거래대금이 5,000억 원 이상인 보통주식 중에서 시가총액과 재 무상태 등을 감안하여 선정된 기업들의 발행 주식을 의미한다.

2020년 3월 12일(네 마녀의 날)에는 코로나 19로 인한 전반적인 사회적 충격과 외국인의 매도가 거세지면서 코스피가 전일 대비 80포인트 넘게 하락하며, 전일 종가 대비 선물가 격이 5%(KOSPI) 이상 급등하거나 급락한 상태가 1분간 지속되는 경우 호가를 5분간 정 지시키는 사이드카가 9년여 만에 발동되었다. 또한 3월 만기 때는 선물가격이 현물보다 낮아지는 백워데이션 현상까지 발생하면서 주식시장 하락의 우려를 더했다. 이처럼 네 마녀의 날에는 주가 변동성이 커지게 되므로 투자 시 유의할 필요가 있다.

게임 산업 (2)

2020년 글로벌 게임 시장은 약 1,659억 달러에 달할 것으로 예상된다.* 2010년 이후 연평균 성장률이 10%가 넘는 고성장 산업이며, 콘솔게임이나 PC게임 시장은 크게 증가하지 않는 반면, 모바일게임은 스마트폰 보급 확대와 더불어 최근 10년 동안 매년 20% 이상 성장하고 있다. 또한 모바일게임의 경우 향후 5G 서비스가 보편화되고 클라우드 서비스가 확대될 경우 더욱 품질 좋은 고 사양 게임이 개발될 것으로 전망된다. 여기에 AR(증강현실), VR(가상현실) 기술까지 결합되며 게임 산업은 더욱 성장할 것으로 보인다.

국내 게임 시장은 2020년 기준 약 15조 매출에 이를 것으로 전망되는데, PC 기반의 게임들이 다소 주춤하는 반면 콘솔게임 부문은 약진할 것으로 예상된다. 특히 우리나라 게임 산업 수출액은 69억 달러**에 달하는데 이는 한류음악이나 방송을 합친 것보다 몇 배 더 많은 수준이다. 우리나라 게임이 수출되는 나라는 중국을 비롯한 중화권이 절반 정도로 가장 큰 비중을 차지하고 있으며 동남아, 북미, 유럽에도 수출하고 있다.

게임은 게임 자체로 판매되고 즐기기도 하지만 e스포츠라는 단어가 만들어질 만큼 아프리카TV, 트위치, 유튜브 등에서 게임 진행을 스트리밍하고 전문 선수들이 기량을 겨루는 경기 문화로도 발전했다. 또한 18년 자카르타-팔렘방 아시안게임에서 시범경기로 채택되고, 22년 항저우 아시안게임에는 정식 종목으로 채택될 예정이어서 게임에 대한 인식전환 및 위상도 달라질 것으로 예상된다. 최근에는 5G 확대와 기술 발전으로 디바이스 간 경계가 약화되며 '포트나이트'***처럼 여러 게임 디바이스에서 동일한 게임을 즐길 수 있는 크로스 플레이가 성공을 거두면서 향후 지향하는 게임개발 방식 중 하나가 될 것으로 전망된다. 우리나라의 경우 K 뉴딜지수에 엔씨소프트, 넷마블, 펄어비스 등이 포함되며 앞으로도 성장가도를 꾸준히 달릴 것으로 예상된다. 그러나 게임 산업의 전망을 어둡게 하는 요인들도 있다. 장기적으로는 어려워진 경제활동으로 인한 구매력 하락으로 게임 산업이 정체될 것이라는 견해도 있으며, 2019년 WHO가 게임이용장애를 질병 항목에 포함시켜 국제질병표준을 만들었기에 이에 대한 규제가 강화된다면 게임 산업 성장의 부정적 요인으로 작용할 수 있다.

---

*   NEWZOO-2018 Global Games Market Report / 글로벌 게임산업 트렌드 Kocca

** 2019년 기준

*** 에픽게임즈에서 개발 유통하고 있는 서바이벌 슈팅 게임

상품

일회용 반창고(밴드)

일회용 반창고가 등장하기 전에는 상처가 나면 약품과 거즈를 따로 준비해야 했다. 그러나 소독된 거즈를 작게 자른 반창고에 미리 붙여둠으로써 이런 불편함을 해결한 것이 보통 밴드라고 부르는 일회용 반창고이다.

일회용 반창고는 얼 딕슨이라는 한 평범한 남자의 아내 사랑으로 만들어진 제품으로 알려져 있다. 그의 아내는 부엌칼이나 모서리에 부딪혀 자주 다쳤는데 얼 딕슨은 항상 거즈와 테이프를 주변에 두었다가 치료해주었다고 한다. 그는 자신이 출근했을 때 아내가 다칠까 싶어 일정한 크기로 테이프를 잘라두고 그 위에 거즈를 얹어두어 아내가 한 손으로도 상처에 붙일 수 있도록 만들어두었다. 또한 크리놀린이라는 소재를 테이프에 붙여둠으로써 테이프의 접착력을 유지했다. 훗날 그가 다니던 존슨앤존슨의 제임스 존슨 회장이 이 발명품을 보고 1921년 밴드 에이드라는 이름으로 브랜드화하여 판매하게 되었다. 이후 전 세계적으로 커다란 히트를 친 상품이 되었으며 존슨앤존슨이 크게 성장하는 데 기여했다.

우리나라에서는 1980년대 가장 많이 판매된 회사 제품명인 대일밴드가 마치 일회용 반창고의 고유명사처럼 알려지기도 했다. 1961년에 창업한 대일화학 공업은 한때 '대일밴드'라는 브랜드로 일회용 반창고 생산을 통해 성장 가도를 이어갔으나, 이후 일회용 반창고 시장의 경쟁이 심화되면서 어려움을 겪게 되었고 2013년에 인수되었다.

대일이라는 상표에 대한 법적 분쟁도 있었다. 대일제약이 대일밴드와 유사한 제품을 만들고자 했으나 대일밴드를 처음 만들었던 대일화학 공업이 '대일'이 포함된 유사 상표를 사용할 수 없도록 해달라며 소송을 냈고, 법원은 대일화학 공업의 손을 들어주었다. 현재 일회용 반창고는 일반 의료용품으로 편의점에서도 편리하게 구매할 수 있으며 방수, 폼 방식의 습식 밴드 등 다양한 제품들이 판매되고 있다.

풍선효과

　풍선의 한쪽을 누르면 다른 쪽이 부풀어오르는 것처럼 어떤 현상이나 문제를 억누르면 예상치 못한 다른 쪽에서 새로운 문제가 불거져 나오는 현상을 가리켜 '풍선효과'라고 한다. 보통 정부 정책에 대한 부작용을 이야기할 때 자주 언급되는 말로, 수요와 공급에 대한 고려 없이 강력한 규제를 통해 문제를 해결하려 들기 때문에 발생하는 사회적 현상을 가리킨다. 특정 사안에 대해서 규제를 강화해 억누르면 될 것 같아 보이지만, 정작 수요는 사라지기는커녕 규제의 영향이 미치지 않는 우회 경로를 통해 공급이 지속적으로 이루어지기 때문에 비슷한 문제가 계속해서 발생하는 것이다.

　풍선효과는 미국에서 벌인 마약과의 전쟁에서 처음 사용되었다. 마약 근절을 위해 단속을 강화하자 마약 공급 조직들은 오히려 단속이 약한 부분을 찾아 이동하게 되었고 결국 마약을 밀수하는 루트가 다양해짐에 따라 단속이 더 힘들어졌다.

　국내에서도 다양한 풍선효과 사례가 존재한다. 성매매 문제를 해결하기 위해 단속을 강화하자 오히려 주택가에서 성매매가 이루어지면서 단속이 더 어려워졌다. 비정규직을 보호하기 위해 2년 이상 고용한 비정규직을 정규직으로 전환하도록 만든 법을 시행하자 파견, 용역 등 간접고용 노동자들이 증가하게 되었다. 게다가 노동자들의 삶의 질을 높이기 위해 최저임금을 올리자 이를 감당하지 못한 일부 영세업자들은 아르바이트생을 줄이거나 가격을 올리는 등 부작용이 속출했다.

　다양한 분야에서 풍선효과가 나타나고 있지만, 최근 가장 많이 언급되는 분야는 바로 부동산이다. 아파트값의 급등을 막기 위해 부동산 투기와의 전쟁을 선포한 정부는 다양한 규제정책을 쏟아내고 있지만 오히려 풍선효과가 커지고 있기 때문이다. 은행권 주택담보대출을 규제하자 신용대출과 전세자금대출이 급격히 늘었고, 서울 등 아파트 가격 급등 지역을 투기지역 등으로 지정하자 비규제 지역으로 투기수요가 몰렸다. 또한 다주택자들의 세부담을 늘리자 오히려 세부담을 줄이기 위해 법인설립이 늘어나는 등 다양한 풍선효과가 나타나고 있다.

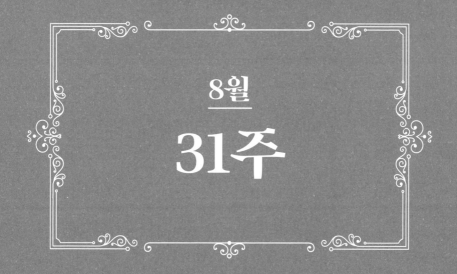

8월
31주

역사

닉슨의 금본위제 폐지

미국 달러는 브레튼우즈 체제를 통해 기축통화로서 금과 교환가치를 갖는 형태의 금본위제로 변형되었다. 이에 다른 나라들이 자국의 돈을 금으로 바꾸려면 미국 달러 35달러를 금 1온스와 바꿀 수 있었다. 그러나 1971년 8월 15일에 일명 닉슨 쇼크라고 불리는 금태환 정지(달러와 금의 교환 금지)가 공표됨으로써 금본위제는 사실상 막을 내리게 되었다. 또한 이때를 기점으로 기존 고정환율제도에서 각국 통화 간 교환비율이 변화되는 변동환율체계가 등장했다.

닉슨 대통령이 금본위제를 폐지한 배경에는 여러 가지 이유가 있지만, 대표적으로 글로벌 통화 유동성이 커지면서 달러 가치가 하락했다는 것이다. 국제 교역이 활발해지다 보니 많은 통화가 오가야 했기에 달러의 유동성이 크게 증가했다. 문제는 달러는 미국의 의지대로 많이 찍어낼 수 있는데 반해 금은 유한한 자원이라는 점이다. 그런데 금과 교환해 달라는 국가들이 늘어나자 미국은 이를 감당하기 어려워졌고 거기다 1960년대 베트남전쟁 비용까지 부담이 되자 금 보유량은 감안하지 않은 채 달러를 계속 찍어냈다. 이처럼 늘어나는 달러와 한정된 금이라는 상황 변화에 따라 미국은 갑작스럽게 금본위제를 폐지하게 된 것이다.

이에 브레튼우즈 체제를 따르던 나라들은 하나둘 떠났고 세계 경제는 충격에 휩싸였다. 닉슨 대통령이 금본위제 폐지를 발표한 지 1년 후 온스 당 70.3 달러로 금의 가치는 2배가량 올랐고 달러 가치는 절반 수준으로 하락했다. 달러 가치 하락은 미국의 수출 경쟁력을 높이는 결과를 가져와 미국 경제는 안정세에 접어드는 모습을 보이기도 했지만, 전 세계 물가와 원유가격은 급등했으며 경제성장률은 하락했다. 또한 브레튼우즈 체제에서 적용되었던 고정환율제는 금본위제 폐지와 함께 사라져 변동환율제가 도입되었다. 이에 각 국가들은 환율시장 안정을 위해 외환시장에 개입하기 시작했다.

인물

앨런 그린스펀

    미국의 경제학자 앨런 그린스펀(Alan Greenspan, 1926~)은 1987년부터 2006년까지 20년 가까이 연방준비제도이사회(FRB) 의장으로 재임하면서 시의적절한 통화정책을 통해 미국의 안정적인 경제성장을 이끈 인물이다. 그는 블랙 먼데이(1987년), 아시아 금융위기(1997년), 닷컴버블 붕괴(2000년), 9·11테러(2001년) 등 수많은 위기를 극복해내며 다양한 기록을 만들어갔다. 1970년대 초 이후 28년 만의 최저 실업률, 29년 만의 재정수지 흑자, 사상 최장의 호황기(1991~2001년) 등이 대표적이다. 일반적으로 미국 연방준비제도이사회 의장을 '세계의 경제 대통령'이라고 부르는데, 이러한 호칭도 그린스펀으로부터 유래한 것이다.

    그에 대한 사람들의 신뢰는 굉장했다. 그래서 '그린스펀 풋(Greenspan Put)'이라는 말이 생길 정도였다. 그는 1998년 발생한 롱텀 캐피털 매니지먼트 파산 사태가 발생하자 과감한 금리 인하를 통해 위기를 잘 수습했다. 통화정책을 통해 시장 붕괴의 위험을 상쇄시키는 그의 능력이 마치 증시 침체로부터 옵션 보유자를 보호하는 풋옵션과 비슷하다는 뜻에서 '그린스펀 풋'이라는 용어가 사용되기 시작했다. 참고로 '풋옵션(Put Option)'은 특정한 기초자산을 미래의 일정 시점에 미리 정한 가격에 팔 수 있는 권리를 의미한다.

    그린스펀은 시장주의자로, 인위적인 개입보다는 시장 자율에 맡겨야 한다는 믿음을 가지고 있었다. 그래서 그는 통화정책을 통해 경제성장률을 높이기 위한 정부의 요청에도 불구하고 번번이 이를 거절하며 자신의 소신을 지키기도 했다. 하지만 그는 장기간 저금리 기조를 유지하면서 부동산 시장의 버블을 키웠고, 파생상품에 대한 규제 완화가 2008년 서브프라임 모기지 사태의 직접적인 원인으로 주목되면서 그의 명성에도 금이 간 것이 사실이다.

경제학

암표의 경제학

암표는 웃돈을 받고 파는 표를 말한다. 수요는 많지만 표는 한정되어 있기 때문에 가고 싶어도 갈 수 없는 사람이 생길 때 주로 암표 시장이 형성된다. 암표 시장은 전형적으로 수요가 공급을 초과하는 시장으로, 이럴 경우 수요와 공급의 법칙에 의해 표의 가격이 올라가는 것은 자연스러운 현상이다. 인기 가수의 콘서트나 스포츠 빅 이벤트, 그리고 명절 때 기차표 등에는 어김없이 암표가 등장한다.

우리나라에서 암표는 불법으로, 적발 시에는 벌금형에 처해진다. 일부 암표상들이 표를 불법으로 매집함에 따라 선량한 피해자가 생길 수 있고 공정한 거래 질서를 해치는 행위이기 때문이다. 정상적인 가격에 티켓을 살 수 없는 사람들은 불필요한 비용을 추가적으로 지불해야 하거나 관람을 포기해야 한다. 이로 인해 발생하는 상대적 박탈감도 무시할 수 없다.

하지만 암표가 꼭 필요한 사람들도 있다. 표를 사기 위해 다른 사람들과의 경쟁에 뛰어든 사람들은 그나마 시간적 여유가 있는 사람들이지만 그럴 여유조차 없는 사람들도 분명 존재한다. 그뿐 아니라 때로는 경쟁에서 표를 구하기 위해서 나름의 노하우도 필요한데 이러한 노하우가 없는 사람들은 계속 기회를 박탈당할 수밖에 없는 것이다.

시장경제를 신봉하는 경제학자 입장에서는 암표 시장이야말로 부족한 자원을 가장 효율적으로 배분하는 시장이라고 이야기한다. 그래서 일부에서는 암표 시장을 인정해주자는 분위기도 존재한다. 실제로 미국 등에서는 암표상이 합법적으로 활동하기도 한다. 인기 있는 공연이나 스포츠 경기의 경우 정상 가격보다 더 비싼 가격에 암표가 팔리겠지만, 인기가 없는 공연이나 스포츠 경기에는 더 저렴한 가격에 표를 살 수 있게 되면서 객석 점유율이 올라가는 효과도 있기 때문이다.

어쩌면 줄을 서서 표를 사든 정해진 시간에 인터넷을 통해 경쟁적으로 표를 사든, 모두가 정해진 규칙에 따라 표를 구매하는 것이 공평하다고 생각할지도 모른다. 하지만 이런 일이 모든 사람을 똑같이 비생산적인 일에 종사하도록 만드는 것은 아닐지 한 번쯤은 생각해볼 필요도 있다.

사이드카와 서킷브레이커

주식시장이 전체적으로 크게 변동할 때 투자자들을 보호해주기 위해 시행되는 장치가 사이드카(sidecar)와 서킷브레이커(circuit breakers)이다. 사이드카는 길을 안내해주는 경찰차를 일컫는 '사이드카'라는 용어를 그대로 차용한 것이다. 주식시장에 경고를 보내는 메시지 정도로 이해할 수 있는데, 과속하는 주식시장의 속도를 조절해 사고가 나지 않도록 해준다는 의미로 붙여졌다. 사이드카는 선물가격 변동이 커질 때 현물시장에 미치는 영향을 최소화하기 위해 관리하는 제도로서 코스피 선물가격이 전일 종가 대비 5% 이상, 코스닥 선물의 경우 전일 종가 대비 6% 이상 등락해 1분 이상 지속될 경우 프로그램 매매를 5분간 정지시키는 것을 사이드카라고 한다. 사이드카는 1일 1회에 한하며 장 개시 후 5분 전, 장 종료 40분 전 이후에는 발동하지 않는다.

서킷브레이크는 '회로를 끊어놓는다'는 뜻에서 나온 단어로 사이드카보다 강력한 조치이다. 서킷브레이크가 발동되면 20분간 모든 종목의 호가 접수와 매매거래가 중단된다. 또 이후 10분간 동시호가가 새로 접수된다. 즉 30분간 매매가 이루어지지 않는 것이다. 서킷브레이크는 그 수준에 따라 총 3단계로 구성되어 있다. 1단계는 전일 종가 대비 8% 하락하며 1분 이상 지속되는 경우이다. 2단계는 지수가 전일 종가 대비 15% 이상 하락하고 1단계 발동 시점보다 1분 이상 지속될 경우, 마찬가지로 20분간 주식거래가 중지되고 10분간 단일가로만 매매가 가능하다. 3단계는 전일 종가 대비 20% 하락하는 경우에 발동되는 것으로 이때는 그날의 주식시장이 바로 마감된다.

2000년 이래 2020년 초까지 코스피와 코스닥 서킷브레이크가 발동된 날은 총 12번 있었는데 대부분의 원인은 미국발 금융 이슈 때문이었다. 2000년 4월에는 미 증시 블랙프라이데이로 인해, 2001년에는 9·11 테러, 2007년, 2008년에는 서브프라임 모기지로 인한 글로벌 금융위기가 원인이었으며 최근에는 코로나 19로 인한 경제적 충격이었다.

사이드카와 서킷브레이크가 발동되면 투자자들의 경우 패닉에 빠져 손실을 보고 매도하는 경우가 많은데, 소요 시간의 차이는 있었지만 대부분 빠르게 원상회복되는 모습을 보였다.

산업
조선 산업 (1)

　인류가 언제부터 배를 만들었는지 정확한 시기는 알 수 없지만, 글로벌 조선 산업이 본격적으로 성장하기 시작한 때는 중세 대항해시대부터였다. 신대륙 개척을 위한 배는 거센 풍랑을 견뎌낼 수 있어야 했으며 안전한 바닷길을 찾아 정확하게 목적한 곳까지 오 갈 수 있어야 했기에 대항해시대를 거치면서 조선기술은 급격하게 발달했다. 특히 조선술 이 발달해 있던 영국은 산업혁명을 통한 자금과 기술 축적을 통해 당시 세계에서 가장 강 력한 영국 해군의 기반을 만들 수 있었다. 우리나라의 경우 6.25 전쟁을 거치면서 전쟁물 자 수송과 선박수리 등 수요가 확대되어 부산 중심의 조선업이 틀을 잡게 되었다. 특히 용접공법이 새로 도입되면서 우리나라 조선업 기술은 더욱 발전했다. 1970년대에는 수에 즈 운하 폐쇄와 석유파동 등으로 인한 글로벌 유조선 수요가 급증했는데, 이 시기 우리 나라도 조선 산업 육성을 위한 자금 및 제도적 지원을 통해 대규모 조선소가 탄생하게 되 었다. 이후 현대, 삼성, 대우조선 등의 기업들이 글로벌 경쟁력을 갖춘 조선사 체계를 갖 춤으로써 우리나라는 세계 조선 강국으로서의 기반을 다질 수 있었다. 1980년대 이후 조 선업이 침체기를 맞아 관련 기업들이 경영의 어려움을 겪었지만 정부의 금융과 세제 지 원 등으로 위기를 극복할 수 있었다. 이처럼 어려운 시기에도 투자와 경쟁력 확보에 게을 리하지 않았던 국내 조선업은 조선업이 다시 호황기에 들어섰을 때 처음으로 선박 수주 량 세계 1위를 달성할 수 있었다.

　이후 LNG선과 유조선, 초대형 컨테이너선 등 부가가치 높은 선박 중심으로 건조량 이 크게 늘어 2015년에는 세계에서 가장 많은 선박 건조 조선소 중 6개가 우리나라 조선 소가 되기도 했다. 그러나 중국이 낮은 인건비와 물량 공세로 세계 시장 공략에 나서면서 중국의 위상은 계속 높아져 세계 1위에 오르기도 했다. 우리나라 조선기술은 중국에 앞 서 있다고 평가되었지만, 가격 경쟁력에서 어려움을 겪고 있었다. 그러나 상황은 또 바뀌 었다. 중국에서 건조한 LNG선이 운항을 시작한 지 얼마 되지 않아 폐선되는 등 중국의 기술적 문제와 약속한 시점에 배를 인도하지 못하는 등의 문제가 불거지면서 다시 우리 나라 조선소에 수주가 몰렸고, 2019년 세계 조선업 1위를 탈환했다. 조선업은 소품종 대 량생산하는 일반 제조업과 달리, 다품종 소량생산하는 산업이며 공법기술과 인력의 역 량에 따라 제품의 품질이 달라지는 노동집약적 특성을 가진다. 또한 먼저 수주를 받아 주문하는 방식으로 미리 제품을 제조해두고 고객을 기다릴 수도 없는 산업이다.

스타크래프트

스타크래프트는 1998년 블리자드 엔터테인먼트에서 출시한 실시간 전략 게임이다. 게임의 배경 스토리는 먼 미래 인류와 외계 종족 간의 전쟁이다. 게임에는 미래 인류인 테란, 거대 벌레 모습을 한 외계 종족 저그, 정신력으로 무장한 고도의 외계 종족 프로토스가 등장하는데 세 종족 모두 개성이 뚜렷한 데다 어느 한 종족에 치우치지 않는 게임 밸런스 등으로 인기를 끌고 있다.

우리나라에서 스타크래프트의 등장은 단순한 게임 출시 그 이상의 의미가 있다. 스타크래프트를 기반으로 PC방이 곳곳에 성업하게 되었으며 1998년에서 2000년대 초반 닷컴버블이 꺼지기 전까지 IT 기업들의 많은 투자로 스타크래프트 관련 대회도 다양화되었다. 공군은 공군 ACE라는 스타크래프트 팀을 만들어 당시 가장 유명 스타였던 임요한을 공군으로 입대시키기도 했다. 이처럼 스타크래프트 게임이 인기를 얻자 한국 프로게이머협회 KeSPA가 출범해 PC방 중심으로 소규모 국지적으로 치루어지던 대회 진행을 방송매체를 활용한 프로게임리그로 전환시켜 스타크래프트 대중화에 기여했다.

스타크래프트는 방송계에도 큰 변화를 이끌었다. 2000년에는 스타크래프트 중계 중심의 온게임넷, MBC 게임넷 같은 게임전용 방송이 등장했으며 한때 학생들이 선호하는 직업 중 하나로 프로게이머가 꼽히기도 했다. 매년 블리자드의 주최로 스타크래프트 세계 게임도 열렸는데, 우리나라는 스타크래프트 부문에서 항상 앞선 기량으로 우수한 성적을 거두었다.

이러한 스타크래프트는 거의 10년이 넘는 시간 동안 게임계의 메인 타이틀로서 많은 사랑을 받아왔지만 2012년 스타크래프트1 대회를 마지막으로 사라졌고, 아프리카TV나 유튜브 등의 개인 방송을 통해 명맥을 이어가고 있다. 이후 스타크래프트2가 2010년 발매되었으나 이전 버전만큼의 인기를 얻고 있지는 못하다. 그러나 2017년 스타크래프트1의 그래픽, 게임효과, 캠페인 등을 업그레이드한 리마스터 버전을 무료로 배포하면서 여전히 PC방을 찾게 하는 주요 게임 중 하나로 많은 인기를 얻고 있다.

경제상식

인구절벽

미국의 경제학자 해리 덴트는 2014년 자신의 책 『인구절벽이 온다』(2017년 국내출간)에서 인구감소로 인한 경제위기 발생 가능성을 경고하며 인구절벽이라는 개념을 처음 사용했다. 인구절벽이란 경제활동이 가능한 생산가능인구(15~62세)의 비중이 급속도로 줄어드는 현상을 말한다. 특히 비교적 안정된 고용과 높은 소득수준을 기반으로 가장 왕성한 소비를 하는 집단인 40대 중후반의 인구가 줄어들면서 소비가 급격히 위축된다는 의미에서 인구절벽이라는 표현을 사용했다.

인구학적 관점에서 본다면 한국의 고령화 속도는 매우 심각하다. 65세 이상이 전체 인구의 7% 이상이면 고령화 사회, 14% 이상이면 고령사회라고 하는데 일본의 경우 고령화 사회에서 고령사회로 진입하기까지 24년이 걸렸지만, 한국은 17년밖에 걸리지 않았다. 이는 출산율 감소로 인해 14세 이하 유소년 인구가 꾸준히 줄어들었을 뿐만 아니라 의학의 발달로 평균수명이 길어지면서 65세 이상의 고령 인구가 급속도로 늘어난 결과이다. 이에 따라 생산가능인구도 지속적으로 하락하고 있는데, 해리 덴트는 한국이 2018년 이후 인구절벽 아래로 떨어지는 마지막 선진국이 될 것이라고 예상하기도 했다.

인구절벽은 노동력 부족으로 인한 생산력 약화 및 산업경쟁력 감소는 물론이고 젊은 세대의 노인 부양 부담 증가로 인한 내수 소비의 위축을 가져온다. 이로 인해 경제 내에 노동과 소비, 그리고 투자의 주체가 사라지면서 경제가 점점 더 저성장의 늪에 빠지게 된다. 일본의 경우 거품경제 붕괴 이후 경기침체가 20년 이상 지속된 '잃어버린 20년'에 본격적으로 돌입한 시기가 생산가능인구가 정점에 달했던 1995년이라는 점은 우리에게 시사하는 바가 크다. 한국은 고령화 속도가 일본보다 더 빠른 만큼 그 충격이 더 클 수도 있다. 이에 따라 출산율을 높이고 이민을 확대하는 등 대책 마련이 시급하다.

8월

32주

킹스턴 체제

닉슨 쇼크에 의해 브레튼우즈 체제가 붕괴되고 환율이 요동치자 1971년 10월에 영국, 캐나다, 프랑스, 이탈리아 등 10개국이 모여 통화 재편을 협의했다. 이를 스미소니언 협정이라고 한다. 스미소니언 협정은 더 이상 미국 달러화의 금본위제가 불가능하다는 것을 인정하면서도 달러를 기축통화로 한 기존의 고정환율제도를 유지하려고 했다. 이에 금 1온스 당 35 미국 달러 교환 비율을 38.02 달러로 평가 절하하고 조정폭을 넓히는 등 브레튼우즈 체제 이후의 국제 환율 안정화를 위해 협정을 맺은 것이다.

그러나 달러의 신뢰도 하락과 미국의 국제수지 악화 등으로 시장을 안정화시키는 것에는 한계가 있었다. 그래서 1976년 자메이카 킹스턴에서 주요 국가들의 대표들이 모여 새로운 국제 통화제도를 합의하기에 이르렀는데 이를 '킹스턴 체제'라고 부른다.

킹스턴 체제가 기존 체제들과 다른 점은 변동환율제도에 근간을 두고 있다는 것이다. 이에 각국은 외환 수급에 따라 자율적으로 환율을 결정하도록 하고 환율변동이 심한 경우에는 정부가 개입할 수 있도록 한 것이 기존 체제와는 다른 점이다. 물론 환율을 무절제하게 조작하거나 수출 경쟁력을 높이기 위한 자의적인 정책은 쓰지 못하도록 규제하고 있다. 또한 금을 국제통화 체제에서 제외시키고 투자 상품으로 제한하는 등 기존까지 글로벌 통화정책에 커다란 영향을 미친 금의 정체성을 새롭게 설정했다.

인물

대니얼 카너먼

이스라엘 출신의 행동경제학자 대니얼 카너먼(Daniel Kahneman, 1934~)은 원래 경제학에 무지한 심리학자였다. 그는 경제학 논문 속에 있는 '경제 이론의 행위 주체는 합리적이고 이기적이며, 취향에 변화가 없다.'라는 문장을 우연히 보고 충격을 받았다고 말했다. 심리학자의 입장에서 볼 때 인간은 완전히 합리적이지도 않고, 이기적이지도 않고 취향도 불안정하다고 보았기 때문이었다. 그는 인간이 확률원리에 입각한 합리적인 행동을 한다는 가정에 문제가 있다고 생각하고 심리학적 실험을 토대로 이를 증명해냈다. 그렇게 그는 경제학에서의 기본 가정인 합리적 인간에 대한 믿음을 산산히 부서뜨리며 경제학계에 혜성처럼 등장했다. 그는 '행동경제학'의 창시자로 1979년 그가 발표한 전망 이론은 행동경제학사에 있어 의미 있는 첫 발걸음으로 인정받고 있다. 그리고 전망 이론을 통해 심리학자로는 처음으로 2002년 노벨 경제학상을 수상했다.

전망 이론은 기존 경제학에서의 기대효용 이론에서 한 걸음 더 나아가 불확실한 상황에서 제시되는 대안에 대해 사람들이 어떻게 결정하는지를 현실적으로 설명하는 이론이다. 이 이론의 3가지 특징은 다음과 같다.

첫째, 사람들은 소득이나 수입에 의해 효용이 발생하는 것이 아니라 현재 자신이 가지고 있는 수준을 고려하여 효용이 결정된다는 것이다. 기대효용 이론에서는 평가의 기준이 되는 점을 0으로 보는 반면, 전망 이론에서는 평가의 기준이 각자 처한 상황에 따라 달라지기 때문에 동일한 상황에서도 평가가 달라진다고 보았다.

둘째, 처음에는 작은 변화에도 민감하게 반응하지만 이득이나 손실 모두 크기가 커질수록 그 민감도는 점차 감소한다는 것이다. 100만 원의 손실을 본 상태에서 추가적인 100만 원의 손실은 매우 크게 느껴질 수 있지만 1,000만 원의 손실을 본 상태에서 추가적인 100만 원의 손실은 그다지 크게 느껴지지 않는다.

셋째, 사람들은 이득보다 손실에 더 민감하게 반응한다는 것이다. 기대효용 이론에서는 동일한 크기의 이득과 손실이 있다면 거기에서 오는 효용의 강도는 동일하다고 생각했다. 하지만 전망 이론에서는 사람들은 원래 손실을 싫어하는 성향이 있기 때문에 동일한 크기의 이득과 손실이 있다면 손실일 때 느끼는 고통이 훨씬 더 크다고 보았다.

경제학

심리적 회계

심리적 회계는 사람들이 돈을 쓸 때 기업에서 예산을 집행하고 관리하듯 쓰임새에 따라 각기 다른 계정으로 분류하여 관리한다는 개념이다. 이 개념은 리처드 탈러에 의해 처음 소개되었다. 기업에서 예산을 받아 사용하는 방식은 다음과 같다.

회계연도가 시작하는 시점에 부서별로 예산을 배정받고 항목별로 정해진 목적에 맞게 사용한다. 만약 특정 부분의 예산을 회계연도가 끝나기 전에 다 써버렸다면 사업을 진행하는 데 있어 어려움이 생길 수밖에 없다. 사업을 추진하기 위해서는 돈이 필요하지만, 이미 예산을 다 써버렸기 때문에 다음 회계연도가 되어야 비로소 예산을 새로 배정받을 수 있기 때문이다.

반대로 예산이 너무 많이 남아 있어도 불안하다. 예산이 남았다는 것은 필요 이상으로 예산이 배정되었다는 것을 의미하기 때문에 다음 회계연도에는 예산이 삭감될 가능성이 높기 때문이다. 그래서 남아 있는 예산은 회계연도가 끝나기 전에 어떤 이유를 만들어서라도 무조건 다 써버려야 한다.

이처럼 사람들도 돈의 출처나 사용처에 따라 서로 다른 계정으로 분류하고 계정이 다르면 다르게 취급한다는 것이 심리적 회계의 핵심이다. 200만 원을 월급으로 받았을 때와 복권 당첨금으로 받았을 때의 사용법은 다르다. 월급은 계획적으로 소비하지만 복권 당첨금은 그렇지 않다. 평소에 잘 가지 않는 고급 식당에 가서 식사를 하고 친구들과의 술자리에서 호기롭게 계산을 한다. 이는 복권 당첨금은 월급과 달리 공돈 계정으로 분류되었기 때문에 가능한 일이다. 또 다른 예로 여행을 들 수 있다. 만약 여행비용으로 환전해간 돈이 남았다고 가정해보자. 남은 돈은 돌아와 환전해서 다른 계정으로 분류한 후 다시 쓸 수도 있다. 하지만 대부분은 돈을 남김없이 알뜰하게 써버린다. 여행비는 여가비 계정으로 분류되었기 때문이다. 사람들은 여가비 계정에 있는 돈을 굳이 남겨서 다른 계정에 넣고 싶어 하지 않는다. 이처럼 똑같은 돈이지만 돈을 대하는 태도나 씀씀이는 계정에 따라 전혀 달라질 뿐만 아니라 그렇게 할 필요가 없음에도 불구하고 한 번 분류된 계정에 대해서는 이동이 제한적이다.

심리적 회계에서 벗어나 보다 합리적으로 돈을 소비하기 위해서는 예산 항목을 보다 단순화시키는 한편, 출처가 어떻든 돈은 다 똑같다는 생각을 항상 잊지 말아야 한다.

투자

유상증자와 무상증자

주식뉴스를 보면 어떤 기업이 유상증자 또는 무상증자를 통해 주가가 크게 올랐다는 이야기를 듣곤 한다. 그러나 유상증자를 했다는 이유만으로 모든 기업의 주가가 오르지는 않는다. 오히려 주가 하락의 이유가 되기도 한다. 분명한 것은 기업이 증자를 통해 돈을 확보한 것이 기업에 어떠한 영향을 주어 향후 주가에 어떻게 반영될 것인가를 살피는 것이 중요하다. 일반적으로 유상증자를 하면 전체 주식수가 늘어나게 되어 주가가 떨어지는 것이 보통이다. 그러나 해당 기업 상황에 따라 주가 상승의 모멘텀이 되기도 한다. 예를 들어 글로벌 반도체 시장이 확대될 상황에서 삼성전자가 공장 신설을 위해 유상증자를 했다면 이는 회사 성장의 긍정적인 신호로 볼 수 있다. 또한 제3자 유상증자 방식의 경우 어떤 참여자가 들어오느냐에 따라 시장이 달라질 수도 있다. 유상증자는 모집 대상에 따라 크게 3가지 방식이 있다. 먼저, 주주 배정 방식이다. 기존 주주들에게 신주인수권을 주고 그에 상응하는 돈을 받아 자금을 확보하는 것이다. 그리고 일반 대중을 대상으로 공모하는 방식이며, 마지막으로 제3자 배정 방식은 이해관계가 있는 제3자를 정해 유상증자하는 방식이다.

반면 무상증자는 유상증자와 달리 새롭게 자본금을 신규로 유입시키는 것이 아니라 재무상태표의 자본항목만을 변동시켜 자본금을 늘리는 방식을 말한다. 기업의 자산은 크게 자본(기업이 보유한 자산)과 부채(빌린 자산)로 나뉘는데, 자본은 다시 자본금과 잉여금으로 구성된다. 자본금은 말 그대로 사업자금이며 액면가에 주식 총수량을 곱해 계산된다. 잉여금은 영업활동 등을 통해 번 돈이다. 이 잉여금에 있는 돈을 자본금으로 옮기면서 그만큼의 주식을 발행해 주주들에게 공짜로 나누어주는 것이다. 따라서 무상증자를 하면 자본금과 발행 주식수는 늘어나지만 회사 자산은 변화가 없다. 한쪽 주머니에서 꺼내 다른 쪽으로 넣어주었기 때문이다.

그렇다면 무상증자는 왜 하는 것일까? 우선 꾸준한 매출이 일어나고 흑자가 계속되는, 다시 말해 재무적으로 안정된 기업들이 주주 가치 제고에 도움이 되고자 하는 경우에 무상증자를 한다. 또한 무상증자는 주식 유동성에도 도움을 준다. 주식 가격에 영향을 주는 주요 요인 중 하나가 주식수인데, 주식수가 많아야 주식 매수매도가 용이해지기 때문이다. 반면 무상증자를 가끔 악의적으로 활용하는 경우도 있다. 예를 들어 무상증자할 것이라는 소문을 시장에 퍼뜨려 주가를 올리고는 차익만큼 처분해 이득을 챙기는 경우이다.

조선 산업 (2)

조선 산업 현황를 알기 위해서는 활용 목적에 따른 선박 종류를 이해해야 한다. 조선 산업은 크게 탱커, 벌크선, 컨테이너선, LNG선 시장과 수주를 받아 배를 만드는 신조선 시장으로 나뉜다.

탱커는 원유와 정제유 같이 액체화된 물질을 운반하는 배로, 선박 구조가 기름 유실에 따른 피해를 최소화하기 위해 설계되는 등 액체 운반의 특성을 감안해 만들어졌다. 탱커 시장은 주 운송 대상인 석유 산업의 특성이 그대로 반영되기에 국제정치와 경제상황에 따라 시장 변동성이 크다. 벌크선은 곡물이나 철광석 등 컨테이너에 담을 수 없는 물건을 운송하는 배다. 공정이 비교적 간단해서 기술적 장벽이 낮고 제작 단가 역시 상대적으로 낮다. 2019년 세계 최대의 철광석 생산지 중 하나인 브라질의 철광석 광산 댐이 붕괴되어 많은 인명피해를 낸 사건이 있었는데, 이로 인해 벌크선 운송료가 크게 하락했다. 컨테이너선은 곡물이나 철광석 외에 규격상자인 컨테이너에 화물들을 넣어 운송하는 배로 규격화를 통해 날씨와 상관없이 하역되며 하역작업도 기계화할 수 있어 시간을 단축할 수 있다는 장점이 있다. 컨테이너선 시장은 글로벌 무역 활성화에 따라 영향을 많이 받는데, 미중 무역분쟁 등으로 인해 부진한 편이었다. LNG선은 액화천연가스를 수송하는 탱커 종류 중 하나로 미국 셰일가스 수출증가 등에 대한 기대감으로 2018년과 2019년 LNG선 시장이 크게 성장했다. 마지막으로 신조선 시장의 경우 2019년 2,529만 CGT[*]로 2018년 대비 27% 감소했다. 여기에는 국제해사기구가 정한 황산화물 배출규제가 큰 몫을 담당했다. 즉 2020년부터 세계 모든 해역을 지나는 선박들은 연료유의 황 함유량을 대폭 낮추어야 하는 규제로서 배를 운용하는 무역 기업들에게는 부담이 되는 상황이다. 규제를 충족시키기 위해서는 황 함유량이 적은 저유황유를 사용하거나 황을 없애주는 스크러버 장치를 설치하거나 LNG연료 선박으로 교체해야 하는데 모두 적지 않은 비용이 수반된다. 따라서 새롭게 배를 건조하는 것은 쉽지 않은 상황이다. 또한 코로나 팬데믹 이후 세계 선박 발주는 전년 동기 대비 42%[**] 수준으로 하락해 향후 조선업 상황이 개선되기까지는 좀 더 많은 시간이 필요할 것으로 예상된다.[***]

---

[*]   표준화물선 환산톤수
[**]   2020년 상반기 기준 2019년 대비
[***]   해운조선업 2019년도 동향과 2020년도 전망 : 한국수출입은행 (해외경제연구소)

마블 스튜디오는 아이언맨, 토르, 캡틴 아메리카 등 어벤저스 시리즈를 제작한 슈퍼 히어로 프랜차이즈 세계관의 제작사이다. 마블 스튜디오를 줄여서 MCU(Marvel Cinematic Universe)라고 하는데 MCU가 제작한 영화와 드라마 대부분은 마블 코믹스에 기반한 하나의 스토리와 연속성을 갖는 동일한 세계관 아래 이어지고 있다. 이러한 작품과의 연계성으로 관객이 다음 편을 기대하도록 만들면서도 동시에 기존의 작품들에도 관심을 갖게 하는 차별화된 전략으로 MCU는 세계적인 제작사 반열에 올랐다.

MCU는 각 작품마다 연속성을 확보하기 위해 회장 케빈 파이기와 제작위원회가 전체적인 스토리 라인을 구성한 다음 감독들에게 맡겨 제작하는 방식을 취하고 있다. 처음에는 파라마운트 픽처스와 유니버설 픽처스에 배급하다가 어벤저스 이후 월트 디즈니와 소니 픽처스가 맡았다. MCU가 지금과 같이 성장할 수 있었던 밑바탕에는 처음 제작했던 영화 아이언맨1의 흥행이 주요했다. 특히 아이언맨의 주인공 로버트 다우니 주니어의 역할이 컸는데, 그는 지난 '어벤저스:엔드 게임'을 마지막으로 지난 12년간 함께했던 마블 시리즈에서 하차했다.

마블 영화는 새로운 변화가 있을 때마다 페이지(단계)로 나누는데 2008년 아이언맨1부터 시작해 2012년 어벤저스까지를 페이지1, 2013년 아이언맨3부터 2015년 앤트맨까지를 페이지2, 캡틴 아메리카 시빌워부터 2019년 어벤저스:엔드 게임과 스파이더맨:파 프롬 홈까지를 페이지3으로 마무리했으며, 현재는 페이지4를 준비하고 있다. 특히 페이지4에서는 그동안 중심 역할을 했던 로버트 다우니 주니어(아이언맨)와 크리스에반스(캡틴 아메리카)가 하차하면서 새로운 변화를 예고하고 있다. 우리나라 마동석 배우가 이터널스라는 차기작에 예정되어 있으며 아시아 히어로로 등장할 것으로 알려졌다.

마블 스튜디오가 만들어낸 브랜드와 캐릭터는 단순히 영화나 드라마에만 한정되지 않고 의류, 학용품, 피규어, 스포츠용품 등 다양한 유형으로도 제작되어 큰 인기를 얻고 있다.

캄테크

캄테크(Calm-Tech)는 조용하다는 뜻의 영어단어 'calm'과 기술을 뜻하는 영어단어 'technology'의 합성어로 평소에는 그 존재를 드러내지 않은 채 사용자가 필요로 하는 서비스를 제공하는 기술을 말한다. 캄테크의 핵심은 4차산업혁명 시대의 핵심기술인 사물인터넷(IoT), 인공지능(AI), 빅데이터 등을 통해 취득한 정보를 기반으로 사람들에게 각종 편의 서비스를 제공하는 것이다. 그리고 이러한 과정이 사람들이 인식하지 못한 상태에서 조용히 이루어지고 있다는 특징이 있다. 그래서 캄테크는 특정 기술을 지칭하기보다는 소리 없이 정보를 모으고 이를 분석해서 인간에게 편리한 정보를 제공하는 일련의 과정이라는 시각이 더 강하다.

사람이 들어오면 자동으로 불을 밝혀주는 현관 센서의 등, 사람의 위치와 운동량을 감지해 자동으로 바람의 쐬기를 조절하는 에어컨, 식품의 유통기한을 알려주고 알아서 부족한 식재료를 주문하는 냉장고, 그리고 다른 차량의 움직임을 감지해 운전자에게 위험을 알려줌으로써 사고를 막는 자율주행차 등 캄테크는 이미 우리 생활 속에 깊숙이 파고들고 있다.

이처럼 인간 중심의 기술을 지향함으로써 인간의 삶의 질을 높이는 데 사용되고 있는 캄테크는 '무자각성', '확장성', '융합 서비스'를 지향하는 기술이다. 무자각성은 인간을 배려하는 기술인 만큼 최소한의 주의와 관심만으로도 편안하게 사용할 수 있도록 만들어져야 한다. 확장성은 현실세계와 가상세계가 어우러지면서 자연스럽게 그 경계가 허물어져야 한다. 그리고 융합 서비스는 서로 다른 서비스와의 결합을 통해 새로운 가치를 만들어낼 수 있어야 한다.

9월

33주

모라토리엄과 디폴트의 역사

모라토리엄은 라틴어로 'morari'에서 유래한 말로 국가 단위의 대외 채무에 대한 지불 유예를 의미한다. 쉽게 말해 현재 갚을 수 있는 재정 여력이 없으니 나중에 갚겠다는 뜻이다. 보통 모라토리엄이 선언되는 상황은 전쟁이나 경제공황 또는 감당할 수 없을 정도의 부채 등이 발생했을 때이다. 모라토리엄은 원래 프랑스에서 비롯된 제도로 알려져 있다. 그리고 1차 세계대전 이후 독일이 선언한 모라토리엄이 대표적인 사례이다. 1차 세계대전 패전 후 독일은 1,320억 마르크라는 엄청난 전쟁배상금을 감당해야 했다. 이에 독일은 마치 할부로 갚듯이 나누어 갚았는데 이를 외국에서 단기로 차입해 충당했다. 그러나 계속 오르는 금리에 나중에는 차입금 이자도 갚지 못할 정도로 재정이 어려워져 은행들이 도산했다. 여기에 나치의 등장으로 정치마저 어지러워지자 1933년, 독일 정부는 모라토리엄을 선언했다.

글로벌 국가 재정이 어려움을 겪자 1931년 미국 후버 대통령은 정부 간 모든 채무에 대해 1년 동안 원리금 지급을 유예하자는 방안을 주장했다. 이에 당시 독일 대통령이 미국에 지불 유예를 요청하는 친서를 보내고 후버 대통령이 수용함으로써 1년간 지불 유예되었다.

모라토리엄은 세계대전, 경제공황과 같이 엄청난 충격으로 경제와 재정 기반이 흔들리게 되어 국가 차원의 더 큰 경제 혼란이 예상될 때 선언한다. 모라토리엄을 통해 부채가 탕감되거나 부채 상환까지 시간을 벌 수 있다는 장점도 있지만, 국제적인 신용도 하락에 따라 화폐가치가 떨어지고 글로벌 산업 경쟁력도 하락하는 부정적인 측면도 있다. 우리나라의 경우 1997년 12월, 일명 IMF로 인해 3개월간 모라토리엄을 선언한 바 있으며 페루, 브라질, 멕시코, 아르헨티나, 러시아 등도 모라토리엄을 선언했었다.

모라토리엄과 비슷한 의미로 '디폴트'라는 단어가 있다. 디폴트는 영어로 부도 또는 연체라는 뜻을 담고 있는데 모라토리엄이 국가 차원에서 갚고자 하지만 시간이나 채무 수준을 줄이려는 목적에 해당된다면, 디폴트는 그럴 만한 여유조차 없는, 갚을 수 없음이 확정된 상황을 뜻한다. 즉 채무를 이행할 수 없을 때 '디폴트에 빠졌다.'라고 한다.

조지 애컬로프

미국의 경제학자 조지 애컬로프(George A. Akerlof, 1940~)는 '정보 비대칭 이론'의 창시자로 연방준비제도(Fed) 의장이었던 재닛 옐런의 배우자이다. 그는 1970년 정보의 불균형이 시장과 경제에 미치는 영향을 분석한 「레몬 시장」이라는 논문을 통해 현대 정보경제학의 토대를 마련한 공로를 인정받아 2001년 노벨 경제학상을 수상했다.

정보경제학은 최근 가장 빠르게 발전하는 경제학 분야 중 하나로 정보격차로 인해 발생하는 경제적 비효율성을 연구하는 학문이다. 대표적인 문제로는 역선택과 도덕적 해이 등이 있다. 역선택은 상대방의 숨겨진 특성을 모르기 때문에 자신에게 불리한 결정을 내릴 수밖에 없는 상황을 말하고, 도덕적 해이는 정보를 많이 가진 측이 이를 이용하여 자신의 이득을 취하는 것을 말한다. 역선택과 도덕적 해이는 모두 정보의 비대칭성이 원인으로 정보 비대칭성이 심해질수록 시장은 효율적으로 자원을 배분하는 기능을 상실하게 되면서 시장실패로도 이어질 수 있다.

조지 애컬로프의 논문 「레몬 시장」의 '레몬'은 영어로 '결함이 있는 중고차'를 의미하는 은어이다. 중고차 시장은 사는 사람과 파는 사람과의 정보격차가 심하기로 유명하다. 파는 사람은 자동차에 대해 속속들이 알고 있지만 사는 사람은 자동차에 대해 알 수 있는 정보가 거의 없다. 그래서 중고차 시장에서 차를 살 때 겉만 번지르르한 자동차를 속아서 사는 낭패를 겪기도 한다.

좋은 차와 나쁜 차가 섞여 있는 중고차 시장에서 중고차의 가격은 이들의 평균가격 수준에서 형성된다. 그러면 좋은 차를 가지고 있는 사람은 중고차의 시세가 자신이 생각한 가격보다 낮으므로 중고차 시장에서 차를 팔기보다는 아는 사람에게 제값을 받고 팔기 원한다. 반면 시세보다 낮은 가치의 자동차를 소유한 사람은 적극적으로 중고차 시장에 차를 내놓으려고 한다. 결국 중고차 시장에는 평균 이하의 질 낮은 자동차들만 남게 되면서 중고차 시세는 더 떨어지게 된다. 일반적으로 시장에서는 가격이 떨어지면 수요가 늘어나지만, 레몬 시장에서는 가격이 떨어지면 품질이 나쁜 것으로 인식되어 오히려 수요가 더 줄어들게 되면서 결국 시장 전체가 붕괴될 수도 있다는 것이 바로 이 논문의 핵심이다.

그는 사람들이 살인적인 고금리 대출을 이용할 수밖에 없는 이유도, 주식시장에서 IT 버블이 터질 수밖에 없었던 이유도 바로 정보격차 때문에 발생했다고 지적한다.

경제학
화폐의 기능

　화폐가 없다면 일상생활이 얼마나 불편할까? 화폐가 없던 시절에는 물물교환을 통해 원하는 것을 얻을 수 있었다. 그러나 물물교환은 상당히 험난한 여정이었다. 쌀을 소고기와 교환하는 과정을 생각해보자. 먼저 소고기를 가지고 있는 사람을 찾아야 하지만 쉬운 일은 아니다. 어렵게 소고기를 가지고 있는 사람을 찾았다 하더라도 문제는 또 있다. 그 사람이 이미 쌀을 많이 가지고 있어 더 이상 쌀을 원하지 않을 수도 있다. 다행히 상대방도 쌀을 원한다 해도 문제는 또 있다. 과연 쌀과 소고기를 어떠한 비율로 바꿀 것인가의 문제이다. 교환을 통해 서로가 더 많은 이익을 얻으려고 하기 때문에 이에 대한 타협점을 찾는 것도 쉬운 일이 아니다. 더 큰 문제는 교환을 위해서는 항상 물건을 직접 들고 다녀야 한다는 점이다. 그래서 오스트리아 경제학자 카를 맹거는 "화폐는 물물교환의 단점을 극복하기 위해 탄생한 발명품"이라고 했다.

　화폐의 중요한 기능은 교환의 매개수단, 가치저장, 가치척도 이렇게 3가지이다. 먼저 교환의 매개수단이다. 우리는 화폐를 통해 원하는 것을 쉽게 얻을 수 있다는 것을 알고 있다. 그러므로 자신이 가장 잘 할 수 있는 일에 집중함으로써 소득을 얻고 이를 기반으로 원하는 것과 교환할 수 있다. 그런데 만약 화폐가 없다면 지금과 같은 분업에 기초를 둔 시장경제 제도는 성립하지 못했을 것이다. 물물교환이 쉽지 않기 때문에 각자 필요한 것은 스스로 만들어야 했고, 이로 인해 한 가지 일에 집중함으로써 고도의 전문성을 키우는 일은 상상할 수조차 없기 때문이다.

　다음은 가치저장의 기능이다. 화폐는 현재에서 미래로 구매력을 이전하는 수단이다. 우리는 화폐를 통해 언제든 원하는 것을 얻을 수 있다. 지금 당장 소비할 수도 있고, 1년 혹은 10년 후에 사용할 수도 있다. 물론 화폐는 인플레이션에 의해 시간이 지남에 따라 그 가치가 줄어든다는 단점이 있지만, 그럼에도 사람들은 장래에 화폐를 통한 교환이 가능하므로 화폐를 소지하려고 한다.

　마지막으로 가치척도의 기능이다. 재화와 서비스의 가치를 화폐 단위로 표시함으로써 사람들은 직관적이고 쉽게 재화와 서비스의 가치를 가늠할 수 있다. 즉 볼펜 한 자루에 1,000원이고 노트 한 권에 2,000원이라면 노트가 볼펜에 비해 2배의 가치가 있다는 것을 알 수 있다.

유상감자와 무상감자

　보통 기업의 감자(減資)는 주가에 부정적인 영향을 주는 경우가 많다. 기본적으로 회사의 자본 감소가 좋을 리 없기 때문이다. 이 같은 감자는 주주들에게 실제로 돈을 환급해주는 유상감자와, 자산은 변하지 않지만 자본금만 감소하는 무상감자가 있다.

　유상감자는 주식수를 줄이고 이를 돈으로 보상해주는 형태의 감자이다. 따라서 주주들에게 주식 가액의 일부를 환급해 자본이 감소하게 되는 것이다. 유상감자는 실제로 자산 규모가 줄어들기 때문에 실질적 감자라고도 한다. 유상감자는 일반적으로 기업 규모에 비해 자본금이 많다고 판단될 경우 기업 가치를 높이기 위해 활용되며 PEF(사모투자)에서 투자금 회수 방법으로 사용되기도 한다.

　보통 감자가 주가 상승에 도움이 되는 소식은 아니지만, 우량 기업의 경우에는 주식수가 줄어드는 효과가 있거나 시너지를 낼 수 있는 기업과의 M&A 이슈가 있다면 주가가 상승하기도 한다. 무상감자는 유상감자와 달리 주주에게 보상 없이 주식수만 줄어드는 경우이다. 예를 들어 10대 1의 무상감자인 경우 10주를 보유한 주주는 1주만 보유하게 되고 이로 인한 손실에 대해서는 아무런 보상을 받지 못하는데 기업은 보상을 지급하지 않았으니 총자산은 변함이 없는 것이다. 이에 무상감자는 보통 주가 하락의 요인으로 작용하며 보통 대주주들의 부실경영에 대해 법원의 징벌적 수단으로 활용되기도 하는데, 공공의 이익을 침해할 것으로 예상되는 경우에는 이를 면해주기도 한다.

　2014년 법정관리를 신청한 동양시멘트의 경우 ㈜동양이 최대주주였다. 따라서 동양시멘트에 대한 징벌적 감자를 하게 될 경우 ㈜동양의 동양시멘트 지분이 낮아지는 관계로 관련 상품에 투자한 개인투자자들의 피해가 늘어날 것으로 판단되자 법원은 징벌적 감자를 추진하지 않았다. 이처럼 전반적으로 감자는 주식시장에 좋지 못한 시그널을 주곤 한다.

건설 산업 (1)

건설 산업은 인류와 함께 성장, 발전해온 오랜 역사를 간직한 산업 중 하나이다. 또한 주택이나 도로 같은 삶의 필수 인프라에 해당되는 기간 산업이자 고용 확대 등을 통해 경기부양이 필요할 때 집중하는 정책 산업이기도 하다. 건설은 모델 하우스만 보고 주택을 구입하는 것과 같이 발주자가 만들어달라는 요청을 하고, 이에 따라 생산활동이 이루어지는 후행성이 있는 산업이라 미리 품질을 확인하기 어려운 부분이 있다. 그리고 타 산업 대비 필요 자본금이나 인력 규모가 적어 진입장벽이 낮고 노동집약적인 특징이 있다.

이러한 건설 산업은 다양한 기준에 의해 나누어볼 수 있는데, 크게 종합건설업과 전문건설업으로 구분된다. 종합건설업은 다시 건물건설과 토목건설로 나누어지며 우리가 일반적으로 떠올리는 단독주택, 아파트, 사무실 및 상가 등이 건물건설에 해당된다. 반면 토목건설은 도로, 터널, 철도 등 사회기반시설 건설이 해당된다.

건설과 관련해 언론 등에서 자주 접하는 용어 중에 BTO, BTL이라는 단어가 있다. BTO는 건설(Build)하여 이전(Trasfer) 후 운영(Operate)하는 과정의 약자를 따서 만든 단어로 보통 수익형 민간투자사업 방식을 말한다. 민간사업자가 만들어 정부나 지자체에 넘기고 일정 기간을 위탁 경영해 투자금을 회수하는 방식이다. BTL은 민간투자자가 건설(Build)과 동시에 정부나 지자체에 이전(Tranfer)시켜주고 이후 약정기간 동안 관리운영권을 획득해 임대료(Lease)를 지급받는 방식이다.

이러한 건설 산업은 우리나라의 경제성장을 이끌어온 중요한 산업 중 하나이다. 1960년대 '경제개발 5개년 계획'이 본격화되면서 대형 건설 프로젝트들이 추진되었으며 때마침 중동 건설 붐이 일면서 우리나라 업체들은 중동으로 진출하게 되었다. 이때 외화 획득은 물론 건설기술도 크게 발전할 수 있었다. 1980년대에는 오일 가격이 하락하면서 중동 건설 시장이 위축되었으나 당시 주택건설 200만 호 건설이 추진되면서 국내 시장이 활성화되었다. 그러나 1997년 IMF 외환위기로 건설 경기가 크게 악화되자 여러 건설 업체들이 어려움을 겪었다. 2000년 이후 수도권 주택가격 급등 방지를 위한 정부 부동산 정책에 따라 오르내리던 건설업은 2008년 금융위기로 인해 미분양주택이 크게 늘고 많은 업체의 재무건전성이 악화되면서 또다시 어려움을 겪게 되었다. 문재인 정부 이후 주택가격 급등을 막기 위한 대출규제, 세제 강화 등 여러 정책이 추진되었지만, 저금리로 인한 글로벌, 국내 유동성이 확대되면서 건설 시장의 변동성 역시 커지고 있다.

상품

배달의 민족

배달의민족은 디자이너 출신의 김봉진 대표가 2011년에 설립한 '우아한형제들'이 운영하는 배달 서비스이다. 초기에는 전화번호부 어플을 생각했지만, 수익화 모델로는 어려움이 있어 배달 시장 쪽으로 눈을 돌려 지금과 같은 서비스를 제공하게 되었다.

배달의민족은 '좋은 음식을 먹고 싶은 곳에서'라는 비전을 갖고 그들만의 차별화된 전략을 통해 배달 시장점유율 1위를 달성할 수 있었는데, 그 근간은 '배민다움'이라고 불리는 B급 문화와 키치 콘셉트다. B급 문화는 고상하고 세련된 문화가 아닌 어설프고 유치한 문화, 단순히 자극적인 문화를 말한다. 이에 배달의민족 광고는 '꺼진 배도 다시 보자', '오늘 먹을 치킨을 내일로 미루지 말자.' 등 유치하면서도 재미있는 문구들로 사람들의 관심을 끌었다. '키치'는 독일어의 저속하며 변변치 않은 그림 등을 일컫는 말로 배달의 민족은 이러한 키치의 개념을 기성문화에서 벗어나 감각적이고 즐거운 재미로 희화화하여 고객의 기억 속에 오랫동안 머물 수 있도록 노력했다. 또한 고객이 직접 참여하는 음식에 대한 재미있는 글귀 신춘문예 이벤트를 진행했으며 배민의 재미있는 옥외광고도 이슈화했다.

사업도 다양화해 프리미엄 외식 배달 서비스인 배민라이더스, 반찬 전문 배송 배민찬, 오프라인 주문 서비스인 배민오더, 프리랜서 배달원 플랫폼인 배민커넥트 등으로 서비스 영역을 넓혀나갔다. 그렇게 배달의 민족은 시장점유율 50%를 넘기며 우리나라 대표 배달 기업이 되었다.

그러나 배달의민족을 운영하던 우아한형제들은 2019년 12월, 독일 딜리버리히어로에 인수합병 되었다. 딜리버리히어로는 배달의민족 경쟁업체인 요기요와 배달통의 모회사로서 이 세 곳의 국내 시장점유율을 합하면 거의 90% 이상을 차지하고 있는 셈이다. 이에 배달의민족과 요기요, 배달통 간의 기업결합심사는 독과점 이슈와 엮여 공정위의 판단을 기다리고 있다.

더욱이 2020년 4월에는 배달의 민족이 요금 체계를 변경했다가 중소 상공인들의 부담만 늘게 되었다는 반발에 부딪히자 다시 사과하며 원상복구했다. 또한 높은 수수료 논란으로 인해 지자체에서는 저비용의 배달 어플을 개발, 운용함으로써 독과점을 제한하고자 하는 등 여러 가지 경영 문제에 직면해 있기도 하다.

기저효과

기저효과는 현재의 경제 상황을 평가하는 데 기준이 되는 시점에 따라 평가가 달라지는 현상을 말한다. 현재의 경제 상황을 평가하는 데 기준이 필요한 이유는 현재의 결과만 놓고 본다면 이것이 과연 잘한 것인지 못한 것인지 알 길이 없기 때문이다.

예를 들어 올해의 경제성장률이 5%라고 가정해보자. 이 수치만 놓고 본다면 괜찮은 성장률인지 아닌지 알 수 없다. 하지만 작년과 비교해본다면 5%의 경제성장률에 대한 평가는 보다 명확해진다. 만약 작년 경제성장률이 10%라면 올해 경제성장률은 작년에 비해 반토막난 실망스러운 결과로 평가될 것이다. 그렇지만 작년 경제성장률이 2.5%였다면 올해 경제성장률은 작년 대비 2배 성장한 대단한 결과로 평가될 것이다. 그래서 일반적으로 비슷한 조건의 과거 데이터와 비교하여 평가하는 것이다.

그런데 만약 기준시점의 상황이 현재 상황과 큰 차이가 존재한다면 현재의 결과가 왜곡되어 평가될 수밖에 없다. 예를 들어 작년 대비 9월 수출물량이 크게 증가했다는 기사가 있다고 가정해보자.

비교 시점인 작년 9월에는 추석 연휴가 있어 조업일수가 적었고 이에 따라 수출물량도 적었다. 그런데 이 시기와 비교를 했기 때문에 올해 9월 수출물량이 별다른 노력 없이도 크게 늘어난 것처럼 보이는 것이다. 이처럼 기저효과는 어떤 기준을 사용하느냐에 따라 일종의 착시효과를 불러올 수 있으므로 분석의 주체가 나쁜 의도를 가지고 교묘히 이용할 수도 있다. 만약 정부 정책에 불만을 품은 사람들의 경우 기저효과를 이용하여 정부가 추진하고 있는 업무에 대해 부정적인 뉴스를 생산해낼 수도 있다. 아니면 반대로 정부가 자신들의 업적을 크게 홍보하기 위해 실적을 부풀리는 수단으로써 기저효과를 이용해 자신들에게 유리한 뉴스를 생산해낼 수도 있다. 그러므로 어떤 경제 상황에 대한 평가에 앞서 기준이 되는 시점에 대해 꼼꼼히 점검해보는 자세가 필요하다.

8월

34주

역사

플라자 합의

1985년 9월 미국, 영국, 프랑스, 서독, 일본의 재무장관들이 뉴욕 맨해튼의 플라자 호텔에 모였다. 만남의 목적은 일본 엔화와 독일 마르크의 가치를 올려 미국 무역적자를 해소하기 위한 것이었다. 당시 미국은 1980년대 초에 지속된 인플레이션을 억제하고자 금리를 인상했다. 그 결과 인플레이션은 어느 정도 극복했으나 금리 인상으로 인해 달러 가치가 높아졌고, 높아진 달러 가치는 대외무역의 적자를 늘리는 결과를 초래했다.

제2차 세계대전 이후 소련과의 냉전시대에 있었던 미국은 재정 지출이 늘어 이미 적자인 상태에서 무역에서도 적자가 점점 증가해 1983년 미국은 채권국가에서 채무국가로 돌아서게 되었다. 이에 미국은 자국 무역적자에 가장 큰 영향을 미치고 있던 일본을 타깃으로 '플라자 합의'를 개최했던 것이다.

당시 일본은 자위대 활용과 무역흑자 등의 이슈로 인해 미국과 껄끄러운 상황이었기에 이를 받아들일 수밖에 없었다. 그렇게 플라자 합의 발표 하루 만에 20엔이 하락하더니 2년 후에는 1달러에 235엔이던 엔화가 120엔까지 절반 수준으로 떨어지는 등 엔화의 환율은 예상보다 더 크게 변동했다. 이처럼 달러 당 엔화 가치가 올라 환율이 50% 수준으로 하락했다는 것은 일본 소비자가 미국 제품을 기존의 절반 값만 주고도 살 수 있다는 뜻이었다. 즉 미국의 수출품은 경쟁력이 강화되는 반면 일본의 경쟁력은 약화되는 상황을 초래한 것이다. 이러한 엔화 절상은 특히 미국의 대일본 채무를 크게 탕감하는 효과를 가져왔다. 결과적으로 플라자 합의는 일본의 '잃어버린 10년, 20년'이라고 불리는 장기 불황의 이유가 되었다는 의견이 많다.

엔고(円高) 시절 일본중앙은행은 미국의 금리를 낮추라는 압박과 기업의 이자부담 완화 등을 이유로 저금리 정책을 펼쳤다. 이에 1985년 1월 당시 5%였던 정책 금리를 1987년 2월까지 역대 최저 수준인 2.5%까지 낮추었고, 이와 같은 저금리로 시장에 풀린 대규모 자금들이 일본 부동산과 주식을 크게 폭등시켰다. 결국 일본지수 니케이는 3년 동안 3배가 되었고, 부동산은 매년 70%씩 상승했다. 그러나 이후 일본정부가 대출 총량규제를 실시하고 정책 금리를 3.5%나 올리자 금융시장은 얼어붙고 부동산은 폭락했다.

제임스 토빈

"계란을 한 바구니에 담지 말라." 누구나 한 번쯤은 들어보았을 이 말을 처음으로 한 사람은 미국의 경제학자 제임스 토빈(James Tobin, 1918~2002)이다. 그는 대학시절 케인스에 감명받아 경제학으로 인생의 경로를 바꿀 정도로 평생을 케인스의 이론을 보완하고 확장시키는 데 전념했다. 그는 가계와 기업의 투자 결정과 금융시장의 상관관계에 대한 분석으로 1981년 노벨 경제학상을 수상했다. 그의 대표 이론으로는 자산선택 이론(포트폴리오 이론)과 토빈세 등이 있다.

유동성 선호 이론을 중심으로 하는 케인스의 화폐론은, 이자율 변동에 따라 채권을 전부 보유하든지 아니면 현금을 전부 보유하는 식의 경향을 보여 사람들로부터 많은 비판을 받아왔다. 토빈은 이를 보완해 사람들은 이자율뿐 아니라 앞으로 거둘 기대수익률과 위험 등 다양한 요인에 영향을 받는다고 생각했다. 특히 기본적으로 위험을 싫어하는 사람들은 수익과 함께 손실에 대한 위험도 함께 고려한다고 생각했다. 그래서 주식이나 채권의 기대수익률이 화폐의 기대수익률보다 높더라도 화폐는 위험이 적기 때문에 사람들은 여전히 화폐를 보유한다고 주장했다.

토빈의 이런 생각은 투자자들이 다양한 자산에 분산투자한다는 자산선택 이론으로 발전했다. 노벨 경제학상 수상자로 발표된 후 '자산선택 이론'에 대해 쉽게 설명해달라는 기자들의 요청에 그는 "투자할 때 위험과 수입에 따라 분산투자해라. 쉽게 말해 당신이 가진 계란을 한 바구니에 담지 말라는 뜻이다."라고 답변했다.

1972년 제임스 토빈이 주장했던 토빈세는, 고정환율제도를 표방했던 브레튼우즈 체제가 붕괴함에 따라 환율 안정을 위해 제안된 단기성 외환 거래에 부과되는 세금이다. 다시 말해 국제 투기자본에 세금을 부과하여 거래비용을 높임으로써 자본의 급격한 이동을 줄여 시장의 안정성을 확보한다. 그리고 여기에서 확보된 세금을 활용하여 개발도상국을 지원하자는 취지에서 나온 것이었다. 여기에 한때 스웨덴과 브라질이 토빈세를 도입했지만 여러 가지 부작용으로 인해 지금은 모두 폐지한 상태이다. 토빈세를 일부 국가에서만 실시할 경우 토빈세를 부과하지 않는 나라에 투기자본이 몰리기 때문에 실효성이 없다는 문제점이 드러났기 때문이다.

피셔 방정식

연이율 5%의 1년 만기 정기예금에 전 재산 1,000만 원을 가입했다고 생각해보자. 1년 후 원금 1,000만 원에 이자 50만 원을 받게 된다. 그렇다면 1,000만 원에 대한 5%의 이자인 50만 원만큼 더 부유해졌다고 이야기할 수 있을까? 숫자상으로는 분명 5%만큼 더 부유해진 것은 사실이다. 하지만 구매력의 관점에서는 이야기가 달라진다.

지난 1년간 물가상승률이 5%였다고 가정해보자. 1년 전에 1,000만 원으로 소형 자동차 한 대를 살 수 있었는데 이제는 그 가격이 1,050만 원이 되었다. 결국 구매력의 관점에서 보면 저축을 통해 이자를 받았지만 구매력은 변화가 없는 셈이다. 만약 물가상승률이 5%보다 높았다면 오히려 구매력은 더 감소하게 된다.

이처럼 은행의 정기예금 이자율처럼 인플레이션을 감안하지 않은 이자율을 가리켜 명목이자율이라고 한다. 반면 실질이자율은 인플레이션을 감안한 이자율로 구매력의 증가율을 나타낸다. 명목이자율과 실질이자율, 그리고 인플레이션율 사이에는 다음과 같은 식이 성립한다.

명목이자율 = 실질이자율 + 인플레이션율

이 식은 미국의 경제학자 어빙 피셔가 1977년 저술한 『이자론』에서 처음 소개된 식으로 그의 이름을 빌려 '피셔 방정식'이라고 불린다. 만약 은행 1년 정기예금 이자가 5%인데 인플레이션이 2%였다면 실질이자율은 3%가 된다(5%=3%+2%). 즉 3%만큼 구매력이 상승한 것이다. 참고로 인플레이션율은 해당 시점에는 알 수 없기 때문에 주로 기대인플레이션율을 이용한다. 이 식에 따르면 (기대)인플레이션율의 상승은 명목이자율의 상승을 초래하는데, 인플레이션율과 명목이자율의 일대일 관계를 가리켜 '피셔 효과'라고 부른다.

투자
금리와 주식

금리는 경제에 가장 큰 영향을 주는 가장 중요한 선행적 지표 중 하나이자 주식, 부동산 등 다른 투자 자산과도 관련성이 매우 높다. 특히 금리와 주식 사이에는 일반적으로 반비례 관계가 성립한다. 적정 주가를 구하는 방법 중 대표적인 배당할인모형을 보면 주식으로부터 얻게 되는 배당의 합을 금리에 해당하는 할인율로 나누는 공식의 형태를 취하고 있다. 다시 말해 주식을 보유해 얻는 이득을 금리로 나누는, 주가와 금리가 반비례한다는 것에 근거한 공식이다.

금리가 오른다는 것은 돈의 가치가 높아진다는 것이다. 즉 돈의 가치가 높아지면 사람들은 리스크가 있는 주식에 돈을 넣기보다 예금, 적금 등 안전자산으로 몰리는 모습을 보이곤 한다. 반대로 최근처럼 실질금리가 0에 가깝도록 낮아지면 언론기사를 통해 볼 수 있듯이 주식투자에 사람들이 몰려든다. 기업 입장에서도 금리가 낮아지면 자금조달이 보다 쉬워지고 투자 확대를 통해 더 좋은 실적을 거둘 수 있다. 즉 주가가 오를 가능성이 높아진다는 뜻이다. 그러나 현실에서는 항상 금리와 주식이 반대로 움직이는 것은 아니다. 상황에 따라 같은 방향으로 움직이기도 한다.

미국은 1994년부터 1995년까지 과열된 경기를 진정시키고자 기준금리를 3~6%까지 2배가량 급격하게 인상했다. 하지만 1994년 3,900 수준이었던 다우지수는 1995년 말 5,200까지 상승했다. 금리를 올렸는데 주가도 오른 것이다. 이런 현상에 대해 몇몇 전문가들은 당시 미국 기업의 실적이 좋아져 금리의 영향을 덜 받게 되었기 때문이라는 분석을 내놓았다.

그러나 1990년대 일본에서는 반대되는 현상이 벌어졌다. 1990년 3만 9,000까지 올랐던 니케이지수는 지속적으로 하락해 2000년까지 2만 포인트를 넘지 못한 채 1만 5,000선에서 등락을 거듭했다. 이 시기에 일본 기준금리는 약 6%까지 올랐다가 0%로 급격하게 낮아졌다. 이러한 현상에 대해서 명확한 인과관계를 밝히지는 못했지만 금리가 낮아져도 주식투자를 늘리기보다는 예금, 적금에 익숙한 일본의 국민성 때문이라는 분석도 있다. 이처럼 이론적으로, 그리고 실제로도 대부분 금리와 주식 사이의 상관관계는 반비례하지만 상황에 따라 같이 움직이는 모습을 보이곤 한다.

산업
건설 산업 (2)

세계건설시장은 일반적으로 현지 업체들이 건설을 수주해 진행하는 경우가 대부분이고 외국기업에 오픈된 시장은 약 5,600억 달러 규모로 전체 세계건설시장의 5% 수준이다.* 그중 건설은 중국이 지속적으로 1위를 기록하고 있고 스페인과 프랑스, 미국, 독일이 그 뒤를 쫓고 있다. 우리나라는 약 6% 내외의 세계 시장을 점유하고 있다. 설계, 엔지니어링 부문은 미국이 거의 1위를 하고 차지하고 있으며 캐나다, 영국 등이 강세를 보이고 있는 반면 우리나라는 10위권 밖으로 밀려나 있다.

우리나라가 가장 큰 규모의 해외건설을 수주한 곳은 전체 수주액의 절반에 달하는 중동으로 약 4,300억 달러**에 이른다. 해외건설의 트렌드도 과거 토목과 건축 중심의 수주가 많았지만 2000년 이후에는 산업설비 수주가 많이 늘었다. 사실 해외건설 프로젝트를 수행하는 것은 건설 품질이나 공사기간뿐 아니라 해당 지역의 사회, 문화, 법률, 금융 체제까지 고려되어야 하는 등 다양한 어려움을 수반해야 하며 리스크도 큰 사업이다. 여기에 글로벌 경쟁까지 치열해지면서 우리나라 건설업체들의 해외건설 지배력 확보는 쉽지 않은 상황이다.

국내 건설수주액을 보면 2016년 165조 원의 정점을 찍고 나서 2019년까지 지속적인 마이너스 성장을 보이고 있는데, 2019년 기준 민간수주는 줄어드는 반면 공공부문 수주가 늘어나는 모습을 보이고 있다. 건설업 상황을 알려주는 대표적 지수인 건설투자를 보더라도 2017년 이후 지속적으로 마이너스 하락세를 보이고 있다. 특히 주거·비주거용 건물, 토목건설 모두 하락세를 보이고 있어 최근 몇 년간 건설 산업이 침체를 겪고 있음을 알 수 있다. 이에 민간 수요에 의한 발주 외 정부 SOC(사회간접자본) 예산 규모에 민감할 수밖에 없는데 2020년 SOC 예산은 2019년 대비 2.2조 원 늘어난 22.3조 원이다. 그러나 건설 산업 역시 코로나 19로 인해 경기가 침체되고 예정된 건설공사가 지연되는 등 어려운 상황을 맞이하고 있다.

---

* 2020년 상반기 해외건설산업 동향 : 한국수출입은행(해외경제연구소) / 해외건설 동향 및 전망 :대한건설정책연구원
** 2018년 기준

알파고

천재 데미스 허사비스(Demis Hassabis)는 13세 때 세계 유소년 체스 대회를 제패했고 15세 때 딥마인드 테크놀로지라는 인공지능 회사를 창업했다. 딥마인드는 인공지능 부문 투자를 확대하고자 한 구글에 4억 달러에 인수되었다. 구글 딥마인드의 인공지능 기술은 인공지능이 규칙을 알지 못하는 상태에서 승리를 위한 방법을 스스로 찾아가게 하는 심층 큐 네트워크 기술을 활용하는 것으로 알려져 있다. 당시 인공지능에 관한 연구가 활발해지면서 여러 기업들은 바둑을 주 대상으로 삼아 딥러닝, 머신러닝이라고 하는 기계 스스로의 심층적 학습 방식을 적용했다. 그중 구글 딥마인드의 알파고는 다른 어떤 인공지능보다 뛰어난 성능을 보였다. 알파고의 고는 바둑을 뜻하는 基(기)가 일본어로 발음될 때 '고'라고 발음되는 것에서 차용한 것인데 외국 언론에서는 바둑을 '고'라고 표현하기도 한다.

알파고는 세상에 나오기 전에 사내 테스트 결과 495전 494승 1패의 높은 승률을 보였고, 이 1패마저 프로그램 오류로 오픈과 동시에 개선되었다. 이후 바둑 최고수 중 한 명인 판후이와의 대국에서 5:0으로 전승했고 2016년 3월 우리나라 이세돌 9단과 대국했다. 이때 1~3, 5국은 모두 알파고가 집 수 차이를 크게 앞선 불계승을 거두었으며 4국에서만 불계패했다. 판후이와의 대국 때 1,202개의 CPU와 176개의 GPU를 사용했던 알파고는 이세돌 9단과의 대국 때는 GPU가 아닌 구글에서 자체 개발한 인공지능 칩인 TPU를 활용하여 성능을 끌어올렸다. 이후 알파고는 현존하는 바둑 최고수라 불리는 커제와도 대국을 펼쳤는데, 그때도 3:0 전승을 거두었다.

그 후 알파고는 13전 12승 1패의 공식 성적을 마지막으로 2017년 바둑계를 은퇴했다. 이후 딥마인드는 스타크래프트 등 좀 더 복잡한 게임에 도전하는 것으로 알려졌다. 우리나라에도 한돌이라는 바둑 AI가 있지만, 이세돌 9단과의 대국 후 아직까지는 좀 더 개선되어야 한다는 피드백을 받기도 했다.

ETF

ETF(Exchange Traded Fund, 상장지수펀드)는 거래소에 상장시켜 실시간으로 거래되는 인덱스 펀드이다. ETF는 특정 지수나 특정 자산 등의 가격 움직임과 수익률이 연동되도록 설계된 인덱스 펀드로, 개별종목이 아닌 시장에 투자하는 상품이다. 시장에 투자하는 만큼 ETF를 1주만 사더라도 해당 시장 전체의 기업에 투자하는 것과 동일한 효과를 볼 수 있어 분산투자 효과가 뛰어나다.

ETF는 투자대상이 다양할 뿐만 아니라 상승과 하락 양방향 투자가 가능하다. ETF를 통해 코스피나 코스닥처럼 시장을 대표할 수 있는 지수는 물론 IT, 금융, 반도체 등 특정 업종에 투자할 수도 있다. 국내는 물론 해외 증시에도 투자가 가능하며 투자대상도 주식에 한정하지 않고 원자재, 농산물, 환율과 채권에 이르기까지 다양하다. 게다가 주가가 오른 만큼 수익을 올리는 주식과 달리 ETF는 상승장과 하락장 모두에서 수익을 거둘 수 있다. 상승장에서는 일반 ETF에, 하락장에서는 인버스 ETF에 투자하면 된다. 참고로 인버스 ETF는 파생상품과 증권 차입매도 등을 통해 추적지수의 하락폭만큼 수익을 얻도록 설계된 ETF이다.

ETF는 거래소에 상장되어 있기 때문에 주식시장에서 실시간으로 거래가 가능하다. 그러므로 하루에 한 번 발표되는 기준가격으로 거래되는 펀드와 달리, 시장 상황에 대해 즉각적으로 대응할 수 있다. 게다가 주식처럼 환매 후 2일 이내에 자금이 들어오기 때문에 펀드에 비해 환금성도 뛰어나다. ETF의 보수는 연 0.4% 수준으로 상당히 저렴하다. 펀드와 달리 환매수수료가 없기 때문에 언제든지 매도가 가능하고, 주식과 달리 매도 시 발생하는 거래세도 없다. 국내 주식형 ETF의 경우 매매차익에 대해 주식처럼 세금을 매기지 않고 있지만, 그 외의 경우에는 매매차익이나 배당 수익에 대해 15.4%의 세금을 부과하고 있다.

주의할 점도 있다. ETF 투자에 앞서 투자하고자 하는 ETF의 거래량을 반드시 체크해볼 필요가 있다. 다양한 종류의 ETF가 시장에 존재하고 있지만, 거래량이 적은 ETF의 경우 매매 시 가격이 왜곡될 가능성이 높기 때문이다.

8월

35주

1, 2차 석유파동

1948년 5월, 영국군이 팔레스타인에서 철수하던 날 유태인의 이스라엘은 독립을 선언했다. 여기에 아랍권은 크게 반발했고 독립선언 다음 날부터 아랍 5개국 군대가 일제히 이스라엘을 공격했다. 그러나 이스라엘에게 불리할 것 같은 전쟁은 이스라엘의 꾸준한 군비 확장과 미국의 도움으로 1, 2, 3차 모두 승리했다.

그리고 1973년 10월, 제4차 중동전쟁이 발발하게 되는데 이때 페르시아만의 6개 석유수출국들은 원유 가격을 17% 인상한다고 발표한 데 이어 이스라엘이 아랍 점령지역에서 철수하고 팔레스타인의 권리가 회복될 때까지 매월 5%씩 감산한다고 발표했다. 아랍 국가들이 석유 자원을 무기화하여 전 세계, 특히 이스라엘을 지원하는 미국을 압박한 것이다. 그 결과 국제 원유시장의 불안을 초래해 1973년 초 배럴당 2.9달러였던 원유 가격은 1974년 1월 11.6달러까지 4배 넘게 상승했다. 이에 우리나라를 비롯한 석유 수입에 의존도가 높은 국가들의 물가상승률은 크게 상승했으며 미국 국채 수익률도 6~8%로 올랐다. 이를 1차 석유파동이라고 부른다.

2차 석유파동은 1차 석유파동의 5년 뒤에 발생했다. 근본적인 원인은 이란의 이슬람 혁명과 사우디아라비아의 감산 때문이었다. 1978년 이란 팔라비 왕조에 대한 불만으로 야기된 전국적인 파업과 시위는 이란 산업을 마비시켰다. 당시 전 세계 석유 생산량의 15%를 담당했던 이란은 국내 혼란으로 인해 전면적인 석유 수출 금지를 선언했고, 이것이 석유 공급불안과 가격폭등으로 이어져 13달러였던 유가는 1980년 30달러를 넘어서게되었다. 여기에 사우디아라비아가 비중동지역의 석유 개발 공급에 부정적인 모습을 보이면서 중동지역의 감산을 주장한 1981년 원유(原油) 가격이 39달러에 달하기도 했다.

1차, 2차 석유파동은 우리나라에 큰 영향을 미쳤다. 중화학 공업 육성을 통해 국가 성장에 힘을 쏟던 우리나라는 원재료인 원유 가격 상승으로 인해 큰 어려움을 겪게 되었다. 특히 원달러 환율이 크게 오르면서 미국 달러를 차입했던 많은 기업과 공공기관들이 큰 채무를 감당해야 하거나 파산하는 경우도 있었다. 또한 경제는 적자 무역수지를 기록하며 마이너스 성장을 했다.

인물
마이클 크레이머

미국의 경제학자 마이클 크레이머(Michael Kremer, 1964 ~)는 현장기반 실험적 연구를 통해 빈곤퇴치를 위한 새로운 접근법을 제시한 공로로 2019년 노벨 경제학상을 수상했다.

하버드 대학을 졸업한 후 그는 아프리카 케냐 학생들의 출석률을 높이기 위해 교과서를 지원하는 일을 했다. 하지만 그의 기대와는 달리 이 사업은 눈에 보이는 어떠한 성과도 내지 못했다. 고민끝에 그는 아이들에게 구충제를 나누어주기 시작했다. 그러자 아이들의 결석률이 25% 정도 감소했다. 그뿐 아니라 10년 뒤 이들을 추적 관찰한 결과 구충제를 먹은 아이들은 그렇지 않은 아이들에 비해 일주일에 3~4시간 더 많이 일했고, 소득도 평균 20% 이상 높았다. 이 실험을 통해 그는 교사 충원이나 교과서 지원 등 물적 자원에만 집중해서는 결코 가난한 나라의 교육성과 개선에 도움이 되지 않는다는 사실을 증명해냈다. 케냐에서의 이 실험은 훗날 개발경제학자들이 진행한 현장실험의 모델이 되었다. 이처럼 그는 경험적 접근을 통해 가난을 발생시키는 사소한 문제에 집중하여 빈곤을 해결하기 위해 노력해왔다.

그의 대표 이론은 오링 이론(O-ring Theory)이다. 오링은 고무로 만든 링으로 아주 사소한 부품이다. 하지만 이 사소한 부품으로 인해 1986년 1월 우주왕복선 챌리저호가 발사 도중 폭발하는 사건이 발생했다. 이 사건을 계기로 그는 최첨단기술도 아주 사소한 결함으로 인해 생산과정 전체가 붕괴되는 결과를 초래할 수 있다는 점을 강조하면서, 인간의 노동력을 하위 단계로 전락시킨 자동화시대를 비판했다. 그러면서 그는 지속적인 발전을 위해서는 무분별한 선진기술의 도입보다는 인적자본을 키워야 한다고 주장했다. 오링 이론은 저개발국가에서도 인재들은 나오기 마련인데, 이들이 자국의 경제발전을 이끌지 못하는 이유는 그들과 함께할 인재가 부족하기 때문이라고 주장하며 인재와 경제발전의 상관관계를 설명하고 있다.

오링 이론의 핵심은 경제발전을 위해서는 인적자본에 투자해 인재풀을 육성하고 이들이 서로 협업을 통해 문제를 해결할 수 있도록 지원해야 한다는 점이다.

경제학

오쿤의 법칙

　실업과 국내총생산(GDP) 사이에는 어떤 관계가 존재할까? 일반적으로 실업자가 늘어날수록 생산활동에 참여하지 않는 사람들이 늘어나기 때문에 국내총생산(GDP)은 줄어들 수밖에 없다. 이렇듯 실업과 국내총생산(GDP) 사이에는 음의 상관관계가 존재하는데, 미국의 경제학자 오쿤(Arthur Okun)은 실증적인 분석을 통해 둘 사이의 관계를 보다 명확하게 밝혀냈다. 그의 이름을 딴 '오쿤의 법칙'에 따르면 실업률이 1% 증가할 때 국내총생산(GDP)은 2.5%씩 감소한다. 참고로 오쿤의 법칙은 미국의 특정 기간 동안의 실업률과 실질 국내총생산(GDP) 데이터를 기반으로 둘 사이의 관계를 밝혀낸 것이다. 그렇기 때문에 국가별 또는 시기별로 수치는 다소 다르게 나올 수 있다.

　'오쿤의 법칙'과 함께 알면 좋은 지표로 '경제고통지수'라는 것이 있다. 경제고통지수는 물가상승률과 실업률이 국민의 삶에 미치는 영향이 크다는 점에 착안하여 만든 지표로 소비자 물가상승률과 실업률을 더한 값으로 산출하고 있다.

　만약 소비자 물가상승률이 4%이고 실업률이 6%라면 해당 국가의 경제고통지수는 10이 되는 것이다. 경제고통지수는 국민의 삶의 질에 영향을 미치는 수많은 요소 중 단지 물가상승률과 실업률만을 가지고 산출했기에 그 한계가 분명히 존재한다. 그럼에도 불구하고 국민들이 피부로 느끼는 경제적 고통을 계량화한 유일한 지표로 인정받으며 국제적으로 널리 활용되고 있는 추세이다.

투자

금리와 부동산

부동산 시장에 가장 큰 영향을 미치는 요인 중 하나가 바로 금리이다. 예를 들어 은행 예금 이율이 2%인데 부동산 수익률이 연 4%라고 가정해보자. 부동산 투자수익이 예금 이율보다 훨씬 높기 때문에 많은 사람들이 부동산에 투자하려고 할 것이다.

그런데 만약 예·적금 이율 금리가 부동산과 같은 4% 수준까지 오른다면 부동산보다 안전하고 관리 비용이 적은 예·적금으로 돈이 집중될 가능성이 높다. 반대로 금리가 낮아지면 돈을 빌려 쓰는 부담을 덜 수 있기에 상대적으로 자금 규모가 크며 높은 수익이 기대되는 부동산 투자에 많은 돈이 몰리기도 한다. 그래서 많은 사람들이 금리와 부동산은 서로 반비례 관계를 갖고 있다고 이야기한다. 이와 같은 금리와 부동산 관계를 보여준 대표적인 사례가 바로 2008년 금융위기를 불러온 서브프라임 모기지 사태이다.

미국은 IT 버블 후 경제가 어느 정도 회복되고 있었음에도 2004년까지 1% 수준의 저금리를 유지하고 있었으며, 이를 통해 높은 수익률이 기대되는 모기지채권 투자에 많은 돈이 몰렸다. 이후 미국 금리는 점차적으로 상승해 2006년 5.25%까지 약 3배가량 오르면서 부동산 시장은 급격한 하락을 거듭했고, 신용등급이 낮은 서브프라임 모기지로 인해 세계적인 금융위기를 야기했다.

2020년 우리나라 역시 금리와 부동산은 강한 역의 상관관계를 보였다. 2020년 초 1.25%였던 기준금리는 코로나를 겪으면서 0.5%까지 하락했고, 같은 기간 전국 주택가격매매지수는 101.13에서 102.86으로 상승했다. 그리고 금리와 부동산과의 상관계수는 서로가 완벽한 역의 관계를 의미하는 -1에 근접했다. 그러나 2020년 이전까지는 금리와 주택가격매매지수 간 명확한 역의 관계를 찾아보기는 어려웠다.

실제로 2017년 초 1.25%였던 기준금리가 2018년 말에 1.75%까지 0.5% 상승했으나 주택가격매매지수는 하락하지 않고 오히려 완만한 상승곡선을 보이기도 했다. 여러 연구 자료들 역시 금리와 부동산이 서로 반비례하는 경향을 보인다는 결과를 내놓고는 있다. 하지만 금리 외에도 주택담보대출비율(LTV), 총부채상환비율(DTI) 같은 정부 정책이나 주택 공급 및 전반적인 경제 요인 역시 부동산 시장에 영향을 주며 예상하기 어려운 다양한 모습이 나타나고 있음을 지적하고 있다.

음악 산업 (1)

음악은 또 하나의 세계 공통어라 불릴 만큼 모든 사람이 좋아하고 즐기는 대상이며, 인류 역사와 함께 시작되었을 것으로 추정된다. 선대에서 후대로 전해지던 음악은 음을 만들고 기록하는 기술이 개발되면서 전 세계인이 함께 즐기는 하나의 산업으로 성장하게 되었다.

1877년 토마스 에디슨이 축음기를 발명한 뒤부터 상업용 음반이 제작되면서 음악을 매개로 한 산업이 태동하기 시작했다. 이후 축음기로 음악을 듣는 방식의 시도가 영국에서 크게 성공하고, 마이크와 증폭 기술이 발전하면서 음반 시장은 크게 성장했다.

1981년 미국 케이블 채널에서는 뮤직비디오를 선보이며 음악이 단순히 듣는 것이 아니라 보고 즐길 수 있는 콘텐츠임을 알리면서 음악 산업은 더욱 확대되었다. 2000년대 들어서면서 CD플레이어가 아닌 MP3로 음원 보유 및 구입 방식이 달라졌고, 2010년부터 스마트폰 보급이 확대되면서 애플 아이튠즈나 구글 유튜브 등을 통해 스트리밍 형태의 음악 콘텐츠를 소비하는 방식으로 변화하고 있다.

우리나라의 경우 축음기가 들어온 것은 1900년대 초로 추정된다. 일제강점기 때 축음기를 구동하는 음반 시장이 처음으로 만들어졌으며, 6·25 전쟁 이후 미국 팝 음악이 전해지면서 국내에도 LP가 제작되고 음반이 발매되었다. 1960년대에는 가수 이미자의 '동백 아가씨'가 처음으로 10만 장 이상 판매되고 그에 따른 관련법도 정비되었으며, 이후 우리나라 레코드 음반사들이 외국사와의 정식 라이선스 체결을 통해 국내 음반 시장은 안정적인 체계를 갖추게 되었다.

1980년대 이후 우리나라는 대중음악의 전성기를 맞이했다. 특히 CD플레이어가 등장하고 트로트뿐 아니라 댄스, 발라드. 록 등 대중음악이 다양화되었다. 특히 조용필, 이선희, 주현미, 서태지 등 지금까지도 대중가요를 대표하는 가수들이 등장하면서 국내 음악 산업은 크게 발전했다. 2000년 이후부터는 해외시장으로 본격적으로 진출하게 되었다. 일본은 물론이고 아시아 시장에서 좋은 반응을 얻은 우리나라 음악 시장은 2012년 싸이의 강남스타일이 미국 빌보드차트에 오르면서 세계적인 관심을 받기도 했다. 최근에는 방탄소년단이 미국 빌보드차트에서 연이은 1위를 달성하면서 우리나라 K-POP 열풍을 이어가고 있다.

내비게이션

최근 출시되는 자동차에 기본 사양처럼 설치되어 나오는 것 중 하나는 길을 알려주는 내비게이션이다. 라틴어의 '나비가레(navigare)'에서 유래된 내비게이션의 어원을 보면 배를 뜻하는 '나비스(navis)'와 움직임을 뜻하는 '아게레(agere)'의 합성어에서 왔다. 어원에서 알 수 있듯이 내비게이션이 처음 적용된 것은 자동차가 아닌 배였다.

최초의 차량 내비게이션은 일본 자동차업체 혼다가 1981년 개발한 아날로그 방식이었다. 이후 1985년 미국 자동차용품업체 이택(Etack)이 최초의 전자식 내비게이션을 개발했으며, 미국이 군용으로 사용하던 GPS(Global Positioning System) 위성을 민간용으로 개방한 2000년부터 일반에서도 내비게이션에서 활용할 수 있게 되었다.

우리나라에서는 1997년 매립형 내비게이션이 출시되었으나, 초기 가격이 높아 쉽게 대중화되지 못했다. 그러나 2000년 이후 저가의 보급형 내비게이션이 출시되면서 보편화되었고, TV나 음악 등 별도의 콘텐츠와 함께 차량에 매립된 형태나 별도의 디바이스 형태로 개발되면서 차량에 장착되었다.

내비게이션은 크게 전자지도와 하드웨어 단말기로 구성되며, 정확도는 전자지도에 따라 달라진다. 그래서 우리나라처럼 도로 상황이 개발이나 공사 등으로 자주 변경되는 경우에는 내비게이션 역시 수시로 업데이트되어야 한다. 이때 사용자도 USB 등으로 새로운 전자지도를 자주 다운받아 업데이트해야 한다. 그러나 최근에는 기술의 발달로 무선 환경으로 전자지도의 자동 업데이트 기능도 지원하게 되었다.

지금은 차량용 내비게이션뿐 아니라 네이버나 카카오 같은 포털 어플에서도 길 찾기와 앱 내비게이션 사용 등 일상생활 속에서 다양한 용도로 쓸 수 있게 되었다. 또 핸드폰이나 태블릿 PC를 활용해 별도의 내비게이션을 구매하지 않아도 길 찾기 기능을 활용할 수 있게 되었다. 이러한 내비게이션은 향후 자율주행 기능이 발전할수록 더욱 정밀화될 것으로 예상된다.

주택연금

주택연금은 살고 있는 주택을 담보로 평생 또는 일정 기간 매월 연금을 받을 수 있는 상품으로, 주택을 소유하고 있지만 소득이 부족한 노인들에게 적합한 상품이다. 부부 중 한 명이 만 55세 이상이면 9억 원 이하의 소유한 주택을 담보로 주택연금을 받을 수 있다. 다만 해당 주택을 전세나 월세로 주고 있는 경우는 불가하며 반드시 주택연금 가입자 또는 배우자가 실제로 거주해야만 한다.

2020년 3월 현재 주택연금 가입자 수는 73,421명이며 가입자 평균연령은 72세이다. 평균 주택가격은 2억 9,800만 원으로 월평균 102만 원의 연금을 받고 있다. 처음 주택연금이 출시되었을 때만 해도 주택에 대한 상속 의지가 강해 가입자가 그다지 많지 않았다. 하지만 자식에게 노후를 의지하기보다 스스로 자립하기를 원하는 욕구가 늘어나면서 주택연금의 가입도 급증하고 있다.

주택연금은 최초에 평가한 주택가격을 기준으로 연금액을 산출하기 때문에 중간에 주택가격이 하락하더라도 연금액에는 변화가 없다. 연금액은 가입연령과 주택가격에 따라 달라지겠지만, 만약 70세(부부 중 연소자 기준)에 6억짜리 집을 소유하고 있다면 매월 184만 4,000원을 부부가 모두 사망할 때까지 받을 수 있다(2020년 4월 1일 기준). 연금의 지급 방식도 종신 방식, 확정기간 방식, 대출상환 방식 등으로 다양할 뿐만 아니라 연금지급 유형도 평생에 걸쳐 동일한 금액을 받을 수도 있고, 아니면 처음에는 많이 받다가 나중에는 적게 받는 방식을 선택할 수도 있다.

주택연금은 사실 담보대출의 일종으로 '역모기지론'이라고도 부른다. 매월 받는 연금액만큼 대출이 계속해서 쌓이는 대신, 대출상환과 이자 납입은 부부가 모두 사망하면 담보로 제공한 주택을 처분하여 정산하게 된다. 주택을 매각한 금액이 매월 지급받은 연금과 이에 대한 이자 그리고 보증료 등을 합한 연금지급 총액보다 크다면 상속인들에게 차액만큼 돌려준다. 하지만 주택을 매각한 금액이 연금지급 총액보다 낮더라도 부족분에 대해서는 상속인들에게 별도로 청구하지 않고 한국주택금융공사가 부담한다.

금융 리스크 규제: 바젤 I, II, III

1970년대부터 주요 선진국들은 금리 자유화와 국가 간 자금 이동의 자율화, 그리고 증권화를 통한 유동성 증가 등 금융시장에 많은 부분 자율성을 부여했고 그만큼 시장은 갈수록 커져갔다. 여기에 발맞추어 금융규제들이 완화되고 금융의 글로벌화가 확대되었다. 그러나 1970년대 석유파동과 1980년대 은행들의 부실채권 등 금융리스크 역시 증가하게 되었다. 이에 은행감독 기능의 필요성이 대두되었고 1988년 바젤위원회에서 8% 이상의 자기자본비율을 유지하는 BIS기준을 발표했다. 이것을 바젤 I이라고 하는데, BIS는 국제 금융회사와 관련된 지침을 만들고 관리하는 국제결제은행(Bank for International Settlements)을 뜻한다. 우리나라는 1992년 7월에 바젤 I을 도입했고 1995년부터 8% 이상 유지를 의무화했다.

그러나 바젤 I은 회사마다 리스크가 다름에도 획일적인 위험 가중치를 적용하는 등 실제 리스크에 민감하게 반응하지 못한다는 지적이 있었다. 이에 바젤 I을 대신할 새로운 자기자본규제안을 마련하게 되었으며 2004년 6월 바젤 II를 발표했다. 바젤 II는 바젤 I의 최저 보유해야 할 자기자본규제에 감독 당국의 점검과 시장규율이라는 2가지 요소를 추가해 만든 것이었다. 최소한의 자기자본을 유지하되 감독 당국을 통해 검증받고 은행 스스로도 리스크를 측정하는 내부절차를 마련해야 한다는 내용을 담고 있었다.

또한 시장규율 부분에서는 내부 정보를 공시함으로써 시장 참여자들에게 은행의 리스크나 재무상황 등을 이해시키고 내부통제를 통한 안전망을 구축해야 한다는 내용도 포함되어 있었다. 그러나 바젤 II도 2008년 글로벌 금융위기를 겪으면서 다시 수정해야 한다는 목소리가 높아졌고, 이에 G20은 2009년 4월 런던회의에서 은행 부문에 대한 규제 강화에 합의하며 2010년 바젤 III 기준서를 발표했다.

바젤 III는 바젤 II에 비해 신용위험과 시장위험에 대한 범위를 더 넓게 정하고 있다. 이 때문에 커다란 자금난을 겪고 있는 기업의 주채무 은행의 경우 BIS비율이 현저히 낮아질 가능성이 높다. 이러한 바젤 기준의 적용이 강제는 아니며, 각 국가별 상황을 고려해 적용할 수 있다. 그러나 우리나라의 경우 IMF를 겪으면서 반강제적으로 도입되었으며 이미 국제금융시장에서 주요 역할을 하고 있는 상황에서 바젤 기준을 거부하기는 쉽지 않다. 그러므로 바젤 III의 경우 2013년부터 업권별 규제 유예기간을 달리하면서 단계적으로 이행해오고 있다.

인물

프랑코 모딜리아니

이탈리아 출신의 미국 경제학자 프랑코 모딜리아니(Franco Modigliani, 1918~2003)는 이탈리아 무솔리니의 반유대인 정책을 피해 미국으로 망명했다. 로마대학에서 법학을 공부했지만, 미국 망명 이후 경제학자의 길로 들어선 그는 폴 새뮤얼슨의 뒤를 이은 대표적인 케인스학파 경제학자이다. 그는 '생애주기 가설'을 고안해낸 공로를 인정받아 1985년 노벨경제학상을 수상했다. 지금은 너무나 당연시되고 있는 '생애주기가설'이지만 1954년 처음 발표했을 때만 해도 '생애주기가설'은 상당히 파격적인 내용이었다. 왜냐하면 그 이전에는 현재의 소득 규모가 소비를 결정한다는 케인스의 절대소득가설이 통용되고 있었기 때문이다.

'생애주기가설'은 사람들이 노년을 대비해 어떻게 소비하고 저축하는지를 규명한 소비이론이다. 개인의 소비는 전 생애에 걸쳐 꾸준히 증가한다. 하지만 소득은 은퇴로 인해 중대한 변화를 맞이하는데, 일반적으로 소득은 중년기에 가장 높고 유년기와 노년기에는 낮다고 볼 수 있다. 따라서 사람들은 은퇴 이후에도 자신의 소비를 유지하기 위해 젊어서부터 저축을 한다. 그래서 평생에 걸친 저축률은 소득이 제일 많은 중년기에 높고, 소득이 적은 유년기와 노년기에는 낮은 역 U자 형태를 띠는 것이다. 이를 통해 그는 소비는 미래 소득의 현재가치의 함수라고 정의하며 현재의 소비는 현재의 소득이나 자산에 의해 결정되는 것이 아니라, 남은 평생을 염두에 두고 앞으로 기대되는 소득을 감안하여 결정한다고 주장했다. '생애주기가설' 덕분에 젊은 세대가 많은 사회가 노인 세대가 많은 사회에 비해 저축률이 왜 더 높은지, 그리고 저축과 연금제도가 국민 경제에 미치는 영향에 대해서도 설명할 수 있게 되었다.

기업 재무론에서도 두각을 나타냈던 그는 머턴 밀러와 함께 1958년 '모딜리아니-밀러 정리'를 발표하며 기업의 가치는 자본구조와 관련이 없다는 것을 증명해냈다. 이는 부채 규모와 구조는 기업의 시장가치와 무관하다는 내용으로 이를 통해 기업의 자본구조라는 현대적 개념이 새롭게 등장하는 계기가 되었다.

불가능한 삼위일체

　불가능한 삼위일체는 한 국가가 독자적인 통화정책과 자유로운 자본이동, 그리고 고정환율제 모두를 쟁취할 수 없다는 이론이다. 그래서 각각의 나라에서는 이 중 2가지 특성을 선택하는 대신 다른 하나를 포기할 수밖에 없다.

　첫째, 독자적인 통화정책과 자유로운 자본이동을 선택하는 것이다. 이럴 경우 고정환율제를 선택함으로써 환율을 안정적으로 운용하는 것이 불가능하다. 예를 들어 경기부양을 위해 통화량을 늘린다면 금리가 떨어지면서 해외로 자본이 유출될 것이다. 그러면 자연스럽게 환율은 올라갈 수밖에 없다. 정부에서는 환율을 안정적으로 유지하기 위해서 적극적으로 시장에 개입하지만, 어디까지나 외환보유고가 바닥나기 전까지만 가능할 뿐이다. 우리나라처럼 변동환율제와 개방경제의 특성을 가지고 있는 나라들이 여기에 속한다.

　둘째, 자유로운 자본이동과 고정환율제를 선택하는 것이다. 고정환율제를 선택한 만큼 독자적인 통화정책은 불가능하다. 왜냐하면 환율을 미리 정해진 수준에 맞추기 위해서는 외화의 유출입 수준에 맞추어 자국 통화량을 늘리거나 줄여야 하기 때문이다. 이때는 경기를 부양하기 위해서 통화량을 늘리는 것이 불가능해 다른 나라의 금융정책에 종속되는 결과를 가져온다. 대표적인 예가 홍콩이다. 홍콩은 미국 달러에 대해 홍콩 달러 환율을 달러 당 7.75~7.85 홍콩 달러로 유지하고 있다. 참고로 특정 국가의 통화에 자국 통화의 환율을 고정시키는 제도를 '페그제'라고 한다.

　셋째, 독자적인 통화정책과 고정환율제이다. 이를 위해서는 자본의 국제적 이동을 제한할 수밖에 없다. 외환보유고를 가지고 환율을 안정적으로 운용하는 것은 한계가 있기 때문에 자본의 유출입을 통제하는 것 이외에는 환율을 안정적으로 유지할 방법이 없기 때문이다. 대표적인 예가 중국이다. 중국은 시장 상황에 따라 미세하게 환율을 조정하기는 하지만 사실상 고정환율제를 택하고 있다고 보아도 무방하다.

KB시세와 한국감정원 시세가 다른 이유

주택가격의 흐름을 알 수 있도록 시세 정보를 제공하는 대표적인 기관으로 '한국감정원 전국주택가격 동향'과 월간·주간 'KB주택가격 동향'이 있다. 주택가격 시세는 현 부동산 시장의 분위기를 알게 하고 국민의 부동산 매매 의사결정에 영향을 미치는 중요한 정보이다. 그런데 이 두 기관이 내는 시세 정보가 다르게 나타나 혼동을 주는 경우가 많다. 같은 시점을 두고 한쪽에서는 상승추세를, 다른 한쪽에서는 주춤하고 있다는 시그널을 주기도 한다.

왜 이런 차이가 날까? 그 이유는 조사 방식과 각 기관의 특성에 기인하고 있기 때문이다. 한국감정원은 국토교통부 산하 공공기관으로 아파트와 연립, 단독주택 등 총 36,300호에 대해 전문조사원들이 현장조사를 한다. 반면 KB시세는 총 26,343호를 표본으로 하되 주로 공인중개사들이 제공해주는 정보를 바탕으로 형성된다. 또한 정부 산하의 한국감정원이 주택 시세를 발표할 때 부동산 가격 안정이라는 정부의 논조가 섞일 수밖에 없다고 보는 시각이 지배적이다.

반면 KB시세는 각 지역의 공인중개업소에서 온라인으로 조사표에 기입하는 방식으로 이루어진다. 즉 정보 출처가 공인중개사들에 전적으로 의존하기 때문에 그들의 주관이나 주민들의 요구에 따라 시세가 왜곡될 수 있다는 단점이 있다. 실제로 서울 아파트 중위값(서울 전체 아파트의 중간 가격)이 언론을 통해 공개되자 KB시세가 맞지 않는 통계라며 국토부가 해명에 나서는 등 한국감정원과 KB시세는 통계를 서로 다르게 산정해 시장에 혼돈을 가져오기도 한다. 또 주택담보대출을 할 때의 기준도 대출기관과 상황에 따라 서로 다른 통계를 적용하기도 한다.

특히 주택 시세는 2019년 12.16 부동산 대책 후 매우 중요한 지표가 되었다. 시가 15억 이상 주택에 대해서는 담보대출이 금지되고, 9억 초과 시에는 9억 초과분에 대해서 LTV가 20%만 적용되기 때문이다. 2020년 현재 기준으로 한국감정원과 KB시세 중 높은 가격을 적용해야 하기에 어느 한쪽이라도 기준 가격을 넘어설 경우에는 대출이 어렵다. 2020년 2월부터는 부동산 실거래 신고 기간이 기존 60일에서 30일로 당겨지고 전산화가 고도화됨에 따라 향후 좀 더 정확한 시세 정보를 확보할 수 있을 것으로 예상된다.

산업

음악 산업 (2)

　2001년 240억 달러에 달했던 세계 음악 시장 규모는 지속적으로 10~20억 달러씩 축소되다가 2015년을 기점으로 상승추세로 전환해 약 191억 달러*에 이르렀다. 위축되던 음악 시장이 2015년부터 방향을 전환할 수 있었던 것은 IT 기업들의 서비스 확대와 더불어 디지털 스트리밍 방식의 음악 소비가 늘어나면서 확대되었기 때문으로 분석된다.

　특히 스포티파이, 애플뮤직, 아마존, 텐센트 뮤직 등 스트리밍 서비스를 제공하는 글로벌 플랫폼들의 영향력이 커지면서 세계 시장은 더욱 확대되어 가고 있다. 우리나라 음악 시장의 경우 미국, 일본, 영국, 독일, 프랑스에 이은 6위 수준으로 약 6.1조의 매출을 기록하고 있으며, 약 5억 달러를 수출하고 있는 반면 1.4만 달러를 수입하고 있다.

　특히 우리나라는 K-POP 브랜드에 힘입어 주로 일본과 중국, 동남아에 대부분을 수출하고 있고 유럽과 북미를 중심으로 음악을 수입하고 있다. 이러한 K-POP의 성장은 평창동계올림픽보다도 국익에 더 큰 도움이 된다는 재미있는 결과도 있다. 실제로 방탄소년단의 구글 트렌드 지표가 1포인트 오를 때마다 3개월 후 외국인 관광객이 0.45% 포인트 높아진다는 분석 결과가 발표되기도 했다.

　우리나라 음악 시장은 세계 시장과 다른 독특한 흐름을 보인다. 그것은 바로 미국 등 다른 나라에서는 다운로드 시장이 점차 축소되는 반면 우리나라 다운로드 시장은 계속 성장하고 있다는 점이다. 우리나라에서만 이러한 모습을 보이는 이유는 다운로드가 음원사이트 순위 집계 방식에 영향을 미치기 때문에 아이돌 팬덤이 구입하는 것으로 분석된다.

　'2019 음악산업백서'에 따르면 우리나라 국민(만 10~59세)의 절반은 거의 매일 음악을 듣고 있으며 음악 콘텐츠를 소비하기 위해 월평균 1~3만 원을 소비하는 국민도 절반에 달하는 것으로 조사되었다. 또한 조사대상 4명 중 3명이 온라인 음악 동영상을 감상하는데 90% 넘는 사람들이 유튜브를 통해 보는 것으로 나타났다.**

　이러한 음악 산업은 코로나 팬데믹을 겪으면서 콘서트 등을 열지 못해 위축되는 부분도 있었지만, 스트리밍 소비가 전체 음악 산업 수익의 절반을 넘어서며 전체 수익은 증가하고 있다.

---

*　2018년 기준
**　2019 음악산업백서

상품

주택청약종합저축

주택청약종합저축은 국민의 주택마련을 돕기 위해 만들어진 금융상품으로 기존 청약예금, 청약부금, 청약저축의 기능을 한곳에 모아둔 청약통장이다. 예전에는 청약 대상 주택에 따라 가입해야 할 청약상품이 나누어져 있었기에 청약을 하고자 하는 사람이 스스로 상품 내용을 알고 있어야 했으며, 중간에 계획이 변경되면 원하는 주택청약에 어려움을 겪기도 했다. 이러한 불편을 해소하고자 2015년 9월부터 기존 주택청약 상품들은 주택청약종합저축 한가지로 통일되었다. 납입 금액은 월 2만 원에서 50만 원 이내 금액을 납입할 수 있다. 또한 남녀노소 누구나 가입은 가능하지만, 1인 1통장이 원칙이며 실제 청약통장 가입기간 산정은 만 17세 이상부터 가능하다.

주택청약 대상인 주택은 크게 국민주택과 민영주택으로 나뉜다. 국민주택은 국가, 지방자치단체, LH 및 지방공사가 건설하는 85m² 이하의 주택이며 읍, 면 지역은 주거전용면적 100m²이하까지 가능하다. 반면 민영주택은 민간 건설업자들이 짓는 주택으로 우리가 흔히 듣는 브랜드 아파트 등이 여기에 해당한다.

주택청약종합저축에 2년 이상 일정 금액을 적립하면 청약저축 1순위 자격을 얻을 수 있는데, 지역별로 1순위 선정 가입기간과 인정되는 예치금 규모가 다르다. 일반 수도권의 경우 1순위가 되기 위해서는 가입 후 1년이 경과해야 하며 국민주택은 12회 이상 납입해야 한다. 그러나 투기과열지구나 청약과열지구와 같이 부동산 투기로 의심되는 지역의 청약은 가입 후 2년의 기간이 반드시 경과해야 한다. 예치금 규모도 지역과 전용면적 크기에 따라 다른데 서울특별시, 부산광역시의 경우 85m²가 300만 원이며 모든 면적 상관없는 금액은 1,500만 원이다. 특별시나 광역시 제외 지역의 예치금은 서울, 부산의 절반 규모이다. 청약 1순위가 된다고 해서 무조건 당첨되는 것은 아니다. 청약 점수에 따라 당락이 나뉘며 가점은 부양가족이 많을수록, 무주택기간이 길수록, 청약 기간이 길수록 당첨이 될 가능성이 높아진다. 또한 국민주택의 경우 1순위가 되었을 때 저축 총액도 함께 반영되기 때문에 자신이 염두에 두고 있는 지역의 청약 요건을 충분히 알아보고 준비해야 한다.

경제상식

자산유동화증권

자산유동화증권(ABS, Asset Backed Securities)은 유동성이 떨어지는 자산을 담보로 발행되는 증권으로 이를 통해 해당 자산의 유동성을 높일 수 있다. 자산유동화증권의 기초자산으로는 신용카드 회사 등이 고객들로부터 다 받지 못한 미수금(매출채권), 금융기관이 개인이나 기업에게 해준 대출, 그리고 기업에서 보유한 각종 채권이나 부동산 등 지금 당장 현금화는 어렵지만 예측 가능한 현금흐름을 만들어내는 자산이 사용된다. 기업에서는 이러한 자산을 표준화하고 특정 조건별로 묶어 이를 기초자산으로 하는 자산유동화증권을 발행해 자금을 조달한다.

자산유동화증권의 경우 자산유동화를 위해 서류상으로만 존재하는 특수목적기구(SPV, Special Purpose Vehicle)에 해당 자산을 모두 양도해야 한다. 이는 기초자산을 보유하고 있는 기업에서 채권의 만기 전에 해당 기초자산을 마음대로 처분하거나 기초자산에서 발생하는 현금흐름을 다른 용도로 유용하는 불상사를 막기 위해서이다. 해당 기초자산으로부터 발생하는 현금흐름은 전적으로 해당 증권의 원리금을 상환하는 데 사용하기 때문에 자산을 보유한 기업의 신용도보다는 기초자산의 특성을 잘 파악하는 것이 중요하다.

일반적으로 자산유동화증권의 경우 신용평가기관으로부터 엄격한 평가를 받을 뿐만 아니라 후순위채권이나 보증 등 다양한 방법을 통해 신용보강이 이루어지기 때문에 일반적으로 자산을 보유한 회사의 신용도보다 높은 신용등급을 받는다. 그래서 발행하는 회사의 원리금 상환능력을 기초로 발행되는 일반 채권에 비해 자산유동화증권을 통해 자금을 조달하는 것이 조달비용 측면에서 보면 훨씬 유리하다. 또한 부채비율을 높이지 않고 자금을 조달할 수 있어 재무상태를 개선할 수도 있다.

9월

37주

대한민국 외환위기(IMF)

1997년 당시 태국은 불경기를 타개하기 위해 돈을 풀어 경기부양에 힘을 실으면서 재정지출을 늘렸다. 하지만 태국 경제는 살아나지 않은 채 리스크만 더욱 커졌고 고정환율제를 쓰고 있던 태국이 환율 정책을 통해 적절히 대응하지 못하자, 외국인들은 외환보유고가 바닥난 태국 바트화를 공매도하면서 태국 경제는 더욱 어려움을 겪게 되었다.

이러한 여파는 마치 불이 번져나가듯 옆 나라인 말레이시아의 통화가치를 하락시키고 아시아 전 지역으로 확산되었다. 당시 우리나라 기업들 역시 외국자본을 무분별하게 차입해 사업을 확장해왔는데, 문제는 차입한 자금의 많은 부분이 행정 편의상 신고하지 않아도 되는 3개월 이내의 단기차입이었다는 것이다. 국내 기업의 외국자본 단기부채 시한이 만료되자 외국자본은 아시아 금융위기를 감지하고 더 이상 만기를 연장해주지 않았으며 우리나라뿐 아니라 아시아에서 자금을 회수하기 시작했다. 이에 우리나라 외환보유고는 급속도로 줄어들었다.

결국 우리나라는 1997년 12월 3일, 외채를 갚지 못해 IMF에 550억 달러 구제금융을 요청했다. 총 550억 달러 중 IMF의 지원금은 210억 달러였으며 세계은행, 아시아개발은행 등에서 나머지를 부담했다. 당시 캉드쉬 IMF 총재는 우리나라가 현실의 경제위기를 외면하려 한다고 지적했으며, 앨런 그린스펀 미연방준비위원회 의장은 한국의 비정상적인 외환보유고 운용의 문제점을 언급했다.

IMF 구제금융 신청 이후 우리나라의 경제 주권은 IMF로 넘어가게 되었다. 이 기간 우리가 감내해야 했던 외환위기의 대가는 처참했다. 한보, 기아자동차, 진로, 대우 등 당시 우리나라 대표 기업들을 필두로 한 달 만에 무려 3,300여 개 기업이 도산했으며 그다음 해에는 실업률이 8.7%까지 치솟았다. 그러나 범국가적인 금 모으기 운동과 사회 전반에 걸친 국민적 노력을 통해 2001년 8월 23일, 예정보다 3년 앞서 한국은행이 IMF 구제금융 차입금을 상환하면서 길었던 외환위기를 마감했다.

인물
윌리엄 필립스

뉴질랜드 출신의 영국 경제학자 윌리엄 필립스(William Phillips, 1914~1975)는 다소 특이한 이력의 소유자이다. 뉴질랜드의 한 시골 마을에서 태어난 그는 엔지니어가 되기 위해 호주로 넘어가 전기공학을 공부했다. 이후 세계를 여행하다 영국에 정착한 그는 제2차 세계대전에 참전하기도 했으며 전쟁이 끝나자 영국으로 돌아와 사회학을 공부하기도 했다. 이런 그의 이력 때문인지 몰라도 그는 상상력이 풍부하다는 평을 받았다.

그의 대표 이론은 실업률과 물가상승률과의 관계를 밝힌 필립스 곡선이다. 그는 1861년부터 1957년 사이 영국의 명목임금상승률과 실업률 자료를 분석한 결과 이 둘 사이에 역의 상관관계가 존재한다는 사실을 밝혀냈다.

물가상승률 대신에 명목임금상승률을 사용하기는 했지만, 명목임금상승은 기업의 비용 증가로 이어져 재화와 서비스의 가격상승 요인으로 작용하기 때문에 명목임금상승과 물가상승과는 비례관계에 있다. 결국 명목임금상승률과 실업률과의 관계는 자연스럽게 물가상승률과 실업률 사이의 관계로 바꾸어 해석할 수 있다.

필립스 곡선은 정책 결정에 있어 중요한 시사점을 제공하고 있다. 일반적으로 물가안정과 완전고용은 모든 정부에 있어 상당히 중요한 목표인데, 이 둘은 서로 상충관계를 보이기 때문에 동시에 달성하는 것이 불가능하다. 만약 경기가 나빠져 실업률이 높아지면 물가는 떨어지게 되고, 반대로 경기가 과열되면 실업률은 떨어지지만 물가는 오르게 된다. 그래서 정책 결정자들은 자신들의 원하는 목표를 달성하기 위해 필립스 곡선을 통해 완전고용과 물가안정 사이의 균형점을 찾는 것이 중요했다.

하지만 1970년대 스태그플레이션을 겪은 후로 필립스 곡선에 대한 타당성이 의심받기 시작했다. 경기침체에도 불구하고 물가가 계속 오르는 스태그플레이션 상황을 필립스 곡선으로는 제대로 설명할 수 없었기 때문이다. 뿐만 아니라 2008년 글로벌 금융위기 이후 경기가 회복되면서 실업률은 떨어졌지만 4차 산업혁명, 긱(Gig) 이코노미의 출현, 고령층의 저임금 노동시장 진입 등 다양한 원인에 의해 오히려 물가는 제자리 걸음을 하고 있다.

환율변동 요인

환율은 쉽게 말해 외국돈의 가격이다. 그래서 기본적으로 수요와 공급에 의해 변동된다. 외국돈에 대한 수요가 많으면 환율은 올라가고, 반대로 외국돈에 대한 공급이 많으면 환율은 내려간다. 수요가 많다는 것은 국내에서 해외로 나가는 돈이 많다는 의미이고, 공급이 많다는 것은 해외에서 국내로 들어오는 돈이 많다는 의미이다.

외국돈에 대한 수요와 공급은 상품의 수출입과 해외여행 등 실수요 이외에도 통화량과 물가, 그리고 금리 등 장기적으로 화폐의 가치에 영향을 미치는 요인들에 의해서도 영향을 받는다. 만약 미국 달러의 가치가 그대로인데 원화의 가치가 상승한다면 달러의 환율은 하락할 것이고, 반대로 원화의 가치가 떨어진다면 환율은 오를 것이다.

참고로 환율이 하락한다는 것은 전에는 1달러를 사기 위해 1,200원을 지불했다면 이제는 1달러를 사기 위해 1,000원만 지불하면 된다는 것을 의미한다. 환율 하락으로 더 적은 돈으로 달러를 살 수 있으니 그만큼 원화의 가치는 상승한 것이다. 즉 원화의 가치와 환율은 반대로 움직인다.

그렇다면 통화의 가치를 떨어뜨리는 요인에는 어떤 것들이 있을까? 통화량이 늘어나면 인플레이션 압력이 높아지면서 물가가 상승하게 된다. 물가가 상승한다는 것은 그만큼 돈의 가치가 떨어진다는 것을 의미한다. 왜냐하면 물가가 상승했다는 것은 똑같은 물건을 사기 위해 예전보다 더 많은 돈을 지불해야 한다는 것을 의미하기 때문이다.

예를 들어 라면 한 봉지를 사기 위해 한국에서는 1,000원이, 미국에서는 1달러가 필요하다고 가정해보자. 구매력의 관점에서는 1,000원과 1달러의 가치는 동일하기 때문에 구매력으로 평가한 환율은 1달러 당 1,000원이 된다. 그런데 만약 한국에서는 물가가 상승해 이제는 라면 한 봉지를 사기 위해 1,200원이 필요하다면 달러 당 환율은 1,200원이 된다. 이처럼 일반적으로 인플레이션이 지속되는 국가의 통화가치는 하락하는 반면 물가가 안정된 국가의 통화가치는 상승한다.

금리가 떨어진다는 것은 원화로 표시된 예금이나 채권 등의 예상 수익률도 함께 떨어진다는 것을 의미한다. 그만큼 외국인 투자자의 입장에서는 원화의 매력도가 떨어질 수밖에 없다. 그러면 외국인 투자자들은 원화 자산을 팔아 상대적으로 화폐의 가치가 높은 곳으로 자금을 옮기려는 움직임이 강해질 것이다. 그 결과 원화의 가치는 떨어지고 환율은 오르게 된다. 즉 금리 인하는 원화의 가치를 떨어뜨려 환율이 오르게 만드는 것이다.

투자

실거래가, 기준시가, 공시지가, 시가표준액

부동산 공부를 하다 보면 가격 하나를 두고 여러 가지 용어들이 등장한다. 이처럼 같은 부동산을 두고도 각기 다른 용어가 나오는 이유는 세금을 부과할 때 과세 주체나 기준이 다르기 때문이다. 따라서 부동산 투자를 고려하고 있다면 가격을 일컫는 기초적인 용어 개념 정도는 알고 있어야 한다.

먼저 실거래가는 말 그대로 실제 거래되는 가격을 의미한다. 실거래가는 부동산 매도 후 차익에 대해 세금을 부과하는 양도소득세 산정 기준이 되는 가격으로 2006년 1월부터 부동산 매매, 주택 분양권·입주권 전매 거래 시 매매 실거래가를 관할 세무서에 신고하도록 의무화했다. 2020년 2월 21일부터는 계약일로부터 60일이 아닌 30일 이내에 실제 거래가격으로 시·군·구청에 신고해야 한다. 국토교통부 실거래가 공개 시스템에서 실거래가에 대한 자세한 내용을 확인할 수 있다.

기준시가는 종합부동산세, 양도소득세, 상속세, 증여세의 기준이 된다. 그리고 토지와 건물을 모두 합친 전체 재산에 대한 감정가를 의미한다. 아파트 등의 공동주택은 4월, 일반주택은 1년에 한 차례, 오피스텔 및 상업용 부동산은 매년 12월 말에 국세청에서 고시한다.

공시지가는 건물을 제외한 토지에만 적용되는 것으로 표준지 공시지가와 개별공시지가로 나뉜다. 우리나라 모든 땅에 가격을 책정할 수 없기에 표준이 되는 토지를 선정해 표준지 공시지가로 고시하는데, 매년 1월 1일 기준 표준지의 단위 면적당(㎡) 가격을 조사해 고시한다. 반면 개별공시지가는 표준지 공시지가를 기준으로 시장, 군수, 구청장 등이 공시하는 개별 토지의 단위 면적당 가격이다. 양도소득세, 상속세, 종합토지세, 취득세, 등록세 등 국세와 지방세는 물론 개발부담금, 농지전용부담금 등 세금 산정의 자료로 쓰인다.

시가표준액은 종합부동산세, 취득세, 재산세 등 지방세 산정 시 활용되는 기준인데 시장, 군수, 구청장이 고시한다. 실거래가 및 공시지가는 국토교통부 사이트에서 확인 가능하며 기준시가는 국세청, 시가표준액은 위택스 사이트에서 확인 가능하다.

산업

바이오 산업 (1)

바이오 산업의 역사는 짧지만, 미래 성장성이 가장 높은 산업 중 하나이다. 특히 전세계 인구가 지속적으로 증가하면서 건강에 대한 관심이 높아지고 선진국 중심으로 고령화가 심화되면서 이에 대응할 수 있는 산업 영역으로 바이오 산업이 각광받고 있다. 이에 미국, 영국, 중국은 물론이고 우리나라 바이오 기업들에 대한 투자도 급증하고 있다.

바이오 산업은 DNA, 단백질, 세포 등 생명체 관련 기술을 의약, 농업, 화학 등 영역에 융합해 확대되고 있으며 크게 의약, 화학·에너지, 식품, 환경, 의료기기, 장비 및 기기, 자원, 서비스 등 8개 영역으로 구분한다. 또는 응용 분야에 따라 보건의료는 레드바이오, 농업·식품 등은 그린바이오, 화학·에너지 분야는 화이트바이오로 구분하기도 한다.

바이오 산업의 기원은 천연두로부터 찾아볼 수 있다. 1700년대 말 영국 의사 에드워드 제너는 소젖을 짜는 사람들이 천연두에 잘 걸리지 않는다는 것을 알아내고 천연두 예방법인 우두법을 만들었다. 이후 우유 브랜드로도 친숙한 프랑스의 파스퇴르가 콜레라, 광견병, 탄저병 등의 질병 병원체를 배양하고 약화시켜 백신을 만들면서 무궁무진한 바이오 기술의 잠재력을 세상에 알렸다.

본격적인 바이오 산업의 시작은 1980년대 암젠, 제넨텍 같은 기업들을 중심으로 바이오테크 산업이 활성화되면서부터이다. 이때 DNA를 재조합해 새로운 방식의 바이오 의약품을 만들어냈으며 다국적 제약사인 제넨텍 같은 경우 허셉틴, 아바스틴 등 항암제를 개발해 크게 성장했다. 우리나라의 경우 1980년대 정부 차원의 생명공학 산업육성이 강조되면서 성장의 계기가 되었다. 특히 대학 또는 연구소 전문가들이 바이오 벤처회사를 설립하고 바이오와 IT 기술이 접목되면서 점차 산업 영역을 넓혀나갔다.

바이오 산업은 대표적인 고위험 고수익 산업이다. 의약품의 경우 안전성과 유효성을 입증하기 위해 평균 15년 동안 10억 달러 이상의 투자가 소요되기도 한다. 또한 미국 FDA에서 최종 승인받는 확률도 매우 낮다. 그러나 허가가 되면 특허에 의해 시장을 독점할 수도 있고 엄청난 수익 창출도 가능하다. 특히 코로나 팬데믹 이후 코로나 진단키트, 치료제 및 백신과 관련된 바이오 기업들의 주가가 크게 오르는 등 바이오 산업 분야에 전세계적인 관심이 집중되고 있다.

상품
즉석밥(햇반)

1인 가구가 증가하고 젊은 세대 중심의 편의성과 효율성을 중시하는 문화가 확산되면서 먹거리에도 변화가 일었다. 그중 대표적인 것이 즉석밥이다. 즉석밥은 압력솥이나 전기밥솥으로만 밥을 지어 먹을 수 있다는 기존의 상식을 완전히 뒤엎은 상품이다. 전자레인지에 2분 또는 끓는 물에 잠시 데워 빠르고 간편하면서도 갓 지은 밥을 먹는 듯한 맛을 제공해준다. 때문에 밥을 짓지 않았을 때의 대용으로 활용되는 것뿐 아니라 여행할 때나 일반 가정의 식사 때도 즉석밥을 찾는 사람들이 많아졌다.

첫 즉석밥은 1996년 CJ 제일제당에서 생산 판매한 햇반이었다. 그 이전 즉석밥과 유사했던 식품류로는 냉동밥이나 전투식량 정도였는데, 신선도와 흰쌀밥이라는 점에서 햇반은 명확하게 기존의 유사제품과는 다른 차별화를 가져올 수 있었다.

햇반이 처음 출시된 이후 몇 년간은 경쟁사 유사 상품이 없을 정도로 독보적 상품의 지위를 누렸다. 2011년 처음으로 연간 판매량이 1억 개를 넘었고, 이후 햇반과 유사한 즉석밥 상품이 오뚜기와 농심, 동원 등에서 출시되었지만 햇반의 벽을 넘지 못한 상황이다. 햇반은 2019년 기준 누적 판매량 30억 개를 넘어섰으며 70%가 넘는 즉석밥 시장점유율을 기록했다.

햇반의 경쟁력은 오랜 연구와 투자를 통해 식품 변질을 차단하는 무균화 기술로 외부 공기 유입을 차단함으로써 약 9개월 동안 상온 보관이 가능하다는 데 있다. 또한 당일 도정으로 질 높은 밥의 신선도를 유지할 수 있는 제품 자체의 경쟁력이 있었다. 거기다 박태환이 모델로 나서 사람들의 기억 속에 각인시킨 마케팅이 뒷받침했다. 이러한 햇반은 흰쌀밥뿐 아니라 잡곡밥, 밥량을 다르게 한 두 공기 2인분 햇반, 저단백밥, 덮밥 및 죽으로 다양화되고 있다.

외환보유고

외환보유고는 국가 비상사태를 대비하고 환율을 안정적으로 유지하기 위해 한 나라가 일정 시점에 보유하고 있는 외화자산을 말한다. 필요할 때 언제든지 현금화할 수 있고 가치가 안정적으로 유지되어야 하므로 금, SDR*, IMF 포지션**, 달러와 엔화 등 주요국 통화 등으로 구성되어 있다.

1997년 외환위기 당시 39억 달러에 불과했던 한국의 외환보유액은 꾸준히 증가하여 2020년 6월 말 기준 4,107억 5,000만 달러로 세계 9위의 외환보유액을 자랑하고 있다. 국가별 순위는 중국(3조 1,017억 달러), 일본(1조 3,782억 달러), 스위스(9,120억 달러), 러시아(5,661억 달러), 인도(4,936억 달러), 대만(4,845억 달러), 사우디아라비아(4,485억 달러), 홍콩(4,424억 달러) 순이다. 주로 무역이 활발하고 자원이 많은 나라일수록 가급적 외환보유액을 충분히 유지해 만약의 사태를 대비하려는 경향이 강한 반면, 미국이나 유럽 등 선진국의 경우에는 국가신인도가 높아 위기가 발생하더라도 자금조달이 용이하기 때문에 외환보유액에 대한 니즈가 적은 편이다.

한국은 한때 외환위기를 경험했던 국가로서 외환보유액은 많으면 많을수록 좋다고 생각하는 경향이 높다. 외환보유액이 많을수록 국가신인도가 높아져 해외 자본조달 비용을 낮출 뿐만 아니라 해외 투자자들에게 심리적 안정감을 줌으로써 급격한 외국자금의 이탈을 막을 수도 있기 때문이다. 하지만 외환보유액을 유지하기 위해서는 비용이 발생하기 때문에 적정한 수준에서 관리할 필요가 있다.

정부나 중앙은행이 달러 등 외화자산을 매입하기 위해서는 외국환평형기금채권이나 통화안정증권 등 채권발행을 통해 자금을 조달해야 한다. 채권발행으로 자금을 조달하면 이에 따른 이자를 지급해야 하므로 비용이 발생한다. 물론 외화자산을 보유함으로써 얻는 이자 수익도 분명 있다. 하지만 비상자금 용도로 보유하고 있는 외환보유액 특성상 유동성이 높기 때문에 이자가 그다지 많지 않다. 결국 외화자산 보유에 따른 수익보다는 이를 유지하기 위해 필요한 비용이 크기 때문에 적정 수준의 외환보유액을 유지할 필요가 있는 것이다.

---

*   IMF 특별인출권
** IMF 가맹국이 의무적으로 납입한 출자금 일부를 언제든지 인출 가능한 수시인출권

9월

38주

엔론 사태

2000년 말 IT 버블로 인해 미국의 많은 기업이 어려움을 겪고 있었다. 이에 미국 연방준비은행은 당시 6.5%였던 금리를 1년 만에 1.75%까지 전격 인하하며 강력한 통화정책을 시행해 미국 경제는 회복세를 보이고 있었다. 그러나 이때 미국 경제에 큰 충격을 준 사건이 발생했는데, 바로 회계부정의 대표적 사례로 알려진 엔론 사태이다.

엔론은 1985년 텍사스주의 휴스턴 내추럴 가스사와 네브라스카주의 천연가스 회사 인터노스사가 합병해 창립한 회사이다. 경제 잡지 「포춘」지로부터 수년간 미국에서 가장 혁신적인 기업으로 칭송받으며 일하기 좋은 회사로도 뽑힌 우수 기업이었다. 게다가 미국과 유럽에서 거래되는 에너지의 20%가 엔론에서 이루어졌으며, 2만여 명의 직원이 일하는 세계 최고의 에너지 회사 중 하나였다. 우리나라에서도 엔론과 합작해 설립한 기업이 있었다. 그러나 2001년 11월 8일 엔론은 지난 5년간 총 5억 8,600만 달러를 계상하지 않았다고 미국 증권감독위원회에 보고했다. 지금까지 숨겨온 손실이 더 이상 감당하기 어려워지자 공식적으로 발표하게 된 것이다. 이로 인해 주당 90달러까지 올랐던 엔론의 주식은 36%까지 하락하며 2001년 12월에 결국 파산신청을 했다. 당시 엔론 부채총액은 131억 달러로 미연방파산법이 생기고 난 이후 최대 규모였다. 이로 인해 미국에서만 4,500명이 실직했고, 케네스 레이 엘론 회장이 당시 공화당과 민주당 의원들뿐 아니라 정부 고위층에도 로비했다는 내용이 연이어 보도되면서 정치적으로도 큰 영향을 미쳤다.

엔론의 부정회계 시작은 1985년 합병 때로 거슬러 올라간다. 당시 케네스 레이 회장은 합병으로 발생한 50억 달러의 채무를 외부에 알리지 않았다. 엔론의 사업라인 중 중요한 중개 사업을 위해서는 신용도가 중요한데, 부채가 신용 하락의 요인이 되기 때문이었다. 이에 맥킨지 출신의 스킬링이 특수목적법인을 설립해 엔론의 부채를 넘기고 엔론 재무제표에는 부채가 없는 것처럼 분식회계했다. 게다가 직원들에게 퍼준 엄청난 성과급들은 실제 발생한 이익이 아닌 미래 이익을 추정하여 미리 지급하는 방식이었기에 엔론은 결국 빈껍데기 회사로 남겨지게 되었다. 그 후로도 현금이 부족하게 된 엔론은 실적을 부풀려 주가 상승을 유도하고 이를 통해 사채를 발행하기도 했으며 거짓 거래로 매출액을 높이기도 했다. 결국 케네스 레이 회장과 제프리 스킬링은 24년형을 받았고 엔론의 외부 감사를 맡고 있던 대형 회계법인 아서앤더슨은 영업정지를 당했다. 이 사건은 개별 회사의 단순한 회계부정을 넘어 정관계 게이트, 그리고 세계 최고 금융 시스템이라 불리던 미국 월스트리트에 대한 신뢰를 하락시키는 사건이 되었다.

로버트 포겔

노예제를 옹호한 경제학자가 있다. 바로 미국의 경제학자 로버트 포겔(Robert Fogel, 1926~2013)이다. 그는 노예들의 면화 생산량과 진료기록 등을 분석한 결과 노예제가 비인간적인 제도이긴 하지만 경제적으로 효율적인 제도였다고 주장했다. 그는 일반인들의 생각과 달리 노예가 죽도록 일만 한 것은 아니라고 했다. 오히려 주인들은 노예를 자신의 재산으로 생각해 그들의 건강이나 복지에도 신경 썼기 때문에 북부의 자유로운 공장 노동자들보다 상황이 더 나았다고 말했다. 만약 정치적인 이유로 노예제가 없어지지 않았더라면 노예제는 주인들에게 엄청난 이익을 제공했을 것이기에 자연적으로 소멸되지는 않았을 것이라고 주장했다.

그의 이런 주장은 많은 논란을 일으켰고, 이로 인해 그는 그 누구보다도 많은 인신공격을 받기도 했다. 그렇지만 그는 백인우월주의에 입각한 인종차별주의자는 아니었다. 오히려 그의 배우자는 흑인이었다. 결혼 당시만 해도 서로 다른 인종 간의 결혼을 반대하는 반인종적 정서가 팽배해 있었기 때문에 이 둘의 사랑이 결혼으로 이어지기 위해서는 상당한 어려움이 많았다. 그는 단지 사람들이 옳다고 생각한 바가 아닌 자신의 연구를 통해 얻은 객관적인 데이터를 믿었을 뿐이다. 그는 경제이론과 계량적 방법을 통해 경제사를 새롭게 조명하는 신(新)경제사 분야의 선구자로 이러한 공로를 인정받아 1993년 노벨 경제학상을 받기도 했다.

노예제와 더불어 철도가 19세기 미국의 경제성장에 기여한 공헌을 새롭게 조명하면서 학계에 큰 충격을 주기도 했다. 일반적으로 많은 학자들은 철도가 미국의 근대적 경제성장에 있어 핵심적인 역할을 했다고 생각했다. 하지만 그의 생각은 달랐다. 그는 어떤 사건을 제대로 평가하기 위해서는 그 대체 가능성도 제대로 된 평가가 필요하다고 생각했다. 그는 당시 미국에서는 철도뿐만 아니라 운하가 물건을 수송하는 데 많이 사용되고 있다는 점에 착안했다. 그래서 운송수단을 철도를 제외한 포장마차, 운하, 그리고 수로 등으로만 한정하여 경제발전 수준을 비교해보았다. 그는 사용 가능한 수로를 찾아내기 위해 당시 농장의 지형구조를 세심하게 조사하기도 했다. 그 결과 철도가 경제발전에 기여한 공로가 생각보다 크지 않다고 결론을 내렸다.

샤워실의 바보

한 사람이 샤워실에 들어갔다. 샤워 꼭지를 틀자 차가운 물이 나왔다. 이에 놀란 그는 얼른 수도꼭지를 끝까지 돌려 뜨거운 물이 나오도록 했다. 이내 물은 화상을 입을 정도로 뜨거워졌고 깜짝 놀란 그는 다시 수도꼭지를 끝까지 돌려 찬물이 나오도록 했다. 그는 계속 손잡이를 끝까지 돌리기를 반복하면서 찬물과 뜨거운 물 사이를 왔다갔다했다.

이 이야기는 미국의 노벨 경제학상 수상자인 밀턴 프리드먼이 정부의 어설픈 경제 개입을 비꼬기 위해 한 말이다. 그는 시장은 스스로 안정을 찾아가는 자정 기능을 가지고 있기 때문에 경제에 다소 문제가 있더라도 그냥 내버려두면 알아서 제자리를 찾아갈 것이라고 주장하면서 정부의 시장 개입을 비판해왔다.

그렇다면 어쩔 수 없이 정부가 시장 개입을 해야 할 경우는 어떻게 해야 할까? 샤워하기 적당한 물의 온도를 맞추기 위해서는 수도꼭지를 서서히 돌리며 기다릴 필요가 있다. 그래서 그는 마치 이제 막 걸음마를 시작한 어린아이처럼 서서히 정책을 시행해야 하며, 충분한 시간을 가지고 정책의 효과를 지켜보아야 한다고 주장했다. 그래야 인위적인 개입으로 인한 부작용을 최소화할 수 있기 때문이다.

경기가 조금 침체될 것 같다는 생각에 정부가 성급히 시장에 개입할 경우 오히려 시장을 망칠 수도 있다. 경기의 고점과 저점을 판단하는 것이 쉽지 않고 게다가 경기가 저점을 지나 회복하더라도 이를 지표로 확인하기까지는 시간이 필요하다. 그런데 이를 무시하고 정부가 시장을 살리기 위해 적극적으로 개입할 경우에는 오히려 경기과열을 불러올 수도 있다는 것이었다.

그래서 대부분의 중앙은행은 통화정책을 펼 때는 상당히 신중한 편이다. 급격한 금리의 변동으로 시장에 충격을 주기보다 0.25% 수준의 점진적인 금리변동을 통해 정책 집행에 따르는 시장의 변화를 예의주시하면서 부작용을 최소화하기 위해 노력하고 있다.

투자

부동산 경매와 공매

채무자가 돈을 약속된 기한까지 갚지 않는 경우 주택과 같이 가치 있는 물건을 팔아 변제하는 시스템을 경매라고 한다. 반면 공매는 단순 채무가 아닌 세금 체납 등을 이유로 국가가 미납자의 물건을 압류해 경매 입찰하는 것을 말한다. 즉 부동산 경매나 공매 모두 기한까지 정해진 돈을 내지 못하는 경우에는 가장 높은 가격을 부른 호가 경매 방식으로 채무자의 자산을 강제 매각한다는 공통점이 있다.

그러나 경매와 공매는 여러 가지 부문에서 차이점이 있다. 우선 경매와 공매의 주체가 다르다. 경매는 법원이 주체가 되지만, 공매는 한국자산공사가 주관하게 된다. 입찰방식도 다르다. 경매는 경매 당일 경매 장소에 직접 가서 입찰에 응하는 '기일입찰방식'이지만 공매는 '온비드'라는 시스템에 접속해 언제든지 참여가 가능하다. 물건을 소유하는 시점도 다르다. 경매는 대금을 모두 납부해야 물건을 점유할 수 있지만, 공매는 대금의 3분의 1만 넣으면 소유권 이전 전이라고 해도 입주 및 사용이 가능하다.

여러 가지 차이점이 있지만, 경매는 경매만의 장점이 있는데 먼저 공매 대비 더 싸게 물건을 살 수 있는 기회가 있다는 점이다. 왜냐하면 물건이 유찰되었을 때 경매는 20%씩 차감되지만 공매는 1차 공매 예정 가격의 50% 한도로 매번 10%씩 차감된다. 공매에 비해 품목도 다양한 장점이 있다. 그러나 서류에 나타난 것 이외에도 여러 권리관계가 얽혀 있을 수 있어 초보자에게는 쉽지 않다는 단점이 있고, 보통 30~45일 이내에 대금 납부를 해야 하므로 사전에 자금 준비도 필요하다. 또한 경매에 참여하기 전에 철저한 사전 준비가 필요하다.

2015년에 강서구 4층 근린주택 경매에 참여한 A씨는 '0'을 하나 더 잘못 쓰는 바람에 7.6억이 아닌 76억으로 낙찰받았다. A씨는 매각 불허 신청을 냈지만 법원은 받아들이지 않았고 결국 입찰보증금 7,000만 원만 날리게 된 적이 있었다.

공매의 장점은 한국자산관리공사가 관리하기 때문에 경매의 단점인 권리관계가 상대적으로 명확하고 안전하다는 것이다. 또한 물건에 따라 납부 방식 및 기한도 유연하다. 체납 압류재산의 경우 통상적으로 1,000만 원 미만이면 7일 이내, 1,000만 원 이상이면 60일 이내 납부할 수 있어 경매보다 납부 기간이 길고, 국유재산의 공매 경우에는 일괄납부 원칙이지만 예외적으로 분할납부가 허용되는 경우도 있다. 그러나 품목수가 적고 경매처럼 인도명령이 없어 명도소송으로 인한 시간이 더 소요될 가능성이 높다는 단점이 있다.

바이오 산업 (2)

글로벌 바이오 시장은 연평균 6% 이상 성장하고 있으며 2025년까지 약 14.4조에 달할 것으로 전망된다. 그중 우리나라 시장 규모는 글로벌 시장의 약 2% 수준이며 바이오 산업 국가 경쟁력은 2009년 15위에서 지속 하락하여 26위(1위 미국) 수준*이다.

이러한 하락의 원인으로는 예전보다 R&D 투자가 늘고 있음에도 글로벌 기업의 투자 대비 아직 부족하고 연구 결과물들을 실제 사업화하는 데 어려움을 겪고 있기 때문으로 분석된다. 이에 정부 차원에서 의료기기 규제혁신이나 바이오헬스 산업 혁신전략 등 바이오 산업 관련 정책 규제 완화 및 지원에 힘쓰고 있다. 또한 지역과 연계한 바이오클러스터를 형성했는데 서울 홍릉 바이오허브, 인천 송도 바이오연구 복합단지, 경기 광교, 판교 테크노밸리, 충북 오송 첨단의료 복합단지가 이에 해당된다.**

2000년대 많은 회사들이 성공을 꿈꾸며 바이오 신시장에 뛰어들었다. 그러나 황우석 교수 사태가 시장에 찬물을 끼얹는 결과를 가져왔고, 당시 바이오 기업에 대한 이해가 충분하지 못했던 환경으로 대부분의 바이오 기업은 어려움에 놓였다. 하지만 2015년 한미약품이 프랑스 다국적 제약사 사노피에 기술 수출을 계약하는 등 가시적인 성과들이 나오기 시작했으며, 2017년 이후 우리나라 바이오 산업은 국내 판매와 해외 수출 매출액이 각각 5조를 넘어서는 등 10조가 넘는 수출을 하고 있다.

국내 바이오 산업 중 가장 비중이 큰 부문은 바이오 의약품 부문이다. 2019년 이후로도 연평균 8.5%의 고성장을 지속해 2020년 기준 2,770억 달러, 2024년에는 3,880억 달러 규모까지 크게 성장할 것으로 전망된다. 또한 바이오 의약 분야와 의료기기에 대한 연구 개발비도 매년 10% 이상 규모를 확대해가고 있으며 기업 전체 R&D 대비 바이오 부문의 R&D 비중도 지속적으로 늘려가고 있다.***

우리나라 바이오 산업은 코로나 19 팬데믹 이후 브랜드화된 K-방역의 선도 산업으로 전 세계의 높은 관심을 받고 있다. 특히 우리나라 코로나 진단키트가 우수성을 인정받으며 국내외 수요가 폭발적으로 증가하면서 씨젠, 솔젠트, 코젠바이오텍 등 관련 기업들의 주가도 급상승했다.

---

*   Chemisc Issue Report / 2018년 기준
**   바이오 산업 혁신 정책방향 및 핵심과제
***   한국바이오협회 국내바이오산업 연구개발투자 및 매출현황 추이 / 국내 바이오 산업 실태조사 결과보고서

마스크

1984년 짐 캐리와 카메론 디아즈가 주연을 맡았던 〈마스크〉라는 영화가 있다. 당시 큰 인기를 끌었던 이 영화의 대략적인 내용은 우연히 엄청난 힘을 주는 마스크를 얻은 주인공이 마스크를 착용하면서 악당들을 물리치고 사랑을 찾는다는 내용이다.

마스크의 역사는 오래되었다. 가면도 마스크이다. 얼굴을 보호하거나 숨기기 위한 가면, 상대에 위협을 주기 위한 가면, 오페라 등 예술에 사용되는 가면 등 세계 각지에서 만들어져 사용되었다. 지금처럼 코로나 19가 등장하기 전, 마스크는 이처럼 특별한 이벤트나 상황에서만 착용하는 것으로 생각했었다. 물론 우리나라에서는 황사 먼지로 인한 호흡기 질환이 늘어나면서 이를 차단하기 위해 마스크가 대중화되었으나 마스크 착용이 보편적이라고는 할 수 없었다.

그러나 코로나 팬데믹 이후 마스크는 반드시 착용해야 하는 생활필수품이 되었다. 마스크는 크게 공산품, 산업용, 의약외품 마스크가 있으며 착용 목적에 따라 기능 역시 다르다. 공산품 마스크는 추위를 막고 미세먼지 차단 기능이 있으며, 산업용 방진 마스크는 공사현장 등에서 발생하는 미세 분진 등을 차단하고 특수 필터가 삽입되어 있어 일반 마스크 대비 차단 기능이 매우 뛰어나다. 반면 의약외품 마스크는 덴탈 마스크와 이름 앞에 KF(Korea Filter)가 붙는 KF-AD, KF80, KF94, KF99 마스크가 있다. 덴탈 마스크는 수술용 마스크라고도 불리며 병원에서 비말을 차단하기 위해 사용되는 마스크로 가볍고 숨쉬기가 편하다.

KF 뒤에 붙는 숫자는 미세입자를 몇 %나 차단할 수 있는지를 나타내는데 KF-AD(Anti Droplet)는 더운 여름에 사용할 수 있도록 가볍고 숨쉬기 편하며 55~80%까지 입자를 차단해주는 마스크를 말한다. 그 외 KF 뒤에 붙는 숫자는 미세입자를 몇 %까지 차단하는지 그 효과를 나타낸다.

코로나 19의 등장 이후 세계적으로 마스크 수요는 크게 늘었다. 우리나라 역시 초기 마스크 수요가 폭발적으로 늘어 공급이 이에 대응하지 못하자 많은 사람이 약국 앞에 긴 줄을 서기도 했다. 이제 정부는 마스크 5부제를 도입해 인당 구매수를 제한하기도 했다. 그러나 이후 안정적으로 마스크를 공급하며 구매 제한을 폐지했다.

경제상식

립스틱 효과

1930년대 미국의 대공황 여파로 대부분의 제품 판매량이 감소했음에도 불구하고 매출이 늘어난 상품이 있다고 한다. 그것은 바로 립스틱이다. 경기불황에도 불구하고 립스틱의 판매가 늘어나는 현상을 발견한 경제학자들은 이러한 현상을 가리켜 '립스틱 효과'라고 불렀다.

립스틱은 다른 화장품과 달리 립스틱만 발라도 전체적인 분위기를 바꾸는 효과를 낼수 있기 때문에 가격대비 만족도가 높은 사치품이다. 그래서 립스틱 효과는 경기가 불황일수록 가격이 저렴한 사치품은 오히려 더 잘 팔리는 경향을 의미한다. 이는 불황으로 지갑이 얇아진 소비자들이 고가의 사치품을 사기 어려워지면서 되도록 적은 비용으로 자신만의 사치를 누림으로써 잠시나마 현실의 암울한 상황으로부터 벗어나고 싶어하는 심리에서 비롯된 것이다.

미국의 글로벌 화장품 제조업체인 '에스티 로더'의 경우 불황일수록 립스틱 판매량이 늘어나는 현상에 근거하여 '립스틱 지수'를 만들었다. 립스틱 지수는 립스틱 판매량과 경기와의 상관관계를 이용하여 경기를 예측하는 지수로 활용되고 있다. 실제로 2001년 9.11 테러 직후 찾아온 불황에 립스틱 지수가 큰 폭으로 상승했다고 한다.

9월

39주

역사

유럽연합(EU)의 탄생

유럽은 수천 년의 역사를 거쳐오면서 전쟁과 다툼이 끊이지 않았다. 특히 1, 2차 세계 대전을 겪으면서 유럽인들은 더 이상 민족주의와 국가주의를 강조하면 안 된다는 생각이 강하게 자리 잡았다. 영국 수상 윈스턴 처칠도 스위스 취리히 연설에서 유럽도 UN과 같은 하나된 유럽을 만들어줄 기구의 필요성을 역설했다. 이후 프랑스 외무장관이었던 로베르 쉬망이 전쟁에 필요 자원인 석탄과 철강 산업 부문만이라도 공동체를 만들자고 제안했다. 이에 1952년 프랑스, 이탈리아, 베네룩스 3국과 서독이 함께 유럽석탄철강공동체(ECSC)를 설립했으며, 1958년 유럽경제공동체(EEC), 유럽원자력공동체(EURTOM)가 설립되었다. 그 후로도 유럽의 통합 움직임은 더욱 활발해져 1967년에는 유럽석탄철강공동체와 유럽경제공동체, 유럽원자력공동체를 하나로 합치자는 목소리가 높아짐으로써 유럽공동체(EC: European Community)가 탄생하게 되었다.

12개국으로 구성된 EC는 단일 경제권을 위한 관세동맹 및 공동시장을 추진했고 환율안정을 위해 유럽통화제도를 만들었다. 유럽공동체는 유럽의 경제 단일화를 더욱 고도화하고 경제뿐 아니라 정치, 사회 부문에 대한 통합을 이루고자 1991년 '마스트리히트조약'이라 불리는 유럽연합 조약을 체결해 1993년 정식으로 유럽연합(EU)을 출범시킴으로써 기존 공동체들의 협력 체계를 한층 발전시키며 완전공동체를 이루게 되었다.

유럽연합은 유럽연합이사회, 집행위원회, 유럽의회, 유럽사법재판소, 유럽회계감사원 등 5개 핵심 기구를 통해 체계적인 제도를 마련해 운영하고 있으며, 유로(EURO)라는 공동의 화폐를 도입해 유로존만의 시장을 형성했다. 이와 같은 EU는 각국의 연합을 통한 국가 간 시너지 창출과 협업을 근간으로 하고 있지만 공동체에 따른 여러 가지 문제점도 안고 있었다.

2008년 글로벌 금융위기가 발발하자 재정적으로 어려워진 그리스는 세 차례에 걸쳐 3,000억 유로의 구제금융을 받았으나 근본적인 해결책이 되기에는 부족했다. 또한 영국은 2016년 브렉시트에 대해 국민투표를 실시했으며, 결국 2020년 1월 유럽연합에서 탈퇴했다. 현재는 27개국이 유럽연합 회원국으로 등록되어 있다.

인물

폴 로머

경제학에서는 생산에 필요한 3가지 요소로 토지, 노동, 자본을 꼽았다. 그중에서도 노동과 자본은 경제성장을 이끄는 핵심이라고 생각했다. 그렇지만 이러한 생산요소들을 통한 성장에는 분명 한계가 있을 수밖에 없다. 한계생산물이 수확체감 현상을 보이기 때문에 필연적으로 경제성장률은 정점에 도달한 후에 멈추기 때문이다. 다만 기술의 진보에 의해 경제성장을 다시 이끌어낼 수 있지만, 이는 단지 외부적 요인에 의한 성장으로 우리가 알 수 없는 영역이라고 생각했다.

하지만 기존의 이론으로는 설명할 수 없는 부분들도 존재했다. 산업혁명 이후 지금까지 인류의 발전 속도는 계속해서 빨라지고 있다. 특히 세계에서 가장 부유한 미국은 여전히 높은 경제성장률을 바탕으로 세계 경제를 이끌어가고 있기 때문이다. 그래서 기술의 진보는 마치 일종의 행운처럼 외부에서 결정되는 것이 아니라, 인적 자본의 축적에 의해 경제 내부에서 만들어진다고 주장한 사람이 있다. 그가 바로 미국의 경제학자 폴 로머 (Paul Romer, 1955 ~)이다.

그는 지식은 동일한 자본과 노동을 투입하더라도 더 많은 생산을 가능하게 만들어 수확체증을 유발한다고 생각했다. 그래서 그는 인적 자본과 아이디어, 그리고 지식의 축적에 따른 기술의 진보가 장기적으로 경제성장을 이끄는 핵심요소가 될 것이라고 주장하며 '내생적 성장이론'을 제시했다. 이 이론을 통해 그는 2018년 노벨 경제학상을 수상했다.

'내생적 성장이론'에서 그는 연구개발(R&D)를 통해 축적된 지식이 경제성장을 좌우한다고 주장했다. 원래 지식은 모든 사람이 동시에 사용할 수 있는 비경합성과 다른 사람에 의해 사용이 제한되지 않는다는 비배재성이라는 특징을 가지고 있다. 일반적으로 비경합성과 비배재성은 공공재의 특성으로 공공재는 꼭 필요하지만 원하는 사람은 누구나 쉽게 사용할 수 있고 돈이 되지 않기 때문에 사회적으로 필요한 양보다 적게 생산된다.

그렇지만 연구개발(R&D)을 통해 축적된 지식은 특허권 등의 형태로 배재성의 특징을 갖게 되면서 기업에서 독점해서 사용함으로써 독점적 이윤을 챙길 수 있다. 이는 기업이 적극적으로 연구개발(R&D)에 뛰어들게 하는 유인이 되고, 이 과정에서 지식의 축적에 따른 기술의 진보가 발생한다고 생각했다. 그리고 이렇게 축적된 지식은 궁극적으로 사회 전반에 걸쳐 확산되면서 사회 전체의 효용을 증가시키는 긍정적인 외부 효과를 일으킨다고 주장했다.

인구와 경제발전

경제학자 토머스 멜서스(Thomas Malthus)는 인구가 계속해서 증가할 경우 식량의 생산성이 이를 따라갈 수 없기 때문에 인류는 영원히 빈곤의 덫에서 헤어나올 수 없을 거라고 주장했다. 하지만 그의 이런 예측은 틀린 것으로 판명되었다. 인류의 지적능력이 발전함에 따라 인구증가에 따른 문제점들을 차근차근 해결해나가고 있기 때문이다.

농약과 비료, 새로운 품종의 개발, 그리고 기술의 진보에 힘입어 과거에 비해 더 적은 사람들이 농업에 종사하지만 식량 생산량은 비약적으로 증대되었다. 게다가 피임법의 발달로 인구 통제가 훨씬 쉬워졌다. 오히려 이제 우리나라를 비롯한 상당수 선진국들은 피임의 활성화로 인한 인구감소를 고민해야 할 시기이다.

그런데 과연 멜서스가 이야기했던 인구의 폭발적인 증가에 따른 비극적인 결말이 단순히 인류의 지적능력의 발전 때문에 해결된 것일까? 이에 대해 마이클 크레이머(Michael Kremer)는 조금 색다른 이야기를 하고 있다. 그는 오히려 인구증가가 인류의 경제적 번영을 이루어냈다고 주장했다. 인구가 많을수록 기술의 진보를 이끌어갈 과학자나 발명가, 기술자들이 더 많이 늘어나기 때문이다. 인류 역사상 인구가 많을수록 더 많은 진보가 이루어지는데, 전 세계 인구가 1억 명 수준인 기원전 500년경보다는 전 세계 인구가 10억 명 수준인 1800년경에 세계 경제가 급속도로 발전했다는 점을 그 근거로 들고 있다.

또한 그는 인구가 많은 지역이 그렇지 않은 지역에 비해 더 급속한 성장을 이루었다는 근거도 들고 있다. 콜럼버스가 아메리카를 발견했던 시점을 기준으로 본다면 인구수가 가장 많았던 유럽과 아시아, 아프리카의 기술적 발전 수준은 아메리카의 아즈텍 문명이나 마야의 문명보다 훨씬 앞서고 있었다. 게다가 인구수가 적고 고립된 지역일수록 기술적 진보 수준이 거의 이루어지지 않은 채 발전이 멈추거나 퇴화한 곳도 있었다. 이런 곳은 시간이 지날수록 자연스럽게 소멸되기도 했다.

이러한 이유로 그는 충분한 인구가 경제적 발전을 이끌어낼 수 있는 혁신적인 기술을 개발할 수 있는 계기가 된다고 주장하면서 인구증가가 기술진보를 위한 선행 조건이라고 결론 내렸다.

부동산 물결효과

물결효과는 어떤 한 지역 부동산 가격의 오르내림이 다른 지역까지 확산되고 나아가 전국적으로 영향을 미치게 되는 상황을 말한다. 보통 갭메우기, 키맞추기 등의 용어로도 통용되며 상승 또는 하락 지역의 가격 흐름이 다른 지역에 영향을 줄 때 주로 사용된다. 부동산 물결효과가 주목받게 된 계기는 2000년대 들어 정부가 많이 오른 지역에 대해 핀셋 규제를 시작하면서부터이다. 상승의 시발점이라고 생각되는 특정 지역 부동산 가격을 규제함으로써 다른 지역까지 안정화할 수 있다는 가정이 과연 실현될 것인지에 대해 관심이 높아졌다.

이러한 부동산 물결효과가 시작되는 핵심 지역으로 서울 강남을 꼽는다. 이에 부동산 가격이 오를 때는 서울 강남에서부터 시작되어 강북을 거쳐 수도권 전역으로 확산된 후 지방 등 전국적으로 영향을 주고, 가격 하락 시기에는 반대로 지방부터 시작해 서울까지 부동산 가격 하락의 흐름이 나타난다고 알려져 있다. 실제로 부동산 물결효과에 대한 여러 연구들이 있었는데, 분석 결과 어느 정도 물결효과가 발생하고 있음이 증명되었다. 특히 강남 지역이 서울 부동산 가격 흐름과 높은 상관관계를 갖고 있으며 가격을 선행하고 있다는 결과들이 수리적으로 확인되었다. 그러나 단순히 지역별 부동산 가격 차 메우기라는 한 가지 요인만으로 물결효과를 설명하기에는 부족한 부분들도 있다.

주택의 경우 지역이 아닌 신축인지 구축인지에 따라서도 가격 확산 흐름은 달라지기도 하며 전세가의 오르내림과도 관련성이 높은 것으로 나타났다. 또한 강남과 서울 부동산 가격 사이에는 높은 상관관계가 있지만 강남과 비수도권, 지방의 경우에는 상관관계가 높지 않은 것으로 확인된 연구도 있다. 이외에도 지역별 대출 제한 등 규제 상황에 따라서 다른 모습을 보이기도 한다. 투자 관점에서 부동산 물결효과에 대해 알아두어야 하는 이유는 물결효과가 정부 규제 및 정책과 직결되어 있을 뿐 아니라, 단기간 미래 부동산 가격 변화를 알려주는 바로미터 역할을 해주기 때문이다.

산업
디스플레이 산업 (1)

　디스플레이 산업은 오랫동안 세계 시장점유율 1위를 차지하며 국가 경제의 큰 역할을 해온 우리나라의 대표적 산업이다. 연구개발 및 제조를 위한 대규모 자본과 설비 그리고 기술이 집약된 장치 산업으로 우리나라의 경우 대기업들이 중소, 중견기업들과 상호 협력관계를 맺고 소재 및 부품 등을 공급받고 있으며, TV나 스마트폰 등 디스플레이가 필수적인 타 산업과의 연관성도 높다.

　1950년대 TV 보급으로 본격적인 시장을 형성한 디스플레이는 과거 컬러 텔레비전이 확산되면서 CRT를 중심으로 산업은 성장했다. CRT는 전기신호를 전자빔 작용에 의해 광학적 영상으로 변환해 표시하는 특수 진공관이다. 발명자인 독일의 칼 브라운 이름을 따서 '브라운관'이라고 불리며 오랜 기간 디스플레이의 대표주자가 되었다. 그런데 옛날 TV나 모니터 생김새를 떠올려보면 알 수 있듯이, 전자빔의 편향을 이용해야 했기에 두껍고 무거운 단점이 있었다. 이후 CRT를 개선한 PDP*와 LCD(액정표시장치)가 개발되어 기존의 CRT 시장을 대체했다.

　PDP는 2장의 유리판 사이에 양전하와 음전하의 혼합물질을 두고 강한 전압을 걸어 네온광을 발광시키는 방식으로 미국의 벨 시스템에서 개발했다. 그러나 전력 소비량이 많고 수명이 짧아 2014년에 생산이 중단되었고 대신 LCD가 평판 디스플레이로 지속 발전하게 되었다. 1968년 미국 RCA사에 의해 처음 적용된 LCD는 전력 소모가 낮고 가볍고 얇은 것이 장점이다. 주로 노트북, 전자계산기, 전자시계 등에 사용되며 1990년대 이후 디스플레이 시장에 널리 활용되었다. 이후 삼성과 LG 등 국내 기업들의 디스플레이 사업에 대한 대규모 투자가 이루어지면서 국내 기업들은 리딩 그룹이었던 일본 기업들의 LCD 시장뿐 아니라 LCD 다음 세대인 OLED(유기발광다이오드)와 QLED**시장까지 주도하게 되었다. 최근에는 접거나 구겨도 손상되지 않는 종이 느낌의 전자 디스플레이 종이, 3D 입체감이 느껴지는 디스플레이 등 영화에서나 보았을 법한 디스플레이 기술들이 현실화되고 있다.

---

*　플라즈마 현상을 이용한 디스플레이로 TV의 대형화, 슬림화에 큰 기여를 했다.
**　스스로 빛을 내는 퀀텀닷(양자점) 소자를 활용한 디스플레이를 뜻하며 양자점발광다이오드라고도 한다.

상품

ZOOM

코로나 팬데믹 이후 재택근무 확대로 인한 온라인 회의 및 강의가 필수화되었다. 초중고, 대학 등 학교는 물론이고 일반 기업에서도 이제는 온라인상에서 공부하고 회의하는 모습은 더 이상 낯설지 않은 일상이 되었다. 이러한 온라인 커뮤니케이션을 위한 유명 플랫폼 중 하나가 바로 ZOOM이다.

ZOOM은 2011년 4월 에릭 유안(Eric S. Yuan)이 설립했다. 나스닥에 상장되어 있으며 2020년 초만 해도 하루 사용자가 전 세계 1,000만 명 정도였으나 4월에는 3억 명에 달할 정도로 글로벌 수요가 폭발적으로 늘어났다. 5월에는 영국과 독일 의회가 한시적으로 ZOOM을 통해 원격 표결이 가능한 법안을 처리했으며, 미국 등 다른 나라에서도 원격 상황에서의 논의 및 표결 등을 검토했다.

ZOOM은 동시 카메라와 동시 화면 기술을 제공하고 일대일은 무제한, 3인 이상 회의는 40분까지 무료로 사용할 수 있으며 메시지 전송이나 회의 녹화, 손들기 등의 기능은 물론 PC, 태블릿, 모바일 등 모든 환경에서 사용할 수 있는 환경을 제공함으로써 세계 각국에서 인기를 끌고 있다.

그러나 ZOOM은 몇 가지 사건으로 인해 뉴스거리에 오르기도 했다. 먼저 일명 줌 폭격(ZOOM Bombing)이라고 불리는 문제이다. 회의나 강의가 진행되는 동안 초대받지 않은 참여자가 회의에 들어와 음란물 영상을 틀거나 이상한 욕설을 외치는 등 수위 높은 해킹 공격이 빈번하게 일어난 것이다. 또한 ZOOM에서 사용하는 암호키가 중국의 베이징 서버를 경유하면서 데이터가 중국 등 타 국가 해커들에게 노출될 수 있다는 보안성 위험 문제가 떠올랐다. 지적들에 대해 ZOOM은 보안 장치 강화 방안과 해명을 했지만 미국 뉴욕과 네바다주 등을 비롯해 대만 정부에서도 ZOOM의 사용을 금지시켰다. 그 배경에는 ZOOM의 기술적 문제가 직접적인 이유일 수도 있지만, 중국계 미국인인 CEO가 중국에 서버를 둔 점 등 국가 간의 정치적 관계도 작용했을 것이라는 추론도 있다.

투키디데스 함정

투키디데스 함정은 새롭게 부상하는 국가가 기존 패권 국가의 지위를 넘보면서 발생하는 극심한 구조적 긴장감을 말한다. 최근 미국과 중국은 무역과 같은 경제적 문제는 물론이고 정치, 외교, 국방, 인권 등 다양한 분야에서 사사건건 대립하고 있다. 이로 인해 세계적인 긴장감이 고조되고 있는 가운데 영국의 경제전문지 파이낸셜타임스가 2018년 올해의 단어로 '투키디데스 함정'을 선정하기도 했다.

'투기디데스 함정'은 미국의 정치학자 그레이엄 앨리슨 하버드대 교수가 만든 말이다. 원래 투기디데스는 『펠로폰네소스 전쟁사』(2011년 국내출간)를 쓴 고대 그리스 역사가의 이름이다. 그는 이 책에서 스파르타와 아테네가 지중해의 패권을 놓고 전쟁을 벌인 배경에는 기존의 맹주였던 스파르타가 신흥 강국 아테네에 대한 두려움이 있었다고 주장했다. 새롭게 부상하는 아테네의 계속되는 도전으로 자존심에 상처를 입은 스파르타는 아테네를 견제하기 위해 결국 전쟁도 불사한 것이다.

그레이엄 앨리슨 교수는 자신의 저서 『예정된 전쟁』(2018년 국내출간)에서 지난 500년간 투기디데스 함정에 빠진 사례가 16번 있었고 그중 12번은 1, 2차 세계대전, 중일전쟁, 나폴레옹전쟁 등 실제 전쟁으로 이어졌다고 말했다. 그는 두 세력 간의 패권 경쟁이 결국 전쟁으로 이어지는 원인에는 자국의 이익과 과대한 공포, 자존심이라는 명예가 얽히고설킨 결과라고 주장했다. 이 책을 통해 그는 실제로 미국과 중국의 관계가 투키디데스 함정에 빠져 주도권 다툼을 벌이다 의도치 않게 전쟁을 벌일 수 있다고 경고했다.

10월

40주

글로벌 그룹 G2, G7, G10, G20, G33의 탄생

경제 뉴스를 보다 보면 G2, G7, G20 등 글로벌 경제를 이끌어가는 그룹들 명칭이 나온다. 보통 G는 Group을 뜻하며 뒤에 붙은 숫자들은 해당 국가수를 의미한다. G2는 경제뿐 아니라 정치, 안보 부문에서 영향력이 가장 큰 미국과 중국을 의미한다. G2라는 용어는 2006년 블룸버그 통신의 윌리엄 페섹이 "앞으로 세계 경제는 G2가 이끌어 갈 것"이라며 미국과 중국을 언급하면서 처음 사용되었다. 이후 베이징에서 열린 미중 수교 30주년 행사에서 즈비그뉴 브레진스키가 G2 회의를 주장하면서 널리 알려지게 되었다.

G7은 에너지와 환율 등을 논의하기 위해 모인 선진 7개국을 의미한다. 오일쇼크로 글로벌 경제가 어려움을 겪게 되자 1975년 미국, 독일, 일본, 캐나다, 이탈리아, 영국, 프랑스 7개국이 결성하게 되었다. 그러나 주요 경제 현안을 구체적으로 논의하거나 의결권을 행사하지는 않는다. 한때 러시아까지 포함되어 G8이 되기도 했지만, 2014년 러시아의 우크라이나 공격을 계기로 퇴출되었다.

G10은 G7에 벨기에, 스웨덴, 네덜란드, 스위스 4개국이 더해져 11개국이지만 보통 G10이라고 부른다. 이들 국가는 재정적자로 인해 자금이 필요한 경우 IMF의 지원 이외에도 추가로 자금 지원을 해주는 일반차입협정을 맺고 있다.

G20은 오늘날 대표적인 국제기구로 우리나라를 포함해 총 19개국이 가입되어 있으며 EU까지 포함해 G20으로 부르고 있다. G20은 특정 지역의 치우침 없이 각 대륙의 경제 영향력이 큰 국가들이 대표 자격으로 참여하고 있는데, 2008년 서브프라임 모기지 사태로 글로벌 경제에 큰 충격을 주자 원래 장관급 회의였던 G20이 그해부터 정상회의로 격상되었다. 2010년에는 서울에서 제5회 G20 회의가 열렸다.

G33은 인도, 중국, 라오스, 터키, 엘살바도르 등 48개국이 가입되어 있는데 일반적인 경제 현안들을 논의하기보다는 농업 부문에서 자국 농업시장 보호를 위해 농업 부문의 개방을 반대하거나 최소화하자는 국가들의 모임으로 정리할 수 있다. 이처럼 전 세계 국가들은 글로벌 경제를 안정화하고 성장시키기 위해 다양한 형태의 그룹을 형성하고 있다.

윌리엄 노드하우스

미국의 경제학자 윌리엄 노드하우스(William Nordhaus, 1941 ~)는 기후변화가 경제에 미치는 영향을 연구해온 기후경제학 분야의 최고 권위자이다. 케인스가 "장기적으로 우리는 모두 죽는다."라는 말을 한 이후 경제학은 지금 눈앞에 닥친 경제 문제를 해결하기 위해 매몰되어 왔다. 공기나 물, 나무 등 자연이 없다면 제대로 된 경제성장이 불가능하지만 지금 당장 닥친 문제가 아니기에 환경 문제에 대해서 경제학은 둔감했던 것이 사실이다.

이런 상황 속에서 그는 자연을 그저 주어진 제약 사항으로 인식하는 것이 아니라 장기적으로 경제활동에 상당한 영향력을 행사할 수 있는 변수로 보았다. 장기적으로 환경 변화로 인한 문제점을 해결하기 위해서는 상당한 대가를 치를 수밖에 없는데, 결국 이 비용만큼 경제성장률이 영향을 받을 수밖에 없기 때문이다. 그래서 그는 기후변화와 장기적으로 지속 가능한 성장에 대해 지속적으로 연구해왔으며, 이러한 그의 업적을 인정받아 2018년 노벨 경제학상을 수상하기도 했다.

그의 대표 이론은 '동태통합기후-경제(DICE)' 모형이다. 그는 이 모형을 통해 지구온난화로 지불해야 할 비용과 이익을 계산해냄으로써 실제 기후변화에 관련된 정책이 지구온난화에 얼마나 효과적인지를 분석했다.

그는 모든 국가에 동등하게 탄소세를 부과함으로써 온실가스 배출로 인한 환경 문제를 해결하자고 제안했다. 그는 온실효과를 개선하기 위한 가장 효율적인 방법이 바로 탄소세라고 주장했다. 탄소세는 이산화탄소를 배출하는 화석 에너지 사용량에 따라 부과하는 세금이다. 만약 탄소세가 부과될 경우 화석연료의 가격이 인상됨으로써 화석연료의 사용이 줄어들 뿐만 아니라, 화석연료를 대체할 새로운 에너지 개발이 촉진됨으로써 전반적인 이산화탄소의 배출이 줄어드는 효과가 있다.

경제학

유동성 함정

　원래 금리는 경제를 움직이는 중요한 지표로 일반적으로 경기가 과열되면 금리를 올려 과열된 경기를 진정시키고, 경기가 침체되면 금리를 낮추어 경기를 진작시킨다. 하지만 경기를 살리기 위해 아무리 금리를 낮추어도 침체된 경기가 살아나지 않는 경우도 있다. 이럴 경우 향후 경기가 더 나빠질 것으로 생각하는 가계나 기업은 저렴한 이자로 돈을 빌릴 수 있음에도 오히려 소비와 투자를 줄이며 현금을 쌓아두게 된다. 이처럼 돈이 돌지 않다 보니 경기는 계속해서 악순환에 빠지게 되는데, 케인스는 이러한 상황을 가리켜 마치 돈이 함정에 빠진 것과 같다고 해서 '유동성 함정'이라고 이름 붙였다.

　유동성 함정에 빠지는 가장 큰 이유는 경기가 회복될 것이라는 기대감이 사라졌기 때문이다. 경기가 회복될 기미를 보이지 않기 때문에 기업은 투자를 꺼리고, 가계는 경기 악화로 물가가 계속 떨어지기 때문에 소비를 미룬다. 게다가 은행들도 돈을 빌려주었다가 못 돌려받을 것을 우려해 대출을 보수적으로 운용한다. 돈이 돌지 않으니 중앙은행은 계속해서 금리를 내리며 시중에 유동성을 공급하기 위해 노력하지만 어느 순간 더 이상 내릴 수 없는 수준에 이르게 되는데, 이때가 바로 제로 금리 수준이다. 마이너스 금리 수준으로 대출이 이루어질 경우 빌려준 돈보다 더 적은 돈을 받게 되므로 누구도 돈을 빌려주려고 하지 않는다. 그래서 제로 금리 수준에서는 중앙은행의 통화정책이 더 이상 통하지 않게 되면서 유동성 함정에 빠지게 되는 것이다.

　1930년대의 대공황, 1990년대 후반의 일본 그리고 2008년 금융위기까지 역사상 경제가 유동성 함정에 빠진 사례는 어렵지 않게 관찰된다. 이렇게 유동성 함정에 빠진 경제를 살리기 위해서는 재정정책이 효과적인데, 대공황 때 경제를 살리기 위해 추진했던 뉴딜 정책이 대표적이다. 하지만 최근에는 재정지출을 늘리는 데 한계에 봉착한 국가들이 늘어남에 따라 중앙은행이 직접 통화 공급을 증가시켜 인플레이션에 대한 기대감을 높임으로써 소비와 투자를 촉진하는 양적 완화와 같은 통화정책이 주목받고 있다.

　양적 완화는 중앙은행이 금리를 조절함으로써 시중의 유동성을 조절하는 정통적인 방식과 달리, 중앙은행이 직접 국채 및 회사채 등 다양한 자산들을 매입함으로써 시중에 유동성을 공급하는 정책이다. 이처럼 중앙은행이 발권력을 동원하여 돈을 무제한으로 찍어내게 되면 인플레이션 기대심리가 살아나게 되면서 경제 주체들이 돈을 쓰기 시작하면서 경제가 살아나게 되는 것이다.

부동산 갭투자

주택가격 상승을 이끄는 주요 요인 중 하나인 갭투자는 적은 자기자본으로 여러 채 혹은 고가의 주택을 구매할 수 있는 투자로 주목받고 있다. 틈, 격차의 뜻을 가진 영어단어 갭(gap)의 의미로 이름 붙여진 이 투자법은 보통 전세보증금에 자기 자금을 더해 매매하는 방식의 투자를 말한다.

매매가 대비 전세가를 나타내는 전세가격 비율은 서울의 경우 2008년 금융위기 때 40% 밑으로 하락했지만 이후 급속하게 상승하여 2017년에는 70%를 넘었고, 거의 80~90%에 이르는 지역들도 등장했다. 즉 전세가율 70%라는 의미는 10억짜리 주택구매 시 세입자가 낸 전세금이 7억이라는 뜻이며, 매입자는 3억만 있으면 주택을 구매할 수 있다는 것이다. 이에 많은 사람들이 전세금과 매매가 차이만큼의 갭을 활용해 적은 돈으로 주택을 구매하기 시작했고, 매수세 확대를 부추겨 부동산 가격 상승의 원인으로 지목되었다.

부동산 갭투자로 수익을 얻기 위해서는 매수 가격이 지속 상승하리라는 것과 전세금 역시 기존보다 하락하지 않을 것이라는 전제에서 가능하다. 앞서 언급한 사례처럼 내 돈 3억 있는 사람이 10억짜리 주택을 구입하기 위해서는 7억의 전세 세입자가 필요하다. 이후 10억짜리 주택이 12억이 되었다면 나는 주택을 매도함으로써 세전 2억만큼의 차익을 얻을 수 있게 된다. 또한 전세금 역시 오를 가능성이 높아서 현 세입자가 나가더라도 새로운 세입자로부터 받을 수 있는 전세금이 더 많을 수 있다. 그러나 반대로 10억짜리 주택이 8억이 되었다면 2억만큼 손실이 발생할 뿐 아니라 전세금 역시 하락한 매매가 비율만큼 낮아질 가능성이 높다. 이에 새로운 세입자가 5억으로 전세를 들어온다고 하면 나는 기존에 있던 세입자에게 7억의 전세금을 반환해주기 위해 2억의 빚을 추가로 내야 하는 상황에 이른다. 이처럼 부동산 갭투자는 매매가 상승과 하락 추세에 따라 장단점이 명확한 투자방법이다.

그런데 부동산 가격을 안정화하고자 하는 정부에서는 갭투자를 방지하기 위한 몇 가지 규제를 2020년 6월 17일 대책을 통해 발표했다. 기존 시가 9억 초과 주택 보유자에 대한 전세대출 보증제한 및 전세대출 회수를 투기지역, 투기과열지구 내 시가 3억 원을 초과하는 아파트도 포함시켰다. 이에 투자용으로 1주택을 매입하고 전세대출로 실거주하는 사람들에 대한 규제가 더욱 강화되었다.

디스플레이 산업 (2)

세계 디스플레이 시장은 1,078억 달러로 전망된다. 그중 23.1%의 OLED 비중은 향후 지속 상승해 2025년까지 전체 디스플레이 판매량의 약 40%까지 확대될 것으로 예측된다. 즉 전체적으로 기존 LCD의 성장은 정체되는 반면, OLED를 비롯한 새로운 기술 기반의 디스플레이 판매가 늘어날 것으로 예측된다.[*]

2004년 이후 디스플레이 세계 패널 점유율 1위를 유지하고 있는 우리나라의 글로벌 시장점유율은 2019년 기준 40% 수준을 유지하고 있다. 다만 2016년 46%까지 높았던 점유율은 중국의 가파른 추격으로 조금씩 하락하는 모습을 보이고 있다. 특히 중국이 LCD 시장 확대를 위해 많은 투자를 실행했고, 그 결과 글로벌 시장점유율을 지속 확대해왔다. 또한 LCD뿐 아니라 OLED 부문의 지원도 늘리면서 우리나라 삼성과 LG 디스플레이 등과 경쟁하고 있다.

최근 디스플레이 시장은 첨단 기술을 기반으로 새로운 변화의 바람이 불고 있다. 접을 수 있는 스마트폰과 태블릿 등 폴더블 제품에 대한 관심과 수요가 늘고 있어 이에 대한 기술적 경쟁력을 확보와 시장 선점에 관심이 집중되고 있다. 또한 거거익선(巨巨益善)이라는 단어가 유행하듯이, 화면이 큰 디스플레이 수요가 늘고 있다. 실제 55인치, 65인치 OLED TV보다 75인치 LCD TV의 출하량이 더 크게 늘어났다는 점은 시장이 기술적 차이보다 크기에 더 민감하게 반응했다고 해석할 수 있다. 또한 코로나 팬데믹 이후 집에 머무는 시간이 늘면서 TV 화면 크기를 더 중요하게 생각하는 사람들이 많아졌음을 알 수 있다.[**]

이러한 디스플레이 산업 역시 코로나 19의 확산에 따라 침체를 겪고 있다. 특히 2020년 디스플레이 초과공급률은 확대되고, 디스플레이 주 수요처인 TV 시장은 약 9% 역성장할 것으로 전망되는 등 전반적인 어려움을 겪고 있다.

---

[*] 코로나19의 디스플레이 산업 영향 : 한국수출입은행(해외경제연구소).
[**] 디스플레이 산업의 환경 변화와 발전방안 : 한국은행 / 증권사 산업 분석 레포트 등

질레트 면도기

성인 남자가 평생 면도하는 시간은 약 3,000시간이며 날짜로 140일, 횟수로는 2만 번이 넘는다. 따라서 면도기는 남성의 생활필수품이자 최근 들어 여성의 사용도 증가하고 있다. 이러한 면도기의 대표적인 브랜드가 바로 질레트이다. 특히 1989년 질레트의 성장성을 높게 평가한 워런 버핏이 15년이 넘는 기간 동안 투자해 약 32억 5,000만 달러(약 3조 6,000억)의 수익을 얻은 회사로도 알려져 있다.

질레트가 탄생한 배경에는 설립자 킹 캠프 질레트의 경험과 노력이 있었다. 날카로운 칼로 매일 면도하는 일을 어려워하던 질레트는 어느 날 이발사들이 빗을 대고 머리를 자르는 모습에 영감을 받아 안전한 면도기 시장을 개척하게 되었다. 1901년 그는 매사추세츠 보스턴에서 자신의 이름을 딴 더 질레트 컴퍼니를 설립했으며 단가를 낮추는 데 중점을 두었다.

이후 질레트 면도기는 1차 세계대전에 참전하는 병사들에게 350만 개가 넘는 면도기를 납품하면서 크게 이름을 알렸다. 그러면서 포장을 벗길 필요가 없는 면도날, 2중 날 면도기, 스프링 부착 방식 면도기 등 세계 최초라는 타이틀을 계속 만들어나갔다. 또한 면도(Shave)와 저축(Save) 발음이 유사한 점을 활용해 은행과 함께 마케팅을 하기도 했으며 헤어스타일링업체, 문구업체뿐 아니라 배터리업체도 인수했다. 배터리업체 중에는 듀라셀뿐 아니라 우리나라 썬파워와 로케트 상표권도 사들이며 공격적인 M&A를 지속해나갔다.

경쟁 브랜드 쉬크가 최초로 4중 날을 만들면서 질레트는 한때 어려움을 겪기도 했지만 퓨전이라는 브랜드의 5중 날을 개발해 시장의 주도권을 다시금 가져올 수 있었다. 이후 5중 날 퓨전 프로글라이드 시리즈를 지속 출시했고 우리나라에서도 박지성 등의 유명 스타들이 질레트 광고에 출연하기도 했다.

2005년 질레트는 인수한 여러 브랜드를 글로벌 시장에 보다 효과적으로 접근하기 위해 P&G에 전략적으로 인수 합병된 이후 P&G 산하에서 프로쉴드, 프로글라이드, 마하3 등의 면도기 브랜드를 지속적으로 개발하여 제공하고 있다.

경제상식

경기순환의 종류

◦ U자형 경기순환

경기가 천천히 하강했다가 천천히 상승하는 패턴이다. 금융위기 같은 외부 충격이 없다면 대부분 경기순환 사이클에 의해 U자형 경기순환을 보인다. 보통 경기가 저점에서 2~3년간 유지되며 일반적으로 2분기 연속 마이너스 성장을 보일 경우 경기침체로 본다.

◦ V자형 경기순환

U자형 경기순환과 달리 경기가 급격히 침체되었다가 빠르게 회복되는 패턴이다. 대표적인 예로 우리나라의 IMF 외환위기를 들 수 있다. 1988년 우리나라의 경제성장률(GDP)은 −5.7%로 급락했다. 당시 우리나라의 내수시장은 침체였지만 고환율과 세계 경제의 호황에 힘입어 수출이 살아나면서 1999년에는 경제성장률 10.7%로 반등에 성공하게 된다.

◦ W자형 경기순환

'더블 딥'이라고도 불린다. 2001년 모건스탠리의 이코노미스트 로치가 미국 경제를 진단하면서 처음 사용한 용어로 경기가 바닥을 찍고 회복되는 듯 보이다가 다시 침체로 빠져드는 패턴이다. 1980년대 초반 미국의 경제성장률 그래프가 W자형 경기순환을 보이고 있다. 보통 경기침체 시 정부가 경기를 살리기 위해 적극적인 개입을 하는데, 정부 정책이 일시적으로 효과를 내 경기가 반등하는 것 같이 보이지만, 소비자들은 미래에 대한 불안감으로 인해 소비를 늘리지 않으면서 다시 경기가 꺾이는 것이다.

◦ L자형 경기순환

경기가 침체에 빠진 후 경기불황이 지속되는 패턴이다. 1980년대 버블경제가 붕괴되면서 장기간 경기침체의 늪에서 벗어나지 못하는 일본의 사례가 대표적이다.

◦ 나이키형 경기순환

V자형 경기순환처럼 급격히 경기침체가 이루어지지만 회복은 오랜 시간에 걸쳐 완만히 진행되는 패턴이다. 2008년 서브프라임 모기지 사태 때 경제학자들이 미래 경제를 예측하면서 처음 만든 패턴이다.

10월

41주

역사

금융위기의 시작 리먼브라더스 파산

1850년 독일계 유태인 핸리 리먼은 미국에서 시작한 사업이 성공적으로 안정화되자 그의 형제들인 에마뉴엘 리먼과 메이어 리먼을 초대해 '리먼브라더스'를 설립했다. 가족경영을 이어가던 리먼가는 사업이 점차 악화되면서 1984년 아메리칸 익스프레스에 매각되었다. 그 이후 아메리칸 익스프레스가 자회사들을 독립시키면서 리먼브라더스는 다시 원래 이름으로 경영을 지속할 수 있게 되었다.

리먼브라더스는 증권과 채권 및 파생상품 등 다양한 금융상품 거래를 통해 당시 세계 4위 투자은행으로 성장한, 시가 총액 300억 달러가 넘는 대형 국제금융회사였다. 리먼브라더스는 2006년부터 차입한 돈으로 리스크가 큰 상품에 공격적으로 투자하는 성장전략을 택했다. 이에 따라 레버리지를 통한 투자 자산 규모는 계속 증가했으며 당시 끝없이 오를 것만 같았던 미국 부동산 시장의 서브프라임 모기지 상품 비중을 높였다. 여기에 리먼브라더스는 부채에 해당하는 차입금 비중을 낮게 해서 외부에서 볼 때 신용이 우수해 보이도록 재무제표를 조작함으로써 피해를 더욱 키웠다. 결국 2008년 9월 15일 리먼브라더스는 파산보호를 신청했으며 그 피해 규모는 당시 6,000억 달러가 넘는 수준으로 기네스북에 등재될 만큼 상상을 초월했다.

리먼브라더스의 파산은 단순히 해당 회사 하나만의 문제로 끝나지 않았다. 우선 리먼브라더스의 서브프라임 모기지 위험을 보상받기 위한 CDS(신용부도스와프) 보증을 AIG가 해주었기 때문에 AIG도 파산하지 않겠느냐는 기사가 연일 보도되었다. 금융회사의 파산은 단순히 한 회사만의 문제가 아닌 거래 기업들의 줄도산을 초래할 뿐 아니라 금융과 실물경제 전체에 영향을 미치게 된다. 게다가 세계 금융 중심지인 미국의 글로벌 금융기관의 파산이었기에 그 파급력은 더욱 클 수밖에 없었다. 어떻게든 수습해야 하는 상황이 되었고, 당시 미 당국은 AIG, 씨티그룹을 비롯해 1조 달러의 구제금융을 투입했다.

연방준비제도에서는 금리를 석 달 만에 제로 금리로 낮추었고, 다른 나라들의 중앙은행 역시 연준을 따라 금리를 인하했다. 그리고 이른바 제한 없이 달러를 찍어내 헬리콥터에서 뿌린다고 이야기되었던 벤 버냉키 연준의장의 양적 완화 정책이 추진되었다. 이러한 리먼브라더스 사태는 엘론 이후 강화된 감독규제 등에도 불구하고 가장 중요한 것은 금융기관의 도덕적 해이 방지라는 교훈과 함께 금융기관 파산의 위험성을 다시금 깨닫게 한 사건이었다.

인물

하이먼 민스키

미국의 경제학자 하이먼 민스키(Hyman Minsky, 1919~1996)는 평생을 금융위기의 본질을 연구한 인물로 아쉽게도 살아있을 때는 크게 주목받지 못하다 죽은 후에 재조명받기 시작했다. 그는 금융시장은 그 안에서 활동하는 경제 주체들의 비합리적인 심리와 기대로 인해 불안정성을 내포할 수밖에 없다고 생각했다. 그렇기에 금융시장은 필요 이상으로 팽창하게 되고 결국에는 작은 충격에도 쉽게 거품이 꺼지는 과정이 반복될 수밖에 없다고 주장했다. 하지만 당시 그의 주장은 상당히 급진적이었기 때문에 학계에서 받아들여지지 않았다. 70년대에 금융시장은 안정적이며 효율적이라는 시각이 지배적이었기 때문이다. 그러나 90년 이후 지속적으로 반복되는 금융위기를 설명하는 과정에서 민스키의 이론이 다시금 주목을 받으면서 그의 이름은 학계는 물론이고 대중들에게도 널리 알려지게 되었다.

그의 대표 이론은 금융위기가 발생하는 과정을 설명한 '금융불안정성 가설'이다. 이 가설을 통해 그는 금융위기의 발생 원인으로 감당할 수 없는 수준의 부채를 지목했다. 금융을 기반으로 한 현대 자본주의 경제체제에서 경제 주체들은 부채를 통해 투자자금을 조달한다. 처음에는 부채를 사용하는 데 조심스럽기 때문에 원금과 이자를 상환하는 데 전혀 문제가 없다(헤지금융 단계). 그러나 경제 호황이 지속될수록 경제 주체들은 더 많은 부채를 조달해 투자에 나서면서 이자 상환에는 문제가 없지만, 원금 상환은 다소 부담스러운 상태가 된다(투기금융 단계). 투기금융 단계를 거치면서 비로소 경제에 본격적인 거품이 형성되는데, 투자에 대한 지나치게 낙관적인 전망과 금융시장에서의 규제 완화로 더 큰 부채를 차입할 수 있게 되면서 이자도 상환하기 벅찰 정도로 부채가 늘어나게 되는 것이다(폰지금융 단계).

이자와 원금의 상환 능력이 떨어질수록 금융시장은 매우 취약한 구조를 띨 수밖에 없다. 이때 아주 작은 사건이 기폭제가 되어 버블이 한순간 붕괴되는 시점이 도래하게 된다. 이로 인해 그동안 낙관적이었던 전망이 비관적으로 변하게 되면서 돈을 빌려주었던 금융기관에서도 부채를 회수하기 시작한다. 공포에 질린 투자자들은 서둘러 부채를 청산하기 위해 자산을 매도한다. 이러한 상황이 연쇄작용을 일으키며 자산가격이 급락하면서 금융시장이 붕괴하게 되는 것이다. 참고로 과도하게 팽창되었던 부채가 임계치에 도달함에 따라 금융시장이 붕괴되는 순간을 가리켜 '민스키 모멘트'라고 부른다.

경기종합지수

사람들은 현재 경기가 경기변동의 어느 국면에 위치해 있는지, 앞으로 경기가 좋아질 지 나빠질지에 관심이 많다. 만약 앞으로 경기가 더욱 좋아질 것으로 예상된다면 개인과 기업은 소비와 투자를 늘리고 정부도 경기가 너무 과열되지 않도록 정책을 펼칠 것이다. 반면 앞으로 경기가 나빠질 것으로 예상된다면 개인과 기업은 소비와 투자를 미루고 정 부는 경기를 부양하기 위해 정책을 펼칠 것이다. 이렇듯 앞으로 경기가 어떤 방향으로 흘 러갈지에 따라 경제 주체들의 행동이 달라지기 때문에 사람들은 경기에 대해 알고 싶어 한다. 그래서 나온 것이 바로 '경기종합지수'이다.

경기종합지수(Composite Index, CI)는 한 나라의 경기 동향을 파악하고 향후 방향성을 예측하기 위해 사용하는 지수로, 1983년 3월부터 통계청에서 매달 작성하여 발표하고 있 다. 생산, 투자, 고용, 소비 등 경제 부문별 경기에 민감하게 반응하는 지표들을 선정하 여 이들의 전월 대비 증감률을 가중평균해서 작성하고 있다. 경기종합지수를 읽는 법은 간단하다. 만약 전월 대비 지수가 상승한다면 경기가 좋아지고 있는 것이고, 하락한다면 경기가 나빠지고 있는 것이다. 그렇지만 경기가 하락하는 국면에서도 일시적으로 지수가 상승할 수 있기 때문에 경기종합지수를 볼 때는 일시적인 상승 또는 하락보다는 장기적 인 추세에 더 큰 의미를 부여한다. 경기종합지수는 경기에 대한 선행과 후행 관계에 따라 앞으로의 경기를 예측하는 선행종합지수(leading), 현재 경기를 알려주는 동행종합지수 (coincident), 그리고 최근 경기를 알려주는 후행종합지수(lagging)로 나뉜다.

선행종합지수는 3~6개월 후의 경기 흐름을 가늠하는 지표로 재고순환지표, 경제심 리지수, 건설수주액, 기계류 내수출하지수, 수출입물가비율, 코스피, 장단기 금리차 등 실제 경기순환에 앞서 변동하는 지표들로 구성되어 있다.

동행종합지수는 현재 경기 상황을 판단하는 데 사용하는 지표로 광공업 생산지수, 건설 기성액, 내수출하지수, 수입액, 서비스업 생산지수, 소매판매액지수, 비농림어업 취 업지수 등 실제 경기순환과 함께 변동하는 지표들로 구성되어 있다. 그리고 후행종합지 수는 현재 경기의 사후 확인을 위해 사용하는 지표로 생산자제품 재고지수, 소비자물가 지수 변화율, 소비재 수입액, 취업지수, CP 유통수익률 등 경기순환에 후행하여 변동하 는 지표들로 구성되어 있다.

재개발과 재건축

재개발과 재건축은 종종 혼용되는 경우가 있다. 재개발, 재건축 모두 도시 및 주거환경정비법에서 내용을 다루고 있는데, 재개발 사업은 이미 있던 주택단지나 상가들을 모두 허물고 도시가스나 수도 등 기반시설을 새로 만들 뿐 아니라 그 위에 신규 주택을 짓는 것을 의미한다. 재건축은 주변의 기반시설들은 그대로 사용하면서 기존의 주택만 허물고 난 후 새로 짓는 것을 말한다. 쉽게 말해 주택뿐 아니라 땅을 파고 주변 시설까지 새로 만들면 재개발, 집만 새로 지으면 재건축이라고 할 수 있다.

이러한 사업 범주의 차이가 나타내듯 재개발은 공공사업 성격이고, 재건축은 민간사업 성향이 더 짙다고 볼 수 있다. 공공 성격이 강한 재개발의 경우 기반시설에 대한 부담이 크기 때문에 이를 만들기 위해 조합원들의 기부채납 비율이 높다. 따라서 기부채납 비율이 낮은 재개발일수록 높은 수익을 기대할 수 있다. 또한 조합원 자격조건도 다른데 재개발은 토지나 건물 중 하나라도 보유하고 있으면서 분양기준에 부합하면 요건이 충족되지만, 재건축은 토지와 건물을 함께 소유하고 있어야 조합원 자격이 부여된다. 그리고 재개발은 안전진단 절차가 필요 없지만, 재건축은 첫 관문이라고 할 수 있는 안전진단을 반드시 통과해야 한다.

2018년부터 안전진단 요건이 강화되었다. 시장 군수가 현지 조사를 통해 안전진단부터 전문성 있는 공공기관을 참여하게 하고 구조 안전성 평가 비중을 높이는 등 기준이 강화되면서 재건축 허가를 받기가 더욱 어려워진 것이다. 또한 재건축 초과이익 환수제를 추진해 재건축 과정에서 발생하는 초과이익을 환수할 예정이다. 재건축 초과이익 산정 기준은 다소 복잡하기는 하지만, 기본적인 상승분을 제외한 초과이익 중 조합원 1인당 3,000만 원까지 면제하고 그 이상부터는 초과액의 일정 부분을 부담하도록 하는 제도이다. 이에 대한 후속 조치로 2020년 8월 4일 부동산 대책을 통해 재건축 초과이익을 공공분양이나 공공임대 등에 투입하겠다는 정책 방안을 제시함과 동시에 서울 준주거지역 재건축 용적률의 100% 포인트 상향과 35층으로 묶여 있던 층수 규제 완화책도 함께 발표했다.

재개발, 재건축 지역에 대한 부동산 투자는 비교적 큰 이익을 기대할 수 있어 수도권 구도시 중심으로 많은 투자가 이루어졌으나, 초과이익환수 등 규제가 강화됨에 따라 그 수요는 점차 줄어들 것으로 예상된다.

로봇 산업 (1)

공상과학 영화를 보면 사람 형상을 하고 있으면서 엄청나게 강한 힘으로 악당을 무찌르는 로봇이 등장하곤 한다. 그러나 현실 속 로봇은 영화와는 다른 모습이다. 아직은 생산성 향상을 위한 반복작업이나 물리적 힘이 필요한 경우 특정 작업을 위한 용도로 제작하여 사용되고 있을 뿐이다. 최근에는 AI 기반의 지능형 로봇 등 인간 삶의 질을 향상시키는 방향으로 개발되고 있다.

로봇은 크게 제조업용, 전문서비스용, 개인서비스용 로봇으로 나누어진다. 제조업용 로봇은 용접 등 자동차 생산라인이나 LCD, 반도체 제작공정에 활용되며 전문서비스용 로봇은 매몰자 수색, 수중 인명 탐색 같은 재난극복 로봇과 정찰, 폭발물 처리, 경비 등 군사용이나 사회안전 분야에 활용되고 있다. 그 외 청소나 홈 네트워크 연동 로봇 등 개인서비스에 활용되는 로봇들이 있다. 이러한 로봇들은 최근 AI 발전과 IOT(사물인터넷) 같은 기술들이 접목되면서 고객의 또 다른 니즈와 시장을 창출하고 있다.

로봇이라는 단어는 1921년 체코의 연극에 등장했던 노예라는 의미의 '로바타'라는 단어에서 유래된 것으로 알려졌다. 이후 1961년 조셉 엥겔버거가 자동차 제작용 로봇인 유니메이트를 개발하면서 현대의 로봇 개념이 만들어졌다. 이후 1980년대 자동차를 포함한 제조업 분야에서 대량생산 체계를 갖추며 산업용 로봇 활용성이 더욱 높아졌다. 1997년에는 일본 혼다사에서 최초로 계단을 오르는 로봇을 만들었으며 이후 애완 로봇, 화성탐사 로봇까지 활용 영역이 확대되었다.

우리나라에 처음 로봇이 등장한 것은 1978년 현대자동차 공장에 용접용 로봇이 도입되면서부터이다. 이후 대기업들이 산업용 로봇을 중심으로 본격적인 생산에 돌입했으나 IMF 이후 로봇에 대한 시장이 성숙되지 않은 상태에서 로봇 개발에 대한 투자와 제품화가 중단되는 등 어려운 시기를 거쳐왔다. 이후 2000년대 초 정부의 10대 차세대 성장동력 산업에 로봇 산업이 지정되면서 로봇 산업은 힘을 얻게 되었다.*

---

* 한국로봇산업진흥원 등

유튜브

1분마다 400시간 분량의 동영상 업로드, 하루 3,000만 명 이상의 사용자 접속, 인터넷의 3분의 1 장악, 전 세계 약 63% 기업들이 영상 콘텐츠를 제작해 공유하는 플랫폼 등 엄청난 숫자의 타이틀로 대변되는 유튜브는 전 세계 인터넷 트래픽의 80% 이상을 비디오 유형 콘텐츠가 차지하는 상황에서 대표적인 글로벌 영상 플랫폼으로 자리 잡았다.

2005년 미국에서 서비스를 시작한 유튜브는 2006년 16억 5,000만 달러에 구글로 인수된 후 급속한 성장을 이루었다. 인수 당시에는 수익모델이 명확하지 않고 검열되지 않은 무분별한 콘텐츠들 때문에 오히려 부담만 될 것이라는 부정적 시선도 있었다. 하지만 유튜브는 2020년 기준으로 전 세계 20억 명이 이용하는 거대 동영상 플랫폼으로 성장했다. 특히 코로나 팬데믹 이후 자유로운 외부활동을 못하는 상황에서 모바일 기기를 접할 시간이 늘어나면서 유튜브 성장세는 더욱 가속화되었다.

유튜브가 이처럼 전 세계 대표 동영상 플랫폼으로 급성장할 수 있었던 이유로는 편리하면서도 안정적인 동영상 서비스 제공, 이용자 참여기반의 수익구조, 낮은 진입장벽 등을 꼽을 수 있다. 기존의 인터넷 동영상은 모바일 환경에서 원본 동영상 그대로를 스트리밍하기에는 용량이 큰 고화질 영상의 경우 인터넷 접속 환경에 따라 수시로 멈추는 등 안정적인 서비스 제공이 어려웠다. 이에 유튜브는 동영상을 플래시로 변환함으로써 트래픽을 낮추었고, 덕분에 소비자는 안정적인 감상이 가능해졌다. 현재는 HD급 영상뿐 아니라 8K까지도 업로드가 가능하다.

이용자 참여기반의 수익구조는 보통 조회수와 구독자수에 따라 수익 규모가 좌우된다. 우리나라에서도 어린이용 콘텐츠가 연간 400억 원 이상 수익을 벌어들이며 언론에 회자된 적이 있을 정도로 참여자 규모에 비례하는 고수익도 가능해 많은 사람들이 유튜버로 활동하기 시작했다. 마지막으로 낮은 진입장벽은 '당신의 모습을 방송하세요.'라는 유튜브의 캐치프레이즈처럼 누구나가 채널을 개설해 방송할 수 있는 플랫폼 환경을 구축했다. 유튜브 최초 영상은 한 남자가 동물원에서 코끼리 코를 칭찬하는 짧은 영상이었다고 하는데 이러한 사례들은 실제로 쉽게 동영상을 만들어 공유할 수 있음을 사람들에게 각인시켰다.

최근에는 게임, 음악, 상품 리뷰, 경제 등 다양하고 엄청난 양의 유튜브 콘텐츠가 알고리즘을 통해 소비자 개개인의 취향에 맞게 추천되고 있으며 유튜브를 활용한 기업과 개인들의 마케팅이 더욱 활발해지고 있다.

리디노미네이션

　리디노미네이션은 통용되는 통화의 실질가치는 그대로 유지하되 동일 비율로 낮추어 변경하는 것을 의미한다. 예를 들어 지금 우리나라 화폐를 1,000대 1로 리디노미네이션 한다면 현재의 1,000원은 1원이 된다. 대표적인 리디노미네이션 사례로 독일을 들 수 있다. 독일은 제1차 세계대전 직후 전란의 영향으로 물가가 전쟁 전 1.3조 배에 이르렀다. 즉 달걀 몇 개와 담배 한 갑을 사는데 커다란 가방에 가득 돈을 담아가야 했다. 이에 독일은 구 마르크를 신 마르크로 개명하고 0을 12개(1조) 줄였다. 프랑스도 1960년대 자국의 통화 가치 제고를 위해 100대 1로 리디노미네이션을 실행했다.

　우리나라 역시 1953년 2월, 6.25 전쟁으로 인한 인플레이션 압력과 통화가치 하락으로 100대 1(100원→1환)로 변경했다가 1962년 6월, 지하자금의 양성과 인플레이션 완화를 목적으로 긴급통화조치법을 발동하여 화폐 액면을 10분의 1로(10환→1원) 다시 조정했다.

　이처럼 통화가치 변동이 없음에도 새로운 통화를 발급하고 사회적 비용 발생을 감내하면서까지 리디노미네이션을 하는 3가지 이유가 있다.

　첫째, 국민의 일상거래 편의성 제고이다. 예를 들어 버스 요금이 100만 원이라면 어떨까? 이처럼 높은 단위의 통화는 거래를 복잡하게 하고 실수를 유발하게 하는 등 금융활동과 거래에 불편함을 가져온다. 또한 법인과 자영업자의 회계에도 적지 않은 부담을 줄수 있다. 둘째, 지하자금을 양성화하여 국가 재정확보 및 투자 활성화에 도움이 되는 기능을 한다. 즉 세금신고가 되지 않은 현금을 금고에 쌓아두고 있었는데 리디노미네이션으로 인해 새로운 통화가 발급되면 이전 화폐는 쓸모없게 된다. 따라서 리디노미네이션이 실행되기 전에 금이나 부동산 같은 현물 구입이 늘어날 가능성이 높다. 실제로 2019년 이주열 한국은행 총재가 리디노미네이션을 언급했을 때, 부동산 가격 상승의 기폭제가 될수 있다는 지적이 있었다. 셋째, 현재 1달러는 1,200원대 원화 가치가 달러와 비슷한 비율로 줄어듦으로써 대외적으로 우리나라 통화의 가치를 높일 수 있다는 장점이 있다.

　그러나 리디노미네이션은 긍정적 기능만큼이나 우려되는 부분도 많다. 화폐단위 변경으로 인해 오랫동안 국민이 불안해할 수 있으며 새로운 화폐 유통을 위한 각종 금융 시스템 변경 및 화폐 제조비용 역시 크게 늘어날 수 있다. 또한 인도, 베네수엘라, 짐바브웨 같이 여러 나라의 실패 사례에서도 볼 수 있듯이, 충분한 고려와 준비 없는 리디노미네이션은 오히려 나라 경제에 돌이킬 수 없는 큰 충격을 주게 된다. 따라서 리디노미네이션은 정부의 일방적인 시행보다 각계각층의 사회적 합의가 필요한 이슈라고 할 수 있다.

10월

42주

금융위기의 원인 : 서브프라임 모기지

미국의 2008년 금융위기는 서브프라임 모기지로 인해 촉발되었다. 서브프라임 모기지를 이해하기 위해서는 미국의 주택담보대출에 대한 차입자 등급 분류를 잠시 살펴볼 필요가 있다. 미국은 주택담보대출을 내주기 전에 차입자의 신용도와 상환 능력 등을 평가하고 프라임(우량), 알트에이(보통), 서브프라임(비우량) 이렇게 3등급으로 나눈다. 쉽게 말해 서브프라임 모기지는 가장 등급이 낮은 사람들에게 해주는 주택담보대출이다.

2000년대 초반만 해도 은행은 리스크 높은 서브프라임에 쉽게 대출해주지 않았다. 그러나 당시 미국은 금리를 크게 낮추면서 부동산 가격이 급등했고, 주택 구입이 좋은 수익을 올릴 수 있는 재테크라는 인식이 확산되던 시기였다. 게다가 CDO(부채담보부증권)를 활용하면 차입자의 채무불이행 위험을 은행이 부담하지 않고 시장에 전가시킬 수 있는 안전장치가 있었다. 예를 들어 은행이 서브프라임 대출을 제공하고 받은 저당채권을 시장에 매각하면 브로커들이 이것을 사 모아 MBS(주택저당증권)로 만들어 발행한다. 그러면 투자은행이 다시 MBS를 사들여 앞에서 말한 CDO를 만들게 되는데, 간단하게 말해 주택담보대출이라는 차입행위를 금융공학적으로 만들어낸 증권으로 시장에 유동화시켰다고 할 수 있다.

문제는 은행들이 이렇게 위험한 대출을 앞다투어 판매하고 있던 상황에서 2006년 이후 미국 주택가격 상승세가 둔화되었고, 금리까지 올라 상환을 포기한 서브프라임 대출자들이 늘어난 데 있었다. 연체율이 올라가니 당연히 서브프라임 대출을 기초로 만든 CDO 등의 가치가 급격하게 떨어졌고 여기에 투자한 금융기관들은 큰 손실을 입게 되었다. 또한 CDO가 거래되는 장외시장은 미국 월가가 보유하고 있던 최첨단 금융 시스템으로도 확인할 수 없는 깜깜이 시장이었기에 리스크는 더욱 커질 수밖에 없었다.

게다가 미국에서 발행된 CDO의 약 30%를 해외 투자자들이 보유하고 있었기에 그 여파는 미국을 넘어 세계 각국으로 확산되었다. 그 가운데 투자은행 베어스턴스 파산 가능성이 제기되면서 글로벌 금융시장의 신용경색은 더욱 심해질 수밖에 없었다. 이렇게 서브프라임 모기지로부터 금융위기가 시작된 것이다.

앙드레 코스톨라니

헝가리 출신의 투자자 앙드레 코스톨라니(André Kostolany, 1906~1999)는 실패하지 않는 전문가로 불리며 주식투자를 예술의 경지에 올려놓은 인물이다. 원래 철학과 미술을 공부한 그는 피아니스트가 되고 싶었지만, 아버지의 권유로 프랑스로 넘어가 주식중개인으로 활동했다. 그는 역발상 투자로 상당한 부를 거머쥐었다. 2차 세계대전 직후 패전국 이탈리아 자동차회사와 독일의 국채에 투자해 각각 10배와 140배의 시세차익을 올렸고, 1989년에는 옛 러시아제국의 국채에 투자하면서 60배의 시세차익을 얻었다. 남들은 다 망했다고 생각했을 때 그는 오히려 위기 속에서 기회를 찾은 것이다.

그는 노력으로 부자가 되는 3가지 방법으로 부자 배우자를 만나거나, 유망한 아이템을 가지고 사업을 하거나, 주식투자를 하는 것이라고 했다. 그리고 이 중 가장 쉬운 것이 주식투자라고 말했다. 주식은 장기적으로 항상 오르기 때문에 다른 2가지 방법에 비해 비교적 쉽기 때문이다. 그는 삶과 주식투자를 즐기라고 강조했지만 그렇다고 빚을 내서 투자하는 것은 절대로 안 된다고 경고했다. 빚은 사람들에게 상대적인 압박감으로 작용하기 때문에 여유를 가지고 즐길 수 없게 만든다. 그래서 투자는 여윳돈을 가지고 해야 하는 것이다.

그는 유동성과 시장 참여자들의 심리가 주가를 결정한다고 생각했다. 주가를 자동차에 비유한다면 유동성은 자동차를 움직이는 연료와도 같다. 돈이 주식매매를 성사시키는 핵심이기 때문이다. 돈이 부족하다면 아무리 좋은 주식도 살 수 없다. 하지만 유동성보다 더 중요한 것이 바로 심리이다. 그래서 그는 주식시장의 90%는 심리가 지배한다고 주장했다. 주식에 대한 심리가 부정적이면 누구도 주식을 사려고 하지 않는다. 마치 자동차에 연료가 가득 차 있지만 밖은 태풍이 불어 차를 타고 밖에 나갈 생각조차 하지 않는 것과 같다. 그래서 그는 주가와 주식의 내재가치를 주인(주식의 내재가치)과 산책하는 개(주가)에 비유하곤 했다.

개를 데리고 산책을 하는 동안 개는 주인을 앞서거나 뒤서거나 하면서 끊임없이 움직인다. 하지만 결국 개는 주인과 함께 목적지에 도착한다. 시장의 유동성과 심리에 의해 주가가 시시각각 움직이겠지만 결국 주가는 기업의 내재가치에 수렴하게 된다는 것이다.

그는 이렇게 말했다.

"자기 돈을 가지고 우량주에 투자하라. 그리고 수면제를 먹고 한 몇 년간을 푹 자라. 그러면 엄청난 기적을 맛볼 것이다."

경제학

소비자 행태의 이해

영국의 경제학자 케인스는 소비의 영향을 미치는 가장 중요한 요인으로 소득을 꼽았다. 그는 소득 이외에도 보유자산 수준, 이자율 수준, 장래 소득에 대한 기대수준의 변화 등 다양한 요인들이 장기적으로 소비에 영향을 줄 수는 있지만, 단기적으로는 고정된 값으로 보았다. 그래서 그는 소비는 현재 소득의 절대적 수준에 따라 결정된다고 주장하여 이를 '절대소득가설'이라고 부른다.

반면 미국의 경제학자 듀젠베리는 소비에 영향을 미치는 요인으로 현재소득은 물론이고 자신의 과거소득과 주변 지인들의 소득도 중요하다는 '상대소득가설'을 주장했다. 일반적으로 사람들은 한 번 높아진 소비수준을 소득이 감소해도 쉽게 줄이지 못한다. 이에 대해 듀젠베리는 사람들이 자신의 현재소비가 과거 최고소득에 맞추어 소비했던 수준에 영향을 받기 때문이라고 생각했다. 이렇듯 현재의 소비는 소득이 줄어도 조금밖에 줄지 않는 특성을 보이게 되는데 소비의 점진적인 하락 현상을 가리켜 '톱니효과'라고 부른다.

또한 사람들은 주변 사람들의 소비수준에 영향을 받을 수밖에 없다. 자신과 어울리는 집단과의 지속적인 교류를 위해서는 그 집단의 소비수준을 따라갈 수밖에 없기 때문이다. 이러한 특성을 소비의 상호의존성이라고 하며 개인의 소비가 주변 사람들에 영향을 받는 현상을 '전시효과'라고 부른다.

프리드먼은 소득은 크게 일생 동안 벌 수 있을 거라 기대되는 평균소득을 의미하는 항상소득과, 보너스나 복권 당첨금처럼 예상치 못한 소득으로 실제소득과 항상소득과의 차액을 의미하는 일시소득으로 나뉜다고 했다. 참고로 일시소득은 플러스일 수도 있고, 마이너스일 수도 있으므로 실제로 소득을 늘릴 수도 있고 혹은 줄일 수도 있다. 그는 사람들은 소비수준을 비교적 일정하게 유지하고 싶어 하므로 항상소득을 고려하여 소비수준을 결정한다는 '항상소득가설'을 주장했다. 사람들이 항상소득에 맞추어 소비를 유지할 수 있는 이유는 만약 일시소득에 의해 실제소득에 변화가 생기더라도 저축이나 대출을 활용하여 자신의 소비수준을 일정하게 유지할 수 있기 때문이다. 그래서 실제소득에서 항상소득의 비중이 높을수록 소비수준이 높고 저축성향이 낮다. 참고로 일시소득은 저축으로 연결되며 자신의 생애 전반적인 소비수준을 늘리는 데 사용된다.

부동산 대출 용어

부동산 투자를 위해서는 반드시 알아야 할 대출 관련 용어에 대해 알아보자. 가장 손쉽게 부동산을 규제하거나 완화하는 방법 중 하나가 바로 주택구입 시 은행에서 빌려줄 돈을 줄이거나 늘려주는 방법, 즉 주택구입 시 대출 비율을 조정하는 방법이다.

대표적인 방법이 LTV다. LTV(Lone to Value)는 말 그대로 주택가치 대비 빌릴 수 있는 비율을 말한다. 예를 들어 LTV가 70%라면 10억짜리 집을 구매할 때 7억을 빌릴 수 있게 되는 것이다. 일반적으로 지방보다는 수도권이, 일반지역보다는 투기지역이, 무주택 실수요자보다는 다주택자들에게 LTV가 더 강하게 적용된다.

DTI(Debt to Income)는 연 총소득 대비 갚아야 하는 원금과 이자의 비율이다. 다시 말해 내 연소득이 1억이고 DTI가 50% 적용된다고 하면 매년 갚아야 할 원금과 이자의 합이 5,000만 원을 넘어서면 안 된다. 그리고 이 5,000만 원에는 다른 대출의 연간 이자 상환액도 포함된다.

DTI는 LTV와 함께 쓰기도 한다. 예를 들어 LTV 60%와 DTI 50%를 준수해야 한다면 두 조건 모두 충족해야 한다는 뜻으로 집값의 60%를 빌릴 수 있지만, 매년 갚아야 할 돈이 내 연소득의 50% 이하여야 한다는 뜻이다. 그런데 DTI의 경우 갚아야 할 상환 기간을 늘리면 갚아야 할 원금과 이자가 상대적으로 줄 수도 있다.

DSR은 DTI보다 강화된 대출 규제이다. DSR(Debt Service Ratio)은 전체 대출에 대한 원리금 상환액을 연소득으로 나눈 비율을 의미한다. DTI와 다른 점은 주택대출의 연간 원리금 상환액뿐 아니라 다른 대출의 원리금까지 모두 적용하기 때문에 더 엄격한 제한을 하게 된다는 것이다. 즉 신용대출, 신용카드 미결제액, 카드론, 자동차 할부금들이 DSR 산정에 포함되기 때문에 대출을 받기 더욱 어려워진다. 이처럼 다양한 대출 규제가 규제 지역에 따라 다르게 적용되므로 향후 주택 구입을 계획하고 있다면 해당 지역의 대출 규제를 미리 파악하고 자금계획을 세워야 할 것이다.

산업

로봇 산업 (2)

로봇 산업은 전기, 전자, IoT 기반의 통신 등 타 분야와도 연계성이 매우 높은 고부가가치 융합 산업이다. 또한 로봇 개발과 연관성 높은 제조업이 발달한 독일, 스위스, 일본의 로봇업체들이 글로벌 로봇 시장의 약 87%를 차지하고 있는 과점시장이기도 하다.

세계 제조용 로봇은 연평균 10% 이상 성장하며 2020년 172억 달러의 매출을 기록할 것으로 예상된다. 특히 제조용 로봇에 대한 투자가 늘고 관련 기술이 발전하면서 가격 역시 낮아져 로봇의 활용성이 확대되고 있다. 우리나라의 로봇 개발 역량은 아직 일본, 독일, 중국, 미국 등 주요국 대비 열위에 있으나 지속 개선되고 있으며 전기, 전자, 자동차 분야에서 국내업체들이 지속적으로 로봇을 설치해 활용한 결과 직원 1만 명당 보급된 로봇의 수를 나타내는 로봇 밀도는 전 세계에서 가장 높은 편이다.[*]

우리나라 로봇 산업 관련 사업체는 3,601개사로 지속적으로 늘어나고 있다. 그중에서도 군사, 의료, 사회안전 담당 로봇인 전문서비스용 로봇 관련업체와 가사용, 여가 지원용 로봇 등 개인 서비스용 로봇업체가 전년 대비 20% 이상 크게 늘고 있다. 그러나 매출은 제조업용 로봇이 전체 매출 중 약 43%를 담당하고 있을 정도로 제조업용 로봇 시장이 여전히 큰 상황이다. 우리나라 로봇 산업의 전체 매출은 7.9조 정도이며 매년 조금씩 성장하고 있다.

우리나라 로봇 산업은 지방 지역과 연계한 산업 육성 정책에 따라 대구, 부산, 경북, 경남이 로봇 특화 산업에 많은 자금을 투자하고 있다. 특히 로봇 기업 전문화 및 대형화를 통해 시장 규모를 23년 15조까지 확대해 글로벌 로봇 4대 강국으로 도약의 목표를 수립해 추진하고 있다. 우리나라 로봇 관련 기업으로는 현대중공업 계열사인 현대로보틱스가 있으며 삼익THK, 고영테크놀로지, 미래컴퍼니, 로보스타, 스맥 등의 기업들이 있다.[**]

---

* KOSME 산업분석 Report (제조용로봇)
** 2018 로봇 산업 실태조사 결과보고서 (산업통상자원부 등)

드론

드론은 사람이 탑승하지 않고 무선전파 유도에 의해 비행하는 물체이다. 최초로 드론 개발을 검토했던 곳은 군대였다. 원래 퀸비(여왕벌)라는 이름으로 영국군에서 처음 검토되었던 무인기 개발은 미국으로 건너가 프로젝트 드론(수벌)으로 불리면서 구체화되었고, 그 이후로 대부분의 무인비행기를 드론이라고 부르게 되었다. 그 후 2014년 패럿이 아이폰으로 드론 조정이 가능한 모델을 출시하면서 드론은 많은 사람들의 관심을 받으며 대중화되었다.

각국 정부와 기업, 일반 소비자들의 드론 수요가 증가함에 따라 2016년 7조가 조금 넘던 글로벌 드론 시장은 2026년 기준 90조 이상 성장할 것으로 예측된다. 우리나라 역시 드론 시장이 폭발적으로 증가하고 있는데 2015년 1,000개 정도였던 드론업체도 2019년 기준 2,500개를 넘어섰으며 같은 기간 드론 조종자격 취득자수는 870명에서 2만 명을 넘어섰다.

이렇게 드론 시장이 크게 성장하는 이유는 드론의 활용 분야가 매우 다양하기 때문이다. 군사적 목적뿐 아니라 화재 진압, 실종자 수색 등 사람이 직접 수행하기 어려운 위험한 일을 가능하게 하며 2018 평창 동계올림픽 때는 1,218대의 드론 쇼로 행사장 밤하늘을 멋지게 수놓기도 했다. 또한 농업 부문에서도 작물 종류와 현재의 상황들을 미리 파악하여 빅데이터 분석을 통한 사전 물가관리에 도움을 줄 수 있다. 특히 아마존 등 빅테크 기업들은 영화에서나 볼 수 있었던 드론 배송을 더욱 현실화시키고 있다. 이 밖에도 방송, 스포츠 등 매우 다양한 산업 부문에서도 활용되고 있다.

그러나 드론 보급이 확산되면서 악용 사례가 늘면서 사회적 문제가 되기도 한다. 2019년 9월에는 드론 폭탄 테러로 인한 사우디 아람코의 석유 시설 대규모 화재로 전 세계 원유 생산량 중 5%가 감소하면서 유가 변동성이 확대되었다. 또한 우리나라에서도 인천 공항의 비행금지구역에 정체불명의 드론이 불법 비행하는 바람에 항공기 5대가 긴급 회항하기도 했으며, 아파트 상공 드론이 성관계 영상을 촬영해 문제가 되기도 했다. 이에 따라 드론 관련 기술적 제도 및 규제가 보다 구체화되고 강화될 것으로 예상된다.

공유지의 비극

공유지의 비극은 미국의 생물학자 개럿 하딘(Garrett Hardin)이 제안한 개념으로, 공원에 있는 벤치가 집안의 가구보다 빨리 손상되고 전철역 화장실이 쉽게 지저분해지는 것처럼 주인 없는 자원, 공기, 물과 같은 공공재의 경우 사람들의 이기적인 마음 때문에 빨리 소진된다는 것을 의미할 때 쓰이는 비유이다.

이 개념은 영국 산업혁명 시기에 실제 일어났던 일로 어느 마을의 공유지에서 비롯되었다. 이 마을의 공유지였던 목초지에는 누구나 양을 끌고 와서 풀을 먹일 수 있었다. 사람들이 먹일 수 있는 양의 수나 먹이의 양(量)을 제한하지 않았기에 무성했던 목초지의 풀은 어느새 바닥을 드러냈다. 이에 마을 사람들은 스스로 규칙을 정해 관리해보자고 논의했다. 하지만 별 성과 없이 흐지부지되고 결국 모든 마을 사람들이 자기 양떼에게 조금이라도 더 먹이려고 했기에 목초지는 금세 벌거숭이가 되고 말았다. 이처럼 공유지의 비극은 좋은 의도로 만들어진 공공의 재화나 제도들이 개인의 이기심 때문에 사라지는 것을 비판하거나 공동체가 지켜야 할 가치들을 강조할 때 사용되는 개념이다.

스위스의 한 대학에서는 실제로 '공유지의 비극' 현상과 관련된 실험을 했다. 실험 대상자들 모두에게 10달러를 준 다음 각자에게 얼마씩을 기부하도록 하고, 일정 금액이 걷히면 이 총액의 2배를 참가자 모두에게 동일하게 나누어주는 실험이었다. 예를 들어 모두가 10달러씩 기부한다면 20달러씩 돌려받을 수 있는 게임과 같았다. 그런데 한 회 한 회 거듭될수록 기부금 액수는 줄어들었고 얼마 지나지 않아 한 푼도 걷히지 않았다. 실험 대상자들은 누군가는 한 푼도 기부하지 않으면서 돈을 받아간다는 것을 눈치 챘고 아무리 쉽게 돈을 벌 수 있는 기회라도 비양심적인 사람을 배부르게 할 수는 없다는 생각으로 한 푼도 내지 않았던 것이다. 결국 게임의 룰을 바꾸어 무임승차하는 사람을 찾아 신고하게 하고, 신고당한 사람에게 벌금을 걷어 나누어 가짐으로써 이 기부 실험을 지속할 수 있었다고 한다.

공유지의 비극은 때로 공공재의 비극이라고도 불린다. 우리나라의 경우 무상급식이나 통일비용 등이 여기에 해당된다. 아이들의 무상급식 필요성에 대해서는 많은 사람이 인식하지만 무상급식을 위해 내가 낸 세금이 사용되는 것은 꺼린다던지, 민족 통일이 장기적으로 우리에게 꼭 필요함을 알고 있음에도 통일비용 등을 부담해야 한다는 것에는 망설여지기도 하는 것이다. 특히 경제·사회적 관점에서 보면 자본주의가 심화되고 개인화, 현대화될수록 이런 공유지의 비극 수준은 더욱 심해지는 경향을 보인다.

10월

43주

미국과 유럽의 바나나 전쟁

1990년대 유럽은 매년 25억 톤 이상의 바나나를 소비하고 있었다. 이중 75%가 남미 수입산이었는데 1993년 유럽연합(EU) 출범을 앞둔 유럽공동체(EC)는 남미에서 수입되는 바나나에 고율의 관세를 부과하기로 했다. 반면 과거 식민지였던 ACP(아프리카와 카리브해, 태평양 지역)와 로메협정*을 체결하여 수입되는 바나나에 대해서는 상대적으로 낮은 관세를 부과해 차등을 두었다. 즉 남미 바나나에 대한 수입을 줄이고 예전 식민지였던 지역으로부터 수입을 늘리겠다는 의도였다.

이러한 유럽공동체 조치에 대해 불만을 가진 과테말라, 멕시코 등은 유럽공동체를 세계무역기구(WTO)에 제소하게 되는데 '차별하지 않아야 한다.'는 세계무역 기본 원칙에 어긋난다는 것이 주요 골자였다. 그런데 남미 바나나 농장 대부분의 소유주는 돌푸드와 치키타 등 미국 기업이었다. 즉 유럽공동체의 관세 변경이 미국 기업 수익에 부정적인 영향을 주었으며 1999년 3월, 미국은 영국산 린넨, 프랑스 핸드백 등 유럽 사치품에 100% 보복관세를 부과해 이에 맞서게 되었다. 유럽연합 역시 환경보호를 이유로 미국 노후 항공기의 영공통과를 금지시키고 미국도 유럽연합의 초고속 여객기 콩코드의 미국 취항을 금지하는 것으로 응수했다. 다시 유럽연합은 미국산 소고기 수입을 금지했다.

결국 유럽과 미국의 16년에 걸친 주고받기식 분쟁은 2009년 유럽이 남미 바나나에 대한 관세 인하를 합의하면서 해결의 실마리를 찾을 수 있었다. 그 후 2012년 11월에 양측이 각기 WTO에 제소한 분쟁들을 일괄타결하면서 바나나 전쟁은 막을 내렸다. 바나나 전쟁 막후에는 남미에 치키타라는 대규모 바나나 농장을 소유한 거부 칼 린드너의 로비력이 한몫했다고 한다. 유럽이 남미 바나나에 고관세를 부과해 엄청난 손실을 입은 칼 린드너는 워싱턴 정가에 거액의 정치자금을 후원하며 유럽의 부당한 처사에 미국 정부가 강력하게 맞설 것을 촉구해 미국의 보복관세 조치를 이끌어냈다는 것이다. 유럽연합과 미국이 바나나 관세를 두고 벌인 무역 전쟁의 결말이 미국 승리로 끝나면서 미국은 다시 한번 그들의 경제력과 힘을 세계에 보여주었다.

---

* 유럽공동체 9개국과 ACP의 개발도상국 46개국 간에 체결된 무역 유럽공동체

인물

벤저민 그레이엄

영국 출신의 미국 투자가 벤저민 그레이엄(Benjamin Graham, 1894~1976)은 증권분석의 창시자이자 가치투자의 아버지이다. 그의 가장 큰 업적은 주식을 투기가 아닌 과학적 분석을 통한 투자의 대상으로 만들었다는 것이다. 그는 "투자는 철저한 분석을 기반으로 하여 원금의 안정성과 적절한 수익성을 보장하는 행위로, 이러한 기준에 맞지 않는다면 그것은 바로 투기다."라고 말했다.

오늘날 주식을 분석할 때 흔히 쓰는 방법 중 하나인 PER(주가수익비율)과 PBR(주가순자산비율)은 물론 펀더멘탈, 안전마진, 내재가치 등의 개념도 그가 처음 만들어냈다. 그의 대표작 『증권분석』(2017년 국내 출간)과 『현명한 투자자』(2020년 국내 출간)는 주식투자자에게 있어 바이블과 같은 책이다.

워런 버핏은 이 두 권을 자신이 가장 좋아하는 책으로 꼽기도 했다. 실제로 그는 워런 버핏의 스승으로도 유명한데, 워런 버핏은 자신의 투자 철학의 85%는 벤저민 그레이엄으로부터 영향을 받았고, 나머지 15%는 필립 피셔에게 영향을 받았다고 말했다. 특히 대학원 진학을 앞두고 고민하던 그는 벤저민 그레이엄이 교수로 재직하고 있던 컬럼비아 대학원을 선택했는데, 그 이유는 『현명한 투자자』를 읽고 크게 감명받았기 때문이었다.

벤저민 그레이엄의 투자 핵심 이론은 안전마진이다. 쉽게 말해 절대로 손해를 보지 말라는 것이다. 그래서 그는 사람들의 관심이 집중되는 주식보다는 남들이 쳐다보지도 않는 주식에 더 많은 관심을 두었다. 흙 속에서 진주를 찾듯이 잘 알려지지 않은 기업 중 재무구조가 우수하고 보유 자산이 많아 부채를 전부 청산하고도 남는 것이 있는 곳을 찾아서 투자했다. 이런 기업일수록 실제 가치와 주가의 괴리가 크기 때문이다. 그런 다음 가격이 적정 가치에 도달할 때까지 보유했다. 이러한 방법으로 그는 1936년부터 20년 동안 연평균 20%의 놀라운 투자성과를 올렸다.

그는 주식에는 좋고 나쁨이 없고 단지 싼 주식과 비싼 주식만 있다고 생각했다. 투기꾼은 제대로 된 분석 없이 시장의 흐름을 예측해 타이밍을 노리지만, 기회를 기다릴 수 있는 투자자는 가격을 선택한다고 말했다. 그래서 주식투자는 사업을 하듯이 해야 한다는 것이다. 합리적으로 계산해보고 수익이 확실히 예상될 때 사업을 시작하듯이, 투자도 잘 따져보고 안전하다고 생각될 때 비로소 시작해야 한다.

경제학

국제수지와 경상수지

　국가 산업의 흐름을 알기 위해서는 반드시 알아야 할 기본적인 지표들이 있다. 그중 대표적인 것이 국제수지와 경상수지이다. 여기서 수지(收支)는 수입과 지출을 의미한다. 국제수지는 일정 기간 한 나라의 거주자와 비거주자 사이에 이루어진 상품과 서비스, 자본 등의 모든 경제적 거래에 따른 외환 수취와 지급 차이를 말한다. 이때 들어온 돈과 나간 돈이 같으면 국제수지 균형, 들어온 돈이 많으면 국제수지 흑자, 나간 돈이 더 많으면 국제수지 적자라고 한다. 만약 국제수지가 지속적으로 흑자이면 다른 나라로부터 많은 돈이 유입되었다는 뜻이며 이는 곧 물가상승을 야기할 수 있다는 의미가 된다. 그렇기 때문에 수출 역시 어려워질 수 있음을 예상하게 한다. 반대로 국제수지가 지속적으로 적자가 되었다면 경기침체가 우려되는 것은 물론이고, 이에 따른 적자를 메우기 위해 외국에서 빌려오는 돈의 규모가 커지게 되면 국가 신용등급에 악영향을 줄 수도 있다. 이러한 국제수지는 한 나라의 산업 현황을 나타내주기 때문에 중요하게 살펴보아야 할 지표 중 하나이다. 국제수지는 크게 경상수지와 자본수지로 나뉜다. 경상수지는 또 상품수지(무역수지), 서비스수지, 소득수지, 경상이전수지로 나뉜다. 이 중 상품수지는 제품을 팔아 수출하고 얻는 이익과 수입에 대한 수지를 의미하며, 서비스수지는 여행이나 운송, 쇼핑 등 서비스를 통해 이루어지는 돈의 흐름을 나타낸다. 소득수지는 임금을 받거나 투자에 의해 발생하는 수지이며 경상이전수지는 외국과 오가는 송금, 기부금, 무상원조 등이 해당된다. 경상수지의 세부 지표들을 보면 주로 어느 부분에서 자금이 오갔는지, 어느 산업 부문의 수출입이 좋아졌는지 혹은 나빠졌는지를 대략 알 수 있다.

　국가 경제 상황을 나타내는 지표로 우리가 가장 많이 접하는 단어는 경상수지와 무역수지인데 그 이유는 나라의 경제 환경을 대변할 수 있는 대표적 지수이기 때문이다. 특히 미중 무역 갈등이 심화되면서 무역수지 개념은 언론에 자주 등장했다. 중국과의 무역 분쟁으로 미국의 대중국 수입이 줄어들었고 2019년 미국 무역수지는 약 6,170억 달러 마이너스로 6년 만에 크게 적자 폭이 감소했다는 뉴스를 접할 수 있다. 이는 그동안 미국 수출 비중이 높았던 중국 특정 산업의 이익이 하락할 것이라는 예상으로 이어지며 나아가 우리나라가 해당 산업 부문에서 대체할 수 있는 영역이 있는지에 따라 중요한 투자 관련 뉴스가 될 수도 있는 것이다. 평소 경제 뉴스에서 이처럼 몇 가지 중요한 수지 지표들을 유심히 살펴보는 것은 산업을 이해하고 중요한 투자 의사를 결정할 때 많은 도움이 될 수 있다.

부동산 관련 세금

부동산을 취득할 때, 보유하고 있을 때, 매도할 때 각각 세금을 내야 한다. 특히 세금은 시장 규제 및 완화를 위해 활용되는 대표적인 정책 중 하나로 부동산 시장에 큰 영향을 미친다. 부동산 기본 취득세율은 4%이며 주택의 경우 주택가격에 따라 1~3% 세율이 적용된다.

취득세는 오랫동안 변화가 없었다. 그러나 2020년 7월 10일, 다주택자와 법인들의 주택 수요를 줄여 부동산 시장을 안정화시키기 위해 다주택자와 법인 대상 취득세율을 크게 상향 조정했다. 2주택은 8%, 3주택 이상과 법인은 12%의 취득세를 부담하게 되었다. 여기에 농어촌특별세와 지방교육세까지 추가로 부과되는 것을 고려하면 향후 다주택자와 법인의 주택 매수는 많은 부담이 될 것으로 보인다. 반면 1.5억 이하 주택을 생애 최초 취득하게 되면 취득세가 면제되고 3억 이하(수도권 4억 이하)는 50%까지 면제된다.

재산세는 부동산 취득 이후 매년 6월 1일을 기준으로 부동산 보유에 대해 부과되는 세금이다. 그런데 주택 공시가격이 6억 원(1주택 9억 원)을 넘거나 공장이나 차고용 토지 등 별도합산토지 및 종합합산토지가 일정 금액을 넘어서면 종합부동산세를 별도로 부과한다. 특히 2020년 7월 10일 이후 3주택 이상 및 조정대상 지역 2주택에 대해서는 1.2~6.0%까지 고세율을 적용하고, 다주택 보유 법인에 대해서는 중과하여 최고 6% 세율을 적용할 것이라고 발표했다.

주택을 보유하다 매도하게 되면 양도소득세를 내야 한다. 기존 세법에서는 양도소득세 절세 부분에서 가장 큰 비중을 차지하는 것이 장기보유 특별공제율이었다. 주택을 오랫동안 보유했기에 공제해주는 부분이었는데, 2019년까지 매도한 경우 거주 요건 없이도 10년 보유 후 매도 시 80%까지 공제받으면서 주택가격 상승분에 대해 거의 온전한 이득을 챙길 수 있었다. 그러나 2019년 12월 16일 발표된 부동산 대책으로 인해 기존처럼 80% 공제를 받으려면 거주와 보유 모두 10년을 채워야 하며, 2년 미만 거주 시에는 연간 2% 공제밖에 받지 못하도록 개정되었다. 즉 양도소득세 규제에 실거주 요건을 강화한 것이다. 이처럼 상황에 따라 다양한 부동산 관련 세금은 부동산 시장 과열에 따라 강화되고 있는 모습을 보이고 있다.

여행 산업 (1)

인간은 여행을 통해 새로운 것을 보고 경험하며 때로는 삶의 에너지를 충전하기도 한다. 많은 사람들이 휴가 때 가장 하고 싶어 하는 여가활동으로 여행을 꼽는다. 우리나라 역시 소득수준이 높아지고 주 52시간 근로시간 정착 등 여가시간이 늘어나면서 국내여행은 물론 해외여행도 크게 늘었다.

여행업은 크게 일반여행업, 국외여행업, 국내여행업으로 나뉜다. 일반여행업은 내국인 및 외국인을 대상으로 한 국내외 여행으로 업종 범위가 가장 크며 필요 자본금 역시 1억 이상으로 가장 크다. 반면 내국인을 대상으로 국외 여행을 서비스하는 국외여행업은 3,000만 원 이상 자본금만 있으면 가능하며, 내국인 대상의 국내 여행인 국내여행업은 자본금 1,500만 원이 있으면 여행업 등록이 가능해 업종에 대한 진입장벽은 낮은 편이다.

여행업은 1845년 영국에서 광고를 통해 단체 여행객을 모집한 것에서부터 시작되었다. 이후 19세기 후반 토마스쿡이 미드랜드 철도 연계 여행을 개발하여 서비스했고 여행자 수표를 발행해 금융 시스템과 연계했다. 우리나라의 경우 1912년 일본 교통공사 조선지부가 설립되었는데 해방 후 대한여행사로 이름을 바꾸면서 국내여행업의 효시가 되었다. 본격적인 산업으로 여행업을 주목하기 시작한 것은 1960년대 말 국제관광공사가 설립되면서부터이다. 이후 제주도 중문관광단지 등이 개발되었고, 철도 등 교통 인프라를 갖추면서 여행이 활성화되기 시작했다. 1990년대 해외여행 자유화가 본격 단행되면서 여행은 보편화된 여가가 되었다.

이러한 여행업은 특정 계절이나 휴일 등에 여행 수요가 몰리는 특성이 있어 해당 기간에 업무가 몰리고 생산과 소비가 동시에 이루어지는 특징이 있다. 또한 타 산업보다는 고정투자 비용이 높지 않으며 노동력이 여행업의 실제 핵심이기 때문에 전문성 있는 인재 확보 및 인력관리가 매우 중요하다. 또한 여행 지역과의 제반 환경만 갖추어지면 상품들을 다양화해 대량으로 공급할 수 있는 특성을 보유하고 있다.

어도비 시스템즈

컴퓨터를 사용하다 보면 종종 마주치게 되는 단어가 어도비(Adobe)이다. 어도비라는 단어는 낯설지 모르지만 우리가 흔히 사용하는 그래픽 관련 프로그램 대부분이 어도비 시스템즈가 개발한 컴퓨터 프로그램이다. 그중에서도 가장 유명한 것은 어도비 포토샵이다. 포토샵은 우리의 일상 대화에서도 보통명사처럼 쓰이고 있을 정도로 친숙한 프로그램으로, 몇 번의 간단한 조작만으로 원하는 이미지를 얻을 수 있다. 또한 어도비 일러스트레이터는 벡터 이미지 드로잉 툴로 출력업체 등에서는 필수 프로그램이며, 영상 편집을 위해 가장 많이 쓰이는 프로그램도 어도비 프리미어 프로이다. 이 밖에도 인쇄용 페이지, 포스터 등을 제작하는 어도비 인디자인, 3D 그래픽 편집 프로그램인 어도비 애프터 이펙트 등 그래픽 작업에 가장 많이 사용되는 응용 프로그램이 어도비 시스템즈에서 개발되었다.

어도비 시스템즈는 제록스 파크 연구소 출신인 존 워녹과 찰스 제시키가 1982년 설립했다. 초기 어도비가 성장할 수 있었던 토대는 애플이었다. 당시 IBM PC와 경쟁했던 애플은 그래픽 부분에서 경쟁력을 확보하고자 어도비 초기 자본금의 대부분을 지원하면서 애플에만 라이센스를 적용했다. 이에 어도비가 MS 등 다른 회사에도 라이센스를 제공하기 전까지 포토샵 등 전문 이미지 편집 기능을 활용하기 위해서는 소비자가 원하지 않아도 애플 매킨토시를 구매할 수밖에 없었다. 이후 어도비는 경쟁업체였던 매크로미디어를 인수하면서 그래픽 부문 시장의 주도권을 확보했으며 클라우드 부문으로 사업을 확장시켰다.

그래픽 관련 응용 프로그램 개발이 주된 업종인 어도비이기에 기업 규모는 얼마 되지 않을 것이라고 생각하기 쉽지만, 어도비 시가총액은 2,156억 달러로(2020년 8월 기준) 인텔, 넷플릭스와 유사한 수준이며 삼성전자 대비 3분의 2 수준이다.

어도비의 상품 판매 전략도 지속적으로 변화하고 있는데 다양한 어도비 그래픽 제품들을 한데 묶고, 각각의 프로그램 간 호환성을 높여 CS(Creative Suite)라는 이름의 패키지로 판매했으며, CS 6버전까지 출시했다. 그다음으로 어도비 클라우드 서비스와 연동된 CC(Creative Cloud) 버전을 출시하였으며 프로그램을 구매하는 방식이 아닌 월이나 연간 사용료를 받는 방식으로 운영하고 있다.

경제상식

빅맥 지수

영국의 경제 주간지 「이코노미스트」는 맥도날드의 대표 메뉴인 빅맥 가격을 기준으로 세계 각국의 구매력 정도나 환율 수준을 비교하여 발표하고 있다. 이 지표가 바로 빅맥 지수이다. 맥도날드의 경우 전 세계적으로 매장을 보유하고 있기 때문에 언제 어디서든 지 쉽게 사먹을 수 있을 뿐 아니라 제품의 크기나 재료 등 기본적인 품질이 일정하기 때문에 세계 각국의 물가와 환율 수준을 비교하기에 안성맞춤인 셈이다.

빅맥지수는 일물일가 법칙과 구매력평가설을 근거로 만들어진 지표이다. 일물일가 법칙이란 어떤 시장이든 하나의 상품에는 하나의 가격만 존재한다는 것이다. 만약 동일한 제품이 나라별로 다른 가격에 팔린다면 싸게 팔리는 국가에서 물건을 사서 비싼 가격에 팔리는 국가에 되팔아 이익을 보려는 사람들이 늘어나기 때문에 장기적으로 가격은 전 세계적으로 같아질 수밖에 없다.

국제적으로 일물일가 법칙이 성립한다는 것을 전제로 만들어진 구매력평가설은 각국 통화의 교환비율은 화폐 1단위의 구매력이 같아지는 수준으로 결정된다는 이론이다. 만약 미국에서 빅맥이 3달러에 판매되고 있고 한국에서 3,600원에 판매되고 있다면 환율은 3달러와 3,600원이 같아지는 수준인 1,200원에서 결정되어야 한다는 것이다.

하지만 빅맥지수와 현실 간에는 괴리가 존재할 수밖에 없다. 빅맥 가격에는 빵, 야채, 고기 등 국가 간 교역이 가능한 원자재뿐만 아니라 임대료와 인건비 등 국가 간 거래가 불가능해 국가별로 차이가 존재할 수밖에 없는 부분도 존재하기 때문이다. 또한 국가별로 경쟁의 강도나 매장의 특성 등이 다르므로 빅맥 가격만 놓고 각국의 상황을 비교하는 데는 한계가 있다. 그럼에도 불구하고 빅맥지수는 상품을 가지고 각국의 구매력과 환율 수준을 비교할 수 있다는 점에서 흥미로운 지표임에 틀림 없다. 참고로 맥도날드의 '빅맥지수' 외에도 스타벅스 라떼지수, 애플의 아이팟지수, 이케아의 침대 가격을 기준으로 한 이케아지수 등이 있다.

10월
44주

그리스의 재정위기

유럽연합은 통합경제 체제 구축을 통해 국가 간 경제를 활성화하고, 신규 단일 통화인 유로 발권을 통해 시너리지 효과 등 긍정적으로 기대할 부분도 있었다. 국가 간 각기 다른 재정 상황과 금융정책을 한데 아우르기란 어려운 일이었다. 특히 일명 국가별 앞글자를 따서 돼지(PIIGS)라고 불렀던 포르투갈, 아일랜드, 이탈리아, 그리스, 스페인 다섯 나라의 악화된 재정 상황은 2000년대 초부터 유럽의 재정위기를 몰고 올 불안요인들로 여겨졌다. 그중에서도 그리스의 재정 여건은 매우 심각한 수준이었다. 2010년 당시 그리스는 GDP 대비 125% 수준의 국가 부채를 감당해야 했으며, 관광업에 집중된 산업구조와 30%에 이르는 실업률과 공무원 비중도 매우 높았고 부정부패가 만연하다는 인식이 높았다. 게다가 유로존에 가입하기 위해 그리스의 국가 재정적자 비율을 조작해 발표해 왔음이 드러나자 국가 신용등급이 하락하고 국채는 폭락해 더 이상 돈을 차입하기가 어려워졌다.

유럽연합은 그리스 지원 방안을 모색했지만 결국 의견 차이로 이루어지지 못하고 2010년 5월, 그리스는 IMF 구제금융을 신청하기에 이르렀다. 그리스는 재정위기가 닥쳐도 '유로'라는 단일 통화를 써야 했기에 마음대로 돈을 찍어내거나 환율정책을 쓸 수도 없었다. 단지 할 수 있는 것은 정부지출 삭감과 세금 인상을 통해 기존의 복지와 일자리를 줄여나가는 것이었다. 그래서 그리스의 재정위기 극복은 더욱 쉽지 않았다. 이후 세 차례에 걸쳐 그리스는 2,890억 유로, 우리나라 돈으로 환산하면 약 370조라는 엄청난 규모의 구제금융을 지원받게 되었다. 대신 경제 주도권을 내어주고 정부부채 축소, 최저임금 삭감, 공공부문의 인력감축, 긴축 재정 등을 이행해야 했다. 그렇게 8년의 시간이 흘러 그리스는 2018년 8월 IMF와 유럽연합의 구제금융을 종결했다. 그런데 그리스의 종결은 원금과 이자 등 모든 부채를 상환했다는 의미의 종결이 아니라 추가 금융구제를 받지 않는다는 것이며, 2032년까지 대출 만기를 연장해놓은 상태인 종결이다. 언제든지 그리스의 재정위기가 재발할 수 있는 불씨가 남아있는 상황으로 일단락된 것이다.

인물

필립 피셔

미국의 투자자 필립 피셔(Philip Fischer, 1907~2004)는 성장주라는 개념을 처음 제시한 인물로 '성장주 투자의 아버지'라고 불린다. 그는 가치투자자로 벤저민 그레이엄과 함께 현대적인 투자 이론을 개척했지만 이 둘의 투자성향은 정반대였다. 벤저민 그레이엄이 내재가치보다 싸게 거래되는 주식에 집중한 반면, 필립 피셔는 현재의 주가 수준이 아닌 기업 자체에 집중했다. 기업의 계량적 분석만으로는 최고 기업을 발굴하기에 한계가 있기 때문에 기업의 질적 가치에 더 집중한 것이다. 그는 앞으로 성장할 가능성이 큰 기업이라면 비록 주가가 다소 비싸게 거래되고 있다 하더라도 미래를 보고 투자해야 한다고 주장했다. 그는 또한 분산투자보다는 집중투자를 선호했다. 분산투자를 위해 보통의 기업에 투자하는 것보다는 자신이 발굴한 훌륭한 기업에 집중투자하는 것이 더 낫다고 생각했다. 그래서 그의 포트폴리오에는 10개 내외의 주식만 편입되어 있었고, 그나마도 3~4개의 주식에 전체 투자금의 75% 이상이 집중되어 있었다고 한다.

그의 투자 스타일은 '성장주에 투자하고 장기간 보유하라'라는 말로 요약될 수 있다. 그는 자신의 기준에 맞는 기업을 발굴하기 위해 철저히 사전조사를 실시했다. 광범위한 자료 수집은 물론 고객에서부터 납품업체 그리고 경쟁업체에 이르기까지 다양한 사람들을 만났다. 이를 통해 영업조직, 노사관계, 임원들 간의 관계 등 눈에 보이지 않는 부분까지도 알아내기 위해 노력했다. 이러한 과정을 거쳐 어느 정도 확신이 들면 직접 회사를 찾아가 경영진과 면담했다. 그때 그가 항상 던졌던 질문 중 하나는 "경쟁업체에서는 아직 하고 있지 않지만, 당신의 회사에서 하고 있는 독특한 경쟁우위가 무엇인가?"에 대한 것이었다. 이를 통해 그는 그 기업의 성장성은 물론 비교우위를 찾으려고 했다.

이러한 과정을 걸쳐 발굴한 종목은 기업에 중대한 문제가 발생하지 않는 한 최소 3년 이상은 보유했다. 그는 주식투자에서 가장 큰 실수는 훌륭한 회사를 너무 일찍 파는 것으로, 이런 회사일수록 주식을 오래 보유할수록 상당한 수익을 안겨주기 때문에 수익이 났다는 이유만으로 주식을 파는 것이야말로 가장 큰 손해라고 말했다.

실제로 그는 1955년 통신기업 모토로라를 발굴해 죽을 때까지 보유한 것으로 유명한데, 이때 그가 거두어들인 수익률은 약 250,000%로 추정되고 있다. 그는 투자한 회사가 더 이상 자신의 기준에 맞지 않거나 자신이 판단을 내리는 과정에 중대한 문제가 있어 자신의 결정이 틀렸다는 것을 인지했을 때에야 비로소 주식을 매도했다.

금융시장의 기능

경제 주체들의 자금 사정은 저마다 다르다. 누군가는 필요 이상으로 많은 자금을 가지고 있어 이를 활용해 추가적인 수익을 얻기를 원한다. 반면에 어떤 사람은 자금이 부족해 대가를 지불해서라도 자금을 빌리고자 한다. 이렇듯 자금을 운용하고자 하는 자금공급자와 자금을 빌리려고 하는 자금수요자가 만나 거래가 조직적으로 이루어지는 장소를 금융시장이라고 한다. 그리고 이들이 만나 거래가 이루어지기 위해서는 주식, 채권, 예금, 대출 등과 같은 금융상품이 필요하다.

금융시장의 주요 기능은 다음과 같다. 먼저 자금중개 기능이다. 자금이 남는 곳에서 부족한 곳으로 원활하게 흘러들어갈 수 있도록 자금을 중개하는 기능은 금융시장의 가장 중요한 기능 중 하나이다. 일반적으로 소비의 주체인 가계는 소득이 지출보다 많아 자금이 남고, 기업은 투자활동으로 인해 자금이 부족하다. 이 둘이 서로 연결됨으로써 가계는 자금을 운용하면서 추가적인 수익을 기대할 수 있고, 기업은 투자를 통해 더 높은 부가가치를 창출하면서 국민 경제의 생산성도 높아진다. 가계의 입장에서도 원하면 언제든지 자산운용 및 차입이 가능해짐에 따라 자신의 소비 시기를 선택할 수 있어 소비자효용도 증대된다.

금융시장은 금융 거래에 필요한 정보를 얻기 위해 소요되는 시간과 비용을 줄여준다. 자금공급자와 자금수요자가 금융시장에 모이기 때문에 거래 상대방을 찾는 데 소요되는 시간(탐색 비용)을 줄여주고, 주식이나 채권 등 금융상품에 이미 해당 기업에 대한 수많은 정보가 반영되어 가격이 결정되기 때문에 투자에 필요한 정보를 손쉽게 파악할 수 있어 정보 비용도 낮다. 그래서 자금공급자 입장에서는 신속한 의사결정이 가능하고 자금수요자 입장에서는 정당한 평가를 통해 필요한 자금을 적당한 때에 조달할 수 있게 한다.

이 밖에도 금융시장은 수많은 정보가 자금의 수요와 공급에 영향을 미쳐 금융상품의 가격을 결정하는 기능을 한다. 또한 다양한 금융상품과 거래 기회를 제공함으로써 분산투자를 통한 위험관리가 가능하게 해주며 시장에 유동성을 공급해준다.

투자

우리나라 부동산 역사 (1)

6.25 전쟁 이후 황폐화되었던 국토는 박정희 정부 동안 진보된 부동산 정책의 기초 토대를 마련했으나 부동산의 본격적인 상승은 정권 말미에 시작된 것으로 요약할 수 있다. 1960년대에 이르러 도시화에 의한 국토 개발을 목적으로 한 '토지수용법', '도시계획법' 등 기본적인 부동산 정책들이 수립되었다. 국가 정책인 산업화를 위한 공장 부지 및 산업용지 정비가 이루어졌고 국토를 종합적, 장기적 관점에서 개발 정비하는 국토이용관리법 제정으로 전반적인 국토 개발의 기초 토대가 마련되었다고 볼 수 있다.

1970년대는 영화 〈1970년 강남〉에서처럼 투기자금들이 강남을 중심으로 유입된 시기였으며 개발 중심의 성장주의적 사회 분위기로 많은 사람들이 부동산 투자(투기)에 관심을 갖게 되었다. 이에 1978년 '부동산투기 억제 및 지가안정을 위한 종합대책'이 발표되었다. 이후 전두환 정부 때는 1, 2차 석유 파동으로 어려워진 경제를 일으키고자 부동산 완화정책과 규제정책을 상황에 따라 활용했다. 또한 서울을 중심으로 대거 많은 인구가 몰려들자 대도시 중심의 택지공급이 이루어졌다. 이에 택지개발촉진사업 등으로 부동산이 활성화되면서 투기가 몰리자 또 다시 분양권 전매제한 등 규제정책을 시행했다.

노태우 정부는 부동산 규제 일변도였다. 금리는 낮아졌고 유가가 안정된 데다 우리나라는 최고의 수출 호황을 누렸다. 여기에 1986년 아시안게임, 1988년 올림픽 특수 등이 겹치면서 많은 자금이 시중에 돌았고 아파트값은 폭등했다. 이에 노태우 정부는 토지공개념 제도를 뒷받침하기 위해 공시지가제도를 시행했으며 주택 공급에 초점을 두었다. 그 결과 주택 200만 호 건설 및 신도시 건설 등 노태우 정부의 대표적인 부동산 정책이 나왔다. 이러한 공급 정책 및 규제 등의 영향으로 결국 정권 후반기에는 부동산 가격이 하락하는 현상을 보였다.

그다음 김영삼 정부 때 부동산은 상대적으로 안정된 시기였다. 노태우 정부 때 진행되었던 공급 확대 정책의 효과가 나타났으며, 서울을 제외한 지역에서는 아파트 미분양 사태가 벌어지기도 했다. 여기에 금융실명제 도입은 부동산 투기세력의 유입을 일정 부분 차단시키면서 부동산 시장은 더욱 위축되었다. 결국 이런 시장 하락이 주택건설업체들의 파산으로 이어지자 정부는 세제 혜택 및 분양가 규제 등 완화책을 시행하게 되었다.

여행 산업 (2)

2019년 기준으로 세계 여행시장 규모는 2조 5,000억 달러 수준이며 우리나라 여행시장은 577억 달러로 한화 67조에 달한다. 최근 여행시장에서 두드러진 변화는 우리나라 모바일 여행시장 규모가 처음으로 온라인 여행시장 전체의 절반을 넘어섰다는 것이다.[*] 즉 모바일을 통해 여행을 계획하고 즐기는 사람들이 크게 늘었음을 알 수 있다. 특히 일명 슈퍼앱이라고 불리는 모바일 어플을 통해 여행을 계획하고 검색, 결제 및 본인들의 SNS와 연계할 수 있는 모바일 환경을 즐기는 사람들의 수요가 크게 늘었음을 알 수 있다. 또한 주 52시간 근로기준 등 여가시간이 늘어나 여행이 대표적인 여가로 정착되면서 여행을 즐기는 사람들이 늘어나게 되었고, 미세먼지 없는 곳에서 건강한 여가를 즐기라는 콘셉트의 여행상품도 속속 등장했다.

우리나라를 찾은 외국인은 2019년 기준 1,750만 명에 달하며 이 중 600만 명이 중국인이다. 그다음으로 일본과 대만이 각각 330만, 126만으로 우리나라를 방문했다. 우리나라에서 출국한 사람은 2,870만 명으로 국제선 티켓 발권 기준으로 보면 중국과 일본을 가장 많이 찾은 것으로 나타났다. 단지 일본을 찾는 내국인의 경우 한일 무역갈등 등으로 인해 2018년 대비 40% 정도가 줄어들었다.

이처럼 호황을 누리던 여행업은 코로나 19로 엄청난 타격을 입었다. 2019년 22,500개의 여행업 등록 건수 18,000건에 달하던 여행사 수는 각각 5%, 10%씩 감소했다.[**] 특히 코로나 팬데믹 확산이 절정에 이르러 많은 나라들이 입국을 봉쇄하던 2020년 3월 즈음에는 전년 동월 대비 거의 95% 이상의 여행객이 줄어든 것으로 나타났다. 코로나로 인해 거리 두기와 이동 자제가 일상화된 상황 속에서 향후 코로나 19가 진정될 때까지 여행업은 지속적인 어려움을 겪을 것으로 전망된다. 그러나 일각에서는 코로나가 완화될 것으로 예상되는 2022년부터 깨끗한 자연환경을 찾거나 개인적인 독립공간을 원하는 사람들을 위한 여행업이 다시금 각광받을 것이라는 전망이다.

[*]   유로모니터 (미래여행산업메가트렌드), 한국관광협회중앙회 등
[**]   2020년 2분기 기준

상품
도미노 피자

2010년 초 주당 15달러를 밑돌던 도미노 피자의 주가는 10년 만에 430달러를 넘어서면서 아마존보다 더 가파른 주가 상승을 보여준 회사로 주목받게 되었다. 특히 2020년 코로나 이후 도미노 피자의 상승률은 더욱 드라마틱했다. 1월에 280달러였던 주가는 얼마 지나지 않아 430달러까지(10월) 상승한 것이다. 재미있는 것은 도미노 피자의 주가가 이렇게 오른 이유가 바로 피자 회사의 본질인 맛이나 빠른 배송이 아닌, 디지털 트랜스포메이션 때문이라는 것이다.

2008년까지만 해도 도미노 피자는 미국 소비자의 피자 선호도에서 꼴찌를 할 정도로 인기가 없었다. 이후 절치부심하여 미래 전략 방향성을 디지털 기반인 '피자를 판매하는 이커머스 회사'로 목표를 정하고 많은 시도와 투자를 했다. 가장 먼저 한 것은 당시 25단계에 이르는 주문 단계를 5단계 이내로 줄인 것이었다. 초기에는 피자 만드는 영상을 중계하기도 했으며 2013년 말에는 인공지능 기반의 '돔'이라는 음성 비서 서비스를 만들어 제공하기도 했다. 2015년에는 경차를 개조해 피자 80판 배달이 가능한 전용 자동차를 만들었으며, 이후에는 어떤 플랫폼에서도 주문이 가능한 시스템을 만들었다.

배달도 다양한 방식으로 변화를 시도했다. 드론과 무인자동차를 통한 피자 배달로 사람들의 호기심을 자극했으며 '드루'라는 군용 로봇을 개조해 20km 반경 내 장애물을 감지하며 안전하게 배달하는 무인 로봇 배달 시스템을 만든 것이다.

이처럼 오랜 기간 해온 도미노 피자의 디지털 시도와 노력은 피자 배달 IT 기업이라는 이미지를 만들 수 있었으며 그동안의 실패를 겪으면서 습득한 노하우를 통해 시스템을 안정화시켰다. 무엇보다 젊은 고객의 관심을 끌 수 있었다. 또 세계 최대 피자 기업이자 오랫동안 라이벌이었던 피자헛을 제치고 세계에서 가장 많은 피자를 판매하는 업체, 최첨단 IT 기술을 보유한 피자 회사로 성장할 수 있었다.

경제상식

비스마르크 연령

독일의 철혈재상 비스마르크는 1889년 세계 최초로 연금제도를 도입했다. 연금 도입 배경에는 일자리 문제가 자리 잡고 있었다. 전쟁에서 공을 세운 군인들에게 일자리 마련이 시급했던 그는 노인들을 노동시장에서 쫓아내기 위해 은퇴라는 개념을 도입했다. 대신 하루아침에 일자리를 잃은 노인들의 불만을 잠재우기 위해 그들에게 연금을 지급한 것이다. 당시 비스마르크가 노인의 기준으로 삼았던 나이가 65세였다. 참고로 이 당시 독일인 평균수명은 46세에 불과했다.

이후 산업화가 진행되면서 19세기 후반에 나이든 노동자들을 몰아내기 위한 방편으로 많은 국가가 연금제도를 도입했지만 대중화되지는 못했다. 그러다 루스벨트 대통령이 대공황을 타개하기 위한 수단으로 은퇴를 도입하면서 본격적으로 확산되었다. 대공황 당시 미국은 실업률이 25%까지 치솟으면서 사회 전반에 불만이 고조되었다. 루스벨트는 이러한 사회 분위기에 힘입어 독일과 이탈리아에 파시즘이 집권하는 과정에 주목하며, 사회적 불만을 해소하기 위한 방법의 하나로 비스마르크의 연금제도에 주목했다. 루스벨트는 연금제도를 도입하면서 50년 전 비스마르크의 사례를 그대로 들여와 은퇴연령을 65세로 정했다. 그래서 65세는 '비스마르크 연령'이라고도 부른다.

이후 유엔을 비롯한 다양한 나라들이 이 기준을 받아들였다. 우리나라에서는 1981년 노인복지법이 제정되면서 노인의 기준을 만 65세로 보고 있는데, 이는 1950년 유엔에서 고령지표를 만들 때 사용했던 국제적 기준을 그대로 따른 것이었다. 당시 한국인의 기대수명은 66세였다.

하지만 100세 시대를 앞두고 이러한 기준을 바꾸어야 한다는 목소리가 커지고 있다. 사실 노인의 기준이 과학적인 측정 결과를 바탕으로 정해진 것이 아니라, 1889년에 설정된 기준을 그대로 준용해서 사용하고 있기 때문에 현실과 맞지 않다는 것이다. 그래서 유엔에서는 2015년 평균수명 측정 결과를 토대로 볼 때 노인의 기준을 80세로 보아야 한다고 제안하기도 했다.

영국 브렉시트

브렉시트(Brexit)는 영국이라는 뜻의 영어단어 '브리튼(Britain)'과 밖으로 나가다라는 뜻의 '엑시트(exit)'가 결합된 단어로 영국이 유럽연합(EU)을 탈퇴한 일련의 사건을 말한다. 브렉시트를 알기 위해서는 당시 캐머런 영국 총리의 정치적 언행을 주목해볼 필요가 있다.

캐머런 총리는 2015년 영국 총선 당시 보수당이 재집권할 경우 브렉시트 국민투표를 하겠다는 공약을 발표했다. 유럽은 표면적으로 경제적, 사회적, 정치적으로 통합된 하나의 연합국가를 지향했지만 영국의 기류는 다소 적극적이지 않았다.

1975년에도 유럽공동체(EC) 탈퇴 여부에 대해 국민투표를 실시한 적이 있었는데 당시는 3분의 2가 남아 있자는 데 찬성했다. 전통적으로 대영제국에 대한 자부심이 컸던 영국은 경제적 통합에 대해서는 찬성했지만 정치적 통합에 대해서는 다소 꺼리는 국민정서가 있었다. 여기에 몇 가지 정치, 사회적 문제까지 겹쳐 브렉시트 결정을 이끌었던 것이다.

먼저 난민 이민자 유입 이슈가 있었다. 2015년에만 약 30만이 넘는 시리아와 중동 난민들이 영국으로 유입되었는데, 영국은 복지 수준이 높아 난민 유입으로 인한 복지 부담은 계속 높아질 수밖에 없는 상황이었고 고용시장마저 위협받을 수 있었다. 다음으로, 영국의 높은 유럽연합 분담금 문제가 있었다. 브렉시트 투표 전인 2015년 영국의 실제 분담금은 129억 파운드로, 우리나라 돈으로 약 22조가 넘는 수준이었다. 영국이 유럽연합으로부터 받는 지원금도 있어 실제 순분담금은 지출 분담금의 절반이 조금 넘는 수준인 12조 정도이긴 했지만, 분담금의 절대 금액은 독일 다음으로 많은 수준이었다.

또한 연령에 따라서도 생각이 달랐는데, 영국 중장년층은 탈퇴를 청년층은 남아 있기를 바랐다. 결국 2016년 6월 23일 브렉시트를 결정짓는 투표 날 잉글랜드 지역에서 탈퇴 요구가 예상보다 많이 나오면서 탈퇴를 결정하게 되었다. 이로 인해 캐머런 총리는 사퇴하고 테레사 메이가 총리직을 이어받아 공식적인 유럽연합 탈퇴 협상 개시를 알리는 리스본 조약 50조 발동안에 서명했다. 그 이후 2018년 3월, 브렉시트를 단행할 예정이었으나 영국 의회의 부결로 세 차례 연기되었고 2020년 1월 31일을 기점으로 공식적으로 탈퇴했다. 그러나 2020년 12월 31일까지는 유럽연합과 기존의 관계를 지속 유지하면서 향후 협의를 진행했다.

존 보글

미국의 투자자 존 보글은(John Bogle, 1929~2019)은 워런 버핏, 조지 소로스, 피터 린치와 함께 20세기를 대표하는 4대 투자 거장 중 한 명이다. 그는 펀드 수수료보다 투자자의 이익을 최우선으로 하는 철학으로 '월가의 성인'으로 불렸다. 이런 그에 대해 워런 버핏은 "투자자를 위해 가장 많은 일을 한 사람을 기리는 조각상이 세워진다면 그것은 바로 존 보글이어야 한다."라고 말하며 그를 영웅으로 치켜세웠다.

그는 세계 최대 인덱스펀드 운용사 뱅가드 그룹의 창립자로, 1975년 세계 최초의 인덱스 펀드인 '뱅가드500 인덱스펀드'를 개발했다. 이 펀드는 매년 30%가 넘는 수익을 올리며 투자자에게 큰 인기를 끌었다. 그가 개발한 인덱스펀드에 대해 노벨 경제학상 수상자인 폴 새뮤얼슨 교수는 "인덱스 펀드 투자는 바퀴와 알파벳의 발명과 견줄 만큼 가치가 있다."라고 평가했다.

그의 투자 원칙은 간단하다. 수수료가 가장 저렴한 인덱스펀드에 최대한 오래 투자하라는 것이다. 일반 사람들은 펀드를 고를 때 수수료는 별로 신경 쓰지 않는다. 어차피 펀드 성과가 좋다면 1~2% 정도 수수료가 더 비싼 것은 문제되지 않는다고 생각하기 때문이다. 그렇지만 존 보글의 생각은 달랐다. 그에게 수수료는 투자 성과를 갉아먹는 암적인 존재였다. 1~2%의 수수료 차이가 단기적으로는 작게 보일지 몰라도 장기투자를 해야 하는 입장에서 본다면 그 차이는 시간이 갈수록 큰 부담으로 다가올 것이다. 그는 오히려 수수료야말로 투자의 성과를 좌우하는 핵심요소라고 생각했다. 그래서 시장을 이기지 못할 바에는 수수료라도 최소화하자는 생각에 인덱스펀드를 만들었다고 한다.

그는 펀드를 고를 때도 과거 실적을 바탕으로 최고의 펀드를 찾으려고 노력하기보다 시장 전체에 투자하는 인덱스펀드에 투자하라고 조언하고 있다. 최고의 펀드를 찾으려는 노력은 무의미하다. 왜냐하면 장기적으로 시장을 이기는 투자자는 극히 드물기 때문이다. 수많은 펀드 매니저들은 좋은 주식을 발굴하기 위해 밤낮으로 노력하고 있다. 하지만 이러한 노력이 역설적이게도 시장에서 저평가된 좋은 주식을 발굴할 기회를 줄어들게 만든다는 것이다. 그렇기 때문에 시장의 평균 수익률을 따라가는 것이 가장 효율적인 투자 방법이라는 것이다. 이러한 그의 철학은 "건초 더미에서 바늘을 찾지 말고 그냥 건초 더미를 사라."라는 말로 잘 요약된다.

위험

투자에 있어 수익의 영원한 동반자는 바로 위험이다. 수익과 위험은 항상 같은 방향을 향해 움직인다. 그래서 수익이 높은 상품일수록 위험은 커지고, 반대로 수익이 낮은 상품일수록 위험은 작아진다. 사람들은 이익보다는 손실에 더욱 민감하게 반응하는 손실회피성향 때문에 본능적으로 위험을 피하려고 한다. 하지만 투자에 있어 무조건 위험을 피하기보다는 적절히 관리하는 것이 중요하다. 위험에도 분명 통제 가능한 부분이 있기 때문에 위험에 대해 잘 알고 적절히 대처한다면 위험을 감수한 대가로 그에 상응하는 수익을 얻을 수도 있다.

주식투자에 있어 위험은 체계적 위험과 비체계적 위험으로 구성되어 있다. 체계적 위험은 시장 전체의 위험으로 피할 수 없는 위험이다. 북한의 핵무기 위협, 경기변동, 인플레이션, 사회정치적 환경 변화, 글로벌 금융위기, 그리고 미국과 중국의 무역분쟁 등과 같이 여러 기업에게 공통적으로 영향을 미치는 위험이 체계적 위험이다. 체계적 위험은 개별 기업의 실적을 압도한다. 다만 차이라면 실적이 좋고 우량한 기업은 평균보다 덜 떨어지겠지만, 그렇지 않은 기업은 평균보다 더 많이 떨어져 심하면 파산에 이를 수도 있다. 체계적 위험은 개인의 힘으로는 절대 통제할 수 없기 때문에 투자자 입장에서는 이를 참고 견디는 수밖에 없다. 그러므로 위기 속에서도 망하지 않을 만한 기업에 장기투자하는 것이 바로 체계적 위험을 대비하는 가장 좋은 방법이다.

반면 비체계적 위험은 시장에 속한 개별 기업이 갖는 위험이다. 지배구조의 변동, 파업, 생산하고 있는 제품의 수요 변화, 법정 소송 등 개별 기업이 처한 위험이 바로 비체계적 위험이다. 개별 기업의 이슈이다 보니 투자자의 노력에 의해 충분히 위험을 줄일 수 있다. 경영에 참여하지 않는 투자자의 입장에서 비체계적 위험을 줄이는 가장 좋은 방법은 분산투자이다. 투자자는 여러 개의 주식으로 구성된 포트폴리오를 구성함으로써 비체계적 위험을 줄일 수 있다. 포트폴리오 내 주식의 수를 늘리면 늘릴수록 비체계적 위험은 줄어드는데, 만약 주식시장에 존재하는 모든 종목에 분산투자를 한다면 비체계적 위험은 사라지고 체계적 위험만 남게 된다.

우리나라 부동산 역사 (2)

IMF 외환위기 발생 후 김대중 정부의 부동산 정책은 완화적일 수밖에 없었다. IMF 외환위기로 경기가 침체되고 주택을 포함한 자산가치가 하락함에 따라 정부는 부동산을 경기진작을 위한 주요 산업으로 인지했다. 이에 토지 보유와 이익에 대한 규제를 폐지하거나 축소하고 취득세와 등록세, 양도소득세 등 세금도 감면해주었다. 250만 가구 공급 계획과 함께 주택개발 여건도 개선했다. 즉 이 시기에 정부 정책은 부동산 시장의 안정보다 산업 활성화를 통한 경기회복에 보다 초점을 두고 추진되었다고 할 수 있다. 그러나 2002년에 접어들면서 강남을 중심으로 한 부동산 시장 과열 현상이 나타나자 2002년 부동산 투기 억제 대책을 발표하기도 했다.

김대중 정부의 부동산 부양 정책의 효과는 노무현 정부에 접어들면서 본격적으로 나타났다. 이에 노무현 정부는 역대 정부 중 가장 강력하다고 할 수 있는 부동산 규제 정책들을 잇달아 발표했다. 청약 가점제 및 분양가 상한제, 전매제한 기한 확대 등 강력한 규제 정책들이 시행되었다. 특히 노무현 정부는 투기지역 내 LTV(주택담보대출비율)와 DTI(총부채상환비율) 등의 대출 억제를 통해 투기 수요를 차단시키고자 했다. 다시 말해 노무현 정부 초기는 수요 억제책에 초점이 맞추어져 있었다. 반면 정권 하반기에는 검단 신도시와 파주 신도시 등 공급 대책 중심으로 변화했다. 하지만 저금리로 인해 풍부해진 유동성과 수요 대비 공급 부족 등으로 부동산 가격은 지속 상승하는 모습을 보였다.

이명박 정부가 들어선 이후 주택 정책은 다시 완화 일색으로 돌아섰다. 특히 지방 미분양 해소를 위해 취득세와 등록세를 감면해주고 1가구 2주택 유예기간을 2년으로 연장해주는 등의 부동산 정책을 시행했다. 또한 1가구 1주택자의 장기보유특별공제 범위도 확대하며, 종부세 과세기준도 이때 6억 원에서 9억 원으로 상향 조정했다. 이명박 정부가 이와 같은 완화 정책을 추진한 이유는 2008년 금융위기가 가장 큰 이유였다.

서브프라임 모기지로 인한 미국 부동산 침체는 우리나라에도 영향을 미쳐 부동산 시장은 하락국면을 맞이했다. 이러한 규제 완화 분위기는 박근혜 정부에서도 이어졌다. 특히 LTV, DTI를 상향 조정함으로써 주택 구매를 위한 대출이 크게 증가했으며, 이후 재건축 이익환수를 유예하고 분양가 상한제를 없앤 주택 3법이 통과되었다. 이와 같은 규제 완화로 인해 증가한 부동산 관련 대출은 시장의 자금 유동성을 크게 늘려 부동산 시장을 활성화시키는 데 기여했으나 반대로 가계부채가 급증하면서 규제는 다시금 강화되기 시작했다.

철강 산업 (1)

철은 인류와 가장 친숙하면서도 가장 많이 사용되고 있는 금속이다. 철은 지구 중량의 35%를 차지하고 있으며 지각에는 5% 정도가 존재한다. 높은 화력으로 철을 가공하면서부터 인류의 삶은 크게 변화했다. 철강 산업은 철이 함유된 철광석 등을 녹여 쇳물을 만들고 불순물을 줄인 후 액체 상태의 철을 고체로 만드는 연주공정과 철을 강판으로 만드는 압연공정을 통해 최종 철 제품이 생산된다. 생산된 철 제품은 조선, 기계, 자동차 등 다양한 산업에 기초 소재로 활용되며 전방, 후방 산업과 높은 연관 효과가 크다. 이러한 철강 산업은 철 가공을 위한 대규모 설비투자가 필요한 자본집약적 산업이며 경기 흐름에 민감한 모습을 보인다.

철은 고대로부터 하늘이 보내준 특별한 금속으로 여겨졌으며 투탕카멘 왕릉에서 순도 높은 단검이 발견되기도 했다. BC 400년경 인도인들은 도가니를 만들어 제련하는 방법을 알아냈으며, 일본에서도 새로운 단조 기술을 통해 가볍고 튼튼한 철검을 만들었다. 1700년대 후반에 영국의 벤저민 헌츠먼이 도가니 제작법을 개발하고 베세머가 대량생산을 가능하게 하면서 영국은 철강 강국이 되었다. 1800년대에 들어서면서 철강 산업은 크게 도약하는데, 이를 가능하게 한 사람이 철강왕이라 불리는 앤드류 카네기이다.

앤드류 카네기는 1873년 제강업을 시작한 이후 원가절감을 통해 가장 효율적인 미국 철강 생산 시스템을 구축했고, 당시 철강 선진국이었던 영국 생산량의 절반 이상을 혼자 생산했다. 이후 20세기까지 미국은 세계 최대 철강 생산국으로 글로벌 경제성장에 크게 기여했다.

우리나라 철강 산업은 1948년 대한중공업공사(현대제철)가 설립되면서 태동했고 철강 산업 육성을 위한 제도와 시설, 경제적 지원이 뒷받침되면서 포스코(POSCO)를 필두로 우리나라 경제성장을 이끌었다. 1970년대 이후 산업화 시기를 거치면서 철강 산업 역시 크게 성장할 수 있었지만 IMF 외환위기를 겪으며 한보철강, 삼미특수강 등 여러 업체가 도산하는 등 어려움을 겪게 되었다. 2000년대 접어들어 포스코, 현대제철 등 철강업체들이 새로운 설비를 준공하면서 성장을 이어왔으나 2016년을 정점으로 건설업, 제조업 등의 부진으로 철강 산업 역시 위축되었고 2020년, 코로나 팬데믹으로 내수와 수출에서 어려운 상황을 맞고 있다.*

---

* 한국철강협회 홈페이지

상품
펭수

'펭하'라는 인사말로 유명한 펭수는 EBS '자이언트 펭TV'에 등장하는 펭귄 모습의 캐릭터이다. 보통은 캐릭터를 연기하는 배우와 목소리만 담당하는 성우가 함께 하나의 캐릭터를 구성하는 것이 일반적이지만, 펭수는 연기자가 자신의 목소리로 이야기하는 1인 1캐릭터이다. 펭수는 남극에서 온 황제 펭귄으로 열 살이며 2m가 넘는 키와 100kg에 육박하는 몸무게, EBS 소품실을 집으로 삼아 생활하고 있는 것으로 캐릭터를 설정하고 있다.

펭수의 첫 등장은 자신이 살던 남극을 떠나 최고의 크리에이터가 되기 위해 한국의 EBS를 찾은 연습생이며 첫 에피소드는 초등학교로 전학하는 모습이었다. 펭수 유튜브 채널의 초기 구독자는 100명도 되지 않는 등 새롭게 시도하는 콘텐츠 콘셉트 대비 성과가 좋지 않았다. 그러나 펭수는 시간이 지날수록 어린이 교육 콘텐츠에 등장하는 교훈적이고 순수한 캐릭터와는 달리, 솔직하고 거침없는 입담으로 성인들이 선호하는 캐릭터가 되었다.

EBS가 아닌 타 방송에 자주 출연하기도 했는데 일반 예능부터 음악프로그램, 심지어 뉴스에까지 등장해 재미있는 입담을 선보이며 2019년 방송 연예 부문 올해의 인물로 선정되기도 했다. 제야의 종 타종행사에 참석하기도 했으며 지하철역 지하도에는 데뷔 축하 광고가 붙는 등 펭수는 전 국민의 사랑을 받는 캐릭터가 되었다.

펭수의 성공 요인으로는 귀엽고 친근한 외모를 먼저 꼽을 수 있겠지만 사람들의 이목을 가장 끌었던 것은 바로 펭수의 당당함과 솔직함, 그리고 위트 있는 즉석 애드리브 등 시청자와의 소통 능력이다. 특히 EBS 대표이사의 이름을 자주 언급함으로써 직장인들과 공감대를 이루기도 했다. 또한 BTS를 비롯한 유명 인플루언서들과 다양한 협업을 통해 팬층을 넓혔고 외교부, 보건복지부 등 정부 기관들의 공익 광고나 협업을 진행하면서 활동 영역을 넓혔다. 그러나 높아진 유명세만큼 우여곡절을 겪기도 했는데, 외교부 방문 시 실제 정체를 밝히지 않아 보안규정 위반 소지가 있었다는 언론 보도로 이슈화되기도 했으며 국정감사 증인으로 신청되었다가 취소되기도 했다.

오팔 세대

오팔(OPAL)은 'Old People with Active Life'의 약자로 오팔 세대는 활기찬 인생을 살아가는 신노년층을 말한다. 이들을 '오팔 세대'라고 부르는 이유는 마치 보는 방향에 따라 다채로운 색깔을 내는 오팔 보석처럼, 이들도 자기 안에 있는 다양한 특색을 마음껏 드러내기 때문이다. 우리나라의 경우 '58년생 개띠'로 대표되는 베이비부머를 중심으로 한 5060 세대가 여기에 해당한다.

이들이 최근 주목받고 있는 이유는 다른 세대에 비해 평균 자산을 가장 많이 보유하고 있을 뿐만 아니라, 자기 자신을 위해 아낌없이 소비하는 새로운 소비계층으로 부각되고 있기 때문이다. 시간적 여유와 구매력을 동시에 갖춘 이들은 여행이나 운동 등 취미 활동에도 적극적이다. 얼마 전 방영했던 '미스 트롯'과 '미스터 트롯'이 전국적으로 트로트 열풍을 몰고 올 정도로 인기를 끌 수 있었던 데는 오팔 세대들의 열렬한 지지가 있었기에 가능한 일이었다. 거기다 능숙하게 스마트폰을 활용할 수 있는 능력까지 갖추면서 이들의 덕질은 10대들을 능가하는 수준이 되었다.

미용이나 패션은 물론이고 건강에도 관심이 많아 자신을 위한 소비에 적극적인 오팔 세대는 특히 미래 이커머스 시장의 주 고객층으로 성장할 것으로 전망되고 있다. 이에 따라 유통업체에서도 오팔 세대를 잡기 위해 적극적이다. 이들과 비슷한 또래의 시니어 모델을 기용하는 브랜드들이 늘고 있을 뿐 아니라, 한 온라인 쇼핑몰에서는 이들을 타깃으로 한 '실버 스토어'를 개설하기도 했다.

오팔 세대는 제2의 인생에 대해서도 적극적이다. 이들은 경제성장률 10%대의 고도 성장기를 이끈 주역들로, 젊어서는 자신을 돌볼 시간이 없을 정도로 하루하루를 치열하게 살아왔다. 학력이 높아 배움에 대한 열망이 강하고 성취지향적인 특징을 가진 오팔 세대는 새로운 분야에 대한 도전정신도 강한 편이다. 그래서 그들은 젊어서 펼치지 못했던 자신의 꿈을 찾아 적극적으로 활동하고 있다. 최근 고령의 나이에도 불구하고 런웨이를 활보하며 모델 활동으로 주목받고 있는 김칠두 씨, 60대 패션 유튜버 '밀라논나'로 인기 몰이를 하고 있는 장명숙 씨, 최고령 오지 탐험가 이춘숙 씨 등은 제2의 인생을 개척하며 다양한 삶을 즐기고 있다.

11월

46주

팍스 시니카와 일대일로

　강력한 힘을 가진 한 특정 국가에 의해 세계 질서가 이루어져 지속되었을 때 평화를 뜻하는 팍스(Pax)라는 라틴어에 국가 이름을 붙여 표현하곤 한다. 예를 들어 로마제국이 흥성하던 시기는 '팍스 로마', 19세기 영국이 강력한 국력을 토대로 식민지 통치를 하던 때는 '팍스 브리태니커'라고 하며 제2차 세계대전 이후로는 '팍스 아메리카나'라고 한다. 이와 마찬가지로 중국이 미국과 함께 G2로서 글로벌 경제·사회적으로 영향력을 키우며 성장해나갈 미래의 중국을 가리켜 '팍스 시니카(Pax Sinica)'라고 부른다. 차이나(China)가 아닌 시니카(Sinica)로 불리는 이유는 과거 진(Sinic) 나라의 명칭에서 유래되었기 때문이다.

　중국은 현대산업 사회로 진입하면서 막대한 노동력과 자본을 바탕으로 글로벌 경제에 큰 영향을 미치며 꾸준한 성장을 이어오고 있다. 그리고 2013년 시진핑 국가주석은 중화인민공화국 건국 100주년이 되는 2049년을 목표로 '일대일로(一帶一路)'라는 중국 경제의 청사진을 제시했다. 여기서 일대(一帶)는 중국에서 중앙아시아를 거쳐 유럽까지 연결되는 실크로드 경제 벨트를 의미하며, 일로(一路)는 동남아와 서남아를 거쳐 중동, 아프리카, 유럽까지 이어지는 21세기 해상 실크로드를 말한다. 즉 중국을 중심으로 전 세계 경제를 잇는 새로운 체제를 만들겠다는 것이다.

　좀 더 구체적으로 살펴보면 청두, 시안, 쩡저우 등 핵심지역 집중투자를 기반으로 글로벌 육로 벨트와 해로 로드를 구축하는 것이며 이를 위한 고속철도, 항만 등 운송 플랫폼과 자본투자 확대를 위한 금융 플랫폼을 통해 최종적으로는 아시아와 유럽을 잇는 글로벌 단일 경제 플랫폼을 완성하려는 계획이다. 그리고 막대한 자금 확보를 위해 아시아 인프라투자은행(AIIB)을 설립했는데 2016년 미국과 일본을 제외한 영국, 프랑스, 독일 등 57개국이 참여했던 회원국은 2019년 기준 우리나라를 포함해 100개국까지 늘었다. 그러나 이러한 중국의 일대일로는 곳곳에서 미국의 견제를 받으며 미중 무역전쟁 등 두 나라 간 충돌하는 모습을 보이고 있다.

인물

조지 소로스

헝가리계 미국인 투자자 조지 소로스(George Soros, 1930~)는 헤지펀드계의 살아있는 전설로 헤지펀드의 역사는 그가 등장하기 전과 후로 나뉜다는 말이 있을 정도이다. 그는 1969년 짐 로저스와 함께 헤지펀드인 퀀텀 펀드를 설립한 이래 2011년 강화된 규제로 투자자들의 자금을 모두 돌려주며 헤지펀드 매니저를 그만둘 때까지 약 40년간 연평균 20%의 높은 수익률을 올렸다.

그의 투자 스타일은 워런 버핏과 곧잘 비교된다. 두 사람은 1930년생 동갑내기로 정반대의 투자 스타일을 구사하고 있다. 가치투자자인 워런 버핏은 상향식(Bottom-up) 투자자로 거시경제보다는 개별 기업의 분석에 집중하는 투자자이다. 반면 조지 소로스는 하향식(Top-down) 투자자로 개별 기업보다는 국제 정세와 환율 등 글로벌 경제 흐름에 집중하는 투자자이다. 조지 소로스는 영국 중앙은행을 굴복시킨 사나이로도 유명하다. 그는 1992년 영국 파운드화의 가치 하락에 배팅해 일주일 만에 10억 달러를 벌어들였다. 1997년에는 태국 바트화와 말레이시아 링기화를 집중공략해 막대한 수익을 거두었는데, 이로 인해 아시아 외환위기가 초래되기도 했다. 이러한 이력 때문에 그는 국제 환투기꾼이라는 수식어를 달고 다니기도 했다. 이렇듯 그는 나라의 규모가 크든 작든 한 국가의 중앙은행을 상대로 자신이 원하는 대로 시장의 흐름을 쥐락펴락했다. 아마도 자신의 명성을 믿고 추종하는 펀드들이 많았기에 이러한 일도 가능했을 것이다.

조지 소로스는 시장을 예측하고 투자하기보다는 시시각각 변화하는 상황에 맞는 시나리오에 따라 대응함으로써 리스크를 최소화한 투자자이다. 동시에 그는 자신의 투자가 잘못되었다고 생각되면 즉시 수정하는 유연한 사고를 가진 투자자이기도 했다. 이러한 그의 투자 철학에는 재귀성 이론이 깔려 있다. 재귀성 이론은 어떤 상황이 사람들의 생각을 바꾸기도 하지만 동시에 사람들이 생각하는 대로 상황이 전개되기도 한다는 것이다. 이는 순전히 우리가 사는 세상이 불완전하기 때문에 가능한 일로, 사람은 자신이 처한 상황이 아닌 그 상황에 대한 나름의 해석을 통해 결정을 내리고 그러한 결정이 다시 상황에 영향을 준다는 이론이다.

주식시장을 예로 들자면, 주가는 기업의 펀더멘탈(경제기초)에 의해 결정되기도 하지만 투자자들이 갖는 기업에 대한 기대치대로 주가가 움직이기도 한다. 투자자들의 기대치와 기업의 펀더멘탈 차이가 커질수록 주가에는 거품이 생기고 그 거품을 잘 활용한다면 큰 돈을 벌 수 있다는 것이다.

통화지표

통화량은 시중에 돌고 있는 화폐의 양을 의미한다. 통화량이 경제 규모에 비해 너무 많이 풀려 있으면 화폐가치가 떨어져 물가가 오르는 인플레이션이 발생하고, 반대로 통화량이 부족하면 화폐가치가 상승하면서 물가가 하락하고 경제활동이 위축되는 디플레이션이 발생한다. 그러므로 경제 규모에 맞는 적정 수준의 통화량을 유지하는 것이 중요하다. 그래서 한국은행에서는 시중에 유통되고 있는 화폐의 양을 측정하기 위해 통화지표를 만들어 관리하고 있다. 통화지표는 통화에 포함된 금융상품의 유동성 정도에 따라 본원통화(M0), 협의통화(M1), 광의통화(M2), 금융기관 유동성(Lf), 광의 유동성(L)으로 나눈다.

본원통화(M0)는 한국은행에서 발행해 시중에 풀려 있는 돈을 의미한다. 우리가 알고 있는 지폐와 동전은 물론 지급준비금을 합친 금액이 본원통화이다. 참고로 지급준비금은 예금자들이 은행에 인출을 요구할 때를 대비해 은행이 의무적으로 예금액의 일정 비율 이상을 한국은행에 예치하도록 한 자금을 말한다.

협의통화(M1)는 화폐의 지급결제수단으로서의 기능을 중시한 지표이다. 협의통화에는 본원통화에 입출금 통장에 있는 예금처럼 즉시 현금화할 수 있는 요구불예금과 수시 입출금식 예금이 포함된다. 보통 협의통화는 단기 금융시장의 유동성 수준을 파악하는 데 사용된다.

우리가 일반적으로 시중 통화량을 이야기할 때는 광의통화(M2)를 의미한다. 광의통화에는 협의통화에 정기 예적금, 거주자 외화예금, 시장형 금융상품(CD, RP, 표지어음 등), 실적배당형 금융상품(금전신탁, 수익증권 등), 그리고 금융채 등 만기 2년 미만의 금융상품이 포함된다. 광의통화에 포함되는 금융상품들의 특징은 협의통화에 비해 유동성은 다소 떨어지지만 약간의 이자소득을 포기한다면 언제든 현금화가 가능하다는 특징이 있다.

금융기관 유동성(Lf)에는 광의통화에 만기 2년 이상 금융상품과 증권금융의 예수금, 그리고 생명보험회사의 보험계약준비금 등이 포함된다. 여기부터는 통화라고 부르기 애매해서 넓은 의미의 유동성이라는 표현을 사용한다. 마지막으로 광의유동성(L)은 한 나라의 전체 유동성의 크기를 나타내는 것으로 정부나 기업 등이 발행한 국공채, 회사채 등 거의 모든 유동성 금융상품을 포함한다.

투자

문재인 정부의 부동산 정책

이명박, 박근혜 정부 동안 경기부양 등의 목적으로 완화되었던 부동산 정책은 문재인 정부에 들어서 다시 강한 규제로 돌아섰다. 특히 서민 주거안정과 실수요자 보호라는 방향성을 토대로 2017년 6.19 대책을 통해 대출 규제 지역을 확대하고 LTV, DTI를 각각 60%, 50%로 낮추었다. 여기에 서울지역의 분양권 거래를 금지시켰다. 또 얼마 지나지 않아 서울 전 지역과 과천 세종시를 투기과열지구로 지정했으며 LTV(주택담보대출비율), DTI(총부채상환비율)를 40%까지 낮추며 재건축 초과이익 환수제 시행을 예고했다. 이러한 규제와 더불어 청년, 신혼부부 등 주거 취약자를 위한 복지 로드맵 및 임대주택 등록 활성화 등의 지원 정책을 발표했다.

2018년에는 수도권 주택공급 계획에 초점을 둔 정책들을 발표했다. 특히 3기 신도시로 남양주 왕숙, 하남 교산 등을 지정해 서울 접근성 높은 수도권 인근의 주택공급을 예고했다. 2019년 부동산 정책의 주요 키워드는 분양가 상한제와 고가 아파트들의 강력한 대출 규제로 요약할 수 있다. 특히 9억 원 초과 주택 LTV 강화 및 15억 초과 주택담보대출 금지 등의 12.16 대책은 일명 똘똘한 한 채 투자로 알려진 인기 지역 고가 아파트 투기 수요에 대한 대출 규제 강화 정책이었다. 그러나 부동산 가격은 잠시 주춤하다가도 꾸준한 상승세를 멈추지 않았다.

특히 2020년 코로나 19로 기준 금리가 역사상 최저인 0.5%까지 하락하자 시장에 늘어난 유동성 중 많은 부분이 부동산에 몰림으로써 다시금 급등하는 모습을 보였다. 이에 부동산 투기 수요를 차단하고자 더 강력한 조치들을 단행했다. 특히 매매가 대비 높은 전세가율을 활용한 갭투자를 원천적으로 차단하고 법인 명의의 주택 투자에 대한 과세 체계를 정비했으며 7.10 대책을 통해서는 다주택자의 경우 종부세율 6%, 취득세 12%, 양도세 72%까지 높여 실질적으로 부동산을 통해 이익을 볼 수 없을 수준으로 세제를 강화했다.

그뿐만 아니라 부동산 감독기구 설치에 대한 논의까지 더해지면서 향후 부동산 시장에 대한 상시적 규제 강화를 예고했다. 이러한 규제 정책들이 시장에서 어떻게 작동할지는 앞으로 지켜보아야 할 것이다.

철강 산업 (2)

　전 세계 철강 생산량은 2019년 기준 약 18억 7,000톤에 이르며 이 중 절반가량인 9억 9,630만 톤을 중국이 만든다. 그 뒤를 이어 인도가 1.1억 톤, 일본 9,000만 톤, 미국 88,000천만 톤을 생산하고 있다. 우리나라는 세계 생산량의 4%에 해당하는 7,000만 톤을 생산하고 있으며 규모로는 약 6위권이다.* 철의 생산뿐 아니라 수요 역시 중국이 절반 이상을 소비하기에 글로벌 철강 산업의 변화를 예측하고 싶다면 중국 건설업과 제조업, 자동차 산업 등 철이 기반이 되는 중국 산업 지표를 유의해서 살펴보아야 한다.

　2019년 중국은 건설 산업이 성장하는 모습을 보였으나 기계 산업은 글로벌 경기 둔화 등으로 하락하는 모습을 보였고 자동차 산업 역시 어려움을 겪으면서 전반적인 글로벌 철강 수요는 둔화하는 모습을 보였다. 특히 미중 무역분쟁이 장기화되면서 철강 수요가 줄고, 제조업도 정체되는 모습을 보이는 등 철강 산업은 전반적으로 정체기를 맞고 있다.

　우리나라 철강업체들은 1970년대 제조업 중심의 경제성장기를 거치며 비약적인 성장을 이루어왔는데, 가장 선두업체라 할 수 있는 포스코의 경우 세계에서 가장 경쟁력 있는 철강사로 선정될 정도로 제품, 비용, 기술 등 여러 부문에서 글로벌 경쟁력을 확보하고 있다.

　그러나 이러한 철강 산업은 최근 들어 많은 어려움을 겪고 있다. 글로벌 보호무역주의 성향이 강조되면서 각국의 수입규제 역시 강화되고 있는데, 그중 가장 강화된 규정을 적용하는 분야가 철강이다. 또한 환경규제 역시 자동차, 조선, 제조업 부문의 철 수요를 감소시키며 시장을 위축시키고 있다. 여기에 설상가상 코로나 19로 인한 건설, 자동차. 조선 등 철 수요에 큰 영향을 미치는 산업들이 부진한 모습을 보이면서 국내 철강 기업들의 수출은 2020년 상반기 기준 전년 동기 대비 약 20% 이상 하락하는 모습을 보이고 있으며 내수 시장도 2009년 이후 처음으로 5,000만 톤 이하가 될 것으로 전망된다.

---

*　POSRI 이슈리포트 (포스코경영연구원)

쿠팡

쿠팡은 우리나라의 대표적인 온라인 쇼핑 사이트 중 하나이다. 미국에 쿠팡 LLC라는 모회사를 두고 있으며 2010년 8월 김범석 대표가 설립했다. 쿠팡이 유명해진 것은 유명인을 내세운 광고 등 다양한 마케팅 활동도 한몫했지만, 그보다 로켓 배송이 널리 알려지면서부터 쿠팡의 브랜드 인지도는 급상승하게 되었다. 로켓 배송은 24시 이전에 주문하면 바로 다음 날 배송해주는 시스템으로, 지금은 다른 경쟁업체들에서도 제공하고 있지만 로켓 배송이 시작된 2010년 당시에는 매우 혁신적인 서비스였다.

아마존 배송 모델을 벤치마킹해 새로운 배송 경험을 제공함으로써 기존의 오픈마켓 업체들이 낮은 가격과 마케팅을 통해 경쟁하고 있을 때, 그 핵심 경쟁 요소를 배송으로 전환시킨 것이다. 특히 택배업체를 쓰지 않고 쿠팡맨이라는 배송원들을 직접 고용한 사례는 일자리 창출에 기여할 뿐 아니라 전문성을 바탕으로 한 친절한 배송이라는 이미지를 각인시켰다. 이러한 전략으로 쿠팡은 비약적으로 성장했다. 2018년 대비 60% 이상 성장해 2019년 7조 원이 넘는 사상 최대 매출을 달성했으며, 코로나 팬데믹 이후 언택트 생활이 일상화되면서 향후 쿠팡 매출액은 더욱 확대될 것으로 예상된다.

그동안 쿠팡에는 몇 가지 꼬리표가 붙어 있었다. 그중 하나가 만년 적자 기업이라는 것이다. 매출은 급격하게 증가했지만 영업 이익이 지속적으로 마이너스였던 것은 그만큼 투자와 고용을 늘렸기 때문이다. 실제로 국내 기업 중 4위에 링크될 정도의 약 3.8만 명이 넘는 직원들이 쿠팡에서 근무하고 있으며, 전국에 축구장 190개가 넘는 규모의 물류 인프라를 구축하고 있다. 한마디로 번 것보다 고용과 시스템 개선에 더 많은 돈을 쓴 것이다.

이러한 쿠팡의 전략에 대해 사람들은 독점적인 시장 지위를 얻기 위한 무리수가 아니냐는 우려 섞인 목소리도 있었다. 왜냐하면 쿠팡의 시장점유율은 10%가 조금 넘는 현재 수준으로는 시장을 독식할 만큼의 점유율을 확보하기에는 어려움이 있기 때문이다. 그러나 2020년 쿠팡은 적자 폭을 줄이며 큰 매출을 올리는 턴 어라운드하는 모습을 보여주고 있다. 특히 코로나 이후 언택트 환경이 일상화되면서 쿠팡 배송에 대한 니즈는 더욱 커지고 있어 기존의 서비스뿐 아니라 쿠팡이츠 같은 확장된 서비스의 성장도 주목해볼 만하다. 또 2021년 3월에는 미국 뉴욕 시장에 상장했으며 상장 첫날 40% 넘게 급등하며 시총 100조 원을 돌파하기도 했다.

파이어족

파이어(Fire)는 '경제적 자립, 조기 퇴직(Financial Independence, Retire Early)'이라는 의미의 영어단어 첫 글자를 따서 만든 신조어이다. 주로 고소득과 고학력 전문직을 중심으로 하는 파이어족은 사회생활을 처음 시작하는 20대 때부터 소득의 대부분을 저축할 정도로 지출은 최대한 줄이고 투자는 늘려서 경제적 독립을 쟁취하고자 한다. 그 결과 그들은 30대 후반에서 늦으면 40대에 은퇴해서 자신만의 인생을 살기를 원한다.

파이어족은 본인의 일상과 행복을 중시하는 미국의 밀레니얼 세대(1980년대 초부터 2000년대 초 사이에 출생한 세대)를 중심으로 확산되고 있다. 이들은 주로 2008년 금융위기 이후 경기 침체기에 사회에 첫발을 내디딘 세대로 경제위기를 겪으며 저축 성향이 높은 특징이 있다. 이러한 현상은 현재 미국을 넘어 호주, 영국, 네덜란드, 인도 등으로 확산되고 있다.

하지만 이들이 실천하는 절약은 누구나 쉽게 따라 할 수 있는 수준은 아니다. 소득의 70~80%를 저축하기 위해서는 눈물겨울 정도로 극단적인 절약을 실천하지 않으면 안 되기 때문이다. 이들은 신선한 과일 먹기를 포기하고 언제나 유통기한이 임박한 과일을 먹는다. 자동차를 팔고 대중교통을 이용하거나, 그럴 수 없다면 오래된 중고차를 몰고 다닌다. 물론 가까운 거리는 걸어다닌다. 집도 규모를 줄이는 동시에 생활비가 저렴한 지역으로 이사가고, 자녀는 학비가 저렴한 공립학교에 보낸다. 외식은 포기한 지 오래고 회사에서 제공하는 무료 저녁을 먹기 위해 하루 14시간 근무도 마다하지 않는다. 경제적 자립을 바탕으로 한 조기 은퇴라는 자신들의 꿈을 위해 정말로 지독한 구두쇠가 되는 것이다.

하지만 이렇게 눈물겨운 절약을 통해 경제적 자립을 달성한다고 해서 은퇴 후 그들이 인생을 여유롭게 즐기는 것은 아니다. 은퇴 후 여유로운 생활보다는 절약을 통해 경제적 자립을 유지하길 원하기 때문에 그들은 경제적 자립을 달성한 이후에도 여전히 절약을 실천한다. 대신 은퇴 후 자신이 원하는 일을 하고 싶어 한다. 그들에게 경제적 자립은 여유로운 삶을 위해서가 아니라 자신이 원하는 삶을 살기 위한 것이다.

11월

47주

역사

베네수엘라의 경제 위기

2016년 12월 말, 우리나라 포털 급상승 인기 검색 키워드 중 하나는 '베네수엘라 윈도우10' 구매였다. 당시 베네수엘라 환율이 비정상적으로 작용해서 30만 원이 넘는 MS사의 윈도우10이 우리나라 돈 4,000원 수준으로 결제되었던 것이다. 이는 베네수엘라의 망가진 경제 시스템에서 비롯된 환율정책 실패와 MS사의 판매 설정 오류에서 비롯된 것이었다. 베네수엘라는 원유매장량만 보면 세계 5위권의 남미 최고 부국 중 하나였지만, 지금은 수백만%의 상상을 초월하는 살인적 물가로 화폐는 휴지조각이 되어 국민 중 50%가 빈민층으로 전락했으며 브라질 등 인근 국가로 앞다투어 탈출하고 있다.

세계적인 자원 부국 베네수엘라는 왜 이렇게 되었을까? 먼저 국가 전체 수출에 95%가 석유에만 집중되어 있는 베네수엘라의 국가 산업구조에서 그 원인을 찾아볼 수 있다. 베네수엘라는 1914년 석유가 발견되고 난 후 단숨에 큰 부를 축적했지만 이 돈을 다른 국가기간 산업에 투자하기보다 석유 수출에만 집중했고, 게다가 석유 산업을 민간이 아닌 정부 주도의 국유화로 추진했는데 이 과정에서 생산력이나 경쟁력 역시 떨어질 수밖에 없었다. 이후 멕시코 등 다른 나라에서도 우수한 품질의 대형 유전이 발견되면서 석유 생산량이 늘어 유가는 하락하게 되었고, 현재 베네수엘라의 국가 신용등급은 사실상 디폴트 등급으로 국가 부도 상태에 이르렀다. 베네수엘라는 정치적으로도 매우 복잡한 상황에 직면해 있다. 우고 차베스 전 대통령은 사회주의 경제 모델에 근거한 볼리바르 혁명을 주도했는데 그 내용은 공공학교, 무상의료, 빈민과 농민들에게 토지를 무상으로 나누어 주는 것이었다. 이로 인해 1999년 국내총생산 대비 13% 수준이었던 사회적 지출비용이 2006년에는 40%까지 치솟았고 차베스는 포퓰리즘 정권이라고 비판받고 있다.

한편 남미의 대표적 반미 국가인 베네수엘라는 석유를 무기삼아 미국과 맞섰으며 미국은 민주주의를 훼손한 이유로 베네수엘라의 국채 구매 금지, 베네수엘라의 가상화폐 거래 금지 및 핵심 인사 자산 동결 등 다양한 경제 제재를 취했다. 2013년에 차베스에 이어 마두로 대통령이 취임했지만, 석유 가격의 하락과 미국의 셰일가스 개발로 경제는 계속 침체에 빠져 있다. 2015년 실시된 총선에서 독재 체제를 강화하고 있는 마두로 대통령을 자리에서 물러나게 하려 했으나 뜻대로 되지 않았던 야권은 과이도 의장을 내세워 임시 대통령이라고 선언했다. 즉 한 나라에 대통령이 둘이 된 것이다. 이처럼 혼란에 빠진 베네수엘라의 정치·경제가 정상화되기 위해서는 앞으로도 해결해야 할 많은 문제들이 산적해 있다.

인물
피터 린치

미국의 투자가 피터 린치(Peter Lynch, 1944~)는 역사상 가장 위대한 펀드매니저로 '월가의 영웅'으로 불리는 인물이다. 그는 1977~1990년까지 마젤란 펀드를 운용하면서 연평균 29.2%의 수익률을 올리며 세계 최대의 뮤추얼펀드*를 만들었다. 이 기간 누적 수익률은 2,700%였다. 피터 린치는 10년이 넘는 시간 동안 꾸준히 시장 수익률을 초과 달성한 사람으로 이러한 대기록을 달성한 사람은 그와 워런 버핏, 단 둘뿐이었다. 그러다 1990년 4월 가족과 더 많은 시간을 가지기 위해 돌연 은퇴를 선언하면서 그의 업적은 월스트리트에 전설로 남게 되었다.

그의 투자 철학은 주변에서 10배 이상 오를 수 있는 종목을 찾는 것이었다. 그는 가족과 쇼핑을 할 때면 사람들이 어느 매장을 주로 방문하는지, 어떤 상품에 관심을 가지는지 주의 깊게 관찰했다. 그리고 집에 돌아오면 사온 물건들을 뒤져보며 투자할 종목들을 찾았다. 많은 직장인이 아침을 먹는 모습을 보고 발견한 던킨 도너츠, 여행 중 우연히 부리또를 먹다가 발견한 타코벨, 아내가 즐겨 신는 스타킹을 보고 발견한 헤인스 등은 피터 린치에게 대박을 안겨준 생활 속에서 발견한 대표적인 주식들이다.

그가 투자한 종목은 15,000개에 이를 정도로 많다. 그렇다고 그가 종목 분석을 게을리한 것도 아니다. 그는 1년에 200개 이상의 기업을 방문하고 700개 이상의 기업 연차보고서를 읽을 정도로 기업 발굴을 위해 노력했다. 그는 투자하려는 기업에 대해 제대로 알아보지도 않고 주식투자를 하는 것은 마치 패를 보지 않고 포커를 치는 것과도 같다고 말했다. 이러한 노력 덕분에 그는 투자할 만한 가치가 있는 많은 종목을 남들보다 더 많이 발견했던 것이다.

하지만 재미있는 점은 피터 린치가 운용한 마젤란 펀드는 블랙 먼데이와 같은 수많은 위기 속에서도 플러스 수익을 유지했음에도 불구하고, 이 시기에 펀드에 투자했던 투자자들의 50% 정도는 손실을 보고 펀드를 해지했다는 점이다. 이는 펀드가 장기적으로 큰 수익을 올렸을지 몰라도 단기적으로는 상승과 하락을 반복할 수밖에 없는데, 펀드가 높은 수익을 올릴 때 투자를 한 사람들이 일시적으로 손실이 나자 이를 참지 못하고 환매를 했기 때문이다.

---

* 고객이 맡긴 돈으로 투자회사를 설립한 후 주식, 채권, 파생상품 등에 투자해 발생한 수익을 배당금의 형태로 나누어주는 투자신탁

경제학

J 커브 효과

한국에서 2만 원에 생산되는 선풍기가 있다. 환율이 1달러에 1,000원 수준일 때 미국에서 20달러(20달러×1,000원=20,000원)면 이 선풍기를 살 수 있다. 하지만 원화의 가치가 떨어져 1달러에 1,250원 수준이라면 미국에서 이 선풍기를 사기 위해 이제는 16달러(16달러×1,250원=20,000원)를 지불하면 된다. 선풍기처럼 제품의 성능과 디자인이 비슷해 차별성을 가지기 힘든 제품일수록 가격 경쟁력은 제품을 선택하는 데 있어 상당히 중요한 요소이다. 환율 상승(원화 가치 하락)으로 인해 한국산 선풍기의 경쟁력이 높아지면 자연스럽게 수출은 늘어나게 된다. 반대로 환율이 1달러당 800원으로 떨어지면(원화 가치 상승) 미국의 소비자 입장에서는 같은 제품을 이제는 25달러(25달러×800원=20,000원)에 사야 한다. 가격 경쟁력을 잃은 한국산 선풍기는 이제 수출이 줄어들게 된다. 이렇듯 수출에 있어 환율이 미치는 영향은 상당하다. 그래서 정부에서는 한국산 제품의 경쟁력을 유지하기 위해서라도 적정 수준의 환율을 유지하기를 원한다.

하지만 때로는 정부에서 무역수지를 개선하기 위해 환율에 인위적으로 개입하는 경우가 있다. 보통은 수출을 늘리기 위해 환율 상승(원화 가치 하락)을 유도하는데, 환율이 상승한 초기에는 오히려 무역수지가 악화되다가 상당한 시간이 지나면서 그 효과가 발휘된다. 왜냐하면 상품의 수출과 수입이 계약 단계에서부터 실제 물건을 실어나르기까지 상당한 시간이 소요되기 때문이다. 그래서 환율이 상승한 초기에는 이미 체결된 계약에 의해 수출과 수입이 이루어지기 때문에 물량 자체에는 변동이 없다. 다만 환율 상승으로 수출품의 가격은 하락하고 수입품의 가격은 상승해 무역수지가 악화되는 것이다.

그렇지만 시간이 경과하면서 수출품 가격 하락으로 인한 수출물량은 증가하는 한편, 가격이 오른 수입품의 수입물량이 감소하면서 무역수지는 개선되게 된다. 이처럼 환율 상승 이후 무역수지가 악화되다가 시간이 지남에 따라 개선되는 모습이 마치 알파벳 J와 비슷하다고 하여 이를 'J 커브 효과'라고 한다. 즉 J 커브 효과는 환율 상승으로 인한 상품의 가격 변화와 수출입 물량의 변화가 동시에 이루어지지 않고 시차를 두고 발생하기 때문에 나타나는 현상이다.

일본의 부동산 거품

일본의 잃어버린 20년의 가장 큰 원인 중 하나는 부동산 거품이다. 1980년대 일본은 세계에서 가장 높은 4~6%의 경제성장률을 보이며 제조업을 앞세워 연간 1,000억 달러가 넘는 무역흑자를 쌓던 시기였다. 당시 일본은 신입사원 평균 연봉이 1억이 넘고, 예금 금리가 8%를 웃돌았다. 흑자 기업도 직원을 구하지 못했는데, 그 이유가 아르바이트만 해도 충분히 살 수 있기 때문이었다. 그러나 1985년 플라자합의로 일본 엔화가 절상되면서 1986년 일본은 금리를 인하했고 계속해서 저금리를 유지했다. 이에 일본 은행들은 경쟁적으로 토지 구입을 권유하며 대출을 확대하기에 이르렀고 일본 부동산 가격은 중심 도시인 도쿄를 중심으로 가파르게 상승했다. 이후 지방까지 가격상승이 확대되고 난 후 정부 규제가 본격화되기 이전인 1990년 전까지 이미 2~3배가량 상승했던 것이다.

부동산 가격이 급등하자 일본 정부는 금융기관들을 대상으로 강력하게 부동산 관련 대출 총량을 규제했고, 부동산 보유자에 대한 보유세를 강화했다. 또한 우리나라 공시지가처럼 실제 시세 대비 낮았던 감정가를 실거래 가격 수준까지 끌어올리고자 했다. 그러자 2.5% 수준으로 낮게 유지되던 금리도 큰 폭으로 인상하기 시작했다. 이러한 조치들과 그동안 크게 부풀려졌던 부동산 거품이 1990년 말부터 갑자기 꺼지면서 부동산은 급격하게 하락했다. 토지를 담보로 대출해주던 은행들은 토지 가격이 폭락하자 회수하지 못하고 부실화되었으며, 기업 역시 자산가치 하락과 엔화 절상 등의 이슈로 제대로 경영활동을 하지 못했다. 이는 그대로 직원들의 구조조정으로 이어지며 가계와 기업 경제는 뒷걸음질치게 되었다. 그렇게 약 2010년까지 일본 경제는 잃어버린 20년을 맞이했다.

일본의 부동산 거품과 최근 급등한 우리나라 부동산 시장을 비교해보면 유사한 부분도 있지만 다른 부분도 있다. 우선 금융 완화 정책으로 인한 부동산 관련 대출이 급증한 부분은 유사하다. 이는 코로나까지 겹친 저성장시대에 저금리 정책을 써야만 하는 어쩔 수 없는 부분이기는 하지만, 이로 인해 넘친 유동성이 부동산 시장으로 몰리는 것을 막지 못했기 때문이다. 다른 점은 우리나라의 경우 예전부터 LTV 등의 대출 규제를 통해 당시 일본보다 훨씬 건전한 상황을 만들었다는 것이며 일본의 거품 수준보다는 낮다는 점이다. 하지만 부동산은 국가 경제 전체에 큰 영향을 줄 수 있는 부분인 만큼 점진적이고 신중한 접근을 통한 안정화가 요구된다.

산업

전지(배터리) 산업 (1)

2000년도 더 된 바그다드 유적에서 고대 전지의 모습을 찾아볼 수 있다. 도금 목적으로 사용되었을 것이라고 추정되는 항아리 모양의 원통형 구리판 안에 포도로 만든 액체가 있었다고 한다. 그 이후 18세기 이탈리아 물리학자 알렉산드로 볼타*가 처음 전지를 만든 이후 전지는 어린이 장난감부터 스마트폰, 노트북 등 생활 곳곳에 활용되고 있어 이제는 우리 삶에 없어서는 안 될 필수품이 되었다.

전지가 다시 높은 관심을 받게 된 것은 2차 전지에 대한 높은 활용성과 잠재적 가치 때문이다. 2차 전지는 우리가 흔히 문구점 등에서 구입하는 알칼리 배터리인 1차 전지와 달리, 방전 후에도 다시 충전 반복 사용이 가능한 전지를 의미한다. 2차 전지는 90년대 일본 소니가 주도하여 상업화시켰는데, 대표적으로 납축전지와 리튬이온 전지가 여기에 해당한다. 특히 기술 발전에 따라 리튬이온 전지 크기가 작고 얇아짐에 따라 이를 주동력으로 삼는 노트북과 스마트폰 역시 얇고 소형화되기 시작했다. 그러나 오랜 시간 사용하면 효율이 급격하게 떨어지는 단점과 종종 언론에도 등장하는 것처럼 배터리가 특정 환경에 있거나 충격을 받는 경우 폭발 위험이 상존하는 등 한계를 보이곤 했다. 그럼에도 불구하고 2차 전지는 지속적인 기술 발전을 거듭해왔는데, 특히 전기차 시장이 확대되면서 이차 전지는 엄청난 성장성을 지닌 잠재 산업으로 변화하기 시작했다.

또한 기존의 내연기관에 대한 규제가 강화되면서 전기차 등 환경 중심 자동차 산업 확대, 에너지 저장을 위한 장치(ESS) 수요가 늘어나면서 2차 전지 산업 역시 성장의 전환점을 맞이하고 있다. 나아가 고체 형태의 전고체 전지의 활용성이 높아지면서 90년 이후 지속되어 온 리튬이온 전지 시대는 점차 쇠퇴하고 있다. 물론 전고체 전지는 아직 상업화를 위해 해결해야 할 과제가 남아 있지만 리튬이온 전지 대비 발열, 인화성이 없어 가장 중요한 안정성을 높일 수 있으며 충전 속도도 비약적으로 향상시킬 수 있어 전지 산업 플레이어들이 많은 투자를 하고 있다.

---

* 전압 측정단위 볼트는 물리학자 알렉산드로 볼타(1745년~1827년)로부터 유래되었다.

상품
MS Office

MS Office(Microsoft Office)의 파워포인트, 엑셀, 워드 등의 활용능력은 학업 수행과 취업을 위한 기본 역량이라 해도 과언이 아닐 정도로 직장인뿐 아니라 학생들에게도 매우 친숙한 응용 프로그램이다. 심지어 MS 오피스 활용능력을 측정하기 위한 MOS(Microsoft Office Specialist) 자격증도 많은 사람들이 취득하기 위해 공부한다.

MS Office는 1989년 애플의 매킨토시용으로 처음 출시되었다. 그다음 해 바로 윈도우 버전이 나왔고, 1995년부터는 MS Office 뒤에 해당 연도를 붙이는 방식으로 지속적으로 버전업해왔으며 현재 MS Office 2019까지 출시되었다.

MS Office는 프레젠테이션이나 보고용 문서작성을 하기 위한 파워포인트와 데이터 분류, 문서작성은 물론이고 간단한 통계 계산까지 가능한 엑셀, 그리고 전 세계적으로 가장 많이 쓰이는 워드 프로세서인 MS 워드를 포함하고 있다. 그러나 우리나라의 경우 아래아 한글을 쓰는 곳이 많아 MS 워드의 경우 우리나라에서의 점유율은 높지 않은 편이다.

MS Office에는 이 외에도 다양한 프로그램 패키지가 있다. 많은 기업의 이메일 클라이언트로 사용 중인 아웃룩, 데이터베이스 관리 기능을 제공하는 액세스, 일정 관리 및 업무 목록 등을 제공하는 원노트, 웹사이트 편집 프로그램인 셰어포인트 디자이너, XML 기반의 대화형 DB 프로그램 및 도면이나 다이어그램 등을 작성할 수 있는 비지오까지, 많은 프로그램을 보유하고 있다. 이러한 프로그램들은 윈도우 PC 기반뿐 아니라 모바일에서도 문서작성 열람을 비롯한 간단한 편집이 가능한 어플리케이션을 제공하고 있다.

최근에는 MS Office의 구입 방식도 Office 2019와 Office 365로 구분하여 제공하고 있는데, 독립형 솔루션인 Office 2019의 경우에는 예전과 동일하게 구매 후 평생 동안 사용할 수 있는 방식이며, Office 365는 구독 기반 서비스로 월 또는 연단위 요금을 지불하고 활용할 수 있는 라이선스를 얻게 되는 것이다.

MS Office 프로그램들은 지금도 여전히 사무업무와 학습에 다양하게 활용되고 있다. 그러나 모바일을 중심으로 여러 경쟁 어플리케이션이 등장하면서 문서 편집 시장에도 변화가 일고 있다.

국민연금

국민연금은 국민의 노후 소득보장을 통한 생활안정과 복지증진을 도모하고자 1988년 1월에 도입되었다. 국가가 운영하는 연금제도인 국민연금은 만 18세 이상 60세 미만의 소득이 있는 대한민국 국민이라면 누구나 의무적으로 가입해야 한다. 물론 소득이 없는 학생이나 주부 등도 원한다면 임의가입 제도를 통해 가입할 수 있다. 개인의 필요에 따라 선택적으로 가입하는 개인연금과 달리 국민연금은 가입에 강제성이 있다. 이는 노후 빈곤 문제는 개인 차원의 문제로 끝나는 것이 아니라 국민의 복지와도 직결되는 문제이기 때문이다.

국민연금은 국민의 기본적인 노후생활을 보장하기 위해 마련된 제도로 국민연금만으로는 충분한 노후생활이 불가능한 것이 사실이다. 하지만 한 가지 확실한 점은 국민연금은 자신이 낸 돈보다 더 많이 받도록 설계되었다는 점이다. 이는 최초로 연금을 받는 시점에 과거의 소득을 현재가치로 재평가하여 그동안의 물가 및 소득 상승분을 반영하기 때문이다. 또한 국민연금은 소득이 적을수록 상대적으로 더 많은 연금을 받게 된다. 이는 고소득 계층에서 저소득 계층으로 소득 재분배를 통해 소득계층 간의 소득 격차를 줄임으로써 사회통합에 기여하기 위해서이다.

국민연금은 현재 소득의 9%를 최소 120개월 이상 납부해야 비로소 노후에 연금으로 받을 수 있다. 또한 연금은 매년 물가상승률을 반영하여 지급하기 때문에 연금의 실질가치를 보장하고 있다. 국민연금이 처음 만들어졌을 때는 만 60세부터 연금을 수령할 수 있었지만, 연금의 조기 고갈 문제가 불거지면서 단계적으로 연금 수령 시기를 조정했다. 그래서 1969년 이후 출생자들은 만 65세부터 연금을 받을 수 있게 되었다.

국민연금에 있어 가장 큰 관심사는 기금의 고갈 문제일 것이다. 이는 시기의 문제이지 결국은 예상된 결과로 너무 걱정할 필요는 없다. 한국처럼 기금을 적립하는 방식으로 공적연금을 운영하는 국가는 미국, 일본, 캐나다, 스웨덴 이렇게 5개 국가에 불과하다. 다른 국가에서는 그해 보험료를 걷어 연금으로 모두 지급하는 부과방식을 사용하고 있다. 만약 국민연금 기금이 모두 고갈된다면 한국도 적립방식에서 부과방식으로 바뀔 것이다.

적립방식에서 부과방식으로 바뀌면서 후대의 부담은 커질 수 있겠지만 국가에서 지급하는 연금은 결코 사라지지 않는다. 국민연금은 구체적으로 명시되어 있지는 않지만 국가가 최종적으로 지급을 보장하고 있기 때문이다.

11월

48주

대한민국의 경제 역사

일본과 서구 열강의 침탈 그리고 6.25 전쟁으로 우리나라 경제 인프라는 큰 피해를 입었다. 전쟁 후 1950~60년대까지 우리나라는 노동력 중심의 소비재 산업 부흥에 집중했다. 정부는 면공업 복구를 위해 원조받은 자원들을 싼값으로 기업에 팔았고 제일제당, 대한제분 등 설탕 제조업체와 식료품 기업이 크게 성장했다.

1960~70년대까지는 제조 산업 성장의 시기였다. 정부는 1962년 1차 경제개발 계획을 수립해 비료, 화학 등 경공업 중심을 장려했으며 10환을 1원으로 변경하는 통화개혁도 실시했다. 이어 1967년부터 시작된 2차 경제개발부터는 제철, 기계, 석유화학, 조선업을 4대 국책 사업으로 설정해 중공업 육성에 힘을 실었다. 수출기업에 대한 세제 혜택과 대기업 중심의 지원으로 1977년 수출 100억 달러를 달성했다. 창원, 거제, 구미, 포항 등지에 공업단지가 조성되었고 경제는 급성장했다.

1980년대 들어 우리나라는 '성장 우선 정책'에서 '안정 위 성장기반을 다지는 정책'으로 전환했다. 이는 경제정책 방향의 큰 변화를 뜻하는데 무조건적인 성장이 아닌 물가안정 등 경제 안정화에 중점을 두겠다는 것이었다. 특히 두 차례의 석유 파동을 거치며 국가 경제에 큰 영향을 미치는 주요 품목들의 물가안정 노력이 필요한 상황이었다. 이에 우리나라는 1985년까지 물가안정을 위한 긴축재정을 추진함으로써 안정적인 성장을 이어갈 수 있었다.

1980년 1월을 기준으로 한 종합주가지수인 코스피가 만들어졌으며, 1988년에는 서울 올림픽을 개최함으로써 전 세계에 대한민국의 위상과 대외 신인도를 제고했다. 또한 같은 해 국민연금제도도 실시했다. 1993년에는 투명한 금융 거래를 위한 금융실명제를 전면 도입해 금융 선진화 기반을 마련하고 1996년에는 OECD에 가입했다. 그러나 이듬해 IMF 사태를 겪으면서 그동안 급성장했던 우리나라 경제는 큰 어려움을 겪게 되었다. 경제 주도권을 IMF에 내어줌으로써 경제 체질 개선, 구조조정이라는 이름 아래 기업 파산과 실직이 줄을 이었고 환율 변동성은 커졌다. 그러나 국민의 단합된 노력으로 예정보다 앞서 2001년 8월에 IMF를 졸업할 수 있었다.

이후 우리나라는 IT, 자동차, 조선 철강 부문에서 글로벌 경쟁력을 바탕으로 세계 시장을 선도하고 있으며 특히 2010년 이후로는 반도체 산업뿐 아니라 영화, 게임 등 문화 산업에서도 글로벌 시장을 확대해나가고 있다.

존 템플턴

미국의 투자자 존 템플턴(John Templeton, 1912~2008)은 투자 실력은 물론이고 박애정신으로도 유명해 사람들은 그를 '영혼이 있는 투자자'로 불렀다. 그는 종교계의 노벨상으로 불리는 템플턴 상을 제정해 인류애와 종교적 성취가 뛰어난 인물에게 시상했을 뿐만 아니라 존 템플턴재단을 설립해 인류발전에 공헌하는 다양한 분야의 연구활동을 지원하는 등 전 재산을 사회에 환원했다. 이러한 그의 노력으로 1987년 영국 엘리자베스 2세 여왕으로부터 기사 작위를 받기도 했다.

존 템플턴은 역발상 투자의 귀재였다. 1939년 히틀러가 폴란드를 침공했다는 소식을 들은 그는 1만 달러를 빌려 주식시장에서 1달러 미만으로 거래되고 있는 104개 종목에 과감하게 투자했다. 전쟁으로 군수물자에 대한 수요가 늘어 미국 경제가 살아날 것이라고 판단한 것이다. 실제로 그가 투자했던 종목 중 일부는 파산까지 이어지기도 했지만 4년 뒤 투자자금은 4만 달러로 불어나 400%의 수익률을 거두었다.

그는 높은 수익률을 얻기 위해서는 대중을 따라 해서는 절대로 안 된다고 했다. 그래서 항상 모두가 공포에 떨고 있는 위기 속에서 기회를 찾으려고 했다. 그는 "강세장은 비관 속에서 태어나 회의 속에서 자라며 낙관 속에서 성숙해서 행복 속에서 사라진다."라고 말했다. 하지만 역발상 투자를 하기 위해서는 대단한 용기가 필요하다. 위기 속에서 몸이 움츠러드는 것은 인간의 본성이기 때문이다. 그래서 그는 평소에 낮은 가격에 사고 싶은 주식 목록을 작성해두었다가 주가가 폭락하면 매수하는 방식을 사용했다고 한다.

그의 이러한 면모는 투자의 대상을 전 세계로 확장한 글로벌 펀드의 출시로 이어졌다. 당시 미국의 투자자들은 정보 부족을 이유로 해외투자에 소극적이었지만 그는 1954년 세계 최초의 글로벌 펀드인 '템플턴 그로스 펀드'를 설립해 해외 시장을 개척해 나갔다. 그가 해외로 눈을 돌린 이유는 주식투자 대상을 미국에서 전 세계로 확장시킴으로써 높은 수익률을 기대할 수 있는 저가 종목 선택의 폭을 넓힐 수 있을 뿐 아니라 분산투자의 이점을 살릴 수도 있기 때문이었다. 이 펀드는 설립 이후 1992년 플랭클린 자산운용에 매각될 때까지 연평균 14.5%의 높은 수익률을 거두었다. 참고로 그는 IMF 경제 위기로 외국인 투자자들이 한국을 떠날 때 투자를 시작해 2년 만에 267%의 높은 수익률을 올리기도 했다.

경제학
휴리스틱

　인간은 항상 논리적인 분석을 기반으로 의사결정을 내리지 못한다. 시간이나 정보가 부족해 문제를 합리적으로 분석하기 어렵거나 상대적으로 중요하지 않은 결정일 경우 인간은 자신의 경험이나 직관에 의존해 신속하게 의사결정을 내리는 데, 이러한 방식이 '휴리스틱'이다. 생각을 되도록 많이 하지 않는 것은 생존에도 유리하다. 인간의 뇌는 전체 에너지의 20%를 혼자서 사용할 정도로 많은 에너지를 소비한다. 만약 인간이 매번 심사숙고해서 판단을 내린다면 지금보다 더 많은 에너지를 필요로 할 것이다. 더 많은 에너지를 필요로 할수록 생존에는 불리할 수밖에 없다. 그래서 인간은 되도록 생각을 많이 하지 않으려는 인지적 구두쇠가 된 것이다. 휴리스틱은 에너지 소모를 줄이기 위한 방편의 일환인 셈이다. 사람들이 자주 사용하는 휴리스틱에는 기준점과 조정 휴리스틱, 가용성 휴리스틱, 대표성 휴리스틱, 그리고 감정 휴리스틱 등이 있다.

　기준점과 조정 휴리스틱은 자신이 알고 있는 수치나 기준을 설정한 후 이를 조정하는 방식으로 판단을 내리는 것이다. 생각의 조정이 사용하는 기준점 안에서 이루어지기 때문에 어떤 기준점을 사용하느냐가 판단에 중요한 영향을 끼친다. 사람들에게 다음의 계산 문제를 보고 즉시 답을 하라고 했다. 하나는 '8×7×6×5×4×3×2×1'이고, 다른 하나는 '1×2×3×4×5×6×7×8'이었다. 첫 번째 문제의 경우 평균적으로 2,250을, 두 번째 문제의 경우 512를 말했다고 한다. 같은 계산 문제인데도 큰 차이가 발생한다. 처음 접하는 정보가 무엇인지에 따라 전혀 다른 기준이 설정된 것이다. 즉 첫 번째 문제는 8, 7, 6과 같은 큰 숫자를, 두 번째 문제는 1, 2, 3과 같은 작은 숫자를 기준점으로 삼아 답을 말했기 때문이다. 가용성 휴리스틱은 일부러 찾기보다는 머릿속에 쉽게 떠오르는 사실에 의존해서 판단을 내리는 것이다. 범죄나 연예인들의 이혼 등 신문이나 뉴스에서 많이 다루는 사건일수록 사람들은 해당 사건의 발생 가능성을 실제보다 더 높게 평가한다. 대표성 휴리스틱은 하나의 특징이 전체를 대표한다고 생각하는 것이다. '하나를 보면 열을 안다.'라는 속담은 대표성 휴리스틱의 속성을 잘 표현한 말이다. 특정 직업을 통해 그 사람의 성격을 유추하거나 제품에 만족한 소비자가 그 회사에서 만든 다른 제품까지도 사용하는 현상 등이 좋은 예이다. 감정 휴리스틱은 의사결정을 할 때 정서적인 반응에 더 많은 영향을 받는 것이다. 코카콜라와 펩시는 맛과 성분이 비슷하다. 하지만 코카콜라가 사람들에게 심어놓은 긍정적인 이미지 때문에 사람들은 펩시보다 코카콜라를 더 선호한다.

채권투자 (1)

　채권은 주식, 부동산과 함께 언급되는 대표적인 투자 대상이다. 특히 채권의 종류에 따라 적은 리스크로 안정적인 수익을 낼 수 있기에 경기가 좋지 않을수록 채권투자에 대한 관심이 높아진다. 채권은 정부나 지방자치단체, 주식회사 등이 자금을 조달하기 위해 이자와 만기일 등 차용 조건을 명확히 해서 투자자들로부터 돈을 빌리는 증권을 말하는 것이다.

　채권은 분실 위험을 줄이기 위해 2005년부터 실물로 발행하지 않고 등록발행으로 전환되었다. 채권은 발행 주체에 따라 위험도나 수익률이 다르다. 국채는 국회의 동의를 얻어 정부가 발행하는 것으로 국고채, 재정증권, 제1, 2종 국민주택채권 등이 있다. 지방채는 도시철도 공채, 지역개발채권 등이 있으며 특별법에 의해 설립된 법인인 공사 등이 발행한 한국은행의 통화안정증권 등이 있다. 일반적으로 국채, 지방채, 특수채 등은 정부나 지방자치단체가 지급을 보증하는 만큼 비교적 안전한 자산이라고 할 수 있다.

　반면 회사채는 회사들이 발행하는 것이기에 좀 더 높은 수익을 기대할 수는 있지만 안전성은 낮다. 특히 1997년 외환위기 때 대부분의 회사채가 금융기관들이 보증을 서는 보증사채로 발행되었다가 회사의 부도가 은행 등 금융기관까지 번지자, 이후로는 대부분의 회사채가 보증 없는 무보증 사채로 발행되고 있다. 채권을 분류하는 방법은 여러 가지가 있지만, 그중 이자 지급방식 차이를 기준으로 두고 보자면 만기에 이자를 한 번에 지급하는 단리채와 복리채가 있고, 채권 매수 시 이자를 먼저 지급하는 개념의 할인채, 특정 기간 경과 시 이자를 지급하는 이표채까지 다양하다.

　단리채, 복리채, 할인채는 만기 날 한 번에 지급되지만 이표채는 특정 기간마다 이자를 수령할 수 있는 특징이 있다. 채권투자 수익의 이해를 돕기 위해 간단히 1만 원짜리 액면가의 이표채와 할인채를 비교해보면 다음과 같다. 이표채에서 3% 이익을 준다고 하면 1만 원짜리 채권 구입 시 연간 300원의 이자를 지급하고 만기 날 1만 원까지 지급해 총 수령 금액은 10,300원이 된다. 반면 할인채는 1만 원짜리 채권을 9,700원에 할인구매할 수 있어 이자지급 없이 만기에 1만 원을 수령하게 되므로 마찬가지로 300원의 이익을 기대할 수 있는 차이점이 있다.

전지(배터리) 산업 (2)

2차 전지는 제2의 석유로 평가되며 전기차 엔진의 수요가 늘어남에 따라 크게 성장할 것으로 예측된다. 일각에서는 현재 가장 큰 시장 중 하나인 메모리 반도체를 넘어설 것이라는 전망도 나오고 있다. 자동차용 리튬이온 전지(LIB) 시장은 상황에 따라 매년 20~100%가 넘는 성장세를 보이며 2019년 기준 약 94,480 MWN에 달하는 것으로 전망된다. 한 시장조사 결과에 따르면 2030년까지 리튬이온 2차 전지의 전체 시장 규모는 2019년 대비 약 17배 이상 성장할 것으로 예상되며, 글로벌 배터리사들의 투자도 급격하게 확대되어 신규 생산 라인에만 2023년까지 약 105조 원이라는 엄청난 투자를 할 것으로 예상했다.* 여기에 글로벌 기업들의 기술과 특허 경쟁 등이 더욱 치열해질 것으로 전망했다. 이처럼 전지 산업은 전기 자동차용 배터리를 중심으로 크게 확대될 것으로 예상되기에 삼성SDI, LG화학, SK이노베이션 등 국내 관련 대기업들은 관심을 가지고 많은 투자를 추진하고 있다. 2차 전지 분야는 아직 성숙하지 않아 여러 업체들이 경쟁하는 모습을 보이고 있다. 그동안 세계 배터리 시장을 이끌어온 일본 파나소닉이 테슬라에 물량을 공급하며 가장 앞선 모습을 보였으며 그다음 중국 CATL이 뒤따라가는 모양새이다. 그러나 2020년 상반기 기준으로 LG화학이 시장점유율을 높이면서 1위에 오르기도 했다.** 배터리 기업들뿐 아니라 속속 자동차 생산 기업들과의 협업이 등장하면서 전지 시장은 춘추전국시대와 같은 무한경쟁의 장으로 접어들었다.

그러나 전지 산업 역시 코로나 팬데믹으로 인해 예상하지 못한 변화에 직면해 있다. 우선 코로나 펜데믹으로 인해 국가 산업 기반이 흔들리자 그동안 강력하게 추진해왔던 환경규제들을 완화해 기존의 자동차 기업 성장을 독려할 수 있기 때문이다. 실제로 미국은 2020년 3월에 연비규제 완화를 시사했고 중국이나 유럽도 이를 따를 것이라는 관측이 지배적이다. 따라서 전기차 보급이 늦어져 성장성 역시 다소 주춤할 것이라고 예상된다. 그러나 반대로 2020년 발표된 한국판 뉴딜 중 그린 뉴딜 부문 사업비의 50%에 달하는 사업비가 2차 전지에 배당되며 국내 주요 육성 산업으로 확고한 추진력을 확보할 것으로 예상된다. 그런 만큼 향후 전지 산업은 다소 성장 속도는 늦추어질 수 있다 해도 지속적인 성장을 이루어갈 것으로 전망된다.

---

*   산업연구원: 국내 이차전지산업 현황과 발전과제 , 증권사 리포트 등
**   KSure:차량용 2차 전지 산업 동향 및 경쟁력 분석

48주
토요일

웹툰

웹툰은 인터넷을 뜻하는 월드 와이드 웹의 웹(Web)과 만화를 뜻하는 카툰(Cartoon)의 툰(toon)을 혼합해 만들어진 단어이다. 즉 오픈 온라인 공간인 인터넷에서 쉽게 볼 수 있는 간편한 만화를 가리켜 '웹툰'이라고 한다.

웹툰이 일반화되기 전 1980~90년대에도 조간신문에 실리는 네모 컷 만화가 구독수를 좌우지할 만큼 영향력이 있었으며 만화만 따로 모아 보는 사람들도 있었다. 그러나 이제는 스마트폰 보급이 대중화되면서 신문이 아닌 여러 웹툰 사이트에서 누구나 언제 어디서든 웹툰을 감상할 수 있게 되었다.

우리나라 최초의 웹툰은 1996년 인터넷 정보 엑스포에 게재되었던 한희작 화백의 '무인도'이다. 그 이후 만화를 자유롭게 업로드할 수 있는 환경이 확산되면서 다양한 소재의 만화들이 공개되었고 인기 작가들이 등장하기 시작했다. 특히 2003년 강풀의 '순정만화'가 엄청난 인기를 얻으면서 현재의 세로 스크롤 형식의 웹툰으로 정형화되기 시작했고 강도하의 '위대한 캣츠비', 조석의 '마음의 소리' 등이 공전의 히트를 쳤다.

웹툰의 인기는 단순히 만화로만 끝나지 않았다. 인기를 얻은 웹툰들은 〈은밀하게 위대하게〉, 〈신과 함께〉처럼 영화로 다시 제작되거나 드라마, 게임화되어 새로운 비즈니스 모델로 지속 성장하고 있다. 특히 카카오와 네이버는 이러한 웹툰이 자유롭게 유료 거래될 수 있는 별도의 플랫폼을 구성하며 대표 웹툰 서비스업체가 되었으며, 일본 등 아시아 시장뿐 아니라 북미 시장 등 세계 시장의 점유율을 높이고 있다.

웹툰이 인기를 얻으면서 웹툰 작가에 대한 관심 역시 매우 높아졌다. 일부 포털 사이트에서는 우수 작가 발굴 및 육성을 위한 대회도 개최하고 있으며, 인기를 누리면서도 고소득이 가능한 선망의 대상으로 인식되면서 우리나라뿐 아니라 외국에서도 웹툰 작화를 배우고자 한국을 찾는 사람도 많아졌다. 이처럼 웹툰은 앞으로도 다양한 소재와 그림으로 영화와 게임 등 다른 영역까지 확장될 수 있는 문화 예술 콘텐츠로 성장하며 많은 관심을 받을 것으로 예상된다.

경제상식

파노플리 효과

파노플리(Panoplie)는 프랑스어로 '집합(Set)'이라는 뜻을 가진 단어로 '판지에 붙어 있는 장난감세트처럼 같은 맥락을 가진 상품의 집단을 말한다. 파노플리 효과는 프랑스의 철학자 장 보드리야르가 처음 밝힌 개념으로, 상품을 소비함으로써 그것을 소비할 것으로 예상되는 집단과 자신을 동일시하면서 이를 과시하는 현상이다.

유명 연예인이 착용했던 신발과 옷, 액세서리가 날개 돋친 듯 팔리고, 유명 브랜드의 커피전문점에 사람들이 몰리고, 명품 브랜드에 사람들이 열광하는 등 특정 제품에 몰리는 이유는 그것을 소비함으로써 자신의 존재를 과시하려는 인간의 욕망에서 발현된 것이다.

신분 계급이 사라진 현대사회에서 상품은 그 본래의 기능에 못지않게 그것이 의미하는 사회적 메시지가 중요한데, 우리는 소비를 통해 새로운 계급 사회를 만든 것이다. 이는 자신이 사용하는 상품이 곧 자신을 나타낸다는 생각에서 비롯된 것으로 사람들이 자신의 경제적 능력이 받쳐주지 못함에도 불구하고 명품을 선호하는 이유에는 명품을 소비함으로써 마치 상류층 집단에 소속되었다는 만족감을 느끼기 때문이다.

심리학자 매슬로우는 인간의 다양한 욕구를 생리적 욕구, 안전에 대한 욕구, 소속감과 애정에 대한 욕구, 존경에 대한 욕구, 자아실현의 욕구 이렇게 5단계로 나누며 하위의 욕구가 충족되어야만 더 높은 수준의 욕구를 갈망한다고 주장했다. 그런 측면에서 본다면 파노플리 효과는 인간이라면 누구나 어느 곳에 소속되어 자신의 존재를 인정받고자 하는 소속감과 애정에 대한 욕구를 잘 드러낸 현상이라고 볼 수 있다.

12월
49주

역사

미중 무역전쟁

2001년 830억 정도였던 미국의 대중국 무역 적자는 2018년에 이르러서는 3,700억 달러를 넘어서는 수준까지 이르렀다. 여기에 중국이 수출에 유리하도록 위안화 환율까지 조정하는 모습을 보이자 2018년 7월, 미국은 중국에 높은 관세를 부과하며 '미중 무역전쟁'이 시작되었다.

미국 트럼프 대통령은 대선 때부터 중국을 타깃삼아 보호주의 조치 강화를 공약으로 천명하며 2017년 8월, 소위 슈퍼 301조에 근거해 중국의 지적재산권 침해와 중국 투자 외국기업에 대한 강제 기술이전 등에 대한 행정조사 명령을 실행했다. 즉 중국이 타 브랜드를 모방해 만드는 저가 가짜 제품에 대한 제한과 핵심기술만 편취하는 행태에 대해 불만을 표한 것이다. 이후 미중 두 나라는 2018년 5월 베이징에서 무역협상을 진행했으나 결국 합의에 이르지 못하고 서로 간의 관세부과 조치를 단행했다.

미국은 총 2,500억 달러 상당 품목에 10~25%에 이르는 추가관세를 부과했으며 중국 역시 1,100억 달러 상당의 품목에 미국과 마찬가지로 높은 관세를 부과했다. 그러나 G20 회의에서 시진핑 주석과 트럼프 대통령의 정상회담을 계기로 서로 간 해법을 찾고자 수차례 무역협상을 실시하며 화해 무드를 연출하기도 했다. 하지만 2019년 5월, 미국은 협상 결렬을 이유로 추가관세를 높이며 중국의 대표적인 IT 기업인 화웨이에 대한 미국 기업과의 거래제한 조치도 발표했다. 여기에 중국도 추가관세 인상으로 응수했으며 미국은 중국을 환율조작국으로 지정함으로써 단순 무역분쟁을 넘어 경제재제를 취하는 모습을 보였다.

환율조작국이 되면 중국에 투자하는 미국 기업은 금융지원을 받지 못할 뿐 아니라 환율까지 미국의 영향을 받게 된다. 즉 단순 무역분쟁의 수준을 넘어 국가의 힘겨루기 모양새가 되어버렸다. 이후 미중 두 나라는 중국이 미국 농산물을 추가 구매하는 대신, 미국이 관세를 낮추어주는 방식으로 기한을 둔 1차 무역합의를 이루었다. 그러나 화해 무드도 잠시, 미중 관계는 코로나 19 확산 이후에도 상대를 견제하면서 무역뿐 아니라 금융 부문의 분쟁까지 확대될 모습을 보이고 있다. 미국 바이든 대통령 당선 이후에 중국과의 갈등 기조가 다소 완화될 것이라는 견해가 많았으나 두 나라의 강대강 구조는 쉽게 누그러지지 않을 것으로 전망된다.

인물
윌리엄 오닐

미국의 투자자 윌리엄 오닐(William O'Neil, 1933~)은 주식 매수 타이밍의 대가였다. 주식 중개인으로 사회에 첫발을 내디딘 그는 당시 드레이퓨스 펀드가 다른 펀드 대비 높은 수익률을 올리는 것에 주목하며 그 원인을 찾기 위해 노력했다. 드레이퓨스 펀드의 분기별 펀드 운용보고서를 분석하기 시작한 그는 이 펀드가 신고가를 경신한 시점에 주식을 매수한다는 점을 발견했다. 이를 통해 그는 높은 수익률을 얻기 위해서는 저가에 거래되고 있는 주식을 찾을 것이 아니라, 박스권을 탈출하며 신고가를 갱신하는 강한 상승추세의 종목을 매수해야 한다는 사실을 알게 되었다. 그는 최고 수익률을 올리는 주식의 70%는 신고가 근처에서 거래량이 폭발하는 주도주에서 나오기 때문에 "쌀 때 사서 비싸게 팔라."라는 증시 격언은 틀린 말이라고 주장했다.

그는 과거 데이터를 활용해 높은 수익률을 올린 주식들의 공통점을 찾아내 '캔슬림(CAN SLIM) 모델'을 만들었다. 캔슬림 모델은 주가가 폭발적으로 상승하기 직전에 나타나는 특징을 정리한 것으로 그 세부 내용은 다음과 같다.

현재의 주당분기순이익(Current Quarterly Earnings Per Share), 연간 순이익 증가율(Annual Earnings Increases), 신제품·경영혁신·신고가(New Products, New Management, New Highs), 수요와 공급(Supply and Demand), 주도주와 소외주의 구분(Leader or Laggard), 기관투자가의 뒷받침(Institutions Sponsorship), 시장의 방향(Market Direction) 이렇게 7가지 전략의 이니셜을 따서 정리한 것이다.

그는 기업의 실적(C)과 성장성(A)에 관한 부분을 특히 강조했다. 실적이 받쳐주지 않는다면 주가가 오를 가능성은 거의 없다고 믿었기 때문이다. 그래서 그는 전년 동기 대비 이번 분기의 주당순이익 증가율이 25% 이상이고, 지난 3년간 순이익이 25% 이상 증가한 주식에 주목했다. 이 둘을 제외한 나머지는 주가 모멘텀과 관련된 내용으로 그는 주도주가 아니면 절대로 매수해서는 안 된다고 주장했다. 그는 이 모델을 통해 62년부터 26개월간 2,000%의 높은 수익률을 올리며 뉴욕증권거래소(NYSE)의 최연소 회원이 되기도 했다.

시뇨리지 효과

시뇨리지 효과는 발권력을 가진 중앙은행이 화폐를 발행함으로써 얻는 경제적 이익을 의미한다. 예를 들어 1만 원권 한 장을 제작하기 위해 필요한 재료비와 인쇄 비용이 1,000원이라고 할 때 한국은행은 1만 원권 한 장을 발행할 때마다 액면 금액인 1만 원에서 비용 1,000원을 뺀 금액인 9,000원의 이익을 얻는 셈이다.

이 말은 중세 봉건제도 시대에 시뇨르(seignior), 즉 영주들이 자신이 가진 화폐주조권을 이용해 부정한 방법으로 이득을 챙긴 데서 유래했다. 재정적으로 문제가 많은 영주들은 금화나 은화를 만들 때 함량을 속이거나 구리 등 불순물을 섞어서 유통시킴으로써 자신들의 이익을 극대화한 것이다.

시뇨리지 효과는 일종의 세금과도 같다. 외형적으로는 필요한 자금을 정부가 자체적으로 조달하는 것 같지만 화폐 발행으로 통화량이 증가하면서 인플레이션이 유발되기 때문이다. 인플레이션은 화폐의 가치를 떨어뜨려 결국 화폐를 보유한 국민들이 손해를 보게 된다. 이는 마치 정부가 국민에게 세금을 부과해 구매력을 떨어뜨린 것과 같은 효과를 나타내기 때문에 인플레이션 조세라고도 부른다. 하지만 시뇨리지 효과만 노리고 정부가 계속해서 화폐를 발행한다면 초인플레이션으로 인한 피해가 정부에도 미칠 수 있으므로 통제 가능한 수준에서만 화폐를 발행하는 것이 좋다.

미국의 달러나 유럽의 유로, 그리고 일본의 엔 등 전 세계 기축통화로 사용되고 있는 화폐의 경우 시뇨리지 효과는 실로 막대하다. 특히 미국 달러의 경우 글로벌 기축통화로서의 위상을 십분 활용하여 전 세계를 대상으로 시뇨리지 효과를 극대화하고 있다. 미국은 막대한 무역 적자에도 불구하고 IMF 같은 외환위기를 겪지 않을 뿐만 아니라 경제 위기 때마다 양적 완화 정책을 통해 이를 극복할 수 있었다. 천문학적 수준의 달러를 계속해서 찍어냄에도 불구하고 달러의 가치를 유지할 수 있는 배경에는 기축통화에 대한 전 세계적인 엄청난 수요가 뒷받침하고 있기 때문이다. 무제한 달러 공급에 따른 시뇨리지 효과는 미국이 독차지하지만 이에 따른 인플레이션이라는 부작용은 전 세계가 나누어 부담하기 때문에 가능한 일이다.

　채권투자를 위해서는 몇 가지 개념과 영향을 주는 요인들 간의 관계를 알아야 한다. 먼저 채권금리와 가격의 반비례 관계를 이해해야 한다. 채권은 만기 때 원금과 이자를 돌려받는 구조이므로 이자율을 높게 책정하면 채권 가격은 낮을 수밖에 없고, 반대로 이자율이 낮다면 채권 가격이 높게 된다. 따라서 금리가 상승하게 되면 채권 가격은 하락하고, 금리가 하락하면 채권 가격은 상승하게 된다. 또 상장폐지 되기 전까지 보유하고 있을 수 있는 주식과 다르게 채권은 만기일이 존재한다.

　채권의 만기일이란 원금과 이자를 지급하기로 한 날을 의미한다. 일반적으로 만기일까지의 기간이 길면 수익률이 높고, 짧으면 상대적으로 수익률이 낮다. 그 이유는 만기일까지 기간이 길면 채권투자자의 자금이 묶인 기간 역시 길어지는 것이므로 그만큼의 이율을 더 주는 것이다. 은행에서 1년 예금보다 2, 3년 이상의 적금에 더 높은 이자를 주는 것과 마찬가지 이유이다. 채권을 기간으로 분류하면 만기가 1년 이내의 것을 단기채라고 하고 그 이상의 것을 중기채, 장기채라고 한다. 이러한 기본 개념과 더불어 채권투자 수익을 고려할 때 반드시 알아야 할 것이 바로 듀레이션(Duration)이다.

　듀레이션은 투자금 평균 회수 기간을 의미하는데, 예를 들어 내가 1만 원을 투자했다면 이후 1만 원을 회수하는 데 걸리는 시간을 말한다. 그래서 채권 중에는 중간 이자를 지급하는 이표채의 듀레이션이 짧다. 듀레이션은 시간 가치까지 고려한 실제 현금흐름을 알 수 있게 해주기 때문에 듀레이션을 통해 채권들을 객관적으로 비교할 수 있다.

　또한 듀레이션의 길고 짧음은 금리 변화에 따라 민감하게 움직이며 변동성이 커진다. 따라서 채권으로 성공적인 투자를 하고 싶다면 금리 하락이 예상되는 시점에서 듀레이션이 긴 채권을 사야 더 높은 수익을 올릴 수 있다. 금리가 하락하면 채권 가격이 오르게 되는데, 듀레이션이 3년인 채권의 경우 시중금리가 1% 하락하면 3% 정도 오를 수 있는 것처럼 듀레이션이 길 경우에 그 상승폭이 더 크게 상승할 수 있기 때문이다. 특히 경제가 위축되는 상황에서는 금리를 인하하는 경우가 많고, 상대적으로 안정적인 채권에 수요가 몰리게 되어 더 좋은 수익을 창출하기도 한다.

산업
가전 산업 (1)

우리는 이미 냉장고, TV, 에어컨 등 다양한 가전기기들을 일상에서 사용하고 있다. 이러한 가전기기들은 어느새 삶의 질과 편의성을 높여주며 삶의 한 부분으로 자리 잡았다. 과거 가전 산업은 지속적인 기술 개발과 대량 생산공정 기반시설이 필요했기에 자본 여력과 기술을 보유한 선진국 중심의 성장을 이루었다. 그 이후 가전기기 생산 및 보급이 늘고 보편화되자 값싼 노동력과 인프라를 앞세운 신흥국들이 수요를 확대하며 새로운 시장을 형성했다.

또한 기업의 역량과 상호 이득에 따라 노동력이 값싼 국가에 공장을 세워 조립 생산하는 등 국제적인 분업이 이루어진 모습을 보이고 있다. 최근에는 IoT 등 새로운 기술과 결합하면서 더욱 스마트해진 가전기기들은 그 활용 범위를 확대해가고 있다.

가전을 분류하는 기준은 다양하지만 주로 제품 크기와 용도에 따라 구분한다. 대표적 영상 음향가전으로는 TV가 있으며 생활가전으로는 세탁기와 에어컨, 냉장고가 있다. 이 중 가장 보편화된 가전제품으로 TV, 세탁기, 에어컨, 냉장고를 4대 가전이라고 부르는데 최근에는 건조기, 의류관리기, 식기세척기 등 생활 틈새를 노려 개발된 제품들이 관심을 받고 있다.*

이러한 가전 산업은 기술과 자본, 노동집약적 특성을 모두 갖춘 복합 산업이다. 최근 들어 자동화된 스마트 팩토리가 등장해 노동집약적인 부분을 걷어내고 있으나 여전히 경쟁력 확보를 위한 첨단 기술과 마케팅 등에 필요한 자본은 필수적이다. 또한 가전 산업은 소득 상승 등 경제적 여건이 좋아지면 가장 먼저 구입을 고려하는 품목이기에 경기와도 높은 상관성을 보이며 더위와 추위, 미세먼지 등 기후환경 변화와도 매우 밀접한 관계가 있다.

특히 우리나라의 경우 무더운 여름이나 추운 겨울이 예고되었을 때 에어컨 등 냉난방 기기에 대한 수요가 급증하기도 하고, 미세먼지 등 환경문제에 대한 관심이 높아지면서 공기청정기업체들의 주가가 많이 오르기도 했다.

이러한 가전 산업은 그동안 선진국을 비롯한 구매력 높은 국가들의 인구 감소, 경쟁 심화에 따른 수익률 정체 등 제한적인 성장을 보여왔지만 최근 1인, 2인 가구의 니즈에 적합한 상품 개발 및 고급화 전략 등을 통해 새로운 시장을 형성하며 지속 성장해가고 있다.

* k sure 국내외 가전산업 동향 및 트렌드 분석

틱톡

틱톡은 중국 기업인 바이트댄스가 만든 영상 플랫폼으로 쇼트 비디오 콘텐츠를 기획, 편집, 공유할 수 있는 기능을 제공한다. 틱톡은 이러한 기능 위에 재미와 심플함을 콘셉트로 하여 전 세계 10대 유저들의 엄청난 호응을 얻으며 시장을 확대해나가고 있다.

쇼트 비디오는 15초에서 1분 사이의 짧은 동영상을 말하는데 틱톡은 유저의 간단한 조작만으로 증강현실 기능이 가미된 편집 기능을 제공함으로써 마치 유저 스스로가 영화 속 특수 효과가 적용된 배우가 된 듯한 경험을 하게 된다. 이와 같은 기능은 특히 쉽고 간단하게 '재미'를 소비하고 생산하는 일명 1990년대 중반 이후 출생자들인 Z세대들의 큰 관심을 받고 있다. 기존의 다른 영상들처럼 보기만 하는 것이 아니라 직접 참여하는 플랫폼으로 자리매김한 것이다. 또한 유명 아이돌 위주의 행사나 콘서트 등에 스폰서로 나서면서 우리나라 10대들에게도 인지도를 높여가고 있다.

틱톡은 2020년 1분기에만 약 3억 4,000만 회의 다운로드를 기록했다. 누적으로 인도에서만 6억, 중국에서도 2억 이상의 다운로드가 이루어졌으며 중국, 미국, 인도를 비롯해 한때 150개가 넘는 국가에 75개 이상의 언어로 서비스를 제공하는 글로벌 플랫폼으로 급성장했다. 다운로드와 틱톡 유저들의 사용 지출이 증가하면서 틱톡의 수익 역시 급증했다.

그러나 틱톡은 개인 정보 보안에 대한 기술적 문제와 인도, 미국 등이 중국과의 정치적 갈등을 겪으면서 그 확장세는 주춤하게 되었다. 틱톡 서버가 중국에 있다는 이유로 중국 정부가 다른 나라 국민의 개인 정보 및 데이터들을 취할 수 있다는 주장이 제기되면서 미국 등 몇몇 국가들이 정보 보안에 대한 문제를 제기했다. 이에 미국은 의원들이 나서 틱톡에 대한 금지를 권고하고 있고 미군부대에서의 사용을 금지시켰다.

또한 인도도 중국과의 국경분쟁으로 국민 감정이 악화되면서 2020년 6월에 틱톡과 위챗 등 중국 어플 59개 사용을 금지시켰으며, 우리나라 방통위는 법정대리인의 동의 없이 만14세 미만 아동의 개인 정보를 수집한 틱톡에 1.8억 원의 과징금을 부과하기도 했다. 틱톡은 이러한 경영상 부침을 겪으면서 2020년 9월, 미국 오라클에 피인수 절차가 진행되었다.

경제상식

주가수익비율

주가수익비율(PER)은 주가를 주당순이익(EPS)으로 나눈 것으로 현재의 주가가 상대적으로 고평가된 것인지 저평가된 것인지를 알려주는 지표이다. 일반적으로 수치가 낮을수록 저평가된 상태이다. 주가수익비율은 단순하면서도 상당히 유용한 정보를 제공해주고 있기 때문에 투자자들이 가장 많이 사용하는 지표이다.

예를 들어 A라는 기업의 현재 주가가 1만 원이라고 가정해보자. 이 기업이 벌어들인 순이익을 총 주식수로 나눈 값인 EPS가 1,000원이라면 이 기업의 PER은 1만 원을 1,000원으로 나눈 값인 10이 된다. 즉 이 기업의 PER은 10이다. PER이 10이라는 의미는 이 회사가 매년 벌어들이는 이익금을 그대로 모은다고 했을 때 10년이면 투자 원금을 회수할 수 있다는 말이 된다.

그렇지만 이 회사의 PER만 가지고 현재 주가가 고평가되었는지 저평가되었는지 알 수 없다. 그래서 필요한 것이 바로 비교 대상이다. 보통은 산업 내 평균과 비교하거나 비슷한 사업을 영위하는 다른 회사와의 PER를 비교함으로써 현재의 주가 수준을 가늠한다. 왜냐하면 업종별로 PER의 평균 수준이 다 다르기 때문이다. 예를 들어 IT나 바이오 등 신성장 산업군의 경우 일반적으로 PER이 높다. 이들은 지금 당장 이익을 실현하기보다 앞으로의 성장을 위해 계속해서 재투자함으로써 EPS가 낮기 때문이다. 매년 벌어들이는 수익은 낮지만 미래의 성장 가능성을 보고 주가가 높게 형성되기 때문에 자연히 PER이 높을 수밖에 없다.

반면 은행처럼 성숙기에 접어든 산업의 경우 안정적으로 수익을 창출해내기는 하지만, 향후 성장성이 낮아 주가가 낮게 형성되기 때문에 PER이 낮게 나온다. 그렇기에 PER은 절대 수치를 가지고 판단하기보다는 산업 내 평균 수치와 비교를 통해 판단해야 하는 것이다.

이와 함께 해당 회사의 과거 평균적인 PER과 비교를 통해서 현재의 주가 수준을 가늠할 수도 있다. 만약 과거에 평균적으로 PER이 10이었던 회사가 최근 특별한 이유 없이 주가가 하락하면서 PER이 10 이하로 떨어졌다면 저평가되었다고 판단해도 좋을 것이다.

12월

50주

가상(암호)화폐 열풍과 몰락

비트코인으로 대변되는 가상화폐 열풍은 우리나라뿐 아니라 전 세계를 휩쓸었다. 2017년 초 100만 원 조금 넘던 가상화폐의 대장격인 비트코인은 20배 이상 오르기도 했으며 시총 2위였던 이더리움은 1년 동안 500배나 상승했다. 그뿐만 아니라 새로운 가상화폐들이 등장해 단기간에 수십, 수백 배나 오르는 등 나라 전체적으로 가상화폐 투자가 붐을 일으켰다. 이러한 가상화폐는 가치 있는 다른 재화와 교환하거나 결제 가능한 경우 암호화폐라고 칭하며, 특정 커뮤니티 안에서만 쓰임이 가능한 경우에는 가상화폐라고 정의한다.

가상화폐는 2008년 금융위기를 겪으면서 탄생했다. 복잡한 파생상품과 서브프라임 모기지 붕괴로 인해 기존의 은행과 금융 시스템을 극복하고자 가상화폐가 만들어지게 된 것이다. 가상화폐는 블록체인 방식을 기본으로 한다. 블록체인 방식은 모든 사람에게 거래내역 등의 기록을 나누어 갖게 함으로써 원본을 온전히 보전하면서도 해킹을 막아서 보안이 철저한 기술이다. 또 거래처리속도, 채굴방식, 거래목적 등에 따라 그에 좀 더 적합한 가상화폐를 만들어낼 수 있었기에 수많은 가상화폐가 난립했다. 게다가 가상화폐는 미래 기술이 접목되어 불안한 금융기관의 기능을 대체할 수 있는 새로운 통화수단이라는 생각에 사람들의 관심은 매우 높았다.

이에 기업이 주주들로부터 투자자금을 받는 기업공개(IPO, Initial Public Offering)처럼 가상화폐 기업들은 가상화폐공개(ICO, Initial Coin Offering)를 통해 펀딩을 해서 투자자들이 몰리기도 했다. 이처럼 가상화폐에 대한 투자 열풍이 사그라지지 않자 당시 법무부장관은 가상화폐는 화폐가 아니라고 못 박으며 거래소 폐지 등 규제를 강화했다. 이후 가상화폐 가격은 80~90%가량 급락하며 그동안의 거품이 빠지는 모습을 보였다. 그러나 2020년 비트코인을 위시한 가상화폐는 이전 최고가를 돌파하며 연일 신고가를 경신하기도 했다.

누군가는 가상화폐를 미래의 거래수단이라 생각했고, 또 다른 누군가는 허상이라고 주장했다. 그러나 2020년부터 가상화폐와는 다르지만 우리나라뿐 아니라 미국, 중국 등에서도 국가 차원의 디지털 화폐를 개발하고 있다. 특히 코로나 19 이후 비접촉 상호 거래를 위한 수단으로 각광받으면서 국가 차원의 개발이 추진되고 있으므로 디지털화폐는 머지않아 우리의 일상으로 들어올 것으로 예상된다.

인물
제럴드 로브

미국의 유명한 트레이더 제럴드 로브(Gerald Loeb, 1899~1974)는 가치투자에 반기를 든 월스트리트의 이단아이다. 그의 성공 비결은 일반인들이 생각하는 것과 정반대였다. 그는 분산투자보다는 집중투자를 선호했다. 분산투자는 종목 선정에 자신이 없는 사람들이 하는 행동이라고 생각한 그는 경험이 쌓일수록 오히려 소수의 몇 개 종목에 집중해서 투자해야 한다고 말했다. 큰돈을 벌기 위해서는 자신이 가장 잘 아는 핵심 종목에 집중해야 한다는 것이다. 다만 위험을 분산하기 위해서 반드시 일정 비율의 현금을 들고 있어야 하는데, 그래야 만약의 경우 투자에 실패하더라도 이를 토대로 다시 일어설 수 있기 때문이다.

또한 주식시장을 장기투자하기에 너무 위험한 곳으로 생각한 그는 장기보유보다는 끊임없이 사고팔기를 반복하는 단타 매매를 즐겨 했다. 그래서 그가 소유한 종목은 평균 보유 기간이 채 한 달이 되지 않았다고 한다. 그렇게 해서 40년 동안 번 돈이 3억 달러를 넘었고 사람들은 그를 '증권 왕'이라고 불렀다.

그가 관심을 가진 종목은 거래량이 많은 대형주였고 특히 장단기 이동 평균선을 상향 돌파한 주식을 선호했다. 그는 특히 시장의 추세를 중요하게 생각했는데, 대세 상승의 흐름에 따라 투자하는 것이 돈을 벌 확률이 더 높기 때문이었다. 그렇지만 소형주나 잘 모르는 주식은 쳐다보지도 않았다. 그는 현재 유행하고 있는 테마주나 신규 상장주식, 벤처 주식에는 절대로 투자해서는 안 된다고 말했다. 그 자신도 평생을 자신이 가장 잘 아는 소수의 종목만 가지고 반복적으로 매매를 했다.

그는 손절매를 가장 중요하게 생각했다. 손절매야말로 인간이 할 수 있는 가장 이성적인 행동이라고 생각했다. 투자가 잘못되었을 때는 이를 인정하고 재빨리 손을 떼야 편안한 마음으로 다음 거래에 집중할 수 있기 때문이다. 그래서 그는 자신이 생각한 대로 주가가 움직이지 않을 경우뿐 아니라 수익이 난 주식 중에도 최고가 대비 10% 이상 하락하면 가차없이 매도했다.

투자는 학문이라기보다 훈련의 결정체라고 생각한 그는 근본적으로 투자와 투기는 다르지 않다고 보았다. 둘 사이에 차이를 찾으려면 투자는 습관이지만 투기는 충동적이라는 것뿐이다. 그래서 그는 매일 실전 매매일지를 작성하면서 투자를 습관으로 만들기 위해 노력했다.

파킨슨 법칙

영국의 역사학자이자 경영연구가인 노스코트 파킨슨(Northcote Parkinson)은 1955년 「이코노미스트」에 자신의 이름을 딴 흥미로운 법칙 하나를 발표했다. 그것은 바로 업무량과 직원수와는 아무런 관계가 없다는 '파킨슨 법칙'이었다. 이는 관료조직이 업무량에 상관없이 점점 비대해지는 현상으로, 일이 많아서 사람이 더 필요한 것이 아니라 사람이 많기 때문에 더 많은 사람이 필요해지는 상황을 가리킨다.

파킨슨은 제2차 세계대전 당시 해군 사무원으로 일하면서 이상한 현상을 발견하게 되었다. 1914~1928년까지 영국 해군의 장교와 사병수가 32%나 줄었음에도 불구하고 같은 기간 해군 본부 관리자수는 78%나 증가한 것이다. 이러한 현상은 영국 식민성 행정 직원의 수에서도 나타났다. 제2차 세계대전 이후 영국의 식민지들은 독립하거나 스스로 자치정부를 수립하면서 영국 식민성이 관리해야 할 식민지는 줄어들게 되었지만 식민성 직원은 1935년 372명에서 1954년 1,661명으로 5배나 늘어났다.

이러한 현상이 발생하는 이유는 크게 두 가지이다. 하나는 자신이 업무가 과중할 때 협력을 해야 하는 동료보다는 부하직원을 늘리기를 더 선호한다는 것(부하 배증의 법칙)이고, 다른 하나는 부하직원이 늘어남에 따라 지시, 보고, 감독 등 관련 업무들이 파생되어 일이 늘어난다(업무 배증 법칙)는 것이다.

파킨슨 법칙은 우리의 일상생활 속에서도 어렵지 않게 볼 수 있다. 시험을 1시간 남기고 벼락치기할 때의 집중력은 평소와는 다르다. 최종 보고 기한이 임박하기 전에는 손에 잡히지 않던 보고서도 마감이 가까워짐에 따라 본격적으로 쓰게 된다. 아마도 이런 경험들이 있을 것이다. 이처럼 일은 이를 완수하는 데 필요한 시간에 맞게 늘어나기 마련이다. 그래서 생산성 향상을 위해서 어느 정도의 제약은 반드시 필요하다.

대표적인 안전자산 중 하나로 꼽히는 금은 경기가 어렵거나 국가들의 전쟁 등으로 인해 현재의 화폐가치가 인정받기 어려운 경우 더욱 각광받는 투자 대상이다. 그래서 일반적으로 주식이 폭락할 때 금 시장이 활황인 경우가 많다. 특히 코로나 19로 2020년 2, 3월 주식시장이 크게 하락했을 때 금 시세는 뉴욕상품거래소에서 온스 당 약 200만 원을 돌파함으로써 글로벌 안전자산의 모습을 더욱 부각시켰다. 예전에는 금 투자라고 하면 금은방에서 금을 구입해 보관하고 있다가 금 시세가 오르면 매각하는 방식을 떠올릴 수 있지만 최근에는 금 투자의 방법이 매우 다양해졌다.

먼저 골드바가 있다. 골드바는 자산가들의 전형적인 투자 포트폴리오 중 하나처럼 생각되는데 골드바를 구입할 때는 부가가치세 10%를 고려해야 한다. 즉 10% 이상의 수익을 올릴 수 있어야 본전을 넘어선다는 뜻이다. 그럼에도 골드바를 구입하는 이유는 투자 포트폴리오의 다양화와 미래 자녀들의 증여, 상속까지 고려했을 때 화폐의 평가 가치가 변동하더라도 역사적으로 보았을 때 금 만한 안전한 자산이 없기 때문이기도 하다.

두 번째로는 골드 뱅킹을 꼽을 수 있다. 골드 뱅킹은 금 통장에 돈을 넣어두면 해당 일의 시세와 환율에 따라 입금한 돈이 변동되는 방식이다. 이후 찾을 때는 현금이나 금 실물로 받을 수 있는데, 예금도 비슷해서 매매차익에 15.4%의 이자·배당소득세가 부과된다. 여기에 현물로 인출하게 되면 마찬가지로 부가가치세 10%가 부과된다. 금 펀드는 은행이나 증권사에서 판매하는 상품인데 보통 금을 기초자산으로 하는 펀드나 ETF(상장지수펀드)를 추종한다. 그런데 금 펀드는 15.4%의 이자·배당소득세가 부과되는 데다가 상품별로 수수료가 발생할 수도 있다. 또한 레버리지를 설정하는 경우 성과 대비 이익과 손실 규모가 커지기도 한다.

마지막으로, 활발한 금 거래를 위해 만든 KRX 금 시장이 있다. 증권사에서 계좌를 만들어 거래할 수 있는데 세금 측면에서 보면 가장 좋을 수 있다. 우선 매매차익이 비과세가 되기에 금융소득종합과세에도 제외되는 장점이 있다. 단지 실물 인출 시에는 10%의 부가가치세가 부과된다.

산업
가전 산업 (2)

한 시장조사기관*에 따르면, 2020년 전 세계 가전제품 매출액은 2019년 대비 2.5% 상승한 약 1,340조에 달할 것으로 전망된다. 이는 5G 확산에 따른 통신 가전 확대와 초대형 TV, 무선·로봇 청소기 등의 매출 증가로 인한 것으로 나타났다. 특히 코로나 19 확산으로 인해 가정에서 머무는 시간이 증가하면서 의류관리기, 청소기, 공기청정기 등 수요가 늘어나는 추세이다. 가전 산업의 70% 이상 큰 비중을 차지하는 대형 가전의 경우는 삼성전자와 LG전자 등 대기업들이 기술과 시장을 주도하고 있는 반면에 중소기업들은 교체 주기가 짧은 다품종 소량 생산에 집중하고 있다. 2020년 세계 주요 가전** 판매대수는 약 6억 대 정도로 예상되며 건조기, 무선청소기, 의류관리기 등 건강과 편의성 중심의 신규 소형 가전들의 구매가 상대적으로 연평균 7% 이상 성장할 것으로 전망된다.

글로벌 가전 시장은 기존의 강자인 일본이 고품질 TV와 카메라 등에 집중하는 반면 중국은 내수와 중저가 시장과 함께 해외 수출을 늘리기 위해 노력하고 있다. 반면 우리나라는 삼성전자와 LG전자가 다양한 가전제품들을 만들어 경쟁하고 있는 상황이다.

특히 최근에는 기존의 가전 시장과는 다른 2가지 변화가 일어나고 있다.

첫째, 가전의 프리미엄화이다. 가전 소비에서도 일반적인 가전제품과는 다른 첨단 기술이 접목된 프리미엄 가전 시장은 일정 수준 이상의 자산가 또는 최신 기술을 선호하는 젊은 층을 대상으로 지속적으로 성장하는 모습을 보이고 있다. 또한 디자인 차별화를 통해서도 고객층 저변을 넓히고 있다. 기술 수준 역시 수백만 건의 기존 고객의 행동 데이터를 분석해 고도화시킴으로써 고객 개인의 라이프 스타일에 최적화된 서비스를 제공하는 등 개인 맞춤형 가전기기 시장경쟁이 더욱 치열해질 것으로 예상된다.

둘째, 건강과 관련된 가전의 신규 수요 증가이다. 삼성전자, LG전자 같은 국내업체뿐만 아니라 영국의 다이슨, 중국의 샤오미, 일본의 발뮤다 등은 무선청소기, 로봇청소기, 선풍기 등 다양한 가전 분야에서 코로나 팬데믹 이후 공기청정기, 의류관리기 등 뉴라이프 가전에서 높은 성장세를 보이며 경쟁하고 있다.

*   독일 전문시장조사 기관 GfK
** TV, 세탁기, 에어컨, 냉장고 4대 가전

스타벅스

스타벅스는 전 세계 80개국, 약 3만 1,250개의 매장을 운영하며 30조 매출을 올리고 있는 세계 최대 커피 프랜차이즈이다. 우리나라에도 1,300개가 넘는 매장이 있고 우리나라 연간 매출은 약 2조 원에 달하면서 치열한 커피숍 경쟁에서도 업계 1위를 유지하고 있다.

스타벅스는 1971년 미국 시애틀에서 고급 커피원두 판매 매장으로 시작되었는데, 초기 스타벅스는 서민들이 즐기는 작은 커피숍에 불과했다. 그러나 1987년 커피 시장의 잠재력을 예측했던 하워드 슐츠가 6개 매장이었던 스타벅스를 인수하고 새로운 마케팅 전략을 추진하면서 크게 성장할 수 있었다. 특히 고급 커피에 대한 차별화 마케팅을 기반으로 프랜차이즈 매장을 확대하며 글로벌 브랜드로 급성장하게 되었다.

스타벅스라는 이름은 소설 '모비 딕'에서 등장하는 항해사 스타벅의 이름에 's'를 붙여 탄생시켰는데 특유의 초록색 원형 마크는 그리스 신화 속 여인의 머리와 새의 몸을 가졌다고 전해지는 '사이렌'의 형상을 응용해 만들었다. 특히 스타벅스 로고의 녹색은 실제로 스타벅스 제품 내 차지하는 비율은 크지 않지만, 하얀 컵 바깥에 녹색 마크를 선명하게 새겨 넣음으로써 소비자들의 머릿속에 강렬한 인상을 남길 수 있었다. 또한 녹색은 커피 생산 때 야기될 수 있는 공정의 이슈나 생태적 문제점들을 스타벅스가 해결하기 위해 노력한다는 무의식적인 메시지를 전달하기도 한다.

스타벅스는 IT 기술 기반의 디지털 전환에도 많은 투자를 했다. 2008년부터 디지털 전환을 위한 CEO 직속 부서를 설립하여 스타벅스 앱, 모바일 결제, 사이렌 오더 시스템 등을 통해 고객이 쉽고 편리하게 커피를 즐길 수 있도록 했으며, 클라우드 연계를 통해 고객의 취향을 사전 분석하며 매장 데이터 분석을 통해 효율적인 매장 관리가 되도록 했다. 또한 2018년에는 아르헨티나 은행인 방코 갈라시아와 함께 스타벅스 커피 은행을 개시해 스타벅스에서 금융 업무를 볼 수 있는 공간까지 만들어졌다. 이처럼 스타벅스는 글로벌 트렌드에 부합하는 지속적인 변화를 통해 가장 앞서가는 커피전문점의 위상을 더욱 확고히 하고 있다.

경제상식

버핏 지수

주식시장에 있어 과열 논란은 항상 있는 일이다. 이는 주식시장이 기업의 펀더멘탈과 같은 합리적인 요소에 의해 영향을 받기도 하지만, 인간의 심리와 같이 비합리적인 요소에 의해서도 영향받기 때문이다. 과열은 거품을 만들고 거품은 결국 꺼지기 마련이다. 그렇지만 주식시장에 참여한 사람들은 지금 이 상황이 거품인지 아닌지 모른다. 그들은 역사를 통해 거품이 생기고 꺼지는 과정을 늘 보고 배웠지만 이번만은 다를 거라고 생각한다. 주식시장에 너무 몰입한 나머지 여기저기서 들려오는 경고음을 애써 무시한다. 대신 자신들의 생각을 더욱 강화시켜주는 긍정적인 뉴스에 더욱 열광할 뿐이다. 그래서 주식시장은 끊임없이 거품이 생겼다 꺼지기를 반복한다.

이럴 때일수록 한 번쯤 관심을 가지고 볼 만한 지표가 있다. 그것은 바로 버핏 지수이다. 버핏 지수는 주식시장의 시가총액을 국내총생산(GDP)으로 나눈 값으로 주식시장의 과열 정도를 나타내는 지표이다. '오마하의 현인'으로 불리는 투자의 귀재 워런 버핏이 2001년 경제 전문지 「포춘」과의 인터뷰에서 이 지표를 가리켜 '적정 주가 수준을 측정할 수 있는 최고의 척도'라고 언급해 유명해졌는데, 그의 이름을 따서 버핏 지수라고 불리게 되었다. 일반적으로 버핏 지수가 75% 이하이면 경제 규모 대비 주식시장이 저평가되었다고 해석하고, 100%를 넘으면 주식시장에 거품이 끼면서 고평가되었다고 해석한다.

세계 시장을 놓고 보았을 때 지난 20년간 버핏 지수가 100%를 넘은 후에는 주가 급락이 뒤따랐다. 특히 2000년과 2008년에는 각각 닷컴 버블과 글로벌 금융위기를 겪으면서 전 세계적으로 주식시장이 폭락하기도 했다.

12월
51주

역사

한일 무역분쟁

　한일 양국은 광복 이후 1965년에 체결한 기본 조약과 청구권 협정을 근거로 국교를 재개했지만 이 내용들이 다소 명확하지 않아 각자 유리하게 해석할 수 있는 문제점을 내포하고 있었다. 또한 독도 문제 등으로 두 나라 관계는 좋지 못했다. 그러던 중 2018년 10월, 우리나라 법원은 일본 기업에게 강제징용 피해자들에게 배상해야 한다는 판결을 내렸다. 하지만 일본은 청구권 협정으로 이미 해결된 문제라고 주장하며 응하지 않았고, 양국의 간극은 더욱 벌어지게 되었다. 이런 상황에서 일본은 우리나라에서 무기화할 수 있는 전략물자가 북한으로 유출되고 있다는 등의 이유로 반도체와 디스플레이의 핵심 소재로 쓰이는 3대 품목의 수출을 금지했다.

　해당 품목의 일본 수입 비중은 매우 높았으며 특히 우리나라 경제성장의 기반이 되는 반도체와 디스플레이 분야의 필수 물품이었기에 우리나라 산업경제는 상당한 타격을 입을 것으로 예상되었다. 그뿐 아니라 일본이 자국의 안전보장에 위협이 되는 기술이나 전자부품 등을 수출할 때 허가 신청을 면제받을 수 있었던 화이트 리스트에서 한국을 제외함으로써 한일 양국은 더욱 첨예하게 대립했다. 이와 같은 일본의 조치에 대응하고자 우리나라는 WTO에 제소하고 한일 군사정보 보호 협정인 지소미아(GSOMIA) 연장 불가를 선언했다.

　국내 산업 부문에서도 이에 대응하기 위해 여러 변화가 있었는데, 먼저 반도체 소재 등 일본 수입 품목들에 대한 국산화를 추진하여 국가 산업 경쟁력을 높였고, 국민의 전국적인 일본 불매운동은 점차 확산되어 일본 상품 및 여행 패키지 매출은 급락했다. 한일 무역분쟁 1년이 지난 지금도 한일 무역분쟁은 진행 중이지만, 분명한 것은 일본은 반도체 핵심 품목 수출 제한을 통해 한국 경제를 옥죄겠다는 의도는 달성하지 못한 채 양국 간 갈등은 깊어지고 있다.

인물
제시 리버모어

미국의 트레이더 제시 리버모어(Jesse Livermore, 1877~1940)는 대규모 공매도로 큰돈을 벌어 '월스트리트의 큰 곰'이라고 불리는 추세매매의 대가이다. 1907년 주식시장이 패닉에 가까운 대폭락이 시작되자 그는 공매도로 100만 달러의 수익을 올렸다. 그 당시 100만 달러는 오늘날 가치로 3,000만 달러가 넘는 수준으로 당시 경제 규모를 고려해본다면 상당한 액수였다. 그의 공매도 위력이 얼마나 대단했는지 중앙은행의 역할을 했던 J.P. 모건이 그에게 주식 매도를 자제해줄 것을 요청했을 정도였다. 그는 이때를 자신의 인생 최고의 날로 회고했는데, 이를 계기로 그는 전국적으로 이름을 날리게 되었다. 이후 1929년 미국 대공황을 예측한 그는 1억 달러(현재 가치 2조 원)를 벌어들이며 개인투자자로는 전무후무한 기록을 세웠다.

그렇지만 레버리지를 활용한 공매도 전략은 상당히 큰 위험성을 내포하고 있다. 자신의 예상이 맞다면 큰 수익을 얻을 수 있지만, 반대로 예상이 틀렸을 경우 손실도 어마어마하기 때문이다. 그래서 그는 숱한 성공 신화만큼이나 여러 차례 파산의 아픈 경험을 가진 파란만장한 인생을 살다 간 인물로도 유명하다.

'시장은 절대로 틀리지 않는다'는 신념을 가지고 있던 그는 주식시장의 작은 파동에 연연하지 않고 시장의 커다란 추세를 파악하기 위해 노력했다. 어차피 상승장에서는 대부분의 주식은 오를 것이고, 하락장에서는 대부분의 주식이 하락하기 때문이다. 그래서 그는 상승장에서는 주식을 매수하고 하락장에서는 공매도를 통해 돈을 벌었다.

그는 자신이 예상한 주가 흐름이 포착되면 소규모로 베팅을 한 후 추세 변화를 관찰하며 자신이 예측한 흐름이 맞다면 계속해서 포지션을 늘리는 방식을 선호했다. 그래서 그는 첫 거래가 있은 다음 손실이 발생했다고 하여 절대로 물타기를 해서는 안 된다고 말했다. 오히려 자신이 예측한 방향과 다른 흐름이 일어난다면 5~10% 수준에서 철저히 손절해야 한다는 것이다. 그는 각각의 매수 시점은 이전의 매수한 가격보다 더 높은 가격에서 이루어져야 한다고 했는데, 이는 매수 단가가 높아지는 단점이 있기는 하지만 손실위험을 최소화할 수 있기 때문이다. 그의 이러한 방식은 돈을 버는 방향으로 피라미드를 쌓듯 규모를 늘려나간다고 해서 '피라미딩 전략'이라고도 불린다.

경제학

하인리히 법칙

"설마가 사람 잡는다."라는 말이 있다. 이 말은 '그렇게는 안 되겠지?'라고 생각하며 안일하게 넘겼던 일이 사실이 되어버리는 상황을 표현한 것이다. 그런데 우리가 흔히 쓰는 이 말을 실증적으로 증명해낸 법칙이 있다. 그것은 바로 '하인리히 법칙'이다.

1931년 미국의 한 보험회사 관리자 하버트 윌리엄 하인리히는 『산업재해예방:과학적 접근』이라는 책을 발간했다. 업무 특성상 수많은 사고 통계를 접할 수 있었던 그는 7만 5,000여 건의 산업재해를 분석한 끝에 그의 이름을 딴 '하인리히 법칙'을 소개했다.

1대29대300 법칙이라고도 불리는 하인리히 법칙은 한 건의 대형사고가 발생했다면 그 전에 같은 원인으로 29번의 작은 사고가 일어났으며, 300번에 달하는 사고의 징후들이 있었다는 사실을 밝혀냈다. 즉 대형사고는 어느 날 갑자기 발생하는 것이 아니라 그 이전부터 수많은 조짐이 반드시 있었다는 것이다. 결국 대형사고는 이전부터 발생한 수많은 사소한 사고들을 제대로 대처하지 못해 발생한 인재인 셈이다.

하인리히 법칙과 비슷한 '깨진 유리창 법칙'도 있다. 깨진 유리창 법칙은 미국의 범죄학자인 제임스 윌슨과 조지 켈링이 1982년 공동 발표한 「깨진 유리창」이라는 글에 처음으로 소개된 사회 무질서에 관한 이론이다. 이 법칙은 낙서와 유리창 파손 등 경미한 범죄를 방치하면 나중에 큰 범죄로 이어진다는 범죄심리학 이론이다.

이 이론을 입증한 대표적인 사람은 루돌프 줄리아니 전 뉴욕 시장이다. 그는 범죄 소탕을 주요 정책으로 내세우며 범죄 도시로 악명 높았던 뉴욕 시장에 당선되었다. 하지만 사람들의 예상과 달리, 그가 가장 공들인 정책은 바로 도시의 낙서를 지우고 쓰레기 무단 투척, 무임승차 등 경범죄를 철저히 단속하는 것이었다. 그는 이러한 정책으로 뉴욕의 범죄율을 획기적으로 낮추면서 기네스북에 세계에서 가장 크게 범죄율을 감소시킨 시장으로 등재되기도 했다.

리츠 투자

리츠(REITs)는 'Real Estate Investment Trusts'의 약자로 부동산 투자회사를 말한다. 즉 리츠 투자는 해당 부동산 투자회사의 주식을 매입해 투자하는 방식으로 일반 상장 기업의 주식거래와 달리 부동산 영업 행위에 대한 투자라는 특징을 가지고 있다. 또한 리츠 투자 대상이 부동산이기 때문에 국토교통부의 인가를 받아 설립되고 운영된다. 리츠의 투자 대상이 되는 회사는 총자산의 70% 이상을 부동산에 투자해야 하고, 배당 가능 이익의 90% 이상을 주주들에게 의무적으로 배당하도록 규정하고 있다.

일반적으로 리츠는 소액으로 부동산 투자를 가능하게 해준다는 장점이 있다. 2020년 현재 운영 중인 리츠들의 1주 당 가격은 대부분 5,000원 내외 1만 원 미만의 소액이다. 또한 리츠는 현금화하고 싶은 경우 주식을 팔면 되므로 환금성이 높다. 즉 부동산의 단점인 환금성을 보완한 투자방법이라고 할 수 있다.

리츠는 여러 자산에 나누어 투자할 수 있다. 부동산 투자회사이기 때문에 높은 수익이 기대되는 여러 부동산 자산에 나누어 투자하면서 리스크를 줄일 수 있다. 게다가 배당 가능 이익 대부분을 주주들에게 나누어주어야 하므로 배당 수익률도 높은 장점이 있다. 이러한 장점 대비 단점으로는 공실로 인해 손실이 발생할 수 있다는 점이다. 특히 코로나 19로 인해 사람들의 복합 몰이나 상가 방문이 줄어들면서 입점 매장의 장사가 어려워지고, 이는 다시 공실로 이어져 리츠의 수익을 하락시키는 요인이 될 수 있으므로 유의해야 한다. 또한 리츠의 수익률 역시 은행이자보다는 높지만 주식이나 다른 투자 수익 대비 높은 수준은 아니다. 2019년 인가받은 리츠의 첫해 배당 수익률은 3.8%, 2018년 인가받은 리츠 수익률은 4.35%를 밑돌았다. 이와 같은 리츠 투자는 다른 투자처에 비해 장기적, 안정적인 수익을 창출할 수 있는 장점이 있다고 평가된다. 그러나 이 역시도 투자 기초자산이 부동산이기 때문에 전반적 부동산 시장 등락에 따라 수익이 달라질 수 있으니 유의해야 한다.

산업

교육 서비스 산업 (1)

오바마 전 미국 대통령이 우리나라 경제성장의 원동력을 교육으로 꼽았을 만큼 우리나라 교육열은 매우 높은 편이다. 특히 천정부지 강남 부동산 가격이 '맹모삼천지교'로 대변되는 자녀에 대한 교육열에서부터 비롯되었다는 말이 있을 정도로 교육을 위한 우리나라 부모의 관심과 헌신은 상상 이상이다.

이러한 교육은 인류의 역사와 함께 발전해왔다. 고대 유럽의 찬란한 문명을 이룬 것도 소피스트들과 소크라테스, 플라톤, 아리스토텔레스 등의 교육자 덕분이었으며 중세 수도원 성경 공부를 중심으로 한 교육 시스템은 이후 르네상스 시대를 열어 인류 문화발전에 기여했다. 근·현대의 철학, 수학, 과학을 비롯한 다양한 교육들은 인류에게 고도의 지식뿐 아니라 지혜도 선사했다.

우리나라의 경우 1963년 제1차 교육과정을 시작으로 1997년 제7차 교육과정까지 변화되어왔고, 이후로 개정 교육과정은 계속될 것이다.

교육 서비스 산업은 크게 공적교육과 민간교육으로 나눌 수 있다. 그중 우리나라 공적교육은 주요 정부 정책과제 중 하나로 큰 규모의 자금을 지출하고 있다. 우리나라의 GDP 대비 공교육비는 5.4%로 OECD 평균 5.0%보다 높으며 학생 1인당 공교육비 지출액은 OECD 대비 약 7.7% 높다.* 우리나라 민간교육 시장은 높은 교육열만큼 매우 규모가 큰 편이다. 그러나 계층 간 교육 수혜 차이로 인한 불평등 야기와 공교육 기능 약화 등의 우려로 2014년 '공교육 정상화 촉진 및 선행교육 규제에 관한 특별법'이 제정되어 선행학습이 금지되는 등 관련 법적 제도도 변화하고 있다.

우리나라의 경우 인구감소로 인해 초중고 학생수는 줄고 있지만 사교육비 총액은 크게 감소하고 있지 않다. 이는 자녀(학생)수는 줄더라도 교육에 대한 관심이 여전히 높아 민간교육에 대한 수요가 꾸준함을 나타낸다고 볼 수 있으며, 인당 교육의 질과 밀도가 높아지는 경향을 보이는 것이다.

---

* 2016년 OECD 비교 기준

유니클로

　야나이 다다시 회장은 여행 중 미국의 의류브랜드 판매 시스템을 보고 일본으로 돌아와 1984년 SPA* 방식의 유니클로 1호점을 설립했다. 생산부터 판매까지 모든 과정을 유니클로가 통제하면서 중간 마진을 없애 비용을 절감할 수 있었고, 이를 통해 고객의 부담을 줄이면서도 좋은 옷을 공급할 수 있었다. 특히 낮은 가격에 고품질 옷을 입을 수 있게 해준다는 기업 이미지는 유니클로를 세계 최고 의류 브랜드로 도약할 수 있는 발판이 되었다.

　유니클로는 특히 중국, 한국, 일본 등 중화권 중심의 아시아 시장에서 인기가 높다. 가성비를 중시하는 소비 트렌드도 유니클로 제품에 대한 선호도를 더욱 높였고, 아시아의 성공을 토대로 북미와 유럽으로도 진출했다. 그러나 북미와 유럽 시장에서는 현지 직원 채용 및 지역 판매 시스템을 도입하는 등 현지화를 꾀했지만 성공적이라고 할 수는 없었다.

　유니클로는 최신 기술을 도입해 디지털 전략도 강화하며 어플리케이션 기반의 온라인 판매 부문도 강화했다. 구글과 연계해 인공지능 큐레이션 기능을 제공하고 있으며 고객이 의류 상품을 찍어 온라인에 게시하면 유니클로 내 가장 유사한 제품을 찾아주고, 고객의 신체 치수를 활용해 제품 사이즈가 선택되도록 하는 등 다양한 디지털 서비스도 제공하고 있다.

　그러나 최근 유니클로는 우리나라의 일본 제품 불매운동과 맞물려 실적이 감소하고 있다. 특히 유니클로 임원이 "한국의 불매운동이 오래가지 못할 것이다."라는 망언을 하면서 국내 소비자들의 분노를 더욱 키웠고, 위안부 폄하로 볼 수 있는 광고까지 하면서 더더욱 한국 시장에서 어려움을 겪고 있다. 이에 2015년 이후 꾸준히 1조 이상 달성했던 매출은 2019년 30% 이상 감소했으며 2,000억 대의 영업 이익은 적자로 전환했다. 또한 폐점 매장도 늘고 있는 실정이다.

---

*　의류생산부터 소매까지 일괄 시스템을 적용하는 방식

구독경제

구독경제는 일정 금액을 지불하고 상품이나 서비스를 정기적으로 제공받을 수 있는 신개념 유통 서비스를 말한다. 구독은 '사서 읽는다'라는 의미를 지닌 단어로, 과거에는 주로 신문이나 잡지 등을 정기적으로 받아보는 것을 의미했다. 그렇지만 특정 제품에 관해 제한적으로 사용되던 구독 서비스가 이제는 그 대상과 범위가 일상생활 전반으로 확대되면서 빠르게 성장하고 있는 산업으로 자리 잡게 되었다. 참고로 글로벌 투자은행 크레디트 스위스에 따르면, 2020년 전 세계 구독경제 규모는 5,300억 달러로 한화로 약 594조 원에 이를 것으로 전망하기도 했다. 구독경제는 크게 3가지 모델로 나눌 수 있다.

첫째, 소모성 생필품 등을 정기적으로 제공하는 모델이다. 매월 새로운 국가를 선정하여 그 나라의 대표 간식을 제공하는 스낵트립, 개인별 맞춤형 영양제를 정기적으로 제공하는 필리, 침구류를 정기적으로 세탁해주는 클린베딩, 그리고 와이셔츠를 주당 3~5벌 제공하는 위클리셔츠 등이 있다. 이 밖에도 편의점 GS25에서는 한달 간 정해진 수량만큼의 커피를 제공하는 서비스를 운영 중이며, 데일리샷에서는 서울 80여 곳의 술집에서 매일 한 잔의 술을 공짜로 마실 수 있는 서비스를 제공 중이다.

둘째, 특정 기간에 무제한으로 콘텐츠를 이용할 수 있는 모델이다. 요즘에는 음악을 듣기 위해 음반을 사거나 영화를 보기 위해 DVD를 사지 않는다. 원하는 음악이나 영화가 있다면 다운받을 필요 없이 인터넷에 연결해 실시간으로 감상하면 된다. 대표적인 회사가 넷플릭스이다.

셋째, 고가의 제품을 사지 않고 빌려 쓰는 모델이다. 복사기나 정수기 그리고 안마기까지 다양한 제품을 렌탈로 이용할 수 있다. 최근에는 그 대상이 고가의 명품이나 미술품까지 확대되는 추세이다. 더욱이 글로벌 자동차업체들도 월 일정 비용을 내면 몇 개의 차종을 번갈아가면서 탈 수 있는 서비스를 제공하고 있는데, 현대자동차의 경우 제네시스 스펙트럼과 현대 셀렉션 등 두 가지 서비스를 제공하고 있다.

구독경제는 소유보다는 경험을 중시하는 디지털 시대를 상징하는 새로운 트렌드로, 소비자와 기업 모두가 윈윈할 수 있는 사업 모델이다. 소비자 입장에서는 편의성과 비용 절감이라는 혜택이, 기업 입장에서는 안정적인 수익 확보가 가능하다는 이점이 있기에 앞으로도 구독경제는 더욱 각광받을 것으로 예상된다.

12월
52주

역사

코로나와 세계 경제

2019년 12월, 중국 후베이성 우한시에서 확인된 코로나19 바이러스는 팬데믹(세계적 대유행)을 일으키며 세계 경제를 침체에 빠뜨렸다. 특히 각국은 바이러스 확산 방지를 위해 오랜 기간 문을 걸어 잠금으로써 그동안 세계 경제를 떠받치고 있었던 글로벌 경제 시스템을 마비 수준에 이르게 했고, 2020년 세계 경제성장률은 −4.9%에 이를 것으로 전망되었다. 특히 미국 −8.0%, 중국 −1.0%, 유로존 −10.2%, 한국 −2.1% 등 주요 국가들이 역사적인 마이너스 성장을 기록할 것으로 전망되며 더 큰 문제는 백신이나 치료제 개발에 오랜 시간이 소요될 수밖에 없어 코로나 19가 앞으로 얼마나 더 지속될지 누구도 알 수 없다는 것이다. 이와 같은 코로나 19 대유행은 세계 경제에 큰 변화를 가져왔다.

첫째, 저성장 또는 마이너스 성장의 고착화이다. 성숙기에 접어든 유럽과 미국 등 선진국의 경제성장률은 원래 높지 않았고 그동안 세계의 성장 동력 역할을 해오던 중국마저 코로나 19로 인해 큰 손실을 입어 향후 전 세계 경제성장은 제한적일 수밖에 없을 것으로 예상된다.

둘째, 저금리의 장기화이다. 미국을 비롯해 중국, 유럽, 우리나라 역시 코로나 19의 충격을 최소화하기 위해 금리를 낮추고 엄청난 규모의 재정을 추가 확대했다. 이로 인해 향후 금리 상승을 통해 시장의 돈을 회수하기는 더욱 어려워졌다.

셋째, 글로벌 무역의 축소이다. 이번 코로나 19로 인해 각국은 국민의 이동 통제뿐 아니라 수출입을 제한했다. 게다가 값싼 노동력을 찾아 외국에 공장을 설립했던 트렌드는 오히려 방역 수준이 높은 나라를 찾게 하는 계기가 되었다.

넷째, 디지털 기반의 비대면 산업의 성장이다. 한쪽이 억제되면 풍선효과처럼 다른 쪽이 수혜를 입듯이 코로나 19 이후 사람들은 직접 만나기보다 화상(카메라)을 이용하거나 온라인 주문 배달을 늘렸다.

다섯째, 정부의 권한이 강화될 가능성이 높다. 그동안 강조되었던 개인과 기업의 자율성, 정보보호 등은 건강과 안전이라는 또 다른 인간의 본연적 가치와 대립하며 정부에 의해 통제되고 제한될 것으로 보인다. 이처럼 세계 경제는 코로나 이전과 이후로 극명하게 갈라지면서 새로운 양상을 보이고 있다.

사와카미 아쓰토

일본의 투자자 사와카미 아쓰토(Sawakami Ashuto, 1947~)는 '일본의 워런 버핏'으로 불리는 대표적인 가치투자자이다. 그의 투자 철학을 가리켜 농경 투자라고도 부른다. 그에게 주식은 농사와 별반 다르지 않다. 봄에 씨를 뿌려 가을에 수확하는 농부처럼 주식투자자도 좋은 주식을 골라 결실을 맺을 때까지 여유를 가지고 기다린다면 충분히 승산이 있다고 말한다. 매년 10%씩 꾸준히 성과를 낼 수 있다면 7년이면 원금의 2배가 된다. 하지만 매년 10% 정도의 수익을 꾸준히 올리는 펀드 매니저는 많지 않다. 이때 생각을 바꾸어 매년 10%의 단기 수익보다는 7년 동안 2배의 성과를 올린다고 생각하면 그것은 그다지 어려운 일도 아닌 셈이다. 결국 투자자에게 필요한 것은 단기성과에 연연하지 않고 느긋하게 기다릴 수 있는 인내심이다.

그의 이러한 생각에는 시장은 물론 경제가 계속해서 성장할 것이라는 강력한 믿음이 뒷받침하고 있다. 그는 이러한 원동력으로 더 나은 삶에 대한 인간의 욕망을 꼽았다. 어떤 사람은 더 많은 돈을, 어떤 사람은 더 많은 시간을, 그리고 어떤 사람은 더 편리함을 추구한다. 이렇게 다양한 인간의 욕망이 기업의 욕망과 결합될 때 경제는 성장한다고 본 것이다.

실제로 인류 역사를 돌이켜보았을 때 경제가 단기적으로는 침체해 있었을지 몰라도 장기적으로는 계속해서 우상향해왔다는 점을 잊어서는 안 된다. 그래서 그는 경제가 불황으로 주식시장이 침체해 있다면, 절대로 망하지 않을 최고의 기업에 투자해서 투자의 결실을 맺을 때까지 인내심을 가지고 기다린다면 절대로 실패할 일이 없다고 주장했다.

그는 자신의 장기투자 원칙을 지키기 위해 기관투자자의 자금은 받지 않고 있다. 기관투자자의 자금을 계속해서 운용하기 위해서는 단기성과를 보여주어야 하는데, 이는 자신의 장기투자 철학과 맞지 않는다고 생각했기 때문이다. 그래서 그는 1조 원에 달하는 자산을 운용해달라는 기관투자자의 제안을 단칼에 거절한 것으로도 유명하다. 대신에 그는 자신의 장기투자 철학을 함께 공유할 수 있는 개인투자자들의 자금만으로 펀드를 운영하고 있다.

파레토 법칙

'80대 20 법칙'이라고 불리는 '파레토 법칙'은 전체 성과의 80%는 전체 원인의 20%에서 일어나는 현상을 말한다. 이 법칙은 유럽 제국 소득분포에 대해 연구하던 중 이탈리아 땅의 80%를 전체 인구의 상위 20%가 소유하고 있다고 주장한 이탈리아 경제학자 빌프레도 파레토의 이름에서 따온 것이다.

빌프레도 파레토는 완두콩 전체 수확량의 80%는 20%의 줄기에서 나온다는 사실을 확인하는 등 다양한 현상을 조사함으로써 전체 성과의 대부분은 몇 가지 요소에 의존한다는 통계적 법칙을 발견해냈다. 이후 파레토 법칙은 미국의 품질경영 전문가 조셉 주란에 의해 경영학에 접목되면서 커다란 반향을 일으켰고 마케팅, 심리학, 자기계발 등 다양한 분야에 영향을 미치게 되었다. 실제로 80대 20 법칙은 우리 생활의 곳곳에서 발견되고 있다.

- 백화점 매출의 80%는 상위 20%의 고객에 의해 발생한다.
- 운동경기에서 전체 상금의 80%는 상위 20%의 선수들이 가져간다.
- 직원의 20%가 전체 매출의 80%를 올린다.
- 즐겨 입는 옷의 80%는 옷장에 걸린 옷의 20%에 불과하다.

파레토 법칙은 모두 잘하려고 노력하기보다는 자신의 성과 중 대부분을 차지하는 요인을 발견하고 이에 집중하는 것이 더 중요하다는 사실을 알려주고 있다.

파레토 법칙과 더불어 '롱테일 법칙'에 대해서도 알아두면 좋다.

롱테일 법칙은 파레토 법칙과는 정반대의 주장을 하고 있다. 80%의 사소한 다수가 20%의 핵심 소수에 비해 뛰어난 가치를 창출한다는 이론이다. 그래서 롱테일 법칙을 '역(逆)파레토 법칙'이라고도 불린다.

이는 인터넷과 온라인 비즈니스의 발달로 재고 비용의 부담이 낮아지면서 비인기 상품도 계속해서 판매가 가능해졌을 뿐만 아니라, 개인의 다양한 소비 취향이 중요해지면서 나타나게 된 현상이다. 오프라인 서점의 경우 공간의 제약으로 인해 잘 팔리는 책 위주로 매대에 진열해두었다면 온라인 서점의 경우 공간의 제약이 없으므로 다양한 책들을 검색할 수 있다. 그 결과 온라인 서점 아마존의 경우 비인기 서적의 매출이 베스트셀러의 매출 총액을 넘어서게 되었다.

코로나19 팬데믹으로 인해 2020년 초 국제유가가 엄청나게 폭락했을 때 원유를 기초 자산으로 하는 ETF(상장지수펀드)에 수천억의 투자금이 몰렸다. 실제로 2019년 4월 60달러를 넘나들던 국제 유가(WTI)는 1년이 지난 2020년 4월에 이르러서는 60~70% 이상 하락한 20달러 수준으로 하락했다. 게다가 2020년 4월 20일 뉴욕상업거래소에서는 역사상 최초로 배럴당 −37.63달러까지 떨어졌다. 즉 원유 1배럴을 사면 우리나라 돈 4만 5,000원을 얹어준다는 뜻이다. 그 이후 다시 어느 정도 회복했지만, 여전히 원유가격은 예전 수준을 회복하고 있지 못한 상황이다.

원유투자의 경우 현물투자는 할 수 없다. 개인이 직접 원유를 사서 보관하고 있다가 판매하는 현물 방식 거래는 거의 불가능하므로 원유는 나중 시점에 얼마에 거래할 것인가를 약속한 선물이 기초가 된다. 따라서 우리가 원유투자를 한다면 일반적으로 WTI라고 불리는 서부텍사스산원유를 대상으로 한 ETF(상장지수펀드), ETN(상장지수증권)과 일반 펀드 투자를 의미한다고 할 수 있다. 원유가격은 기본적으로 원유 생산량과 밀접한 관계를 갖는다. 특히 석유개발기구인 OPEC에서 결정되는 원유 감산, 증산 여부에 따라서 큰 변동성을 보이며 글로벌 정치 이슈로 인해서도 가격이 요동친다.

예를 들어 미국이 주요 원유 생산국인 이란을 제재한다거나 산유국끼리 전쟁 분위기가 고조되면 원유값은 오른다. 그러나 코로나 19 팬데믹 이후 유가는 크게 곤두박질쳤는데 그 이유는 원유가격이 항공, 운수업과도 매우 밀접하기 때문이다. 코로나 19로 인해 전 세계가 국가의 문을 걸어 잠그자 항공, 운수 물량은 크게 줄었고 그에 따른 원유 소비도 줄었기 때문이었다. 게다가 2020년 4월에는 러시아와 사우디아라비아가 원유를 대체할 것이라고 여겨지는 미국의 셰일가스를 견제하기 위해 시장 기대만큼 감산하지 않아 마이너스 유가가 나올 만큼 폭락했다고 분석된다. 이처럼 유가는 원유라는 자원을 둘러싼 글로벌 정치, 지정학적 이슈들로 인해 변동성이 매우 큰 투자 상품이다.

또한 원유 상품은 해외 자원을 기초로 만들어지는 금융 상품이므로 여기에 15.4%의 배당소득세가 부과되며, 이자배당소득이 2,000만 원인 경우에는 금융소득종합과세 대상이 될 수 있어 이에 대한 고려가 필요하다.

산업
교육 서비스 산업 (2)

글로벌 교육 서비스의 시장 규모는 2015년 이후 연평균 6.5%씩 성장해 2021년에 약 6조 달러에 달할 것으로 전망된다.* 이는 2020년 4,500억 달러 글로벌 반도체 시장보다 약 13배가 더 큰 시장으로 글로벌 교육 서비스 시장의 엄청난 규모를 짐작해볼 수 있다. 국가별로는 중국과 인도의 교육 서비스 산업 연간 성장률이 10%를 넘으며 크게 성장하는 것으로 나타났다.

이러한 교육 서비스 산업도 IT 기술 발전에 따라 새롭게 변화하는데 바로 교육과 기술의 합성어인 '에듀테크'의 등장이다. VR(가상현실), AR(증강현실), AI(인공지능) 기술들과 결합해 학습에 현실성과 재미 요소를 부여함으로써 교육 효과를 더욱 높일 수 있다. 또한 정보통신기술을 기반으로 교육자와 학습자 간의 즉각적인 피드백을 통한 양방향 교육이 가능해지면서 인공지능을 통한 맞춤화된 교육 솔루션을 제시하기에 앞으로도 에듀테크 시장은 지속 성장할 것으로 예상된다.

세계 에듀테크는 미국, 중국, 영국 등이 국가 차원의 투자를 늘리면서 시장은 더욱 확대되었다. 또한 IT 기술에 친숙한 학생들의 기술 기반 교육 콘텐츠 이용률이 증가하면서 2018년 1,530억 달러에서 2025년 3,420억 달러로 크게 확대될 것으로 전망된다.** 여기에 코로나 팬데믹으로 오프라인 교육이 어려운 상황에서 ZOOM 등의 어플리케이션을 통한 온라인 교육은 물리적 한계를 극복하며 향후 오프라인 교육 서비스 시장을 대체할 것으로 예상된다.

초중고, 대학의 교육 이외에 성인 교육 시장도 꾸준히 성장하고 있다. 기존의 기업 직무교육뿐 아니라 평생직장이 아닌 직업 중시의 가치가 높아지면서 새로운 일을 찾는 구직 수요가 늘어나며 성인 외국어 교육 시장뿐 아니라 공무원, 자격증 취득, 재교육 등의 시장도 규모가 확대되었다. 또한 고령화가 심화되면서 은퇴자들의 재취업 시장도 지속 성장할 것으로 예상된다.

---

* 대한무역투자진흥공사(KOTRA) 조사 / 2017년 글로벌 교육 서비스 시장동향 및 진출전략
** KITA 에듀테크 시장 현황 및 시사점

타이틀리스트

'타이틀리스트'는 골프업체 중 가장 선호되는 브랜드이다. 특히 2019년 전 세계 투어 골프 대회에서 사용된 골프공 중 73%가 타이틀리스트였을 정도로 매우 유명하다. 2위 브랜드의 골프공 사용 비중이 10%가 채 되지 않을 정도로 격차도 매우 크다.

타이틀리스트는 1930년 당시 아쿠쉬네트 컴퍼니 설립자 필영이 자신의 의도대로 골프공이 굴러가지 않자 병원에서 X-ray 촬영을 하면서 기획된 상품이다. 필영은 X-ray 촬영을 통해 골프공 구성이 균질하지 않아 아무리 좋은 샷을 날려도 의도한 대로 굴러가기 어렵다는 것을 알아냈다. 그는 MIT 동문인 프레드 보머를 초빙하여 골프 담당 사업부를 만든 다음 골프공 개발에 매달렸다. 그리고 1935년 드디어 타이틀리스트가 탄생하게 되었다.

처음 만들어진 타이틀리스트는 곧바로 매장에서 소비자에게 판매된 것이 아니라 골퍼 개인들에게 먼저 공급했다. 이때 골프공의 안전성과 성능을 인정받으며 이후 PGA투어 등 프로페셔널 투어에 집중적으로 활용되기 시작했다. 이후 타이틀리스트는 2011년 모회사인 아쿠쉬네트가 휠라코리아에 인수되면서 현재 휠라의 골프웨어 등과 함께 연계해 판매되고 있다.

타이틀리스트의 주요 마케팅 전략은 특정 골퍼 계층에 대한 타깃 마케팅이다. 골프는 장비의 섬세한 차이로 인해 성적이 좌우되는 등 골퍼들에게 장비는 많은 돈을 투자해서라도 꼭 보유하고 싶어하는 아이템이다. 따라서 골프를 제대로 잘 이해하고 잘 치는 골퍼들이 많이 사용하고 있는 장비야말로 초보부터 고수들까지 가장 먼저 고려하게 되는 기준이 된다. 타이틀리스트는 이점을 놓치지 않고 진성 골퍼들 대상의 마케팅에 집중했다. 1년에 25회 이상 필드에 나가는 골퍼들을 주 마케팅 대상으로 삼고 그들의 골프 클럽 안에 타이틀리스트 브랜드가 돋보일 수 있도록 주력했다. 그리고 '팀 타이틀리스트' 제도를 만들어 정보 제공은 물론, 행사와 프로모션 등에 초대하여 고객들 간에 상호 교류할 수 있는 공간을 만들어주었다. 이러한 차별화 전략을 통해 타이틀리스트는 최고의 골프 브랜드로 꾸준히 성장을 이어나가고 있다.

경제상식

코스톨라니의 달걀

'코스톨라니의 달걀'은 헝가리 출신의 전설적인 주식투자자 앙드레 코스톨라니가 금리와 주식과의 상관관계를 설명하기 위해 고안해낸 모형이다. 이 모형은 달걀을 바닥에 세웠을 때 가장 아랫부분을 금리의 저점으로 가정하고, 금리의 저점을 시작으로 시계방향으로 타원형인 달걀의 표면을 따라 금리가 순환하는 형태를 띠고 있다. 달걀을 기준으로 좌측은 호황기 그리고 우측은 불황기를 나타낸다. 이는 경제가 호황일 때는 경기를 진정시키기 위해 금리를 인상하고, 경제가 불황일 때는 경기를 살리기 위해 금리를 인하하는 것과 같은 맥락이다. 금리 순환 사이클에 따라 변화하는 주식시장의 특성은 다음과 같다.

금리가 저점을 지나 서서히 상승하기 시작한다. 드디어 경기가 바닥을 치고 조금씩 살아나는 국면이다. 그렇지만 많은 사람들이 이미 긴 불황을 경험하며 주식시장을 떠났기 때문에 아직 대부분은 주식시장에 관심이 없다. 당연히 주식을 소유한 사람이 많지도 않고 거래량도 많지 않다. 하지만 이때가 바로 주식을 매수해야 할 타이밍이다.

이후 금리 상승추세가 점점 강화된다. 주식 거래량이 늘면서 주식을 소유한 사람들도 점점 늘어나기 시작한다. 사람들이 하나둘 주식시장에 관심을 갖기 시작한다. 이때는 보유한 주식을 계속 쥐고 있어야 한다. 이후 금리 상승세가 한풀 꺾이면서 정점을 향해 간다. 드디어 주식시장에 관심을 끊었던 사람들이 다시 주식투자에 열을 올리기 시작한다. 거래량이 늘고 주식 소유자도 급증한다. 주가도 정점에 다다른다. 하지만 현명한 사람들은 이때부터 소유한 주식을 팔기 시작한다.

이제는 금리가 정점을 지나 서서히 떨어지기 시작한다. 이미 현명한 사람들이 주식을 팔기 시작했기 때문에 주식 소유자 수가 줄어들면서 거래량도 같이 감소한다. 아직도 주식시장에 미련을 버리지 못한 사람들만이 계속해서 주식을 사는 것이다. 본격적으로 금리가 하락하면서 거래량도 늘어난다. 하지만 많은 사람들이 주식을 팔고 시장을 떠나기 때문에 주식 소유자는 점점 줄어든다. 이후 금리 하락세가 막바지에 이르면 사람들은 공포에 빠지기 시작한다. 이때 본격적인 투매가 일어나며 거래량이 폭증하는 것이다. 이때부터 현명한 사람들은 주식을 사기 시작한다.

달걀 모형에 따르면, 주식으로 돈을 벌기 위해서는 대중과 반대로 움직여야 한다. 사람들이 주식에 관심이 없을 때가 바로 주식을 매수해야 할 타이밍이고, 반대로 사람들 모두가 주식에 열광할 때 바로 주식을 매도해야 할 타이밍이다.

찾아보기

1일 1페이지 부자수업

지은이 | 이현식·최현진

1판 1쇄 인쇄 | 2021년 4월 26일
1판 1쇄 발행 | 2021년 5월 7일

펴낸곳 | (주)지식노마드
펴낸이 | 김중현
디자인 | 제이알컴
등록번호 |제313-2007-000148호
등록일자 | 2007. 7. 10
(04032) 서울특별시 마포구 양화로 133, 1201호(서교동, 서교타워)
전화 | 02) 323-1410
팩스 | 02) 6499-1411
홈페이지 | knomad.co.kr
이메일 | knomad@knomad.co.kr

값 16,000원

ISBN 979-11-87481-91-1 03320